CONTAS GOVERNAMENTAIS E RESPONSABILIDADE FISCAL

DESAFIOS PARA O CONTROLE EXTERNO – ESTUDOS DE MINISTROS E CONSELHEIROS SUBSTITUTOS DOS TRIBUNAIS DE CONTAS

LUIZ HENRIQUE LIMA
WEDER DE OLIVEIRA
JOÃO BATISTA CAMARGO
Coordenadores

Juarez Freitas
Prefácio

CONTAS GOVERNAMENTAIS E RESPONSABILIDADE FISCAL

DESAFIOS PARA O CONTROLE EXTERNO – ESTUDOS DE MINISTROS E CONSELHEIROS SUBSTITUTOS DOS TRIBUNAIS DE CONTAS

1ª reimpressão

Belo Horizonte

2018

© 2017 Editora Fórum Ltda.
2018 1ª Reimpressão

É proibida a reprodução total ou parcial desta obra, por qualquer meio eletrônico, inclusive por processos xerográficos, sem autorização expressa do Editor.

Conselho Editorial

Adilson Abreu Dallari
Alécia Paolucci Nogueira Bicalho
Alexandre Coutinho Pagliarini
André Ramos Tavares
Carlos Ayres Britto
Carlos Mário da Silva Velloso
Cármen Lúcia Antunes Rocha
Cesar Augusto Guimarães Pereira
Clovis Beznos
Cristiana Fortini
Dinorá Adelaide Musetti Grotti
Diogo de Figueiredo Moreira Neto
Egon Bockmann Moreira
Emerson Gabardo
Fabrício Motta
Fernando Rossi
Flávio Henrique Unes Pereira

Floriano de Azevedo Marques Neto
Gustavo Justino de Oliveira
Inês Virgínia Prado Soares
Jorge Ulisses Jacoby Fernandes
Juarez Freitas
Luciano Ferraz
Lúcio Delfino
Marcia Carla Pereira Ribeiro
Márcio Cammarosano
Marcos Ehrhardt Jr.
Maria Sylvia Zanella Di Pietro
Ney José de Freitas
Oswaldo Othon de Pontes Saraiva Filho
Paulo Modesto
Romeu Felipe Bacellar Filho
Sérgio Guerra
Walber de Moura Agra

Luís Cláudio Rodrigues Ferreira
Presidente e Editor

Coordenação editorial: Leonardo Eustáquio Siqueira Araújo

Av. Afonso Pena, 2770 – 15º andar – Savassi – CEP 30130-012
Belo Horizonte – Minas Gerais – Tel.: (31) 2121.4900 / 2121.4949
www.editoraforum.com.br – editoraforum@editoraforum.com.br

C759   Contas governamentais e responsabilidade fiscal: desafios para o controle externo – estudos de ministros e conselheiros substitutos dos Tribunais de Contas / Luiz Henrique Lima, Weder de Oliveira, João Batista Camargo (Coord.). 1. Reimpressão – Belo Horizonte : Fórum, 2018.

371 p.

ISBN 978-85-450-0246-8

1. Direito Financeiro. 2. Direito Público. 3. Finanças Públicas. I. Lima, Luiz Henrique. II. Oliveira, Weder de. III. Camargo, João Batista. IV. Título.

CDD: 341.38
CDU: 342

Informação bibliográfica deste livro, conforme a NBR 6023:2002 da Associação Brasileira de Normas Técnicas (ABNT):

LIMA, Luiz Henrique; OLIVEIRA, Weder de; CAMARGO, João Batista (Coord.). *Contas governamentais e responsabilidade fiscal*: desafios para o controle externo – estudos de ministros e conselheiros substitutos dos Tribunais de Contas. 1. reimpr. Belo Horizonte: Fórum, 2018. 371 p. ISBN 978-85-450-0246-8.

Às nossas famílias.

SUMÁRIO

PREFÁCIO
Juarez Freitas.. 13

CAPÍTULO 1
PRECISAMOS FALAR SOBRE CONTAS... UMA NOVA PERSPECTIVA SOBRE A APRECIAÇÃO DAS CONTAS ANUAIS DO PRESIDENTE DA REPÚBLICA PELO CONGRESSO NACIONAL MEDIANTE PARECER PRÉVIO DO TRIBUNAL DE CONTAS DA UNIÃO
Weder de Oliveira 17

1	Introdução	17
2	As normas constitucionais básicas e questionamentos preliminares ..	18
3	A regulação da Câmara dos Deputados para o caso excepcional de tomada de contas do Presidente da República	20
3.1	As contas a serem apresentadas pelo Presidente abrangem todos os Poderes. Não há apreciação de caráter pessoal	22
3.2	O parecer da Câmara dos Deputados proporá medidas legais e outras providências cabíveis	26
4	A regulação do Congresso Nacional	26
4.1	A regulação interna da Comissão Mista de Orçamento	29
4.2	Exemplos de decisão final do Congresso Nacional sobre as contas prestadas pelo Presidente da República: contas do Governo da República? Contas do Governo Federal? Contas do Presidente da República? Novos questionamentos	30
5	A regulação da legislação do Tribunal de Contas da União. O conteúdo das contas (sentido estrito e sentido amplo)	33
5.1	Contas em sentido estrito. A opinião de auditoria independente sobre os balanços gerais: Congresso pode divergir?	36
5.2	Contas em sentido amplo. "Opinião" sobre a execução dos orçamentos e demais operações realizadas com recursos públicos federais: Congresso pode divergir?	39
5.3	Parecer prévio e julgamento de contas de administradores: processos distintos. Adequação processual da veiculação de recomendações de determinações no parecer prévio	45
6	Juízo de aprovação ou reprovação: inexigibilidade, desnecessidade técnica e inexistência de consequências jurídicas	47
7	O dever-ser da atuação do controle externo parlamentar, mediante parecer prévio do Tribunal de Contas da União, por meio da apreciação da prestação de contas apresentada anualmente pelo Presidente da República	50

7.1 O equívoco sobre o parecer prévio do Tribunal de Contas. As contas apresentadas pelo Presidente da República referentes ao ano de 1936: não houve rejeição de contas 56
8 À guisa de conclusão 58
Referências 60

CAPÍTULO 2
RELATÓRIOS E PARECERES PRÉVIOS SOBRE AS CONTAS DO GOVERNO DA REPÚBLICA: HISTÓRICO DA ATUAÇÃO DO TRIBUNAL DE CONTAS DA UNIÃO NOS ÚLTIMOS DEZ ANOS

Marcos Bemquerer Costa, Patrícia Reis Leitão Bastos 63
1 Introdução 63
2 Contas do Governo da República de 2006 67
3 Contas do Governo da República de 2007 68
4 Contas do Governo da República de 2008 69
5 Contas do Governo da República de 2009 71
6 Contas do Governo da República de 2010 74
7 Contas do Governo da República de 2011 76
8 Contas do Governo da República de 2012 79
9 Contas do Governo da República de 2013 81
10 Contas do Governo da República de 2014 85
11 Contas do Governo da República de 2015 90
12 Conclusão 97
Referências 101

CAPÍTULO 3
O CONTROLE DA RESPONSABILIDADE FISCAL E OS DESAFIOS PARA OS TRIBUNAIS DE CONTAS EM TEMPOS DE CRISE

Luiz Henrique Lima 105
1 Introdução 105
2 Os Tribunais de Contas na Constituição de 1988 e legislação posterior 107
3 O controle da responsabilidade fiscal e o papel dos Tribunais de Contas 111
4 Adaptação, evolução e transformação das Cortes de Contas – etapas e percalços de um processo 117
5 Desafios para maximizar a efetividade dos Tribunais de Contas 122
5.1 A recente deterioração da gestão fiscal 122
5.2 Limitações endógenas 126
5.3 Barreiras exógenas 129
5.3.1 Conselho de Gestão Fiscal 129
5.3.2 Conselho Nacional dos Tribunais de Contas 130
5.3.3 Lei da Ficha Limpa 131
5.3.4 Adoção de medidas cautelares de indisponibilidade de bens 132

5.3.5	Sigilo bancário e fiscal	133
5.4	Desafios	134
6	Conclusão	136
	Referências	138
	Legislação	140
	Sítios eletrônicos	141

CAPÍTULO 4
CONTROLE DE SUSTENTABILIDADE FISCAL PELOS TRIBUNAIS DE CONTAS: TUTELA PREVENTIVA DA RESPONSABILIDADE FISCAL E A CONCRETIZAÇÃO DA SOLIDARIEDADE INTERGERACIONAL

Daniela Zago Gonçalves da Cunda 145

1	Introdução	145
2	Sustentabilidade como dever e princípio	147
3	Princípio da solidariedade intergeracional	150
4	Dimensão fiscal e controle de sustentabilidade fiscal	154
5	Controle ampliado de legalidade, de conformidade constitucional e de sustentabilidade	165
6	Conclusão	170
	Referências	172

CAPÍTULO 5
O CONTROLE DA EXECUÇÃO ORÇAMENTÁRIA COMO MEIO GARANTIDOR DE DIREITOS FUNDAMENTAIS

Milene Cunha 187

1	Introdução	187
2	Direitos fundamentais: um tema jurídico-institucional	189
2.1	Direitos sociais e políticas públicas: uma questão orçamentária	191
3	O controle da execução orçamentária: evolução e órgãos responsáveis	200
3.1	Os Tribunais de Contas como guardiões das contas públicas e sua relevância no controle da execução orçamentária	206
4	Considerações finais	212
	Referências	214

CAPÍTULO 6
ANÁLISE DA NATUREZA JURÍDICA DOS TRIBUNAIS DE CONTAS E DA DISTINÇÃO ENTRE CONTAS DE GOVERNO E CONTAS DE GESTÃO

Renato Luís Bordin de Azeredo 217

1	Introdução	217
2	Tribunais de Contas	218
2.1	A origem e o seu desenvolvimento no cenário nacional	218
2.2	Natureza jurídica dos Tribunais de Contas	224
2.3	Das contas de governo e contas de gestão	237

3	Conclusão	245
	Referências	246

CAPÍTULO 7
A AUDITORIA CONTÁBIL FINANCEIRA E O JULGAMENTO DAS CONTAS PÚBLICAS

Isaias Lopes da Cunha 249
1	Introdução	249
2	Auditoria e contabilidade no setor público	251
2.1	Conceitos e objetivos da auditoria contábil	251
2.2	Conceitos e objetivos da auditoria contábil financeira no setor público	253
2.3	A contabilidade como instrumento de controle orçamentário, financeiro e patrimonial	256
3	A prestação e o julgamento das contas pelos Tribunais de Contas	261
3.1	O dever constitucional de prestar contas	261
3.2	A competência fiscalizatória e judicante dos Tribunais de Contas	262
3.3	Conceito e elementos da prestação de contas dos administradores públicos	265
4	Auditoria contábil na prestação de contas públicas	267
4.1	Auditoria de conformidade dos atos de gestão orçamentária, financeira e patrimonial	267
4.2	Auditoria das demonstrações contábeis do setor público e seus desafios de implementação	271
5	Considerações finais	275
	Referências	276

CAPÍTULO 8
FEDERALISMO FISCAL E SISTEMA DE CONTROLE EXTERNO NACIONAL

Heloísa Helena Antonacio Monteiro Godinho 281
1	Introdução	281
2	O federalismo fiscal brasileiro	285
3	O controle externo nacional e a máxima efetividade constitucional	289
4	*Res ipsa loquitur* ("as coisas falam por si mesmas")	291
	Referências	292

CAPÍTULO 9
A DÍVIDA PÚBLICA DOS ESTADOS BRASILEIROS: DESAFIOS PARA O CONTROLE

João Batista Camargo, Marcos Gomes Rangel 295
1	Introdução	295
2	O endividamento dos estados – panorama histórico	296
2.1	Lei nº 9.496/97	298

2.2	A aplicação do IGP-DI e os limites da Receita Líquida Real...............	299
3	O endividamento estadual e o federalismo fiscal.................................	302
4	A evolução da dívida dos entes subnacionais entre 1998 e 2016........	304
4.1	O período 1998-2007..	304
4.2	O período 2008-2016..	307
4.3	Valores contratados, pagos e o saldo devedor em 31.12.2015.............	311
4.4	A relação DCL/RCL da dívida dos estados..	313
5	Copa do Mundo e dívida dos estados...	316
6	Legislação recente, crise fiscal, ações judiciais, o acordo para o alongamento da dívida dos estados e a Lei Complementar nº 156/2016	320
6.1	A legislação editada no governo Dilma	320
6.2	Crise fiscal...	322
6.3	Ações judiciais	323
6.4	O acordo para o alongamento da dívida dos estados e a Lei Complementar nº 156/2016	325
7	O controle efetuado pelos Tribunais de Contas....................................	328
7.1	O controle efetuado pela STN	329
7.2	O controle efetuado pelos Tribunais de Contas....................................	331
8	Considerações finais..	334
	Referências	337
	Livros, artigos e dissertações	337
	Legislação	339
	Sítios na internet	340

CAPÍTULO 10
REPERCUSSÕES PENAIS DA JUDICATURA DE CONTAS

Alexandre Manir Figueiredo Sarquis..		343
1	Introdução	343
2	O espectro do Tribunal de Contas	345
3	Novo Tribunal de Contas?	349
4	Processo de contas	351
5	Lei Nacional de Processo de Contas	352
5.1	Processo de contas: ilícito como pressuposto	354
5.2	Processo de contas: julgador como terceiro	355
5.3	Processo de contas: iniciativa processual das partes...........................	355
5.4	Processo de contas: coisa julgada	356
6	Responsabilidade financeira	357
7	A reputação do Tribunal de Contas..	360
8	Repercussões penais da judicatura de contas	360
8.1	Primeira repercussão penal da judicatura de contas: a reputação do político...	361
8.2	Segunda repercussão penal da judicatura de contas: prova pericial não reapreciável	361

8.3	Terceira repercussão penal da judicatura de contas: recomposição com multa	362
8.4	A judicatura de contas à luz de suas próprias repercussões penais	363
9	Conclusões	364
	Referências	365
SOBRE OS AUTORES		369

PREFÁCIO

O livro, que tenho a honra de prefaciar, "Contas governamentais e responsabilidade fiscal: Desafios para o controle externo", coordenado pelos eminentes Cons. Luiz Henrique Lima, Min. Weder de Oliveira e Cons. João Batista Camargo, é uma contribuição de notável espectro e valia, seja pela alta qualidade dos autores, seja pela eleição feliz das temáticas abordadas. Estudo de Ministros e Conselheiros Substitutos de Tribunais de Contas, a obra integra a Coleção Audicon, em parceria com a Editora Fórum.

O presente volume inicia com o excelente trabalho de Weder de Oliveira (Ministro-Substituto do Tribunal de Contas da União), que efetua escrutínio do tema da apreciação de contas anuais do Presidente da República pelo Congresso Nacional mediante parecer prévio do TCU. Enfoca sutis questões relativas ao processo de controle externo parlamentar. Projeta luzes, por exemplo, sobre tópicos como a possível distinção constitucional entre "julgar" e "apreciar" contas. Assinala que ao Congresso não cabe substituir análises e conclusões sobre irregularidades, veiculadas no relatório do Tribunal de Contas. Examina, entre outros aspectos, a distinção processual entre o parecer prévio e o julgamento de contas de administradores. Ressalta que as contas prestadas pelo Presidente da República são de natureza institucional, não por acaso denominadas "contas do Governo da República" e o papel simbólico da eventual reprovação das contas. Defende a premência de o Congresso disciplinar a "utilização do relatório do Tribunal de Contas da União pela Comissão Mista de Orçamento e demais comissões temáticas. O que está em jogo nessa discussão é a efetividade de um instrumento constitucional de *accountability*". *Com propriedade*, assinala que "a apreciação dos relatórios apresentados pelo Presidente da República, a título de prestação de contas, em conjunto com o parecer prévio do Tribunal de Contas da União, há de ser encerrada ainda no mesmo exercício em que apresentadas as contas ou, quando muito, no começo do exercício seguinte".

No segundo capítulo, surge contribuição igualmente esclarecedora e importante, a cargo de Marcos Bemquerer Costa (Ministro-Substituto do Tribunal de Contas da União e Presidente da Audicon) e Patrícia Reis Leitão Bastos (Auditora Federal de Controle Externo do Tribunal de Contas da União), a propósito de apanhado histórico dos relatórios e pareceres prévios sobre contas do Governo da República, concernentes à década recente, abrangendo uma síntese minuciosa do histórico caso em que o TCU recomendou a rejeição de contas da Presidente da República relativas ao exercício de 2014, especialmente à vista de operações de crédito irregulares. Observam que, no "decênio em exame, são observadas nítidas evoluções e sensíveis aperfeiçoamentos dos relatórios e pareceres prévios das contas do Governo da República, em especial no que concerne ao cumprimento de dispositivos da Lei de Responsabilidade Fiscal (LRF) e à questão da incorporação tanto dos princípios internacionais de auditoria financeira quanto dos aspectos de governança". Agregam: "Também na questão da incorporação dos princípios internacionais de auditoria financeira, é nítida a evolução nos últimos anos". Certamente, o panorama histórico serve de manancial reflexivo para que os aludidos progressos sejam acentuados.

No capítulo subsequente, Luiz Henrique Lima (Conselheiro Substituto do Tribunal de Contas de Mato Grosso) enfrenta o intrincado tema do controle da responsabilidade fiscal. E o faz de maneira judiciosa, em tópicos significativos como "etapas na atuação das Cortes de Contas brasileiras no controle da responsabilidade fiscal, as limitações endógenas e exógenas ao controle efetivo da gestão fiscal", sublinhando que "as Cortes de Contas se encontram perante um dilema: ou aprofundam sua transformação em busca de maior efetividade, recuperando-se do 'déficit de legitimidade', ou optam pela estagnação, tornando-se institucionalmente irrelevantes para a sociedade brasileira". Enaltece o "controle que funciona", ou seja, "aquele que orienta, esclarece e alerta, que concentra e aprofunda sua fiscalização naquilo que é essencial, mediante critérios de materialidade, relevância, risco e oportunidade (...)". Sugere medidas como "buscar a uniformização de entendimentos entre os TCs sobre conceitos basilares da LRF".

A seguir, encarta-se o trabalho de Daniela Zago Gonçalves da Cunda (Conselheira Substituta do Tribunal de Contas do Rio Grande do Sul), atinente ao controle de sustentabilidade fiscal pelos Tribunais de Contas. Texto que estimula a compreensão da sustentabilidade multidimensional, com ênfase à dimensão fiscal e à solidariedade intergeracional. Evidencia, com êxito, a relação causal entre a responsabilidade fiscal e o desenvolvimento sustentável. A autora está coberta de razão ao assinalar que a "a dimensão fiscal ou financeira da sustentabilidade não pode ser relegada e que se encontra interligada para além das vertentes econômica, social e ambiental. Também detém íntima conexão com a dimensão jurídico-política e com a dimensão ética".

Ato contínuo, veicula-se significativa contribuição de Milene Cunha (Conselheira Substituta do Tribunal de Contas do Pará), em capítulo destinado à temática do controle da execução orçamentária como meio garantidor de direitos fundamentais, notadamente sociais.

Demonstra por que "é fundamental que o planejamento e a programação de gasto público não estejam adstritos à norma orçamentária anual". Destaca que, em face da cogente incorporação de elementos qualitativos, os Tribunais de Contas não podem se limitar à avaliação de elementos formais dos demonstrativos contábeis. Quer dizer, a legitimação substancial deve "ser considerada nas atividades e nas avaliações realizadas pelos Tribunais de Contas, tendo em vista sua especial capacidade para sua aplicação na seara política coletiva". Mantém, ao longo do texto, a premissa de fundo: "o efetivo controle da execução orçamentária possui uma relação direta com a concretização dos direitos fundamentais".

Ato contínuo, tem-se a análise da natureza jurídica dos Tribunais de Contas, bem como sobre a distinção entre contas de governo e de gestão, em capítulo bem tecido por Renato Luís Bordin de Azeredo (Conselheiro Substituto do Tribunal de Contas do Rio Grande do Sul). Destina, de início, o olhar para a autonomia e a independência institucional dos Tribunais de Contas e, logo depois, propõe-se a clarificar a distinção entre as contas de governo e de gestão. Trata-se de consistente chamado ao fortalecimento institucional das Cortes de Contas.

No capítulo que disserta sobre a tecnologia de *auditoria contábil financeira e o julgamento das contas públicas*, tem-se a contribuição de Isaias Lopes da Cunha (Conselheiro Substituto do Tribunal de Contas de Mato Grosso). Observa, em tratamento minucioso, os motivos pelos quais "a auditoria das demonstrações contábeis contribui para o fortalecimento da *accountability*, da integridade e da transparência na gestão das finanças públicas". Adiciona: "Para a implantação e realização plena das auditorias das demonstrações contábeis pelos Tribunais de Contas subnacionais, a exemplo do TCU, é indispensável a elaboração de estratégias e plano de ação, contemplando, entre outros, arranjos institucionais quanto à regulamentação da atividade, ao recrutamento de pessoal e alocação de auditores com formação acadêmica em ciências contábeis, bem como atuação conjunta com os órgãos de controle interno".

Por sua vez, Heloísa Helena Antonacio Monteiro Godinho (Conselheira Substituta do Tribunal de Contas do Estado de Goiás) discorre, com brilho, sobre o federalismo fiscal e o sistema de controle externo nacional. Enfatiza a necessidade do sistema "nacional" de controle externo. A par disso, ressalta que, nos "casos em que há uma rede cooperativa formada entre os Tribunais de Contas (auditorias coordenadas), como em programas das áreas de saúde, educação e segurança pública, o controle externo mostra-se visivelmente mais eficiente e eficaz, produzindo resultados positivos à sociedade. Entretanto, tais atuações coordenadas são discricionárias, não orgânicas, o que impede o sucesso integral do controle externo e, outrossim, a máxima efetividade dos comandos constitucionais".

O próximo capítulo enfoca, com a pronunciada qualidade do conjunto da obra, o tema da dívida dos estados brasileiros e os correspondentes desafios para o controle. Os autores, João Batista Camargo (Conselheiro Substituto do Tribunal de Contas de Mato Grosso) e Marcos Gomes Rangel (Superintendente de Planejamento, Orçamento, Finanças e Contabilidade da Secretaria de Assistência e Desenvolvimento Social de Alagoas), realizam abrangente e meticulosa análise do tormentoso tópico, principiando pelo panorama histórico do endividamento, passando pelo enfoque à luz do federalismo fiscal. Examinam os contratos e os ciclos de endividamento, inclusive no passado recente, contexto em que os estados "captaram recursos para supostos investimentos com o intuito de alavancar o crescimento econômico. Entretanto, o maior efeito foi o crescimento de suas dívidas". Apontam as raízes da deterioração das contas dos entes federativos e, quanto ao *controle incumbido aos Tribunais de Contas, no tocante à dívida pública*, alertam para que "a maioria se limita a verificar os limites exigidos pela legislação no momento da emissão do parecer prévio sobre as contas do Governador do Estado. É insuficiente. Seria necessário um controle que não fosse somente *a posteriori*".

Por derradeiro, tem-se o capítulo escrito por Alexandre Manir Figueiredo Sarquis (Conselheiro Substituto do Tribunal de Contas de São Paulo), a propósito das repercussões penais da judicatura de contas. Outro instigante trabalho que versa sobre questões como prova pericial não reapreciável e recomposição com multa, culminando por enfatizar a pertinência e a oportunidade da Lei Nacional de Processo de Contas.

Como se verifica, ao longo de estimulantes capítulos, os autores oferecem visão elaborada, rica e mutuamente enriquecedora. São textos que revelam a fecunda conjugação entre a elevada competência técnica e a encarnada experiência de campo. Por todos os motivos, merecem elogios, pois robustecem a convicção de que são possíveis, sempre e sempre, notáveis avanços de performance dos Tribunais de Contas, a favor do desenvolvimento duradouro, equitativo, includente e limpo. De parabéns a Editora Fórum, a Audicon e, especialmente, os leitores.

Juarez Freitas
Professor da Universidade Federal do Rio Grande do Sul, Professor Colaborador do Mestrado e Doutorado em Direito da PUCRS, Presidente do Conselho Científico do Instituto Brasileiro de Altos Estudos de Direito Público.

CAPÍTULO 1

PRECISAMOS FALAR SOBRE CONTAS...

UMA NOVA PERSPECTIVA SOBRE A APRECIAÇÃO DAS CONTAS ANUAIS DO PRESIDENTE DA REPÚBLICA PELO CONGRESSO NACIONAL MEDIANTE PARECER PRÉVIO DO TRIBUNAL DE CONTAS DA UNIÃO

WEDER DE OLIVEIRA

1 Introdução

O recente processo de *impeachment* deu ensejo à abertura de discussões que já deveriam estar sob os olhares da política e do direito há muito tempo: do que trata a prestação de contas que o Presidente da República deve apresentar anualmente ao Congresso Nacional? O que se põe ao exame do Parlamento Nacional e com que finalidade? Como deve o Poder Legislativo se manifestar sobre o seu conteúdo, o que deve fazer a respeito e quais são as consequências jurídicas de sua manifestação?

Se tais questões ainda não se fizeram ver como relevantes é porque a apreciação da prestação de contas do Chefe do Poder Executivo, precedida de parecer prévio do Tribunal de Contas, tem sido um ritual de mínima relevância política; um ritual tardiamente finalizado e de nenhuma consequência prática.

Um dos fatores que explicam o desinteresse parlamentar é que, supreendentemente e incoerentemente, a Constituição, as leis e as normas internas das casas legislativas pouco dispõem sobre essas questões essenciais.

Pouco há nesses instrumentos normativos de significativa, pragmática e eficaz funcionalidade sobre o conteúdo da prestação de contas de um Presidente da República e sobre os objetivos que a República Federativa do Brasil deseja alcançar ao prever, em sua Constituição, um procedimento de *accountability* de tal estatura política.

Muito pouco se esclarece no ordenamento normativo sobre o que seria o ato de "julgar as contas"; sobre o que o Congresso, uma instituição compósita de partidos políticos que apoiam e se opõem ao Presidente e seu governo, deveria se debruçar em avaliações técnicas, jurídicas e políticas; sobre o que deveria o Poder Legislativo se pronunciar e com que finalidade; e, a mais grave das omissões, sobre as consequências do "julgamento" que lhe cabe fazer.

Este artigo procede a um exame crítico das normas que de algum modo dispõem sobre a prestação de contas que deve o Presidente da República apresentar anualmente ao Congresso Nacional e discute o que é esse processo de controle externo parlamentar e como se poderia dar-lhe a funcionalidade hoje inexistente.

2 As normas constitucionais básicas e questionamentos preliminares

Conforme estabelece o inciso XXIV do art. 84 da Constituição, compete privativamente ao Presidente da República prestar, anualmente, ao Congresso Nacional, dentro de sessenta dias após a abertura da sessão legislativa, as contas referentes ao exercício anterior.

Primeira observação relevante. Ao nos atermos às exatas palavras desse texto, não há como não se surpreender pelo que nele se apresenta contraditório ao senso comum. A prestação de contas não está aqui sendo prevista como dever/obrigação do Presidente, mas como uma competência privativa, como se a Constituição quisesse afastar a possibilidade de essa competência ser exercida por outra autoridade ou implicitamente admitisse que as contas do exercício anterior pudessem ser prestadas ou levantadas por outra forma – pelo próprio Congresso, com o auxílio do Tribunal de Contas da União, por exemplo. Essa norma constitucional soma-se a outros elementos, discutidos ao longo do artigo, na formação do entendimento de que as contas prestadas pelo Presidente não são propriamente uma prestação de contas sobre sua conduta pessoal no exercício de suas funções e responsabilidades, aproximando-se mais da visão de serem "contas governamentais" ou, conforme foram e são denominadas aqui e ali, "contas do Governo da República". Voltaremos outras vezes a esse ponto.

É da competência exclusiva do Congresso Nacional (art. 49, IX) "julgar anualmente as contas prestadas pelo Presidente da República e apreciar os relatórios sobre a execução dos planos de governo".

Observe-se que a Constituição aborda no mesmo dispositivo as contas anuais e os relatórios sobre a execução dos planos de governo, do que se depreende terem sido percebidas pelo constituinte como coisas conexas. E, de fato, são: relatórios sobre execução dos planos de governo representam uma das formas de o Presidente da República prestar contas das realizações de sua administração e do cumprimento do encargo de exercer a "direção superior da administração federal", que lhe é atribuído, privativamente, pelo art. 84 da Constituição Federal.

No entanto, muito embora ambos os casos tratem de prestação de contas em sentido amplo, para um deles a Constituição utilizou o verbo "julgar" (julgar anualmente as contas) e, para o outro, o verbo "apreciar". Em que "julgar" difere de "apreciar"?

Em avaliação preliminar, "julgar" remete à ideia de uma decisão com consequências na esfera jurídica daquele que, de algum modo, tem seus atos, obrigações, deveres, responsabilidades e o exercício dos poderes de sua posição submetidos à apreciação de um órgão ou instituição devidamente habilitado pelo ordenamento jurídico para realizá-la, segundo ritos processuais normativamente estabelecidos e com estrito respeito às garantias individuais e aos limites dos poderes decisórios e sancionatórios definidos pela Constituição e pelas leis. "Apreciar" sugere um exame opinativo, sob outros procedimentos formais, do qual não resultariam consequências jurídicas para aquele que produz e submete o relatório à apreciação de outro órgão ou instituição. Um exame que, procedido pelo Parlamento, destina-se ao debate e à crítica política.

Teria sido intenção do constituinte fazer essa distinção? Os verbos são intercambiáveis? Alguma distinção poderia estar sendo buscada pela Constituição, assim como poderia tratar-se, no caso do verbo "julgar", de mera repetição de expressão utilizada nas constituições anteriores, quando outros eram os contextos constitucionais e políticos do exame de uma prestação de contas presidencial. Note-se que há casos, na própria Constituição, em que o verbo "apreciar" assume real conotação de decisão com efeitos jurídicos; leiam-se os seguintes exemplos: o art. 49, XII, sobre a apreciação de atos de concessão e renovação de concessão de emissoras de rádio e televisão; o art. 71, III, relativo à apreciação, para fins de registro, da legalidade dos atos de admissão de pessoal e das concessões de aposentadorias, reformas e pensões.[1]

Complementando os dois dispositivos analisados, a Constituição prescreve que, se as contas anuais não forem prestadas no prazo fixado, competirá, privativamente, à Câmara dos Deputados "proceder à tomada de contas do Presidente da República", segundo dispõe o art. 51, inciso II.

A investigação anunciada na introdução, a ser realizada com fundamento no que está expressamente revelado no ordenamento jurídico pertinente, começa pelo exame do modo como o Congresso lida com a exceção: a hipótese de não apresentação da prestação de contas no prazo determinado pela Constituição.

3 A regulação da Câmara dos Deputados para o caso excepcional de tomada de contas do Presidente da República

A Câmara dos Deputados ainda não foi demandada a proceder a essa tomada de contas.[2] Se viesse a ser, procederia na forma definida no art. 215 de seu regimento interno (RI/CD):

> Seção II
> Da Tomada de Contas do Presidente da República
> Art. 215. À Comissão de Finanças e Tributação incumbe proceder à tomada de contas do Presidente da República, quando não apresentadas ao Congresso Nacional dentro de sessenta dias após a abertura da sessão legislativa.
> §1º A Comissão aguardará, para pronunciamento definitivo, a organização das contas do exercício, que deverá ser feita por uma Subcomissão Especial, com o auxílio do Tribunal de Contas da União, dentro de sessenta sessões.
> §2º A Subcomissão Especial compor-se-á, pelo menos, de tantos membros quantos forem os órgãos que figuraram no Orçamento da União referente ao exercício anterior, observado o princípio da proporcionalidade partidária.

---

[1] Nesse caso, registra-se que os acórdãos do Tribunal de Contas da União normalmente se valem das expressões "julgar ilegal" e "julgar legal", havendo casos de acórdãos prolatados com a redação "considerar ilegal/legal". Ou seja, não é a fórmula linguística utilizada que determinará a substância do que se decide, assim como os efeitos das conclusões dos exames que são realizados por quem tem, por norma, o poder de realizá-los e para os fins normativamente previstos.

[2] Não encontramos registro de que em algum momento na história o Presidente da República tenha se omitido no seu dever de apresentar a prestação de contas anual.

§3º Cada membro da Subcomissão Especial será designado Relator-Parcial da tomada de contas relativas a um órgão orçamentário.

§4º A Subcomissão Especial terá amplos poderes, mormente os referidos nos §§1º a 4º do art. 61, cabendo-lhe convocar os responsáveis pelo sistema de controle interno e *todos os ordenadores de despesa da administração pública direta, indireta e fundacional dos três Poderes*, para comprovar, no prazo que estabelecer, *as contas do exercício findo, na conformidade da respectiva lei orçamentária e das alterações havidas na sua execução*.

§5º O parecer da Comissão de Finanças e Tributação será encaminhado, através da Mesa da Câmara, ao Congresso Nacional, *com a proposta de medidas legais e outras providências cabíveis*.

§6º A prestação de contas, após iniciada a tomada de contas, não será óbice à adoção e continuidade das providências relativas ao processo por crime de responsabilidade nos termos da legislação especial.[3] (Grifos nossos).

As partes grifadas na transcrição que acima se fez do Regimento Interno da Câmara dos Deputados indicam respostas a algumas das muitas questões fulcrais que pairam abertas sobre essa temática, dentre elas:

- Qual é o conteúdo das "contas do Presidente da República"?
- O que será posto sob apreciação do Congresso Nacional?
- Que consequências poderão advir dessa apreciação?

Sobre a primeira questão, está bem marcada a compreensão daquela casa legislativa, a Câmara dos Deputados, de que o conteúdo e o exame das contas em referência centram-se na execução da lei orçamentária, pois:

- a subcomissão especial será composta por tantos membros quantos forem os órgãos governamentais constantes do orçamento; sendo procedida uma tomada de contas parcial para cada órgão, relatada por relator específico;
- os ordenadores de despesa, quando convocados pela subcomissão especial, deverão "comprovar, no prazo que lhes for estabelecido, *as contas do exercício findo, na conformidade da respectiva lei orçamentária e das alterações havidas na sua execução*".[4]

---

[3] Esse parágrafo referencia-se ao art. 9º, nº 2, da Lei nº 1.079/1950, conhecida como "Lei do *Impeachment*", que define como crime de responsabilidade "não prestar ao Congresso Nacional dentro de sessenta dias após a abertura da sessão legislativa, as contas relativas ao exercício anterior".

[4] Continua em aberto a especificação do que se compõem as "contas do exercício findo": demonstrativos contábeis? Relatórios de execução do orçamento? Demonstrativos da receita arrecadada? Relatórios sobre as licitações realizadas? Relatórios detalhados sobre a aplicação dos recursos gerenciados? Relatórios mais amplos sobre a execução dos programas

3.1 As contas a serem apresentadas pelo Presidente abrangem todos os Poderes. Não há apreciação de caráter pessoal

Em segundo lugar, dá-se relevo a uma constatação contraintuitiva: o sentido dado pela Câmara dos Deputados às "contas do Presidente da República" é mais amplo do que a designação sugere, abrangendo exames sobre a ordenação de despesas também dos poderes Legislativo e Judiciário, e não apenas as do Poder Executivo: o RI/CD atribui à subcomissão especial instalada para tomar as "contas do Presidente da República" amplos poderes de convocação de ordenadores de despesa de *toda* a Administração Pública, direta e indireta, e de *todos* os poderes.

O sentido dado pela Câmara dos Deputados, instituição inquestionavelmente legitimada para disciplinar o processo de tomada de contas (do conteúdo ao procedimento) é de que o que se demandam do Presidente na prestação de contas que anualmente deve apresentar ao Congresso Nacional são dados, informações, relatórios, análises e demonstrativos financeiros pertinentes "às contas do exercício findo, na conformidade da respectiva lei orçamentária e das alterações havidas na sua execução", *de toda a Administração Pública federal, abrangendo todos os poderes*.

As contas anuais não foram tratadas pela Câmara dos Deputados como contas do Chefe do Poder Executivo, de cunho pessoal,[5] mas como conjunto de todas as informações pertinentes à execução da lei orçamentária,[6] que abrange o Orçamento Fiscal ("referente aos Poderes da União, seus fundos, órgãos e entidades da administração direta e indireta, inclusive fundações instituídas e mantidas pelo Poder Público"), o Orçamento da Seguridade Social ("abrangendo todas as entidades e órgãos a ela vinculados, da administração direta ou indireta, bem como os fundos e fundações instituídos e mantidos pelo Poder Público") e o Orçamento de Investimento das Empresas Estatais ("empresas em que a União, direta ou indiretamente, detenha a maioria do capital social

---

governamentais não fariam parte das "contas do exercício findo"? Tudo estaria por ser definido quando, hipótese remotíssima, se apresentasse um caso de tomada de contas do Presidente da República.

[5] Não estamos, nesse ponto, dizendo que a Constituição deve ser interpretada dessa maneira, mas apenas reportando que essa foi a interpretação dada pela Câmara dos Deputados em seu regimento interno.

[6] E também, por arrastamento e conexão de sentido, às informações sobre a execução do plano plurianual e à observância da Lei de Diretrizes Orçamentárias, no que fosse cabível.

com direito a voto"), que deve o Presidente encaminhar ao Congresso Nacional, para "julgamento".

A esse entendimento aderiu o legislador da Lei de Responsabilidade Fiscal:[7]

> Art. 56. As contas prestadas pelos Chefes do Poder Executivo incluirão, além das suas próprias, as dos Presidentes dos órgãos dos Poderes Legislativo e Judiciário e do Chefe do Ministério Público, referidos no art. 20, as quais receberão parecer prévio, separadamente, do respectivo Tribunal de Contas.
> §1º As *contas do Poder Judiciário* serão apresentadas no âmbito:
> I - da União, pelos Presidentes do Supremo Tribunal Federal e dos Tribunais Superiores, consolidando as dos respectivos tribunais;
> II - dos Estados, pelos Presidentes dos Tribunais de Justiça, consolidando as dos demais tribunais.

Cabe observar que a Lei de Responsabilidade Fiscal se refere no §1º do art. 56 a *contas do Poder Judiciário*, apresentadas no âmbito da União pelos presidentes do Supremo Tribunal Federal e dos Tribunais Superiores, consolidando as dos respectivos tribunais. Isso indica a natureza institucional dessas contas.[8]

Se houvesse algum real julgamento a ser procedido pelas casas legislativas no processo em que se examinam as "contas" prestadas pelo Presidente, não seria um julgamento de condutas, atos, omissões, deveres, obrigações ou responsabilidades das pessoas que exerceram as funções máximas de gestão desses tribunais (e das demais instituições mencionadas no art. 20[9] da LRF).[10]

Com a expressão "real julgamento", queremos remeter à ideia do que ocorre nos processos judiciais, dos quais resultam sentenças com efeitos imediatos ou potenciais na esfera jurídica das partes.

---

[7] Lei Complementar nº 101, de 2000.

[8] E, por consequência lógica, também as dos demais poderes e órgãos referidos no art. 20, §2º, da Lei de Responsabilidade Fiscal (LRF).

[9] LRF, art. 20, §2º Para efeito deste artigo entende-se como órgão: I - o Ministério Público; II - no Poder Legislativo: a) Federal, as respectivas Casas e o Tribunal de Contas da União; b) Estadual, a Assembléia Legislativa e os Tribunais de Contas; c) do Distrito Federal, a Câmara Legislativa e o Tribunal de Contas do Distrito Federal; d) Municipal, a Câmara de Vereadores e o Tribunal de Contas do Município, quando houver; III - no Poder Judiciário: a) Federal, os tribunais referidos no *art. 92 da Constituição*; b) Estadual, o Tribunal de Justiça e outros, quando houver.

[10] Registre-se que o Tribunal de Contas da União denomina o parecer prévio que profere sobre as contas prestadas anualmente pelo Presidente da República como "Parecer Prévio sobre as Contas do Governo da República".

Comumente tem sido imaginado que algo da mesma natureza, similar, há de ocorrer nos processos que têm lugar nas casas legislativas no exame das contas, pelo simples fato de a Constituição ter se referido a esse processo como um "julgar contas".

Note-se que não foi a Câmara dos Deputados que ajustou o seu regimento interno ao prescrito pela Lei Complementar nº 101/2000. Foi essa lei que ressoou o entendimento já firmado no regimento interno daquela casa legislativa, o que se demonstra com a transcrição da versão do art. 215 existente em 1994, muito antes da edição da Lei de Responsabilidade Fiscal,[11] que pouco difere da versão atual, anteriormente reproduzida:

> Art. 215. À Comissão de Finanças e Tributação incubo proceder à tomada de contas do Presidente da República, quando não apresentadas ao Congresso Nacional dentro de sessenta dias após a abertura da sessão legislativa.
>
> §1º A Comissão aguardará, para pronunciamento definitivo, a organização das contas do exercício, que deverá ser feita por uma Subcomissão Especial, com o auxílio do Tribunal de Contas da União, dentro de sessenta sessões.
>
> §2º A Subcomissão Especial compor-se-á, pelo menos, de tantos membros quantos forem os órgãos que figuraram no Orçamento da União referente ao exercício anterior, observado o princípio da proporcionalidade partidária.
>
> §3º Cada membro da Subcomissão Especial será designado Relator-Parcial da tomada de contas relativas a um órgão orçamentário.
>
> §4º A Subcomissão Especial terá amplos poderes, mormente os referidos nos §§1º a 4º do art. 61, cabendo-lhe convocar os responsáveis pelo sistema de controle interno e todos os ordenadores de despesa da administração pública direta, indireta e fundacional dos três Poderes, para comprovar, no prazo que estabelecer, as contas do exercício findo, na conformidade da respectiva lei orçamentária e das alterações havidas na sua execução.
>
> §5º O parecer da Comissão de Finanças e Tributação será encaminhado, através da Mesa da Câmara, ao Congresso Nacional, com a proposta de medidas legais e outras providencias cabíveis.
>
> §6º A prestação de contas, após iniciada a tomada de contas, não será óbice à adoção e continuidade das providencias relativas ao processo por crime de responsabilidade nos termos da legislação especial.

---

[11] Sancionada em 4 de maio de 2000.

Não desconhecendo a controvérsia existente sobre se agiu bem o legislador e se o fez dentro da Constituição,[12] ao estabelecer que as contas dos chefes do Poder Executivo incluirão as contas dos "órgãos dos Poderes Legislativo e Judiciário e do Chefe do Ministério Público", registram-se aqui apenas os fatos normativos: a Lei de Responsabilidade Fiscal e o Regimento Interno da Câmara dos Deputados assim compuseram as "contas a serem prestadas anualmente pelo Presidente da República".

Até agora, o que se viu é que, na eventual tomada de contas do Presidente da República pela Câmara dos Deputados, não estariam sob investigação atos seus, condutas suas, mas um conjunto de informações sobre o orçamento da União e, eventualmente, sobre atos de ordenadores de despesas de qualquer área da Administração Pública e de todos os poderes.

Portanto, não está o Presidente sob julgamento de natureza individual, passível de receber qualquer imputação jurídica, nesse processo de tomada de contas.

Do mesmo modo, não estariam os presidentes dos tribunais do Poder Judiciário, os presidentes das casas do Congresso Nacional e nem o procurador-geral da República sujeitos ao escrutínio de suas responsabilidades pela Câmara dos Deputados e, consequentemente, sujeitos a serem destinatários de decisões de efeitos jurídicos sancionatórios. Em resumo, essas autoridades não são objeto de um processo de responsabilização pessoal pelo Poder Legislativo quando apreciando as contas prestadas pelo Presidente da República, abrangendo todos os poderes, não por outra razão já denominadas também de "contas do Governo da República".

O exame que caberia ser procedido pela Câmara dos Deputados, na hipótese de que se trata, nada teria a ver com o julgamento de contas de administradores previsto no art. 71, II, da CF, de competência do Tribunal de Contas da União. Um exame não substitui o outro. O primeiro ("contas do Governo da República") não impede o segundo ("contas dos administradores"), porque se processa com finalidades e sobre conteúdos distintos. A existência do segundo não impede e não se confunde com o primeiro, também uma forma de atuação do controle externo, sob condução, no caso, do Poder Legislativo, com objetivo totalmente distinto, como será demonstrado.

---

[12] Vide Adin nº 2.238.

3.2 O parecer da Câmara dos Deputados proporá medidas legais e outras providências cabíveis

Ainda sob esse ângulo de observação, o do "julgamento das contas" e suas consequências, o §5º do art. 215 do RI/CD é sobremodo relevante, sendo a ele feitas outras remissões: "§5º O parecer da Comissão de Finanças e Tributação será encaminhado, através da Mesa da Câmara, ao Congresso Nacional, com a *proposta de medidas legais e outras providencias cabíveis*".

Tomadas as contas, o parecer elaborado pela comissão pertinente da Câmara dos Deputados, a ser encaminhado ao Congresso Nacional para "julgamento",[13] "apresentará proposta de medidas legais e outras providências" (se for o caso, evidentemente), não havendo previsão de emissão de um juízo a título de "proposta de julgamento" com repercussão na esfera pessoal do Presidente da República, ou da autoridade máxima de quaisquer dos outros poderes e órgãos de estatura constitucional.

A finalidade funcional do exame da prestação de contas revelada pelo Regimento Interno da Câmara dos Deputados é a de tomar providências em relação ao que for examinado e em decorrência das conclusões a que se chegar. Não se busca uma manifestação do Poder Legislativo a título de juízo de valor[14] qualificativo enunciado sob alguma fórmula redacional predefinida, tal como "contas irregulares", "contas reprovadas", "contas regulares", "contas regulares com ressalvas", "contas aprovadas parcialmente", como se esse juízo contivesse em si mesmo algum sentido jurídico ou decisório útil ao processo. Quaisquer desses juízos, desacompanhados de adoção de medidas legais ou outras providências cabíveis, nenhum valor pragmático teria, segundo o ordenamento até aqui examinado.

No prosseguimento da investigação, veremos como o Congresso Nacional regulou a apreciação das contas prestadas pelo Presidente da República anualmente.

4 A regulação do Congresso Nacional

O exame e a emissão de parecer sobre as contas anualmente prestadas pelo Presidente da República serão feitos, conforme determina

---

[13] Melhor seria dizer apreciação, pois, segundo a técnica legislativa, pareceres não são julgados, são apreciados.

[14] Ainda que sobreposto a análises técnicas e jurídicas.

a Constituição, por "uma Comissão mista permanente de Senadores e Deputados",[15] denominada, pela Resolução nº 1, de 2006-CN, Comissão Mista de Planos, Orçamentos Públicos e Fiscalização ou, simplesmente, Comissão Mista de Orçamento (CMO).

Essa resolução é o ato normativo primário, secundado pelo regimento interno da CMO, que regula a apreciação das contas apresentadas pelo Presidente. Segundo o art. 2º, a CMO tem competência para emitir parecer e deliberar sobre "as contas apresentadas nos termos do art. 56, *caput* e §2º, da Lei Complementar nº 101, de 4 de maio de 2000".[16] Ou seja, a comissão mista emitiria pareceres sobre as contas do Poder Executivo, do Poder Judiciário, da Câmara dos Deputados, do Senado Federal, do Tribunal de Contas da União e do Ministério Público da União, nos termos regulados pela resolução:

> CAPÍTULO X
> DA APRECIAÇÃO DAS CONTAS
> Seção I
> Das Diretrizes Gerais
> Art. 115. O Relator das contas apresentadas nos termos do art. 56, *caput* e §2º, da Lei Complementar nº 101, de 2000, apresentará relatório, que contemplará todas as contas, e concluirá pela apresentação de projeto de decreto legislativo, ao qual poderão ser apresentadas emendas na CMO.
> Parágrafo único. No início dos trabalhos do segundo período de cada sessão legislativa, a Comissão realizará audiência pública com o Ministro Relator do Tribunal de Contas da União, que fará exposição do parecer prévio das contas referidas no *caput*.
> Seção II
> Dos Prazos
> Art. 116. Na apreciação das prestações de contas serão observados os seguintes prazos:

---

[15] Art. 166. Os projetos de lei relativos ao plano plurianual, às diretrizes orçamentárias, ao orçamento anual e aos créditos adicionais serão apreciados pelas duas Casas do Congresso Nacional, na forma do regimento comum. §1º Caberá a uma Comissão mista permanente de Senadores e Deputados: I - examinar e emitir parecer sobre os projetos referidos neste artigo e sobre as contas apresentadas anualmente pelo Presidente da República;

[16] As referências à Lei de Responsabilidade Fiscal são as seguintes: Art. 56. As contas prestadas pelos Chefes do Poder Executivo incluirão, além das suas próprias, as dos Presidentes dos órgãos dos Poderes Legislativo e Judiciário e do Chefe do Ministério Público, referidos no art. 20, as quais receberão parecer prévio, separadamente, do respectivo Tribunal de Contas. §2º O parecer sobre as contas dos Tribunais de Contas será proferido no prazo previsto no art. 57 pela comissão mista permanente referida no §1º do art. 166 da Constituição ou equivalente das Casas Legislativas estaduais e municipais.

I - até 40 (quarenta) dias para a apresentação, publicação e distribuição do relatório e do projeto de decreto legislativo, a partir do recebimento do parecer prévio;

II - até 15 (quinze) dias para apresentação de emendas ao relatório e ao projeto de decreto legislativo, a partir do término do prazo previsto no inciso I;

III - até 15 (quinze) dias para a apresentação do relatório às emendas apresentadas, a partir do término do prazo previsto no inciso II;

IV - até 7 (sete) dias para a discussão e votação do relatório e do projeto de decreto legislativo, a partir do término do prazo previsto no inciso III;

V - até 5 (cinco) dias para o encaminhamento do parecer da CMO à Mesa do Congresso Nacional, a partir do término do prazo previsto no inciso IV;

VI - até 3 (três) dias para a sistematização das decisões do Plenário do Congresso Nacional e geração dos autógrafos, a partir da aprovação do parecer pelo Congresso Nacional.

A Resolução nº 1, de 2006, do Congresso Nacional, como se vê, disciplina o exame das contas prestadas pelo Presidente como deliberação sobre uma proposição legislativa, na forma de projeto de decreto legislativo, sujeito a emendamento. Não é o parecer prévio do Tribunal de Contas da União, proferido em cumprimento ao disposto no art. 70, inciso I, da Constituição que estará em discussão.

A disciplina do exame a ser procedido é, lamentavelmente, sucinta e lacunosa, passando ao largo de inúmeras questões que não poderiam restar sem resposta, por se tratar de um processo de relevo constitucional e de potencial elevada relevância e sensibilidade política para as discussões públicas sobre o cumprimento do Orçamento Geral da União, os resultados dos programas governamentais, a situação das contas públicas[17], a fiabilidade das informações contábeis, entre tantos outros temas de interesse público envolvidos no conjunto intitulado "contas de governo" (contas prestadas pelo Presidente da República).

São questões como estas:
- Analogamente à situação de qualquer outro parecer da Comissão Mista de Orçamento sobre as matérias de sua jurisdição, o parecer seria pela aprovação ou pela rejeição?
- O que exatamente se estaria aprovando ou rejeitando sob o guarda-chuva da denominação "contas"?
- Não se tratando as "contas" de um objeto unitário, específico, mas, presumida e faticamente, correspondendo a uma

---

[17] A acepção de contas públicas (aspecto estático) aqui deve ser ampliada para abranger também a ideia de finanças públicas (aspecto dinâmico).

multitude de aspectos da execução do orçamento e dos programas de governo, que critérios balizariam a aprovação ou rejeição das "contas"?[18]
- Que consequências derivariam de eventual rejeição das "contas"? Ou, em outros termos, que deveres o Congresso se autoimporia como consequência da prolação de um juízo de "reprovação de contas"? Quem reprova algo deve dar a esse juízo alguma consequência pragmática e juridicamente útil?

4.1 A regulação interna da Comissão Mista de Orçamento

O regulamento interno da Comissão Mista de Orçamento complementa a resolução,[19] mas oferece resposta a apenas uma das questões suscitadas: o parecer sobre as contas deverá ser pela aprovação, rejeição parcial ou rejeição total:

> Da Prestação de Contas Anual do Presidente da República
> Art. 67. A Comissão apreciará as contas apresentadas pelo Presidente da República, acompanhadas de relatório prévio do Tribunal de Contas da União, e emitirá seu parecer.
> §1º No início dos trabalhos do segundo período de cada sessão legislativa, a Comissão realizará audiência pública com o Ministro Relator do Tribunal de Contas da União, que fará exposição acerca do seu parecer prévio sobre as contas apresentadas, com vistas a subsidiar a apreciação dessa prestação de contas.
> §2º O relatório e o parecer sobre as contas concluirá por projeto de decreto legislativo, propondo a aprovação ou rejeição, total ou parcial, ao qual poderão ser apresentadas emendas, na Comissão.
> Art. 68. O Relator das Contas do Presidente da República, designado na forma do art. 19, §1º, deste Regulamento poderá solicitar ao Tribunal de Contas da União parecer técnico fundamentado e informações, a qualquer órgão ou entidade pública, sobre parte controversa ou obscura, detectada na análise de seu relatório, bem como requisitar a elaboração de estudo técnico específico às comissões de qualquer das Casas do Congresso Nacional.

---

[18] Vide o conteúdo dos relatórios e pareceres prévios do Tribunal de Contas da União sobre as "Contas do Governo da República".

[19] O Regimento Interno do Congresso Nacional, assim como o Regimento Interno do Senado Federal, não oferece regulação do exame das contas prestadas pelo Presidente da República.

4.2 Exemplos de decisão final do Congresso Nacional sobre as contas prestadas pelo Presidente da República: contas do Governo da República? Contas do Governo Federal? Contas do Presidente da República? Novos questionamentos

A decisão final do Congresso Nacional, no exercício da competência fixada no inciso IX do art. 49 da Constituição, será exarada segundo os termos que podem ser vistos a seguir, sem uso da expressão "julgar as contas" (grifos nossos).

> DECRETO LEGISLATIVO Nº 451, DE 2002[20]
> Aprova as *Contas do Governo Federal* relativas ao exercício financeiro de 1997.
> O Congresso Nacional decreta:
> Art. 1º São aprovadas *as Contas do Governo Federal* relativas ao exercício financeiro de 1997, de acordo com o inciso IX do art. 49 da Constituição Federal.
> Art. 2º *Compete ao Tribunal de Contas da União o acompanhamento e avaliação do cumprimento das recomendações contidas no Relatório.*
> Art. 3º Este Decreto Legislativo entra em vigor na data de sua publicação.
> DECRETO LEGISLATIVO Nº 101, DE 1991[21]
> *Aprova as Contas do Governo da República*, relativas ao exercício financeiro de 1988.
> O CONGRESSO NACIONAL decreta:
> Art. 1º. São aprovadas *as contas do Senhor Presidente da República*, relativas ao exercício financeiro de 1988, conforme o disposto nos arts. 49, inciso IX; 71, inciso I, e 166, §1º, inciso I, in fine, da Constituição Federal.
> Art. 2º. Este decreto legislativo entra em vigor na data de sua publicação.
> PROJETO DE DECRETO LEGISLATIVO 42/2011[22]
> Aprova as Contas do Governo Federal no Exercício de 2008
> O CONGRESSO NACIONAL decreta:

---

[20] Disponível em: <http://www2.camara.leg.br/legin/fed/decleg/2002/decretolegislativo-451-19-dezembro-2002-491599-publicacaooriginal-1-pl.html>.

[21] Disponível em: <http://www2.camara.leg.br/legin/fed/decleg/1991/decretolegislativo-101-6-maio-1991-358865-publicacaooriginal-1-pl.html>.

[22] Disponível em: <http://www.camara.leg.br/proposicoesWeb/prop_mostrarintegra;jsessionid=452E0760D93B0989615ECA00F8FE70E6.proposicoesWebExterno1?codteor=853254&filename=PDC+42/2011http://www.camara.leg.br/proposicoesWeb/prop_mostrarintegra;jsessionid=1724467A43EC792C835D787B91B6C5D0.proposicoesWeb1?codteor=853254&filename=PDC+42/2011> . Acesso em: 26 out. 2016.

Art. 1º Ficam aprovadas as contas do Presidente da República relativas ao exercício de 2008, nos termos do inciso IX do art. 49, combinado com o inciso XXIV do art. 84 da Constituição Federal.
Parágrafo único. *Ficam ratificadas as ressalvas constantes do Relatório do Tribunal de Contas da União para o Exercício de 2008.*
Art. 2º Este Decreto Legislativo entra em vigor na data de sua publicação.

Note-se que a epígrafe e o corpo dos decretos denominam distintamente o mesmo objeto: ora "contas do Governo Federal" ou "contas do Governo da República", ora "contas do Presidente da República". Isso denota a indecisão conceitual do Parlamento sobre o que esteve sob sua apreciação. Não é uma questão de nomenclatura, mas de ontologia.

Se as contas são da pessoa "Presidente da República", o que estaria em apreciação, dessume-se, seria a forma como se desincumbiu dos deveres e responsabilidades do mandato presidencial. Haveria uma conotação de juízo que recai diretamente sobre a pessoa.

Se as contas são do Governo Federal[23] ou do "Governo da República", o que se tem por pressuposto é o exame de dados, informações, relatórios analíticos, demonstrativos contábeis, patrimoniais, financeiros, orçamentários; uma apreciação da realidade fática, de caráter institucional, e não de atos e condutas pessoais. Um exame do qual, no entanto, pode resultar elogiosa ou devastadora crítica política, que é da natureza do Parlamento fazer.

Perceba-se também que, em um dos casos, o projeto de decreto ratifica as ressalvas feitas pelo Tribunal de Contas da União e, em outro, o decreto determina que o acompanhamento e a avaliação do cumprimento das recomendações exaradas no relatório que fundamenta o texto do decreto sejam feitos pelo TCU.

Dessas ações congressuais resultam outras questões que lançam mais dúvidas e aumentam a complexidade das interpretações normativas e da atuação processual dos atores envolvidos: o TCU, que emite parecer prévio; a CMO, no exame e emissão de parecer sobre as contas; e o Congresso Nacional, na apreciação do parecer e na deliberação final:

- Se o Congresso fez constar do decreto legislativo que "ficam ratificadas as ressalvas do Relatório do Tribunal de Contas da União", poderia, presume-se, ter decidido pelo oposto, "não ratificar as ressalvas". Se o Congresso não ratificasse as ressalvas, então o que o Tribunal de Contas, instituição técnica

---

[23] Governo Federal, acepção próxima a Poder Executivo. Governo da República, expressão com abrangência extensível a todos os Poderes e instituições autônomas constitucionais, como o Ministério Público e os Tribunais de Contas.

que apoia o Congresso no exame das contas prestadas anualmente pelo Presidente da República, apontou como irregular, em face da legislação e dos princípios que regulam a matéria, não deveria ser considerado pela Administração, de modo que poderia continuar a proceder na forma como aquela Corte considerou irregular, mas o Congresso não?
- O fato de o Congresso ter expressamente inscrito no decreto que "o acompanhamento e avaliação do cumprimento das recomendações contidas no Relatório" alimenta dúvidas sobre a validade dessas recomendações. As recomendações exaradas pelo TCU no bojo da emissão do parecer prévio poderão ser afastadas e somente terão eficácia se encampadas pelo Congresso? Se for assim, o Congresso não se obriga a ser tempestivo para que as recomendações não só não se tornem inúteis pelo transcurso do tempo, mas para que sirvam ao aprimoramento da Administração?

São questões sérias e devem ser seriamente tratadas para que se possa ter a exata compreensão do processo "apresentação de contas/parecer prévio/apreciação parlamentar".

O Congresso é uma instituição que funciona sob o pressuposto do juízo político. Cabe-lhe, sem dúvida, decidir, como muito bem regulado no regimento interno da Câmara dos Deputados, sobre as medidas legais e outras providências a adotar em face do relatório produzido pelo Tribunal de Contas da União e das suas próprias considerações e análises, por meio da Comissão Mista de Orçamento. Entre essas medidas, fazer determinações ao próprio TCU; dar início a processos de responsabilização pessoal por crime de responsabilidade; propor projetos de leis; aprovar propostas de fiscalização; convocar autoridades; instalar comissão parlamentar de inquérito; promover audiências públicas.

Rediscutir as análises e conclusões contidas no relatório do TCU, no que tange ao que foi considerado irregular, a fim de substituí-las pelas suas próprias não parece, contudo, ser o caminho mais acertado a ser trilhado, diante da existência de uma instituição especialmente instituída pela Constituição de 1891[24] e preservada em todas as que

---

[24] O Tribunal de Contas havia sido instituído pelo Decreto-Lei nº 966-A, de 07 de novembro de 1890. No entanto, o constituinte de 1891 preferiu afirmar na Constituição que o Tribunal ali estava sendo instituído, e não mantido. A regulamentação necessária para a implantação do Tribunal de Contas foi emitida somente em 1892, pelo Decreto nº 1166, assinado por Floriano Peixoto, Presidente da República, e Serzedello Corrêa, Ministro da Fazenda.

se seguiram, com progressiva ampliação de funções e competências, especialmente a de auditar as "contas".

Ainda que o Congresso, como se sabe, disponha de quadros técnicos próprios competentes que possam auxiliá-lo nessa tarefa, sabe-se também que as decisões finais são políticas e que mesmo os exames técnicos podem ser realizados segundo premissas partidariamente determinadas. A temática é, pois, complexa. Merece abordagem específica e não deve ser ignorada, como se sequer devesse ou estivesse posta para discussão, porque está, como se viu nos decretos legislativos reproduzidos anteriormente.

5 A regulação da legislação do Tribunal de Contas da União. O conteúdo das contas (sentido estrito e sentido amplo)

Prescrições mais concretas sobre o conteúdo das contas estão dadas na Lei Orgânica do Tribunal de Contas da União:[25]

> Art. 36. Ao Tribunal de Contas da União compete, na forma estabelecida no Regimento Interno, apreciar as contas prestadas anualmente pelo Presidente da República, mediante parecer prévio a ser elaborado em sessenta dias a contar de seu recebimento.
> Parágrafo único. As contas consistirão nos balanços gerais da União e no relatório do órgão central do sistema de controle interno do Poder Executivo sobre a execução dos orçamentos de que trata o §5º do art. 165 da Constituição Federal.

Essa lei define a composição das contas: balanços gerais e relatório sobre a execução dos orçamentos. O caráter institucional das contas prestadas pelo Presidente da República está patente.

Não se trata de exame de atos de gestão; não se trata de exame de atos, omissões, cumprimento de obrigações e deveres funcionais para fins de imputação de responsabilidades e aplicação de sanções, tal como o Tribunal de Contas procede no exame das "contas dos administradores"[26] e demais responsáveis por bens e valores públicos.

---

[25] Lei nº 8.443, de 1992.

[26] No exame dessas contas, o TCU emite os seguintes juízos, conforme art. 16 da LO/TCU: "Art. 16. As contas serão julgadas: I - regulares, quando expressarem, de forma clara e objetiva, a exatidão dos demonstrativos contábeis, a legalidade, a legitimidade e a economicidade dos atos de gestão do responsável; II - regulares com ressalva, quando evidenciarem impropriedade ou qualquer outra falta de natureza formal de que não resulte dano ao Erário; III - irregulares, quando comprovada qualquer das seguintes ocorrências:

No entanto, ainda há outros pontos a serem detalhados: o que se encontra abrangido pela expressão "balanços gerais"? O que deve ser abordado no relatório sobre a execução dos orçamentos? Como o Tribunal de Contas da União deve se manifestar no parecer prévio?

A lei reservou ao TCU competência para detalhar[27] a composição das contas (balanços gerais e relatório sobre a execução dos orçamentos), assim como definir sua manifestação no parecer prévio, nos termos do regimento interno (art. 221 e seguintes), cujos excertos mais relevantes para o objeto de nossas análises estão reproduzidos a seguir:

> CAPÍTULO II
> APRECIAÇÃO DAS CONTAS DO PRESIDENTE DA REPÚBLICA
> Art. 221. O Tribunal de Contas da União apreciará as Contas prestadas anualmente pelo Presidente da República, mediante parecer prévio a ser elaborado em sessenta dias a contar da data de seu recebimento.
> Parágrafo único. As contas prestadas pelo Presidente da República consistirão nos balanços gerais da União e no relatório do órgão central do sistema de controle interno do Poder Executivo sobre a execução dos orçamentos de que trata o §5º do art. 165 da Constituição Federal.
> Art. 222. O Tribunal estabelecerá em ato normativo específico a forma de apresentação do relatório que acompanha as contas prestadas pelo Presidente da República, elaborado pelo órgão central do sistema de controle interno do Poder Executivo.
> (...)
> Art. 224. O relator, além dos elementos contidos nas contas prestadas, poderá solicitar esclarecimentos adicionais e efetuar, por intermédio de unidade própria, fiscalizações que entenda necessárias à elaboração do seu relatório.
> (...)
> Art. 228. *O parecer prévio a que se refere o caput do art. 221 será conclusivo no sentido de exprimir se as contas prestadas pelo Presidente da República representam adequadamente as posições financeira, orçamentária, contábil e patrimonial, em 31 de dezembro,* bem como sobre a observância dos

---

a) omissão no dever de prestar contas; b) prática de ato de gestão ilegal, ilegítimo, antieconômico, ou infração à norma legal ou regulamentar de natureza contábil, financeira, orçamentária, operacional ou patrimonial; c) dano ao Erário decorrente de ato de gestão ilegítimo ao antieconômico; d) desfalque ou desvio de dinheiros, bens ou valores públicos".

[27] O que se deu de forma coerente com o disposto no art. 3º da LO/TCU: "Art. 3º Ao Tribunal de Contas da União, no âmbito de sua competência e jurisdição, assiste o poder regulamentar, podendo, em consequência, expedir atos e instruções normativas sobre matéria de suas atribuições e sobre a organização dos processos que lhe devam ser submetidos, obrigando ao seu cumprimento, sob pena de responsabilidade".

princípios constitucionais e legais que regem a administração pública federal.

§1º O parecer prévio conterá registros sobre a observância às normas constitucionais, legais e regulamentares na execução dos orçamentos da União e nas demais operações realizadas com recursos públicos federais, em especial quanto ao que estabelece a lei orçamentária anual.

2º O relatório, que acompanhará o parecer prévio, conterá informações sobre:

I – o cumprimento dos programas previstos na lei orçamentária anual quanto à legitimidade, eficiência e economicidade, bem como o atingimento de metas e a consonância destes com o plano plurianual e com a lei de diretrizes orçamentárias;

II – o reflexo da administração financeira e orçamentária federal no desenvolvimento econômico e social do País.

III – o cumprimento dos limites e parâmetros estabelecidos pela Lei Complementar nº 101, de 4/5/2000 - Lei de Responsabilidade Fiscal.

(...)

O escrutínio do regimento interno mostra que o TCU, ao examinar as contas prestadas pelo Presidente da República, para fins de emissão de parecer prévio, subsidiará o Congresso Nacional, fundamentalmente, de três modos, com consequências distintas sobre o uso que o Legislativo poderá fazer das informações e opiniões técnicas que receberá da Corte de Contas.

O primeiro deles, menos controverso, mediante produção de análises, no próprio parecer, sobre a conjuntura econômica, a ação setorial do governo e políticas públicas específicas, bem como pela incorporação, ao parecer, de análises e conclusões sobre programas e outros temas governamentais significativos reportadas em auditorias relatadas ao longo do ano anterior e, eventualmente, em outros anos. Esse conjunto analítico constitui relevante fonte de informações para o debate e a crítica política (no melhor sentido) que se processam no Congresso Nacional, assim como para o conhecimento público, muito embora ainda se ressinta de um texto de melhor capacidade comunicativa e explicativa para os setores menos especializados.

Os outros dois modos, explicados nas próximas seções, abrigam as maiores controvérsias, ambiguidades, indefinições e algumas discussões vazias de significado prático.

5.1 Contas em sentido estrito. A opinião de auditoria independente sobre os balanços gerais: Congresso pode divergir?

Como expresso na primeira parte do art. 228 do RI/TCU, o Tribunal deverá emitir um juízo sobre as contas em sentido estritíssimo (os balanços gerais mencionados no art. 36 da LO/TCU), opinando se "representam adequadamente as posições financeira, orçamentária, contábil e patrimonial, em 31 de dezembro".

Essa é uma função típica das entidades superiores de fiscalização: de controle externo, de auditoria das contas (compreendidas em seu sentido contábil-financeiro). Uma função de certificação da fiabilidade dos balanços e demonstrativos contábeis, patrimoniais, financeiros, orçamentários, fiscais, que se assemelha às atividades de auditoria externa independente desempenhadas no setor privado, mediante as quais empresas especializadas podem emitir os seguintes principais tipos de opinião modificada,[28] nos termos da NBC TA 705 do Conselho Federal de Contabilidade:[29]

> *Opinião com ressalva*
> 7. O auditor deve expressar uma opinião com ressalva quando:
> (a) ele, tendo obtido evidência de auditoria apropriada e suficiente, conclui que as distorções, individualmente ou em conjunto, são relevantes, mas não generalizadas nas demonstrações contábeis; ou
> (b) não é possível para ele obter evidência apropriada e suficiente de auditoria para fundamentar sua opinião, mas ele conclui que os possíveis efeitos de distorções não detectadas sobre as demonstrações contábeis, se houver, poderiam ser relevantes, mas não generalizados.

---

[28] Nos termos da minuta do Manual de Auditoria Financeira do Tribunal de Contas da União, submetida à consulta pública, o auditor pode emitir um relatório de auditoria com "opinião não modificada" ou com "opinião modificada" (p. 162 e seguintes): "623. O auditor deve emitir um relatório de auditoria com *opinião não modificada* quando ele não tiver tido qualquer limitação no alcance de seu trabalho e puder concluir que as demonstrações financeiras foram elaboradas, em todos os aspectos relevantes, de acordo com a estrutura de relatório financeiro aplicável. 624. Por conseguinte, o relatório de auditoria deve conter *opinião modificada* quando o auditor: a) não conseguir obter evidência de auditoria suficiente e apropriada para concluir se as demonstrações financeiras apresentam distorções relevantes; ou b) concluir, com base na evidência de auditoria obtida, que as demonstrações financeiras apresentam distorções relevantes. Disponível em: <http://portal.tcu.gov.br/fiscalizacao-e-controle/auditoria/consulta-publica-manual-de-auditoria-financeira.htm>.

[29] Disponível em: <http://www.crcpr.org.br/new/content/download/camaraTecnica/NBCTA705.pdf>.

Opinião adversa
8. O auditor deve expressar uma opinião adversa quando, tendo obtido evidência de auditoria apropriada e suficiente, conclui que as distorções, individualmente ou em conjunto, são relevantes e generalizadas para as demonstrações contábeis.

Abstenção de opinião
9. O auditor deve abster-se de expressar uma opinião quando não consegue obter evidência de auditoria apropriada e suficiente para fundamentar sua opinião e ele conclui que os possíveis efeitos de distorções não detectadas sobre as demonstrações contábeis, se houver, poderiam ser relevantes e generalizados.
10. O auditor deve abster-se de expressar uma opinião quando, em circunstâncias extremamente raras envolvendo diversas incertezas, ele conclui que, independentemente de ter obtido evidência de auditoria apropriada e suficiente sobre cada uma das incertezas, não é possível expressar uma opinião sobre as demonstrações contábeis devido à possível interação das incertezas e seu possível efeito cumulativo sobre essas demonstrações contábeis.

Em 2015, no parecer prévio sobre as *contas do Governo da República do exercício financeiro de 2014*, o Tribunal de Contas da União, em típica função de auditoria externa, emitiu opinião com ressalvas sobre os balanços gerais:[30]

> As demonstrações contábeis consolidadas da União, compostas pelos balanços Orçamentário, Financeiro e Patrimonial e pela Demonstração das Variações Patrimoniais, exceto pelos possíveis efeitos dos achados de auditoria consignados no relatório, refletem a situação patrimonial em 31.12.2014 e os resultados orçamentário, financeiro e patrimonial relativos ao exercício encerrado nessa data, de acordo com as disposições da Lei 4.320/1964, da Lei Complementar 101/2000 e das demais normas aplicáveis à contabilidade federal.

Os fundamentos para a opinião modificada (ou com ressalvas) foram detalhadamente descritos em capítulo próprio do Relatório sobre as Contas do Governo da República e sintetizados no parecer prévio:

> A descrição completa dos fundamentos para a emissão de opinião modificada sobre o Balanço Geral da União consta no Capítulo 5 do

---

[30] Relatório e Parecer Prévio sobre as Contas de Governo da República, p. 20. Disponível em: <http://portal.tcu.gov.br/tcu/paginas/contas_governo/contas_2014/docs/CG%202014_RelatorioParecerPrevioFinal.pdf>. Acesso em: 26 out. 2016.

Relatório. A seguir estão elencados os principais achados no exame efetuado sobre as demonstrações consolidadas:

1. Limitação de escopo em relação à ausência de projeção atuarial e de política de registros contábeis do passivo atuarial referente às despesas com militares inativos, em valor não quantificável;
2. Limitação de escopo em relação à ausência de política e registros contábeis do passivo atuarial das pensões militares, em valor não quantificável;
3. Falha de divulgação em notas explicativas do déficit atuarial do Regime Geral de Previdência Social;
4. Insuficiência de evidenciação contábil de provisões acerca dos riscos fiscais decorrentes de demandas judiciais ajuizadas contra a União, em valor não quantificável;
5. Retificação irregular dos Restos a Pagar não processados, subavaliando o Passivo Não Financeiro em R$ 185 bilhões;
6. Ausência de registro de passivos da União relativos a repasse de recursos de programas sociais, no valor de R$ 37,5 bilhões;
7. Subavaliação do resultado da equivalência patrimonial de 2014 em R$ 15 bilhões;
8. Divergências de R$ 7 bilhões em saldos da Dívida Ativa da União;
9. Divergência de R$ 1,7 bilhão em saldos de empréstimos e financiamentos concedidos pelo Tesouro ao BNDES;
10. Uso de metodologia de mensuração do ajuste para perdas de créditos tributários a receber diversa daquelas estabelecidas pelo Órgão Central de Contabilidade;
11. Deficiências na avaliação e mensuração dos imóveis de uso especial;
12. Deficiências na avaliação e mensuração dos imóveis dominiais;
13. Subavaliação do Ativo em decorrência da não contabilização dos imóveis destinados à reforma agrária;
14. Deficiências na mensuração da depreciação de bens móveis e imóveis;
15. Erro de evidenciação dos Ajustes de Exercícios Anteriores no Balanço Patrimonial;
16. Falha na consolidação do Balanço Patrimonial da União;
17. Reincidência na falha de divulgação de transações com partes relacionadas;
18. Insuficiência da evidenciação contábil das renúncias de receitas.

Admitir-se-ia que nessa parte pudesse o Congresso substituir a opinião profissional do Tribunal de Contas da União por outra? Certamente, não. Se pudesse ou devesse o Parlamento fazê-lo, teria que se desincumbir do ônus de contrapor-se à opinião profissional, valendo-se igualmente das técnicas e das normas de auditoria financeira adotadas no setor público e no setor privado, conhecimento especializado que só se adquire ao longo de anos de experiência e qualificação específica.

De outro lado, interpretar que a Constituição determinou a atuação prévia do Tribunal de Contas da União em área tão especializada como uma mera opinião inicial, passível de aceitação ou não pelo Parlamento, é interpretar contra a própria Constituição, que criou uma instituição autônoma para realizar a auditoria independente das contas, com o dever de especializar-se tecnicamente para esse fim, em auxílio ao Congresso Nacional.

A opinião, o "julgamento profissional" da instituição de auditoria externa, não é passível de modificação pelo Legislativo. Não há espaço nesse ponto para um juízo revisional essencialmente político (ainda que embasado em relatórios técnicos), como é da natureza do Parlamento, sobre a fiabilidade das contas públicas em sentido estrito, sobre se os balanços gerais representam ou não "adequadamente as posições financeira, orçamentária, contábil e patrimonial, em 31 de dezembro". Um juízo dessa natureza acerca das contas governamentais não prevaleceria perante a opinião pública sobre aquele emitido pelo Tribunal de Contas da União e teria o nefasto efeito adverso de desacreditar o arcabouço institucional de apreciação das contas governamentais apresentadas pelo Presidente da República.

O que está inteiramente na órbita do Poder Legislativo é decidir que providências legislativas, orçamentárias e fiscalizatórias de sua competência deverão ser tomadas em razão do que a instituição técnica habilitada para tanto houver reportado como irregular ou ressalvas nos "balanços gerais" e demais demonstrativos.

5.2 Contas em sentido amplo. "Opinião" sobre a execução dos orçamentos e demais operações realizadas com recursos públicos federais: Congresso pode divergir?

O terceiro modo de o TCU prestar auxílio ao Congresso Nacional refere-se ao que corresponde à parte final do art. 228 do RI/TCU, lido combinadamente com o §1º do mesmo artigo e o parágrafo único do art. 36 da LO/TCU:

> RI/TCU - Art. 228. O parecer prévio a que se refere o *caput* do art. 221 será conclusivo no sentido de exprimir se as contas prestadas pelo Presidente da República representam adequadamente as posições financeira, orçamentária, contábil e patrimonial, em 31 de dezembro,

bem como sobre a observância dos princípios constitucionais e legais que regem a administração pública federal.

§1º O parecer prévio conterá registros sobre a observância às normas constitucionais, legais e regulamentares na *execução dos orçamentos da União e nas demais operações realizadas com recursos públicos federais, em especial quanto ao que estabelece a lei orçamentária anual.*

LO/TCU - Art. 36. Ao Tribunal de Contas da União compete, na forma estabelecida no Regimento Interno, apreciar as contas prestadas anualmente pelo Presidente da República, mediante parecer prévio a ser elaborado em sessenta dias a contar de seu recebimento.

Parágrafo único. As contas consistirão nos balanços gerais da União e no *relatório do órgão central do sistema de controle interno do Poder Executivo sobre a execução dos orçamentos de que trata o §5º do art. 165 da Constituição Federal.*

Nessa parte do parecer, o Tribunal de Contas da União reportará seus achados e emitirá um juízo sobre a observância das normas constitucionais, legais e regulamentares, assim como dos princípios que regem a Administração Pública federal, na "execução dos orçamentos da União e nas demais operações realizadas com recursos públicos federais, em especial quanto ao que estabelece a lei orçamentária anual".

A amplitude do escopo do exame nesse aspecto, comparativamente ao dos balanços gerais, é muito maior, porquanto poderá ser posta sob a lupa do controle externo a legalidade em sentido amplo das operações realizadas pelo Poder Executivo com recursos públicos.

Essa tarefa é extensa e complexa. Deverá a instituição de auditoria externa planejar criteriosamente as ações que conduzirá *pari passu* à execução dos programas de governo no exercício financeiro para produzir, no ano seguinte, seu relatório sobre as contas prestadas pelo Presidente da República, complementarmente ao relatório do órgão central do sistema de controle interno do Poder Executivo sobre os orçamentos da União. A esse respeito, vejam-se os seguintes dispositivos do RI/TCU:

Art. 222. O Tribunal estabelecerá em ato normativo específico a forma de apresentação do relatório que acompanha as contas prestadas pelo Presidente da República, elaborado pelo órgão central do sistema de controle interno do Poder Executivo.

Art. 225. Os trabalhos voltados à instrução das contas a que se refere este capítulo observarão as diretrizes propostas pelo relator e aprovadas pelo Plenário, bem como o plano de controle externo.

Identificadas operações inconstitucionais, ilegais, ilegítimas, antieconômicas, ineficientes ou, por qualquer outra razão, qualificadas sob o rótulo geral "irregulares", o TCU as reportará minuciosamente no relatório: os fatos, as análises que empreendeu, as informações e contra-análises que recebeu dos órgãos governamentais, os exames dessas informações e, se for o caso, o reexame de suas análises iniciais. Não se procederá no processo de produção do relatório sobre as contas prestadas pelo Presidente da República à identificação de responsáveis por eventuais irregularidades para o que deverão ser autuados processos específicos de responsabilização pessoal.

Ao final, deverão ser devidamente evidenciados casos de expressiva materialidade e relevância (no contexto geral a eles subjacentes) em que foram observadas infrações aos "princípios constitucionais e legais que regem a Administração Pública federal na execução dos orçamentos da União e nas demais operações realizadas com recursos públicos federais, em especial quanto ao que estabelece a lei orçamentária anual".[31]

Ressalte-se, contudo, que, enquanto para os balanços gerais a emissão de uma opinião de auditoria (um juízo profissional) é a razão de ser da auditoria financeira que se procede, sendo indispensável para o exame da execução dos orçamentos e das demais operações realizadas com recursos públicos federais, a emissão de uma opinião sobre o conjunto dos casos analisados não é.

O que importa nessa segunda parte do relatório são as irregularidades reportadas: a descrição dos casos, os argumentos que sustentam as imputações, os contra-argumentos dos órgãos governamentais, as conclusões e seus fundamentos. Nesse caso, uma opinião com ressalvas ou adversa, que se poderia consignar por analogia com a emitida sobre "os balanços gerais", não é exigida, nem necessária, sendo questionável se pode e se deve ser emitida à luz dos padrões de auditoria.

Se emitida uma opinião, representaria ela um juízo qualificativo sobre o grau de gravidade do conjunto de irregularidades constatadas, de natureza complementar ao relato das irregularidades, relevante sob o aspecto comunicativo, relevante pela crítica que carrega à atuação do Governo, mas ainda assim dispensável e, por isso mesmo, substituível pelo juízo do Congresso Nacional.

Muito embora a Lei Orgânica do TCU preveja a emissão de juízos de regularidade, regularidade com ressalvas e irregularidade para as contas dos administradores, nem essa lei, nem o regimento interno do Tribunal preconizam esses mesmos tipos de juízos qualificativos para o parecer prévio.

---

[31] Irregularidades de baixíssima materialidade ou de inexpressiva relevância não devem nem mesmo ser reportadas no parecer prévio, o que não quer dizer que não devam ser examinadas, para outros fins, em processos específicos.

No parecer prévio sobre as contas do Governo da República de 2014,[32] na parte denominada *Opinião sobre o relatório de execução do orçamento*, o TCU se manifestou de modo compatível com o que prescreve o art. 36 da LO/TCU e o art. 228 de seu regimento interno: limitou-se a opinar se foram observados princípios, normas constitucionais, a legislação que rege a execução dos orçamentos e as operações realizadas com recursos públicos federais, considerando o conteúdo do relatório do sistema de controle interno e o resultado das ações de controle que empreendeu ao longo do exercício:

> 1.1.5.2 Opinião sobre o relatório de execução do orçamento
> O relatório sobre a execução do orçamento da União de 2014 demonstra, devido à relevância das irregularidades consignadas no relatório, não elididas pelas contrarrazões apresentadas pela Presidente da República, que *não foram plenamente observados os princípios constitucionais e legais* que regem a administração pública federal, bem como as normas constitucionais, legais e regulamentares na execução dos orçamentos da União e nas demais operações realizadas com recursos públicos federais, em especial o que estabelece a lei orçamentária anual.

Os fundamentos dessa manifestação advieram da exaustiva análise (procedida em capítulos próprios do relatório) sobre as irregularidades de expressiva materialidade e relevância, descritas no parecer prévio:

> 1.2.2 Fundamentos para a opinião adversa[33] acerca do relatório sobre a execução dos orçamentos da União
> A descrição completa dos fundamentos para a emissão de opinião adversa no relatório sobre a execução dos orçamentos da União consta nos capítulos 2, 3, 4, 8 e 9 do Relatório sobre as Contas do Governo. A partir da análise do relatório, foram identificadas as seguintes ocorrências mencionadas ao longo do documento:
> *Irregularidades*
> 1. Inobservância do princípio da legalidade (art. 37, *caput*, da Constituição Federal), bem como dos pressupostos do planejamento,

---

[32] Relatório e parecer prévio sobre as contas do Governo da República – Exercício de 2014, p. 21.

[33] Nessa chamada, o parecer prévio faz equivaler a uma "opinião adversa", que se expressa em exames de auditoria financeira, quando o auditor, "tendo obtido evidência de auditoria apropriada e suficiente, conclui que as distorções, individualmente ou em conjunto, são relevantes e generalizadas para as demonstrações contábeis", a conclusão que expressara anteriormente de que os princípios e normas constitucionais e legais não foram integralmente observados na execução dos orçamentos e nas operações realizadas com recursos públicos federais. Essa equivalência é tecnicamente inadequada.

da transparência e da gestão fiscal responsável (art. 1º, §1º, da Lei Complementar 101/2000), em face da omissão de passivos da União junto ao Banco do Brasil, ao BNDES e ao FGTS nas estatísticas da dívida pública de 2014;

2. Inobservância do princípio da legalidade (art. 37, *caput*, da Constituição Federal), dos pressupostos do planejamento, da transparência e da gestão fiscal responsável (art. 1º, §1º, da Lei Complementar 101/2000), bem como dos arts. 32, §1º, inciso I, 36, *caput*, e 38, inciso IV, alínea 'b', da Lei Complementar 101/2000, em face de adiantamentos concedidos pela Caixa Econômica Federal à União para cobertura de despesas no âmbito dos programas Bolsa Família, Seguro Desemprego e Abono Salarial nos exercícios de 2013 e 2014;

Inobservância do princípio da legalidade (art. 37, *caput*, da Constituição Federal), dos pressupostos do planejamento, da transparência e da gestão fiscal responsável (art. 1º, §1º, da Lei Complementar 101/2000), bem como do art. 32, §1º, inciso II, da Lei Complementar 101/2000, em face de adiantamentos concedidos pelo FGTS à União para cobertura de despesas no âmbito do Programa Minha Casa Minha Vida nos exercícios de 2010 a 2014;

4. Inobservância do princípio da legalidade (art. 37, *caput*, da Constituição Federal), dos pressupostos do planejamento, da transparência e da gestão fiscal responsável (art. 1º, §1º, da Lei Complementar 101/2000), bem como dos arts. 32, §1º, incisos I e II, e 36, *caput*, da Lei Complementar 101/2000, em face de adiantamentos concedidos pelo BNDES à União para cobertura de despesas no âmbito do Programa de Sustentação do Investimento nos exercícios de 2010 a 2014;

5. Extrapolação do montante de recursos aprovados, no Orçamento de Investimento, para a fonte de financiamento "Recursos Próprios – Geração Própria", pelas empresas (...).;

6. Execução de despesa sem suficiente dotação no Orçamento de Investimento pelas empresas (...) em desacordo com o disposto no inciso II do art. 167 da Constituição Federal;

7. Inobservância do princípio da legalidade (art. 37, *caput*, da Constituição Federal), dos pressupostos do planejamento, da transparência e da gestão fiscal responsável (art. 1º, §1º, da Lei Complementar 101/2000), bem como dos arts. 9º da Lei Complementar 101/2000 e 51 da Lei 12.919/2013, em face da ausência de contingenciamento de despesas discricionárias da União no montante de pelo menos R$ 28,54 bilhões, quando da edição do Decreto 8.367/2014;

8. Inobservância dos princípios da legalidade e da moralidade (art. 37, *caput*, da Constituição Federal), dos pressupostos do planejamento, da transparência e da gestão fiscal responsável (art. 1º, §1º, da Lei Complementar 101/2000), bem como do art. 118 da Lei 12.919/2013, em face da utilização da execução orçamentária de 2014 para influir na

apreciação legislativa do Projeto de Lei PLN 36/2014, nos termos do art. 4º do Decreto 8.367/2014;

9. Inobservância do princípio da legalidade (art. 37, *caput*, da Constituição Federal), dos pressupostos do planejamento, da transparência e da gestão fiscal responsável (art. 1º, §1º, da Lei Complementar 101/2000), bem como dos arts. 36, *caput*, da Lei 4.320/1964, 35 e 67, *caput*, do Decreto 93.872/1986, em face da inscrição irregular em restos a pagar de R$ 1,367 bilhão referentes a despesas do Programa Minha Casa Minha Vida no exercício de 2014;

10. Inobservância do princípio da legalidade (art. 37, *caput*, da Constituição Federal), bem como dos pressupostos do planejamento, da transparência e da gestão fiscal Inobservância do princípio da legalidade (art. 37, *caput*, da Constituição Federal), dos pressupostos do planejamento, da transparência e da gestão fiscal responsável (art. 1º, §1º, da Lei Complementar 101/2000), bem como do art. 32, §1º, inciso II, da Lei Complementar 101/2000, em face de adiantamentos concedidos pelo FGTS à União para cobertura de despesas no âmbito do Programa Minha Casa Minha Vida nos exercícios de 2010 a 2014;

Em razão da opinião com ressalvas emitida sobre o balanço geral da União e da "opinião adversa"[34] emitida sobre a execução dos orçamentos e as operações realizadas com recursos federais, o TCU concluiu seu parecer prévio recomendando a rejeição das contas pelo Congresso Nacional:

O Tribunal de Contas da União é de parecer que as Contas atinentes ao exercício financeiro de 2014, apresentadas pela Excelentíssima Senhora Presidente da República, Dilma Vana Rousseff, exceto pelos possíveis efeitos dos achados de auditoria referentes às demonstrações contábeis da União, consignados no relatório, representam adequadamente as posições financeira, orçamentária, contábil e patrimonial, em 31 de dezembro de 2014; contudo, devido à relevância dos efeitos das irregularidades relacionadas à execução dos orçamentos, não elididas pelas contrarrazões apresentadas por Sua Excelência, não houve observância plena aos

---

[34] Como dissemos anteriormente, essa expressão é tecnicamente inadequada, dado que o tipo de exame a que se procede em trabalhos de auditoria é bastante distinto daquele que é realizado para exame da execução dos orçamentos e das demais operações realizadas com recursos públicos. Para os exames de auditoria financeira, as normas técnicas próprias definem as circunstâncias em que cada tipo de opinião deve ser emitido. Para o exame da execução dos orçamentos, bem como das operações com recursos públicos, não há norma que prescreva expressamente que uma opinião geral deve ser emitida e, ainda que se entenda que implicitamente o sistema normativo assim prevê, não há definição sobre o propósito e o sentido da emissão de uma opinião similar à de auditoria financeira, nem sobre os tipos de opinião, as circunstâncias que autorizariam ou exigiriam a prolação de uma dentre as opiniões possíveis, as consequências pragmáticas e jurídicas de cada uma delas.

princípios constitucionais e legais que regem a administração pública federal, às normas constitucionais, legais e regulamentares na execução dos orçamentos da União e nas demais operações realizadas com recursos públicos federais, conforme estabelece a lei orçamentária anual, *razão pela qual as Contas não estão em condições de serem aprovadas, recomendando-se a sua rejeição pelo Congresso Nacional.*

Não há dispositivo legal ou regimental que determine seja exarado no parecer prévio uma manifestação geral sobre as contas pela rejeição, aprovação parcial ou aprovação, mas essa forma de manifestação é condizente com o que o regulamento interno da Comissão Mista de Orçamento prescreve para o parecer da própria CMO sobre as contas prestadas pelo Presidente da República.

5.3 Parecer prévio e julgamento de contas de administradores: processos distintos. Adequação processual da veiculação de recomendações de determinações no parecer prévio

Embora se assemelhe, o processo pelo qual o TCU se manifesta sobre as contas prestadas pelo Presidente da República não é igual àquele mediante o qual "julga" as contas prestadas anualmente pelos administradores. Por duas razões, essencialmente.

A primeira e mais distintiva é que, na emissão do parecer prévio, não há investigação ou perquirição da responsabilidade pessoal do Presidente pelas irregularidades constatadas na execução dos orçamentos da União e nas demais operações realizadas com recursos públicos federais levadas a efeito por outros agentes públicos.

A segunda é que, nos processos de contas anuais, as determinações, recomendações e alertas decorrentes dos achados ou constatações devem ser endereçadas ao dirigente que prestou as contas ou aos futuros dirigentes do órgão ou entidade governamental, enquanto, no parecer prévio, é questionável a pertinência de o TCU fazer determinações[35] e recomendações a diversos órgãos e entidades do Governo Federal.

Sobre esse ponto, cabe dizer que a Lei Orgânica do TCU, seu regimento interno, tampouco atos normativos internos do próprio Congresso Nacional demandam que o Tribunal de Contas da União

---

[35] Determinações são comandos a serem obrigatoriamente cumpridos, sob pena de sanção pecuniária. Recomendações são comandos que devem ser devidamente considerados e podem não ser cumpridos, justificadamente.

faça determinações e recomendações no parecer prévio. Embora soe razoável, tal tradição carrega problemas relevantes.

Como não estão em apreciação as contas específicas dos administradores dos diversos órgãos e entidades da Administração Pública aos quais podem vir a ser endereçadas determinações e recomendações, passíveis de contestação pelas vias recursais, não é processualmente mais adequado que sejam exaradas em processo de parecer prévio, que serve a outras finalidades e cujo destinatário é o Poder Legislativo.

De outro lado, sob a ótica jurídica, sendo o Congresso Nacional a instituição competente para examinar as contas prestadas pelo Presidente, haveria razoável dúvida sobre se a obrigatoriedade de cumprimento das determinações e de devida consideração das recomendações se impõe aos destinatários com a aprovação do parecer prévio no âmbito do TCU ou somente após serem as contas definitivamente apreciadas pelo Congresso Nacional, com expressa incorporação das determinações e recomendações constantes do parecer prévio exarado pela Corte de Contas.

Observa-se que, nos dois últimos pareceres prévios aprovados pelo Tribunal de Contas da União, referentes aos exercícios de 2013 e 2014, a forma como essa questão é abordada foi modificada em relação aos anos anteriores mais recentes, exercícios de 2012, 2011 e 2010.

Nos pareceres prévios referentes a esses anos, endereçaram-se recomendações a diversos componentes da Administração Pública, nos seguintes termos, lidos nas contas do exercício de 2012:

> *Recomendações*
> Em decorrência das ressalvas apontadas e das informações evidenciadas ao longo do Relatório, *faz-se necessário proceder às seguintes recomendações*:
> I. à Casa Civil da Presidência da República, ao Ministério do Desenvolvimento Social, ao Ministério da Fazenda e ao Ministério do Planejamento, Orçamento e Gestão que, em conjunto, certifiquem-se de que as alterações ocorridas na identificação das despesas do Plano Brasil Sem Miséria, por meio do plano orçamentário, sejam suficientes para propiciar a correta identificação da sua execução orçamentária; caso contrário, que providenciem outro mecanismo para assegurar a referida identificação no exercício de 2013 (item 3.2);
> (...)

Nos pareceres referentes a 2014 e 2013, o TCU concluiu pela proposição de recomendações sob expressão redacional sutilmente diferente, na forma e nas possíveis derivações processuais:

Alertas e Recomendações
Em decorrência das irregularidades e dos achados apontados no capítulo 1 e das informações evidenciadas ao longo do relatório, *propõe-se*:
1. alertar o Poder Executivo Federal, com fulcro no art. 59, §1º, inciso V, da Lei de Responsabilidade Fiscal, acerca das irregularidades na gestão orçamentária da União durante o exercício de 2014, envolvendo a realização de operações de crédito junto à Caixa Econômica Federal, ao FGTS e ao BNDES sem a observância dos requisitos e impedimentos previstos na Lei de Responsabilidade Fiscal (arts. 1º, §1º; 32, §1º, incisos I e II; 36, *caput*; e 38, inciso IV, alínea 'b') (itens 2.3.6, 8.2, 8.3 e 8.4);
(...)
6. recomendar:
I. à Casa Civil da Presidência da República e ao Ministério do Planejamento, Orçamento e Gestão que incluam, nos projetos de lei de diretrizes orçamentárias o rol de prioridades da administração pública federal, com suas respectivas metas, nos termos do §2º do art. 165 da Constituição Federal, que estabelece que as leis de diretrizes orçamentárias devem compreender as metas e as prioridades da administração pública federal, instrumento indispensável ao monitoramento e à avaliação de seu desempenho ao longo da execução do orçamento a que se referem (item 3.2.2);

Retornaremos a essa abordagem. Antes, voltaremos a uma questão crucial.

6 Juízo de aprovação ou reprovação: inexigibilidade, desnecessidade técnica e inexistência de consequências jurídicas

Como vimos no parecer prévio relativo às contas de 2014, o TCU emitiu uma "opinião com ressalvas" sobre o balanço geral da União e uma "opinião adversa" sobre a execução do orçamento e as operações realizadas com recursos federais. Por que a essas opiniões de cunho marcadamente técnico (a primeira mais do que a segunda) ainda deveria somar-se um juízo de valor no sentido de afirmar se as contas deveriam ser aprovadas, aprovadas com ressalvas ou rejeitadas? A LO/TCU, o RI/CTU e a LRF não exigem a prolação de tal juízo.

Que diferença faria, para qualquer fim prático ou jurídico, a existência ou não desse juízo adicional se o Tribunal já emitiu uma opinião sobre os "balanços gerais", se já identificou, analisou e demonstrou estarem comprovadas irregularidades, ilegalidades, inconstitucionalidades, antieconomicidades ou ineficiências nas operações realizadas com recursos públicos ou na execução dos orçamentos?

Para compreendermos bem o que desejamos levantar para discussão, será necessário retornarmos ao regimento interno da Câmara dos Deputados.

O RI/CD, ao disciplinar a forma como essa casa legislativa deveria proceder em caso de ter que proceder à tomada de contas do Presidente da República, prescreve que o parecer da comissão encarregada deverá propor medidas legais e outras providências cabíveis: "Art. 215, §5º O parecer da Comissão de Finanças e Tributação será encaminhado, através da Mesa da Câmara, ao Congresso Nacional, *com a proposta de medidas legais e outras providências cabíveis*".

Mostramos que não há no regimento interno da Câmara dos Deputados ou na Resolução nº 1, de 2006, do Congresso Nacional (que disciplina a apreciação das contas prestadas pelo Presidente da República) referência à emissão de um juízo de aprovação ou rejeição das contas. Tal referência consta apenas do regulamento interno da Comissão Mista de Orçamento, um ato normativo que não tem força jurídica de ato normativo primário. E, mesmo assim, o regulamento não provê qualquer baliza para orientar quando e em que condições cada tipo de parecer deve ser proferido.[36]

Ou seja, não há previsão legal no sentido de que o Congresso tenha que emitir um juízo de aprovação ou rejeição das contas, mas há previsão regimental para que o parecer sobre as contas contenha propostas de medidas legais e outras providências cabíveis.

De fato, sobre o juízo de aprovação ou rejeição, há uma razão lógica para a inexistência dessa previsão legal: *do puro e simples juízo de reprovação das contas não decorre nenhum efeito jurídico*.

Em outros termos, um decreto legislativo do Congresso Nacional reprovando as contas prestadas pelo Presidente da República não produz nenhuma consequência na esfera jurídica do Presidente, além do juízo de reprovação político, o que não precisa ser veiculado em norma jurídica.

---

[36] As possibilidades do art. 16 da LO/TCU (Lei nº 8.443/1992) não se aplicam à prestação de contas feita pelo Presidente da República, pois, como facilmente de dessume da norma e de sua utilização, são aplicáveis ao julgamento das contas dos administradores: "Art. 16. As contas serão julgadas: I - regulares, quando expressarem, de forma clara e objetiva, a exatidão dos demonstrativos contábeis, a legalidade, a legitimidade e a economicidade dos atos de gestão do responsável; II - regulares com ressalva, quando evidenciarem impropriedade ou qualquer outra falta de natureza formal de que não resulte dano ao Erário; III - irregulares, quando comprovada qualquer das seguintes ocorrências: a) omissão no dever de prestar contas; b) prática de ato de gestão ilegal, ilegítimo, antieconômico, ou infração à norma legal ou regulamentar de natureza contábil, financeira, orçamentária, operacional ou patrimonial; c) dano ao Erário decorrente de ato de gestão ilegítimo ao antieconômico; d) desfalque ou desvio de dinheiros, bens ou valores públicos".

Se o Congresso "reprovar as contas", deverá fazê-lo com fundamento na comprovação de ocorrência de irregularidades, ilegalidades, inconstitucionalidades, antieconomicidades, ineficiências graves, que devem estar reportadas no parecer prévio do Tribunal de Contas da União ou terem sido demonstradas por outros meios permitidos nos regimentos e resoluções das casas legislativas. E uma vez tendo procedido desse modo, cabe ao Congresso e à Comissão Mista de Orçamento, que emite parecer sobre a prestação de contas, proporem medidas legais e outras providências cabíveis pertinentes aos fatos que fundamentam o juízo de reprovação.

O Congresso, na hipótese de estar diante de um conjunto de situações como as reportadas, não deve se omitir em suas responsabilidades de controle externo e bastar-se com a aprovação de um decreto legislativo de reprovação das contas, juridicamente inócuo por si só.

Os parlamentares, baseados no parecer da Comissão Mista de Orçamento, podem intentar a abertura de processo por crime de responsabilidade contra o Presidente e seus ministros, convocar autoridades, propor instauração de comissões parlamentares de inquérito, demandar das comissões solicitações de auditorias, fiscalizações e informações ao TCU, dar início a alterações legislativas, representar às autoridades competentes. Enfim, estão municiados pela Constituição com os instrumentos necessários para agir ou dar suporte, isoladamente ou por meio das comissões legislativas pertinentes, a todas as medidas compatíveis com o saneamento e o sancionamento do estado de coisas irregulares que for reportado no exame das contas.

O recente processo de *impeachment* é resultado dessa forma de atuação parlamentar, e o resultado desse processo em nada será alterado se o Congresso vier a "aprovar" as contas prestadas pela ex-Presidente relativas ao exercício de 2014 e não depender da emissão do parecer prévio às contas do exercício de 2015, emitido após a conclusão do julgamento pelo Senado.

Em síntese, não constitui pressuposto para a abertura do processo de *impeachment* a prévia manifestação congressual pela "irregularidade" de qualquer prestação de contas.

De outro lado, o juízo de reprovação das contas prestadas pelo Presidente da República *também não conduzirá à incidência da alínea 'g' do inciso I do art. 1º da Lei de Inelegibilidades*.[37]

> São inelegíveis para qualquer cargo os que tiverem suas contas relativas ao exercício de cargos ou funções públicas rejeitadas por *irregularidade*

---

[37] Lei Complementar nº 64, de 1990.

insanável que configure ato doloso de improbidade administrativa, e por decisão irrecorrível do órgão competente, salvo se esta houver sido suspensa ou anulada pelo Poder Judiciário, para as eleições que se realizarem nos 8 (oito) anos seguintes, contados a partir da data da decisão, aplicando-se o disposto no inciso II do art. 71 da Constituição Federal, a todos os ordenadores de despesa, sem exclusão de mandatários que houverem agido nessa condição.

Na apreciação das contas prestadas pelo Presidente da República, nos estritos termos da legislação regente, não se examinam atos ou omissões do Presidente, seja na esfera da emissão do parecer prévio pelo Tribunal de Contas da União, seja no exame conduzido pelo Congresso Nacional. Nesse processo não se investiga o Presidente da República ou qualquer outra autoridade ou servidor pela prática de ato doloso de improbidade administrativa, requisito essencial para a incidência de inelegibilidade por contas irregulares.

7 O dever-ser da atuação do controle externo parlamentar, mediante parecer prévio do Tribunal de Contas da União, por meio da apreciação da prestação de contas apresentada anualmente pelo Presidente da República

As contas prestadas pelo Presidente da República são de natureza institucional (balanços gerais, relatório de execução dos orçamentos, fundamentalmente). São denominadas pelo próprio Tribunal de Contas da União como "contas do Governo da República" e, nos decretos legislativos que reproduzimos alhures, também como "contas do Governo Federal".[38]

As irregularidades em sentido amplo constatadas e reportadas no exame das contas pelo TCU devem ser e são investigadas nesse tribunal, para fins de responsabilização pessoal, em processos específicos, em que são chamados a prestarem esclarecimentos ou se defenderem diversos agentes públicos em diferentes posições hierárquicas.

A emissão de juízo de "reprovação" das contas prestadas pelo Presidente da República não tem nenhum sentido prático ou efeito jurídico. Seus efeitos são simbólicos, mas relevantes para a retórica e a comunicação política. Tecnicamente é dispensável, bastando as opiniões

---

[38] Nos estados, como regra, as contas similares apresentadas por governadores e prefeitos são denominadas de "contas de Governo".

típicas de auditoria externa independente sobre os balanços gerais e o fundamentado relato dos achados dos trabalhos de fiscalização de controle externo conduzidos sobre a execução dos orçamentos e as operações realizadas com recursos públicos (quando possível, neste último caso).

Contudo, não obstante essa constatação, a manutenção do foco das expectativas no juízo "reprovação/aprovação" que será emitido no parecer prévio do Tribunal de Contas da União e, depois, no Congresso Nacional sobre as "Contas do Governo da República"[39] tem contribuído enormemente para obscurecer as finalidades de uma apresentação de contas anuais pelo Presidente e o sentido do "julgar as contas" pelo Poder Legislativo Federal.

O julgamento (apreciação) da prestação de contas a ser procedido pelo Congresso Nacional não pode, normativamente, e não deve, funcionalmente, ser compreendido na acepção de uma deliberação que tem por objetivo examinar atos de gestão do Presidente da República e emitir um juízo qualificativo[40] com consequências normativamente determinadas sobre sua esfera jurídica pessoal.

Não há nessa forma de exercício de controle externo pelo Poder Legislativo qualquer possibilidade de se ter essa apreciação como um julgamento, similar ao que se procede no processo de *impeachment*, do qual resulta uma sentença, de características sancionatórias.

A prestação de contas visa, entre outros fins que não se revelam expressamente nas normas, mas se percebem da análise finalística e funcional do sistema: fornecer ao Congresso Nacional (que exerce controle externo sobre a Administração Pública) relatórios e exames substantivos sobre a execução dos orçamentos, dos programas governamentais, das contas públicas em sentido estrito (patrimônio público, situação fiscal de curto, médio e longo prazos), em tempo hábil para serem utilizados na apreciação da proposta orçamentária do exercício seguinte.

Colhe-se a corroboração dessa compreensão no art. 90, §3º, *c*, do Regimento Comum do Congresso Nacional sobre a participação das comissões permanentes de suas casas legislativas na apreciação do projeto de lei orçamentária anual:

---

[39] É importante registrar que as epígrafes dos decretos legislativos transcritos anteriormente mencionam "contas do Governo Federal".

[40] Contas irregulares, regulares com ressalvas ou regulares. Ou ainda: aprovação, aprovação com ressalvas ou reprovação.

Art. 90. O projeto de lei orçamentária será apreciado por uma Comissão Mista que contará com a colaboração das Comissões Permanentes da Câmara dos Deputados e do Senado Federal.

§3º A participação das Comissões Permanentes, no estudo da matéria orçamentária, obedecerá às seguintes normas:

a) as Comissões Permanentes interessadas, uma vez constituída a Comissão Mista, deverão solicitar ao Presidente desta lhe seja remetido o texto do projeto de lei orçamentária;

b) a Comissão Mista, ao encaminhar o projeto à solicitante, estabelecerá prazos e normas a serem obedecidos na elaboração de seu parecer, o qual deverá abranger, exclusivamente, as partes que versarem sobre a matéria de sua competência específica;

c) a Comissão Permanente emitirá parecer circunstanciado sobre o anexo que lhe for distribuído e *elaborará estudo comparativo dos programas e dotações propostas com a prestação de contas do exercício anterior* e, sempre que possível, com a execução da lei orçamentária em vigor;

Seguindo essa lógica substantiva e temporal, a Resolução nº 1/2006 do Congresso Nacional[41] determina que a Comissão Mista de Orçamento realize audiência pública com o ministro relator do Tribunal de Contas da União, para exposição e debate do parecer prévio, logo no início dos trabalhos do segundo período da sessão legislativa, que começa em 1º de agosto. Ou seja, observado esse procedimento, o parecer do TCU já teria sido debatido na CMO quando o Congresso recebesse do Presidente da República a proposta orçamentária para o ano seguinte, em 31 de agosto.

O prazo determinado para a apresentação das contas pelo Presidente, 60 (sessenta) dias após a abertura da sessão legislativa[42], e o fixado para o Tribunal de Contas da União emitir o parecer prévio e devolver as contas ao Congresso, 60 (sessenta dias) após o recebimento,[43]

---

[41] Art. 115. O Relator das contas apresentadas nos termos do art. 56, *caput* e §2º, da Lei Complementar nº 101, de 2000, apresentará relatório, que contemplará todas as contas, e concluirá pela apresentação de projeto de decreto legislativo, ao qual poderão ser apresentadas emendas na CMO. Parágrafo único. No início dos trabalhos do segundo período de cada sessão legislativa, a Comissão realizará audiência pública com o Ministro Relator do Tribunal de Contas da União, que fará exposição do parecer prévio das contas referidas no *caput*.

[42] Art. 84. Compete privativamente ao Presidente da República: XXIV - prestar, anualmente, ao Congresso Nacional, dentro de sessenta dias após a abertura da sessão legislativa, as contas referentes ao exercício anterior;

[43] Art. 71. O controle externo, a cargo do Congresso Nacional, será exercido com o auxílio do Tribunal de Contas da União, ao qual compete: I - apreciar as contas prestadas anualmente pelo Presidente da República, mediante parecer prévio que deverá ser elaborado em sessenta dias a contar de seu recebimento;

corroboram a força dessa análise. São prazos curtos e peremptórios, exatamente para possibilitar o uso das análises nas discussões orçamentárias, que se processam no segundo semestre.

Devidamente respeitados esses prazos, o Congresso teria em mãos, antes do final do primeiro semestre, informações técnicas para subsidiar as discussões do orçamento e do desempenho geral do Governo e dos programas governamentais, assim como para adotar, tempestivamente, as medidas legais e providências de sua competência aptas, segundo seu juízo político de oportunidade e necessidade, a lidar, se for o caso, com as graves irregularidades (*lato sensu*) reportadas pelo TCU referentes aos balanços gerais, à execução orçamentária e às operações com recursos públicos.

Nessa concepção, caberia ao Tribunal de Contas da União sugerir ao Congresso, no parecer prévio e se necessário, medidas e ações de competência parlamentar (de ordem legislativa, investigativa, fiscalizadora), assim como debates públicos, que não se confundiriam com as determinações e recomendações que deve o TCU exarar direta e imediatamente aos órgãos e entidades da Administração Pública federal em razão de todo o processamento analítico realizado ao longo de meses para elaboração do relatório sobre as contas de Governo.

As determinações e recomendações à Administração Pública comporiam uma decisão separada, objeto de acórdão específico, recorrível e concomitante à emissão do parecer prévio, que o acompanharia na remessa ao Congresso Nacional, como elemento informativo de providências já adotadas pelo Tribunal, no exercício de suas inegáveis e autônomas competências constitucionais e legais.

Desse modo, afastar-se-iam os questionamentos sobre a incidência imediata ou não dessas recomendações e determinações, bem como o risco de ser suscitado indevidamente o debate de decisões do TCU cuja eficácia prescinde de ratificação do Congresso Nacional e que apenas estariam submetidas a tal perspectiva em razão de terem sido veiculadas no instrumento processual inadequado: o parecer prévio sobre as contas prestadas anualmente pelo Presidente da República.

De outro lado, abrem-se para a Corte de Contas outras possibilidades de interação com o Congresso Nacional, mediante o encaminhamento de sugestões (ou propostas) de medidas legislativas e ações parlamentares da exclusiva órbita do Poder Legislativo, complementares às determinações e recomendações que, em acórdão específico, já houver aprovado e endereçado à Administração Pública federal.

Nessa perspectiva sobre as contas, é imprescindível que o Congresso discipline a imediata utilização do relatório do Tribunal de Contas da União pela Comissão Mista de Orçamento e demais comissões temáticas.

O que está em jogo nessa discussão é a efetividade de um instrumento constitucional de *accountability*.

O apego à ideia, errônea, de que emitir um juízo de reprovação ou aprovação é o que representa a função de "julgar as contas" tem levado ao engavetamento do parecer prévio e à completa inefetividade desse instrumento de controle externo parlamentar. Esse "juízo de contas" permite e, mais ainda, estimula a partidarização do debate sobre as contas prestadas pelo Presidente da República, estando totalmente ausentes discussões sobre as medidas que caberia ao Parlamento tomar diante dos achados de auditoria e das conclusões do órgão técnico que o auxilia nessa forma de controle externo.

Esse juízo, seja pela aprovação, seja pela rejeição, insista-se, é prescindível. Nada acrescenta aos exames feitos pelo TCU e pelo Congresso e não tem efeito jurídico.

Do ordenamento normativo analisado, outra não pode ser a conclusão de que uma manifestação em decreto legislativo pela "aprovação das contas" nada mais significa do que um entendimento coletivo do Congresso de que nenhuma medida lhe pareceu pertinente adotar a respeito do que foi reportado no parecer prévio. Não tem nenhum condão de convalidar atos irregulares praticados na Administração Pública, nem muito menos de afastar recomendações e determinações do Tribunal de Contas exaradas em procedimentos específicos.

De outro lado, uma asserção de "reprovação de contas" sem a adoção de medidas pertinentes às irregularidades reportadas não terá utilidade alguma. Será um decreto legislativo vazio de sentido. Dele unicamente, nenhuma demanda se originará para a Administração Pública.

O que importa nesse processo de controle externo é o efetivo, amplo e transparente debate do parecer prévio exarado pelo Tribunal de Contas sobre os balanços gerais, a execução do orçamento e as demais operações realizadas com recursos públicos. Importa que o Congresso adote ou determine a adoção das medidas que julgar convenientes, tempestivamente. Importa que os parlamentares o utilizem como subsídio para o exercício de suas funções de fiscalizadores da Administração Pública, de elaboradores do orçamento e de formuladores e avaliadores de políticas públicas.

Veja-se exemplo da materialização desse entendimento no que ocorreu com o parecer prévio sobre as contas do exercício de 2014.

Algumas das irregularidades reportadas serviram como suporte para um pedido de investigação da Presidente da República por crime de responsabilidade, não sendo exigido que o Congresso tivesse se pronunciado previamente sobre a "aprovação/reprovação" das contas, manifestação que não encontra previsão em nenhum ato normativo primário.

O parecer foi utilizado como deve ser. Dentre as medidas que as casas do Congresso Nacional e seus membros poderiam adotar com base no parecer, estava a deflagração de um processo por crime de responsabilidade, o que ocorreu.

As contas de 2014 ainda não foram apreciadas pelo Congresso Nacional e, quando vierem a ser, não fará nenhuma diferença jurídica o tipo de juízo (pela aprovação ou reprovação). A responsabilização política do Presidente decorre de um processo específico para apuração de crimes de responsabilidade previsto na Constituição e na lei, e não de um juízo de reprovação das contas prestadas anualmente pelo Presidente.

Realizada intempestivamente, a apreciação das contas não resultará nem mesmo em propostas pertinentes quanto às irregularidades examinadas no parecer prévio, em razão de o contexto subjacente a ela já se ter alterado substantivamente, sendo mais relevante e eficiente que o Congresso faça proposições com base no parecer prévio e nas contas mais recentes.

Em realidade, vale repisar, não há propriamente um julgamento de "contas", tomadas em seu sentido contábil-matemático. Sob esse título, o que efetivamente se faz no âmbito do TCU e do Congresso Nacional é uma apreciação de contas em sentido amplíssimo: exame de uma miríade de situações específicas relacionadas aos programas governamentais e às operações orçamentárias e financeiras da administração federal, além da opinião sobre os "balanços gerais", essa, sim, uma manifestação inerente ao sentido inato do processo de "julgar contas", equivalente ao de "emitir opinião de auditoria".

Se não há um julgamento de contas real, que as reprova ou aprova, com alguma consequência jurídica normativamente estabelecida, não há que se esperar do parecer prévio recomendação de aprovação ou reprovação de "contas", para além de uma simples fórmula comunicativa da gravidade ou não dos achados, sem valor jurídico, até o momento.

Nem mesmo no caso histórico reiteradamente referenciado como o primeiro parecer prévio do Tribunal de Contas da União pela reprovação das contas do Presidente da República isso, de fato, ocorreu.

7.1 O equívoco sobre o parecer prévio do Tribunal de Contas. As contas apresentadas pelo Presidente da República referentes ao ano de 1936: não houve rejeição de contas

Na decisão proferida pelo Tribunal de Contas da União em 1937[44] sobre as contas do governo de 1936, inúmeras vezes referida como sendo a primeira vez em que essa Corte rejeitou as contas do Presidente da República, não houve manifestação pela rejeição de contas.

Nos exatos termos do parecer elaborado pelo Ministro Francisco Thompson Flores e aprovado pelos demais membros, o Tribunal decidiu informar à Câmara dos Deputados que determinadas despesas não estavam em condições de serem aprovadas. Não foi emitido um juízo geral pela "rejeição das contas", como noticiado, mesmo porque a legislação vigente a respeito, a Lei nº 156, de 24 de dezembro de 1935, não o previa, regulando a manifestação do Tribunal de Contas no parecer prévio do seguinte modo (art. 43, §§1º, 2º e 3º):

> §1º O parecer do Tribunal deverá conter, além de uma apreciação geral sobre a execução do orçamento, o confronto das cifras constantes do balanço e as, consignações na sua escripturação, apontando as divergencias entre uma e outras.
>
> Assignalará especialmente, quanto á Receita, as omissões relativas a operações de credito e applicação das rendas especificadas; quanto à Despesa, os pagamentos acaso feitos à revelia do Tribunal de Contas.
>
> §2º Se as contas não forem presentes ao Tribunal dentro do prazo constitucional, o seu presidente, em minucioso relatorio e com os elementos de que dispuzer sobre o exercicio financeiro encerrado, communicará o facto á Camara dos Deputados, para os fins de direito.
>
> §3º Caso tenham sido presentes ao Tribunal, dentro do prazo, as contas de administração financeira, ao parecer do Tribunal acompanhará o relatorio do Presidente, *em que apontará especialmente as de ciencias das leis fiscaes e as reformas que se imponham.*

Vejam-se os termos do famoso parecer, exarado em estrita conformidade com o disposto na lei que regulava o funcionamento do Tribunal de Contas:

> Parecer
> Penso eu este Tribunal deverá informar à egrégia Câmara dos Deputados o seguinte:

---

[44] Diário Oficial, terça-feira, 22 de junho de 1937, p. 13.548 e seguintes. Transcrição da Ata nº 49 do Tribunal de Contas, sessão ordinária de 26 de abril de 1937.

1º. Que as despesas processadas e pagas irregularmente sem o seu registro e sem o cumprimento das leis de contabilidade pública e da Constituição Federal indicadas neste parecer, não estão em condições de serem aprovadas.

2º. Que tais despesas, figurando no balanço da Receita e da Despesa, classificadas na conta do orçamento, como se tivessem sido regularmente processadas e pagas, deverão ser estornadas dessa conta e classificadas no título "Diversos responsáveis" com a indicação nominal dos responsáveis, quer sejam exatores, pagadores ou ordenadores de despesas ilegais, tudo como manda a citada legislação.

Dessa maneira ficará a egrégia Câmara dos Deputados bem informada, e poderá determinar as "providências para punição dos que forem achados em culpa" (art. 29 e seu parágrafo único da Constituição Federal)[45]

(...)

O ministro relator referia-se a despesas ilegais feitas à revelia do exame prévio a que estavam então submetidas:

Todas essas despesas decorrem de ordens processadas e pagas sem obediência à Constituição e às leis de contabilidade pública e tem de haver responsáveis pela sua execução, responsáveis cujos nomes deveriam constar do balanço sintético e definitivo da receita e da despesa na forma da lei (art. 105 n. VI e 119 do Re. G. de Cont. Pub., acima transcritos).

De outra forma não será possível a apuração de responsabilidade provenientes de irregularidades ocorridas na execução do orçamento, porque em matéria de despesa pública o Tribunal de Contas exerce a fiscalização financeira com o exame prévio dos atos, e como as despesas foram feitas à sua revelia, dela só tem conhecimento pelo exame do balanço definitivo, em confronto com a sua escripturação, não podendo assim individualizar responsabilidades, enquanto não tiver cumprimento o estatuído na legislação citada.

À egrégia Câmara dos Deputados, me parece, cumpre julgar as violações das normas reguladoras da execução do orçamento, que deveria ser inviolável na sua missão soberana de prover às necessidades da administração pública.

O Tribunal de Contas não pode pronunciar-se sobre a moralidade das contas de gestão financeira do país.

---

[45] Os termos do referido dispositivo da Constituição Federal de 1934 são os seguintes: "Art 29 - Inaugurada a Câmara dos Deputados, passará ao exame e julgamento das contas do Presidente da República, relativas ao exercício anterior. Parágrafo único - Se o Presidente da República não as prestar, a Câmara dos Deputados elegerá uma Comissão para organizá-las; e, conforme o resultado, determinará as providências para a punição dos que forem achados em culpa".

A sua fiscalização se limita à legalidade dos atos referentes à receita e despesa públicas, quando são submetidos ao seu prévio exame.

De referência às contas em estudo, ao Tribunal de Contas só cabe fazer a revisão e dar o seu parecer para deliberação da egrégia Câmara dos Deputados.

Feita como foi a revisão das contas, com a minúcia possível, em face do exíguo prazo concedido pela lei, é o seguinte o meu parecer.

O ordenamento constitucional vigente previa que qualquer ato de Administração Pública de que resultasse obrigação de pagamento pelo Tesouro Nacional, ou por conta deste, seria sujeito ao registro prévio do Tribunal de Contas. Se houvesse recusa do registro "por falta de saldo no crédito ou por imputação a crédito impróprio", a despesa não poderia ser realizada. No entanto, se a recusa se desse por outro fundamento (e era esse o caso), a despesa poderia ser efetuada "após despacho do Presidente da República, registro sob reserva do Tribunal de Contas e recurso *ex officio* para a Câmara dos Deputados", a quem competiria tomar as providencias a respeito.[46]

8 À guisa de conclusão

Para que todo o trabalho de controle externo levado a efeito no Congresso Nacional produza resultados eficientes,[47] a apreciação dos relatórios apresentados pelo Presidente da República, a título de prestação de contas, em conjunto com o parecer prévio do Tribunal de Contas da União, há de ser encerrada ainda no mesmo exercício em que apresentadas as contas ou, quando muito, no começo do exercício seguinte. Após esse termo, dificilmente algum resultado útil poderá advir dessa apreciação. Não haverá qualquer efeito ou sentido em um exame tardio das contas.

---

[46] CF de 1934, art 101: "Os contractos que, por qualquer modo, interessarem imediatamente à receita ou à despesa, só se reputarão perfeitos e acabados, quando registrados pelo Tribunal de Contas. A recusa do registro suspende a execução do contracto até ao pronunciamento do Poder Legislativo. §1.º Será sujeito ao registro prévio do Tribunal de Contas qualquer acto de administração publica, de que resulte obrigação de pagamento pelo Thesouro Nacional, ou por conta deste. §2.º Em todos os casos, a recusa do registro, por falta de saldo no credito ou por imputação a credito improprio, tem caracter prohibitivo; quando a recusa tiver outro fundamento, a despesa poderá effectuar-se após despacho do Presidente da Republica, registro sob reserva do Tribunal de Contas e recurso *ex officio* para a Camara dos Deputados".

[47] Consistente em propor medidas legais e demais providências julgadas pertinentes, bem como ser devidamente utilizado no processo orçamentário e na avaliação das ações do Governo.

Procedida intempestivamente, a apreciação das contas não resultará nem mesmo em propostas pertinentes quanto às irregularidades examinadas no parecer prévio, em razão de a realidade subjacente a ela já se ter alterado substantivamente, sendo mais relevante e eficiente que o Congresso faça proposições com base no parecer prévio e nos relatórios de prestação de contas mais recentes.

O que menos interessa nesse processo na perspectiva funcional da Constituição é a busca por um juízo qualificativo de aprovação ou reprovação (não previsto na legislação primária). Na verdade, a expectativa por esse mal compreendido juízo tem trazido enormes prejuízos à compreensão e funcionalidade desse instrumento de *accountability*.

Na medida em que as outras finalidades sejam buscadas e cumpridas no momento necessário e oportuno, esse juízo é um acréscimo, um rótulo dado ao conjunto fático analisado, com finalidades comunicativas e usos políticos; nada mais. Em si mesmo, fora desse contexto, essa qualificação é um nada jurídico no nosso ordenamento atual, não obstante ser elemento de forte valor para a crítica ou defesa políticas, e nada mais.

Se não for para subsidiar debates sobre a situação das finanças públicas, a dívida pública, a contabilidade da União, a execução da lei orçamentária precedente, o desempenho dos programas de governo, a regularidade da utilização de recursos públicos no ano anterior, a elaboração do orçamento para o ano exercício seguinte (tomando os resultados do anterior como base comparativa), providências tendentes a solucionar problemas, inibir recorrência de irregularidades, aprimorar o controle da execução orçamentária, aperfeiçoar políticas públicas, buscar responsabilizações pessoais tempestivas em outros instâncias, entre outras possibilidades, a apreciação da contas anuais do Presidente da República, do Governo da República, do Governo Federal, qualquer que seja a acepção que se lhes der, perde sua razão de ser.

Um processo de controle externo, bipartido e colaborativo entre Congresso Nacional e Tribunal de Contas da União, de expresso relevo constitucional e extremamente oneroso, tem sido guindado à inutilidade na esfera do Legislativo, pela incompreensão de sua funcionalidade, para o que contribui o apego à errônea ideia de que o que está em jogo é a aprovação ou reprovação das contas prestadas pelo Presidente da República, juízo parlamentar juridicamente inócuo.

Referências

BRASIL. Câmara dos Deputados. *Resolução nº 17, de 1989*: Regimento Interno da Câmara dos Deputados, atualizado até a Resolução nº 20, de 2016. Disponível em: <http://www2.camara.leg.br/atividade-legislativa/legislacao/regimento-interno-da-camara-dos-deputados/RICD%20atualizado%20ate%20RCD%2020-2016.pdf>.

BRASIL. Congresso Nacional. Comissão Mista de Planos, Orçamentos Públicos e Fiscalização. *Regulamento interno*: ajustado à resolução nº 01/01-CN: aprovado na 13ª Reunião Ordinária, realizada em 28.08.2003. Disponível em: <http://www.camara.gov.br/internet/comissao/index/mista/orca/Legisla_CMO/Regulamento_interno_CMO.pdf>.

BRASIL. Congresso Nacional. *Resolução do Congresso Nacional nº 1, de 1970*: Regimento Comum do Congresso Nacional. Disponível em: <https://www25.senado.leg.br/documents/12427/45875/RegimentoComum2016.pdf>.

BRASIL. Congresso Nacional. *Resolução nº 1, de 2006*. Dispõe sobre a Comissão Mista Permanente a que se refere o §1º do art. 166 da Constituição, bem como a tramitação das matérias a que se refere o mesmo artigo. Disponível em: <http://www2.camara.leg.br/legin/fed/rescon/2006/resolucao-1-22-dezembro-2006-548706-normaatualizada-pl.html>.

BRASIL. *Constituição Federal de 1934*. Promulgada em 16 de julho de 1934. Disponível em: <http://www.planalto.gov.br/ccivil_03/Constituicao/Constituicao34.htm>.

BRASIL. *Constituição Federal de 1988*. Promulgada em 5 de outubro de 1988. Disponível em: <http://www.planalto.gov.br/ccivil_03/constituicao/constituição.htm>.

BRASIL. Conselho Federal de Contabilidade. *NBC TA 705*. Disponível em: <http://www.crcpr.org.br/new/content/download/camaraTecnica/NBCTA705.pdf>.

BRASIL. *Decreto Legislativo nº 101, de 1991*. Aprova as Contas do Governo da República, relativas ao exercício financeiro de 1988. Disponível em: <http://www2.camara.leg.br/legin/fed/decleg/1991/decretolegislativo-101-6-maio-1991-358865-publicacaooriginal-1-pl.html>.

BRASIL. *Decreto Legislativo nº 451, de 2002*. Aprova as Contas do Governo Federal relativas ao exercício financeiro de 1997. Disponível em: <http://www2.camara.leg.br/legin/fed/decleg/2002/decretolegislativo-451-19-dezembro-2002-491599-publicacaooriginal-1-pl.html>.

BRASIL. *Lei Complementar nº 64, de 1990*. Estabelece, de acordo com o art. 14, §9º da Constituição Federal, casos de inelegibilidade, prazos de cessação, e determina outras providências. Disponível em: <http://www.planalto.gov.br/ccivil_03/leis/lcp/lcp64.htm>.

BRASIL. *Lei Complementar nº 101, de 4 de maio de 2000*. Estabelece normas de finanças públicas voltadas para a responsabilidade na gestão fiscal e dá outras providências. Disponível em: <http://www.planalto.gov.br/ccivil_03/leis/LCP/Lcp101.htm>.

BRASIL. *Lei nº 156, de 24 de dezembro de 1935*. Regula o funcionamento do Tribunal de Contas. Disponível em: <https://www.planalto.gov.br/ccivil_03/Leis/1930-1949/L0156.htm>.

BRASIL. *Lei nº 1.079, de 10 de abril de 1950*. Define os crimes de responsabilidade e regula o respectivo processo de julgamento. Disponível em: <http://www.planalto.gov.br/ccivil_03/leis/L1079.htm>.

BRASIL. *Lei nº 8.443, de 16 de julho de 1992*. Dispõe sobre a Lei Orgânica do Tribunal de Contas da União e dá outras providências. Disponível em: <http://www.planalto.gov.br/ccivil_03/Leis/L8443.htm>.

BRASIL. *Projeto de Decreto Legislativo nº 42, de 2011*. Aprova as Contas do Governo Federal no exercício de 2008. Disponível em: <http://www.camara.leg.br/proposicoesWeb/prop_mostrarintegra;jsessionid=452E0760D93B0989615ECA00F8FE70E6.proposicoesWebExterno1?codteor=853254&filename=PDC+42/2011http://www.camara.leg.br/proposicoesWeb/prop_mostrarintegra;jsessionid=1724467A43EC792C835D787B91B6C5D0.proposicoesWeb1?codteor=853254&filename=PDC+42/2011>.

BRASIL. Senado Federal. *Resolução do Senado Federal nº 93, de 1970*: Regimento Interno do Senado Federal, compilado até 28 de junho de 2016. Disponível em: <http://www25.senado.leg.br/documents/12427/45868/RISFCompilado.pdf/cd5769c8-46c5-4c8a-9af7-99be436b89c4>.

BRASIL. Tribunal de Contas da União. *Relatório e parecer prévio sobre as contas de Governo da República* – exercício de 2010. Brasília: TCU, 2011. Disponível em: <http://portal.tcu.gov.br/tcu/paginas/contas_governo/contas_2010/CG%202010%20Relat%C3%B3rio.pdf>.

BRASIL. Tribunal de Contas da União. *Relatório e parecer prévio sobre as contas de Governo da República* – exercício de 2011. Brasília: TCU, 2012. Disponível em: <http://portal.tcu.gov.br/tcu/paginas/contas_governo/contas_2011/fichas/CG%202011%20Relat%C3%B3rio%20Sess%C3%A3o.pdf#page=510>.

BRASIL. Tribunal de Contas da União. *Relatório e parecer prévio sobre as contas de governo da república* – exercício de 2012. Brasília: TCU, 2013. Disponível em: <http://portal.tcu.gov.br/tcu/paginas/contas_governo/contas_2012/fichas/CG%202012_relatorio%20completo.pdf#page=646>.

BRASIL. Tribunal de Contas da União. *Relatório e parecer prévio sobre as contas de governo da república* – exercício de 2013. Brasília: TCU, 2014. Disponível em: <http://portal.tcu.gov.br/tcu/paginas/contas_governo/contas_2013/docs/CG_2013_Relat%C3%B3rio%20Sess%C3%A3o.pdf>.

BRASIL. Tribunal de Contas da União. *Relatório e parecer prévio sobre as contas de governo da república* – exercício de 2014. Brasília: TCU, 2015. Disponível em: <http://portal.tcu.gov.br/tcu/paginas/contas_governo/contas_2014/docs/CG%202014_RelatorioParecerPrevioFinal.pdf>.

BRASIL. Tribunal de Contas da União. *Resolução TCU nº 246, de 30 de novembro de 2011*: Regimento Interno do Tribunal de Contas da União, atualizado até 2 de janeiro de 2015. Disponível em: <http://portal.tcu.gov.br/lumis/portal/file/fileDownload.jsp?fileId=8A8182A24D7BC0B4014D7E1FB1A622B4>.

BRASIL. Tribunal de Contas da União. *Transcrição da Ata n. 49 do Tribunal de Contas, sessão ordinária de 26 de abril de 1937*. Dispõe sobre as Contas de Governo de 1936. Diário Oficial, terça-feira, 22 jun. 1937. p. 13.548 *et seq*.

Informação bibliográfica deste livro, conforme a NBR 6023:2002 da Associação Brasileira de Normas Técnicas (ABNT):

OLIVEIRA, Weder de. Precisamos falar sobre contas... Uma nova perspectiva sobre a apreciação das contas anuais do Presidente da República pelo Congresso Nacional mediante parecer prévio do Tribunal de Contas da União. In: LIMA, Luiz Henrique; OLIVEIRA, Weder de; CAMARGO, João Batista (Coord.). *Contas governamentais e responsabilidade fiscal:* desafios para o controle externo – estudos de ministros e conselheiros substitutos dos Tribunais de Contas. Belo Horizonte: Fórum, 2017. p. 17-61. ISBN 978-85-450-0246-8.

CAPÍTULO 2

RELATÓRIOS E PARECERES PRÉVIOS SOBRE AS CONTAS DO GOVERNO DA REPÚBLICA: HISTÓRICO DA ATUAÇÃO DO TRIBUNAL DE CONTAS DA UNIÃO NOS ÚLTIMOS DEZ ANOS

MARCOS BEMQUERER COSTA
PATRÍCIA REIS LEITÃO BASTOS

1 Introdução

A missão que o Tribunal de Contas da União possui de apreciar, mediante parecer prévio conclusivo, as contas prestadas anualmente pelo Presidente da República, atribuída pela Constituição Federal de 1988, constitui-se em momento ímpar do processo de controle externo da gestão pública brasileira, por meio do qual a Corte de Contas oferece análises acerca das posições financeira, orçamentária, contábil e patrimonial no encerramento do exercício, bem como da observância dos princípios constitucionais e legais que regem a Administração Pública federal, de tal forma que é fornecido todo um embasamento técnico para que o Poder Legislativo possa ter elementos para o julgamento das contas do chefe do Poder Executivo.

Cumpre destacar, ainda, que, ao julgar as contas prestadas anualmente pelo Presidente da República, o Congresso Nacional atua representando a população brasileira, com vistas a verificar a adequabilidade da aplicação dos recursos públicos por parte do Poder Executivo, em cada exercício financeiro.

Nesse sentido, o Tribunal de Contas da União atua como órgão de assessoramento técnico para essa verificação a cargo do Congresso Nacional, analisando as contas que lhes são encaminhadas, as quais contemplam o Balanço Geral da União, o relatório dos órgãos de controle interno e os demais elementos exigidos pela legislação.

Essa análise engloba, entre outros aspectos, o desempenho de programas de governo, as renúncias de receita, o cumprimento de metas fiscais, bem como a observância aos limites mínimos de despesas com educação e às restrições de gastos previstas na Lei de Responsabilidade Fiscal (Lei Complementar nº 101, de 04.05.2000).

O arcabouço jurídico para a emissão desse parecer prévio está na Carta Magna em seu artigo 71, inciso I, que assim prevê:

> Art. 71. O controle externo, a cargo do Congresso Nacional, será exercido com o auxílio do Tribunal de Contas da União, ao qual compete:
> I - apreciar as contas prestadas anualmente pelo Presidente da República, mediante parecer prévio que deverá ser elaborado em sessenta dias a contar de seu recebimento;

Importante ressaltar que tanto a Lei de Responsabilidade Fiscal quanto o Regimento Interno do TCU atribuem caráter conclusivo ao parecer prévio, de tal forma que deve haver posicionamento definitivo no tocante ao fato de as contas retratarem, efetivamente, as posições financeira, orçamentária, contábil e patrimonial, ao final do exercício, bem como no que concerne à observância dos princípios e normas constitucionais e legais que regem a Administração Pública federal na execução dos orçamentos da União e nas demais operações realizadas com recursos públicos federais, ao longo do referido exercício.

Faz-se necessário, portanto, que a convicção da Corte de Contas esteja calcada em evidências robustas, suficientes e adequadas, de tal maneira que os achados sejam devidamente comprovados e possam servir de alicerce às opiniões e conclusões.

Ainda acerca do conteúdo desse parecer prévio das contas do Presidente da República, a análise empreendida comporta, em um controle difuso (no caso concreto), a verificação da observância aos dispositivos constitucionais, nos atos do Poder Executivo que regem a Administração Pública federal, consoante posicionamento jurisprudencial do Supremo Tribunal Federal (STF), consolidado em sua Súmula 347 a seguir transcrita: "O Tribunal de Contas, no exercício de suas atribuições, pode apreciar a constitucionalidade das leis e dos atos do poder público".

Embora o parecer prévio não seja revestido de caráter deliberativo, o entendimento do STF é no sentido de que, no processo de emissão desse parecer, deve ser garantido o devido processo legal, consoante os fundamentos utilizados pelo eminente Ministro Celso de Mello no proferido no âmbito da Suspensão de Segurança nº 1.197:

> *A circunstância de o Tribunal de Contas exercer atribuições desvestidas de caráter deliberativo não exonera essa essencial instituição de controle – mesmo tratando-se da apreciação simplesmente opinativa das contas anuais prestadas pelo Governador do Estado – do dever de observar a cláusula constitucional que assegura o direito de defesa e as demais prerrogativas inerentes ao due process of law* aos que possam, ainda que em sede de procedimento administrativo, eventualmente expor-se aos riscos de uma sanção jurídica.
>
> Cumpre ter presente que o Estado, em tema de sanções de natureza jurídica ou de limitações de caráter político-administrativo, não pode exercer a sua autoridade de maneira abusiva ou arbitrária, desconsiderando, no exercício de sua atividade institucional, o princípio da plenitude de defesa, pois - não custa enfatizar - o reconhecimento da legitimidade ético-jurídica de qualquer restrição imposta pelo Poder Público exige, ainda que se cuide de procedimento meramente administrativo (CF, art. 5º, LV), a fiel observância do postulado do devido processo legal (...) (grifos acrescidos).
>
> (Processo SS nº 1.197/PE. Relator Ministro Celso de Mello. Julgado em 15.09.1997. Publicado no DJU de 22.09.1997).

Por fim, é importante ressaltar que o relatório e o parecer prévio das contas do Governo da República encaminhados ao Congresso Nacional, pelo Tribunal de Contas da União, não possuem caráter de coisa julgada administrativa, tendo em vista que podem ou não ser acolhidos pelo Poder Legislativo como elemento de convicção no julgamento dessas contas, de tal forma que os parlamentares não estão vinculados às análises técnicas contidas nesses documentos, podendo, inclusive por aspectos políticos, discordar das conclusões e dos encaminhamentos sugeridos pela Corte de Contas.

Contudo, há entendimento doutrinário que afasta a possibilidade de o Poder Legislativo desconsiderar, sem a devida justificativa, o posicionamento da Corte de Contas.

Nesse sentido, transcrevo trecho da obra *Controle da Administração Pública*, de autoria de Luciano Ferraz, que trata dessa questão:

> [...] aos Legislativos, no momento de finalizar o processo de julgamento das contas globais do Executivo, não é dado simplesmente ignorar o Parecer Prévio, omitindo-se de julgá-lo ou desprezar seu conteúdo sem expressar, motivada e tecnicamente, as razões pelas quais o fazem. Em qualquer destas duas hipóteses, a conduta do Parlamento será ilícita.

Na prática, não se deve olvidar que os Parlamentos são órgãos políticos por excelência, que não raro se apegam às paixões partidárias para apreciar os fatos colocados ao seu crivo. É a partir desta constatação que emerge a importância do Tribunal de Contas ao emitir seu parecer sobre as contas do Chefe do Executivo, objetivando, com a isenção e a imparcialidade típicas destes órgãos colegiados, dar ao indivíduo (prestador) e à sociedade a garantia da escorreita interpretação da Constituição e da Lei.

A seguir são resumidos os principais aspectos abordados nas contas do Governo da República dos últimos dez anos.

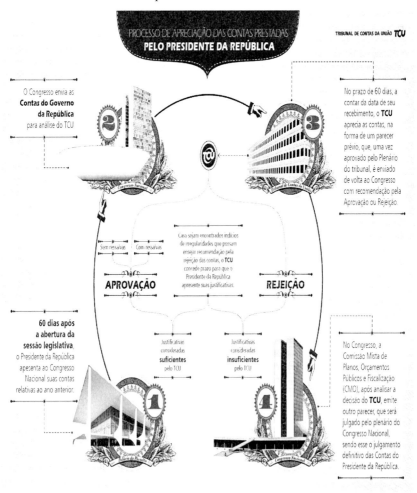

Fonte: Relatório das Contas do Governo de 2015.

2 Contas do Governo da República de 2006

Nas contas do Governo da República de 2006, sob a relatoria do Ministro Ubiratan Aguiar, o TCU, além de tecer considerações acerca do desempenho da economia brasileira naquele exercício, efetuou análises dos orçamentos fiscal, da seguridade social e de investimento das empresas estatais, bem como dos balanços gerais da União e das ações setoriais do Governo, com enfoque prioritário para as seguintes questões temáticas: transferências voluntárias da União, atuação da Justiça Eleitoral na análise das prestações de contas e na fiscalização das campanhas eleitorais e patrimônio público brasileiro na América Latina.

No tocante ao desempenho da economia brasileira em 2006, houve, de forma geral, melhora nos índices econômicos, sendo que os principais aspectos destacados nas contas do Governo foram: a) taxa de juros reais da economia caiu de 12,7% para 11,8%; b) aumento da quantidade de empregos na economia formal (4,72% a.a.); c) acréscimo de 1,94% na carga tributária nacional em 2006, correspondendo a 34,58% do PIB no mesmo exercício; e d) melhor percepção internacional do risco-Brasil, cujo indicador registrou 193 pontos em 29.12.2006, contra 311 pontos em 30.12.2005.

Em relação às diretrizes orçamentárias, foram apuradas divergências e incongruências entre as metas prioritárias estipuladas pelo Governo na Lei de Diretrizes Orçamentárias (LDO) e aquelas efetivamente registradas na Lei Orçamentária Anual (LOA), que são de iniciativa do Poder Executivo. Contudo, especificamente quanto às metas fiscais, houve resultado primário superavitário (R$90,1 bilhões ou 4,32% do PIB) e, embora tenha ocorrido aumento nominal de 16% da despesa orçamentária realizada em 2006, em relação ao exercício de 2005, a evolução positiva da arrecadação tributária auxiliou no alcance da meta de *superávit* primário do Governo Federal.

Estão transcritos a seguir os principais trechos da conclusão da Síntese do Relatório e Pareceres Prévios sobre as Contas do Governo da República, exercício de 2006:

> Os pareceres prévios a serem aprovados pelo Plenário do TCU são conclusivos no sentido de reconhecer que os órgãos dos três Poderes e o Ministério Público da União observaram os princípios fundamentais de contabilidade aplicados à administração pública, que os balanços demonstram adequadamente as posições financeira, orçamentária e patrimonial da União em 31 de dezembro de 2006, e que foram respeitados os parâmetros e limites definidos na Lei de Responsabilidade Fiscal, excetuando-se, no entanto, os aspectos relacionados às ressalvas e recomendações a seguir expostos.

Devem ser ressalvadas, em relação ao Poder Executivo, as ocorrências mencionadas ao longo do relatório, em particular:

I. divergências e incongruências entre diversas metas prioritárias estipuladas pelo Governo, na Lei de Diretrizes Orçamentárias (LDO/2006), e aquelas efetivamente registradas no projeto de lei orçamentária anual (PLOA/2006);

II descumprimento do limite estabelecido no §3º do art. 2º da Lei nº 11.178/2006, correspondente a 17% do PIB, para as dotações das despesas correntes primárias autorizadas nos Orçamentos Fiscal e da Seguridade Social da União, exclusive as transferências constitucionais ou legais por repartição de receita, e as despesas com o complemento da atualização monetária previsto na Lei Complementar n.º 110, de 29 de junho de 2001; (grifos acrescidos).

3 Contas do Governo da República de 2007

As contas do primeiro ano de gestão do segundo mandato do Governo do Presidente da República Luís Inácio Lula da Silva tiveram relatoria do Ministro Benjamin Zymler.

Consoante publicação do Diário da Justiça de 21.08.2007, o Supremo Tribunal Federal concedeu medida cautelar, em sede da Ação Direta de Inconstitucionalidade (ADIN) nº 2.238-5, suspendendo a eficácia do *caput* do art. 56 e do art. 57 da Lei de Responsabilidade Fiscal; contudo, tal decisão não repercutiu na estrutura do Relatório das Contas do Governo da República, o qual permaneceu contemplando a gestão e o desempenho dos Poderes Executivo, Legislativo e Judiciário e do Ministério Público da União.

Diante desse contexto, o Tribunal de Contas da União, por meio do Acórdão 2.248/2007, em 24.10.2007, estabeleceu diretrizes para a elaboração do aludido relatório e parecer prévio, as quais foram adotadas pelo Ministro-Relator Benjamin Zymler, tendo sido abordados, nas contas do Governo de 2007, os seguintes aspectos: desempenho da economia brasileira; programação orçamentária e execução das receitas e despesas da União; ações setoriais, com análise geral dos programas e funções de governo voltada para a aferição do impacto das ações governamentais e econômico-financeiras das demonstrações contábeis da União. Houve, ainda, maior destaque para o planejamento, a execução e o controle de obras públicas, em decorrência da magnitude dos recursos públicos empregados naquele exercício, no âmbito do Programa de Aceleração do Crescimento (PAC).

Quanto ao desempenho da economia brasileira em 2007, os índices econômicos continuaram favoráveis: a) o PIB registrou crescimento real de 5,4% em relação ao ano anterior; b) o saldo das reservas internacionais elevou-se e atingiu o montante de US$180,33 bilhões; c) a taxa de juros Selic manteve a trajetória declinante, e o comportamento dos preços encerrou o exercício dentro das expectativas; e d) a taxa de crescimento do emprego formal foi de 5,85%, superior aos 4,72% do exercício de 2006, com destaque para o setor da construção civil.

O desempenho fiscal do governo central em 2007 foi superior ao observado em 2006; o resultado primário de R$59,4 bilhões (acima da meta de R$53,0) perfez 2,33% do PIB do exercício em análise. Contudo, no tocante ao resultado nominal, ainda que o desempenho tenha sido melhor do que aquele verificado em 2006, as metas estabelecidas não foram cumpridas, pois o governo central e as empresas estatais federais apresentaram *déficit* de R$43,3 bilhões ou 1,70% do PIB, bem superior à meta fixada de *déficit* de R$30,8 bilhões ou 1,34% do PIB.

Houve incremento no saldo da dívida líquida do setor público – DLSP de R$82,9 bilhões, alcançando-se o montante expressivo de R$1,15 trilhão, mas a relação entre a DLSP e o PIB apresentou redução de 44,72% para 42,67%, em razão do crescimento do PIB.

Após esse panorama da situação em que se encontrava o Brasil em 2008, na conclusão da Síntese do Relatório sobre as Contas do Governo da República naquele exercício, constou que "o Poder Executivo Federal observou os princípios fundamentais de contabilidade aplicados à administração pública, que os balanços demonstram adequadamente as posições financeira, orçamentária e patrimonial da União em 31 de dezembro de 2007, e que foram respeitados os parâmetros e limites definidos na Lei de Responsabilidade Fiscal".

Foram, contudo, efetuadas vinte e duas ressalvas que abrangem desde "ausência de classificação e contabilização dos recursos arrecadados com tributos referentes aos créditos do parcelamento instituído pela Medida Provisória nº 303, de 29.06.2006, no montante de R$411,4 milhões" até ausência de registro das receitas vinculadas aos fundos da administração indireta, a exemplo do que ocorre com o do Fundo de Universalização dos Serviços de Telecomunicações (Fust).

4 Contas do Governo da República de 2008

As contas do Governo da República de 2008 ficaram sob a relatoria do Ministro Augusto Nardes e tiveram como temas em destaque a educação, com ênfase em universalização e qualidade do ensino, e a Assistência Social, especialmente os mecanismos de transferência de renda do Estado para famílias ou indivíduos em situações de vulnerabilidade e pobreza.

Apesar do cenário de crise financeira internacional, a economia brasileira apresentou crescimento econômico em 2008, tendo sido registrada variação positiva de 5,08% do PIB em relação ao ano anterior.

Os principais índices econômicos em 2008 foram os seguintes: a) a taxa de crescimento do emprego formal foi de 5,01%, inferior aos 5,85% do exercício de 2007, com destaque para o setor da construção civil; b) o saldo da Dívida Líquida do Setor Público (DLSP) diminuiu R$80,8 bilhões entre 2007 e 2008, quando alcançou o montante de R$1,070 trilhão; c) o Governo Federal, o Banco Central do Brasil (Bacen) e as estatais federais apresentaram redução do endividamento líquido em relação ao PIB de 3,94%, 1,38% e 1,03%, respectivamente; d) incremento significativo de investimentos empresariais no parque industrial, de tal forma que a taxa de investimentos de 18,9% do PIB foi a maior dos últimos nove anos, com a Formação Bruta de Capital Fixo crescendo 13,8% em 2008.

A seguir é transcrito trecho da síntese do Relatório das Contas do Governo da República de 2008, que descreve o panorama da economia brasileira à época:

> Com relação às políticas macroeconômicas adotadas em 2008, a evolução da política monetária foi caracterizada por ações contracionistas, principalmente em relação às taxas de juros, na maior parte do período, embora apresentasse tendência à reversão no final do ano, em razão da chegada da crise internacional. A política fiscal registrou aumento dos gastos governamentais, e, por esse ângulo, foi expansiva durante todo o período. Mas a arrecadação cresceu além daqueles gastos, assegurando o atingimento das metas fiscais. Essa maior receita não se deveu a aumento dos tributos, não tendo maior impacto sobre a renda das empresas e consumidores. Juros maiores não implicaram em restrição ao crédito, cuja oferta aumentou no ano, conferindo caráter expansionista à política creditícia.

No tocante aos temas de destaque, estão transcritas, a seguir, as principais conclusões contidas na Síntese do Relatório sobre as Contas do Governo da República, exercício de 2008:

> (...) A Função Educação está entre aquelas que possuem maior participação na execução do Orçamento Federal, estando situada no intervalo de 1,5 a 2,0% do montante executado. Os dispêndios com educação representaram, em 2007, a 5ª maior despesa do Governo Federal, inferior apenas às despesas realizadas com Encargos Especiais, Previdência Social, Saúde e Assistência Social.
>
> Uma das orientações estratégicas de governo que norteiam o Plano Plurianual 2008-2011 é ampliar substancialmente a escolaridade média da população brasileira, com ênfase na universalização do acesso e conclusão da Educação Básica.

(...) A função Assistência Social caracterizou-se por forte crescimento dos valores empenhados em seu orçamento, que passou, em termos correntes, de R$13,8 bilhões liquidados no ano 2004 para R$28,8 bilhões no ano de 2008.

No âmbito federal, as iniciativas mais importantes do ponto de vista do gasto estão relacionadas a mecanismos de transferência de renda a indivíduos, os quais respondem por mais de 90% da despesa da função Assistência Social. Não obstante o fato de diversas análises feitas tanto por instituições governamentais como pelo meio acadêmico apontarem a boa focalização desses mecanismos, há espaço, ainda, para melhoria da eficiência e da efetividade dos controles adotados na concessão e manutenção dos benefícios vinculados à área de assistência social.

Na conclusão da Síntese do Relatório sobre as Contas do Governo da República, exercício de 2008, constou que "o Poder Executivo Federal observou os princípios fundamentais de contabilidade aplicados à administração pública, que os balanços demonstram adequadamente as posições financeira, orçamentária e patrimonial da União em 31 de dezembro de 2008, e que foram respeitados os parâmetros e limites definidos na Lei de Responsabilidade Fiscal"; contudo, foram efetuadas quinze ressalvas que abordaram desde a inexistência de sistema de custos para avaliação e acompanhamento da gestão orçamentária, financeira e patrimonial, até a necessidade de evidenciação, nas estatísticas fiscais oficiais divulgadas pelo Banco Central do Brasil, dos valores da Dívida Fiscal Líquida da União (Governo Federal, Banco Central e empresas estatais federais) e do montante dos títulos públicos emitidos para constituição do Fundo Soberano do Brasil (FSB).

5 Contas do Governo da República de 2009

A relatoria das contas do terceiro ano de gestão do segundo mandato do Governo do Presidente da República Luís Inácio Lula da Silva ficou a cargo do Ministro Raimundo Carreiro.

Ainda em decorrência da concessão, pelo STF, de medida cautelar no âmbito da Ação Direta de Inconstitucionalidade (ADI) nº 2.238-5/DF, constou registrado nas contas do Governo da República de 2009 que "o TCU emite parecer prévio apenas sobre as contas prestadas pelo Presidente da República, pois as contas atinentes aos Poderes Legislativo, Judiciário e Ministério Público, ao contrário, em vez de serem objeto de pareceres prévios individuais, são efetivamente julgadas por esta Corte de Contas".

O relatório contemplou breve síntese sobre a *performance* da economia brasileira no exercício de 2009, abordando alguns dos principais dados macroeconômicos, com destaque para a inclusão de estudo comparativo da carga tributária do Brasil com a de outros países.

Os principais índices econômicos em 2009 foram os seguintes: a) taxa de inflação 4,31%, índice inferior à taxa de 2008, situada em 5,90%, e inferior também à meta de inflação para 2009 de 4,5%; b) redução do *superávit* primário da União, cuja proporção do PIB caiu de 2,45% para 1,29% de 2008 para 2009, e crescimento do *déficit* nominal da União em relação ao PIB de 0,69% em 2008 para 3,44% em 2009; c) redução do Produto Interno Bruto, em termos reais, em 0,2% em relação ao PIB de 2008 – essa queda, contudo, foi uma das menores entre os países do G20, sendo que Estados Unidos, União Europeia e Japão sofreram perdas de 2,4%, 4,2% e 5%, respectivamente; d) a Dívida Líquida do Setor Público (DLSP) aumentou em 5,62 pontos percentuais do PIB, de 2008 para 2009, passando de 37,34% para 42,96% do PIB, no período; e e) Dívida Líquida do Setor Público (DLSP) aumentou em 5,62 pontos percentuais do PIB, de 2008 para 2009, passando de 37,34% para 42,96%, o que é um reflexo da ação anticíclica implementada pelo Governo para superar a crise econômica.

A tendência de elevação da participação das operações de crédito frente ao PIB foi um fator de destaque na economia brasileira em 2009. Nesse sentido, cumpre destacar um trecho da Versão Simplificada das Contas do Governo da República – Exercício de 2009, que trata dessa questão:

> As operações de crédito nos setores público e privado totalizaram R$ 1,4 trilhão, com crescimento de 14,9% no período. *A participação dos bancos públicos na oferta de crédito foi de 41,4% em 2009,* superando as instituições privadas e estrangeiras que participaram com 40,4% e 18,2%, respectivamente. Já as operações de crédito contratadas por pessoas físicas somaram R$ 319,9 bilhões, um crescimento de 17,4% ao ano. (Grifos acrescidos).

No tocante à receita no exercício de 2009, foi feita uma avaliação da arrecadação decorrente de multas administrativas aplicadas por diversos órgãos da Administração Pública Federal.

No âmbito das despesas, efetuou-se uma avaliação circunstanciada do Programa de Aceleração do Crescimento (PAC), de Programas do Plano Plurianual (PPA) 2008/2011 e das grandes áreas de despesa que compõem o gasto público, tais como seguridade social, educação, segurança pública, meio ambiente e reforma agrária, contemplando, ainda, em destaque, iniciativas relacionadas à reforma do Poder Judiciário.

Foram, ainda, desenvolvidas análises relacionadas a medidas adotadas pelo Governo Federal, em 2009, com vistas a combater os efeitos da crise econômica mundial sobre a economia doméstica. Estão transcritos a seguir alguns trechos dessas análises extraídos da Versão Simplificada das Contas do Governo da República – Exercício de 2009:

> A partir do último quadrimestre de 2008, quando o Brasil começou a sentir mais fortemente o impacto da crise econômica mundial, o governo brasileiro implementou várias medidas para diminuir seus efeitos no país. Essas ações abrangeram as áreas fiscal, monetária, creditícia e cambial.
>
> Com os dados apresentados na prestação de contas do Governo da República de 2009 e baseado em informações de órgãos específicos, o TCU analisou qual foi o impacto da atuação do governo para uma gradual recuperação da economia do país, observada a partir do segundo trimestre de 2009, quando houve uma reversão da queda do PIB. Como resultado, o PIB caiu apenas 0,2%, conforme demonstrado na análise relativa ao desempenho da economia.
>
> Nas áreas fiscal, monetária e creditícia o governo adotou tanto medidas gerais quanto ações específicas voltadas aos setores mais afetados pela crise.
>
> (...)
>
> Na área cambial, com vistas a reduzir a volatilidade do preço do dólar e atenuar os impactos da crise sobre o câmbio, o governo, no segundo semestre de 2008, atuou por meio de diversos instrumentos, tais como: leilão de dólares, redução integral da alíquota do IOF (Imposto sobre Operações Financeiras) em operações de câmbio, e operações com o Federal Reserve, que disponibilizou para o Brasil conta em dólares para garantir um nível mínimo de liquidez no mercado de câmbio.
>
> (...)
>
> Com o retorno dos capitais externos ao país, o governo instituiu em outubro de 2009 uma alíquota de 2% para o IOF incidente na entrada de capitais externos destinados à aplicação em ativos de renda fixa e variável no Brasil. O objetivo foi o de reduzir a excessiva valorização do Real frente ao dólar.
>
> O governo também implementou ações para estimular o comércio exterior, pois a crise afetou as exportações brasileiras, que tiveram uma forte queda a partir de julho de 2008. Parte das reservas internacionais foi utilizada para financiar exportações, e novas regras foram estipuladas para facilitar as linhas de crédito aos exportadores. A contar de março de 2009, observa-se uma recuperação do volume de exportações, embora inferior ao do ano anterior.
>
> (...)
>
> Após todas essas considerações, as análises constantes do Relatório sobre as Contas prestadas pelo Presidente da República revelam que o conjunto de medidas adotadas pelo governo contribuiu para a redução do impacto da crise mundial na economia brasileira.

Na conclusão da Síntese do Relatório sobre as Contas do Governo da República, Exercício de 2009, constou que "o Poder Executivo Federal observou os princípios fundamentais de contabilidade aplicados à administração pública, que os balanços demonstram adequadamente as posições financeira, orçamentária e patrimonial da União em 31 de dezembro de 2008, e que foram respeitados os parâmetros e limites definidos na Lei de Responsabilidade Fiscal"; contudo, foram efetuadas quinze ressalvas que abordaram desde o baixo percentual de arrecadação das multas administrativas aplicadas por órgãos da Administração Pública Federal até o descumprimento do §3º do art. 2º da Lei nº 6.830/1980 e do art. 1º da Portaria STN nº 685/2006, pela ausência de sistemática de cobrança dos créditos de instalação devidos pelos beneficiários da Política Nacional de Reforma Agrária.

6 Contas do Governo da República de 2010

No que concerne às contas do Governo da República de 2010, cuja relatoria ficou a cargo do Ministro Aroldo Cedraz, a análise do Tribunal de Contas da União priorizou dois temas: mobilidade urbana e atuação das agências reguladoras, com foco no usuário do serviço público.

A ênfase na mobilidade urbana foi decorrência do elevado volume de recursos envolvidos, especialmente em razão das obras atinentes ao PAC 2 – Mobilidade Grandes Cidades, relativas à infraestrutura para realização da Copa do Mundo de 2014 e dos Jogos Olímpicos de 2016, de tal forma que as dotações orçamentárias para ações relativas a essa área alcançaram o montante de R$11 bilhões em 2010, valor muito elevado se comparado com a média anual obtida desde 2003 para esse tipo de gasto (de R$1 bilhão).

O crescimento, bastante significativo no intervalo de 2006 a 2010, do número de usuários dos serviços regulados de telecomunicações, especialmente de telefonia móvel e de TV por assinatura, transporte aéreo de passageiros e distribuição e revenda de combustíveis, motivou o enfoque na atuação das agências reguladoras, no âmbito da análise das contas de Governo de 2010.

A seguir, os principais trechos transcritos do Relatório e Parecer Prévio sobre as Contas do Governo da República – Exercício de 2010:

> *Quanto à atuação das agências reguladoras*
> O conjunto de constatações da auditoria realizada pelo Tribunal permite concluir que as agências reguladoras, apesar de possuírem mecanismos disponíveis e aptos para captar expectativas e anseios dos usuários acerca da prestação dos serviços regulados, utilizam-nos de maneira deficiente em alguns aspectos; e essas manifestações são insuficientemente

consideradas nos processos finalísticos de regulamentação e fiscalização desses serviços.

Diante disso, o TCU determinou a Anatel, Anac, Aneel e ANP que elaborassem planos de ação para reverter o contínuo aumento do número de denúncias e reclamações por usuário dos serviços há pouco mencionados, que contemplassem:

a) aperfeiçoamento dos mecanismos disponíveis para captação de expectativas e anseios dos usuários dos serviços, diretamente ou por meio de organizações representativas de seus interesses;

b) melhoria dos processos de consultas e audiências públicas, de modo a incrementar o grau de participação dos usuários, diretamente ou por meio de organizações representativas de seus interesses, na elaboração e apresentação de contribuições;

c) realização de pesquisas de satisfação de usuários, com base em indicadores definidos para aferir o grau de satisfação com a prestação dos serviços;

d) aprimoramento dos procedimentos de regulamentação e fiscalização adotados pela agência, bem como dos mecanismos de aplicação de sanções atualmente vigentes, com o objetivo de conferir maior significância às expectativas e anseios dos usuários em relação à prestação dos serviços.

Mobilidade urbana
(...) o conceito de mobilidade urbana se apoia em quatro pilares: (i) integração do planejamento do transporte com o planejamento do uso do solo; (ii) melhoria do transporte público de passageiros; (iii) estímulo ao transporte não motorizado; e (iv) uso racional do automóvel.
(...)
Em relação aos congestionamentos, estes vêm surgindo nas cidades menores e se tornando crônicos em grandes cidades. Paralelamente, percebe-se uma evasão de passageiros dos sistemas de transporte público ao longo do tempo, devido principalmente a problemas de infraestrutura e qualidade dos serviços. Por fim, a baixa qualidade das vias urbanas desestimula a locomoção a pé e restringe o uso de bicicleta, incentivando o uso do automóvel particular para realizar percursos diários e dificultando, ainda mais, a locomoção nas cidades.
Diante disso, o tema mobilidade urbana cresce em relevância e complexidade, afeta consideravelmente a qualidade de vida da população e a economia das cidades, merecendo atenção especial por parte dos gestores públicos.
(...)
O adequado planejamento urbano e de transportes, de competência dos municípios, contribui dessa forma para a qualidade da mobilidade urbana e consequente boa alocação dos recursos públicos. Pesquisa realizada pelo TCU identificou que alguns aspectos do planejamento do

uso do solo, importantes para o planejamento de transporte, não estão sendo contemplados no Plano Diretor de Ordenamento Territorial dos municípios.

(...)

Por fim, a pesquisa identificou que existe uma dificuldade das regiões metropolitanas ou de influência em construir um plano de transporte integrado, evidenciando lacunas nas competências entre os entes federativos para o desenvolvimento do planejamento e gestão integrada do serviço de transporte público coletivo urbano comum àquelas regiões.

A solução da questão passa pela maior atuação da Secretaria Nacional de Transporte e Mobilidade Urbana (Semob), vinculada ao Ministério das Cidades, que deve atuar como indutora de melhoria do planejamento municipal.

Observa-se, no entanto, que as contribuições do governo federal estão sendo aprovadas sem as devidas análises da realidade existente e sem avaliação dos projetos financiados. Dessa forma, a Semob, apesar de contar com *recursos inéditos na sua história,* ainda não pôde amadurecer ao ponto de conduzir regularmente a política brasileira de mobilidade urbana.

É preciso que a Semob seja capaz de implementar uma estratégia de ação que permita diagnosticar a situação do processo de integração dos planos das regiões metropolitanas e apoiar sua consolidação; e estimular a associação dos municípios com o respectivo estado para instituir uma coordenação do planejamento e da operação do transporte coletivo de interesse comum.

Recomendações do TCU

a) implementar um procedimento de coleta e tratamento sistemático de dados que permita identificar problemas e possíveis soluções de mobilidade nas cidades de maior porte;

b) desenvolver indicadores que possibilitem monitorar a execução e avaliar os resultados das ações financiadas;

c) aprimorar sua sistemática de seleção e contratação de projetos, a fim de reduzir riscos de inexecução e de escolha de soluções inadequadas;

d) definir estratégia de ação para induzir e apoiar a melhoria e a integração dos planejamentos dos municípios concernentes à mobilidade.

7 Contas do Governo da República de 2011

As contas do Governo da República de 2011, relativas ao primeiro ano da administração da Presidente da República Dilma Vana Rousseff, tiveram como relator o Ministro José Múcio, e o tema central escolhido foi "sustentabilidade do crescimento", de tal forma que se buscou um panorama de como a ação governamental pode propiciar um crescimento nacional consistente e estruturado, que possa ir se delineando ao longo dos anos, de forma a garantir melhores condições de vida às gerações futuras.

Estão transcritos a seguir os principais trechos das conclusões, ressalvas e recomendações contidas no âmbito do Parecer do Ministro-Relator José Múcio:

> Os exames efetuados nos documentos, balanços e demonstrativos encaminhados pelo Poder Executivo foram enriquecidos com fiscalizações realizadas por diversas unidades técnicas do TCU que permitiram a elaboração do projeto de parecer prévio submetido à apreciação do Plenário.
>
> A análise conduz às seguintes conclusões:
>
> • As demonstrações contábeis consolidadas da União, exceto pelos possíveis efeitos das ressalvas constatadas, representam adequadamente a situação patrimonial em 31 de dezembro de 2011, bem como os resultados relativos ao exercício encerrado nessa data, de acordo com a Lei 4.320/1964, a Lei Complementar 101/2000 e as demais normas aplicáveis.
>
> • Os elementos apresentados no relatório sobre a execução do orçamento da União, exceto pelos possíveis efeitos das ressalvas constatadas, demonstram que foram observados os princípios constitucionais e legais que regem a administração pública federal, e também as normas constitucionais, legais e regulamentares na execução dos orçamentos da União e nas demais operações realizadas com recursos públicos federais, em especial ao que estabelece a lei orçamentária anual.
>
> *Ressalvas*
>
> Ao todo, foram emitidas 25 ressalvas, relacionadas a aspectos de conformidade da receita pública, da dívida pública, da execução do orçamento e das demonstrações contábeis.
>
> *Recomendações*
>
> Ao todo, 40 recomendações se fizeram necessárias em razão das ressalvas de conformidade e da análise do desempenho governamental, com destaque para as seguintes:
>
> 1 - À Casa Civil da Presidência da República, ao Ministério da Fazenda e ao Ministério do Planejamento que, em conjunto com os órgãos setoriais que executam as ações PAC e do Plano Brasil sem Miséria (PBSM), adotem as medidas que se fizerem necessárias para que sejam efetivamente priorizadas as execuções das ações definidas como prioritárias no PPA 2012/2015.
>
> 2 - À Casa Civil da Presidência da República que:
>
> • As propostas de projeto de lei ou medidas provisórias que contemplem a concessão ou ampliação de benefícios tributários, previdenciários,

financeiros e creditícios contenham a identificação do órgão gestor da renúncia, assim como seus objetivos, metas, indicadores, formas de avaliação de resultados e prazos de vigência;

• adote as providências de sua competência para efetivar o Conselho Nacional de Integração de Políticas de Transporte - Conit, tendo em vista a importância dessa instância de articulação sobre a integração das políticas de transportes do país;

• adote as providências de sua competência para assegurar a elaboração dos planos setoriais de transportes e sua consolidação e coesão com o plano nacional estratégico de transportes;

• adote medidas que fortaleçam as instâncias de coordenação da Política Nacional de Desenvolvimento Regional, inclusive por intermédio da retomada da atuação da Câmara de Políticas de Desenvolvimento Regional;

• coordene a atuação dos Ministérios da Ciência, Tecnologia e Inovação e Desenvolvimento, Indústria e Comércio Exterior, para que elaborem um planejamento conjunto de longo prazo para as políticas de Ciência, Tecnologia e Inovação, que extrapole os períodos quadrienais que até hoje caracterizaram as políticas nessa área, e que integre as políticas de inovação e industrial.

3 - À STN que redirecione o processo de reforma da contabilidade federal, empregando maior grau de precaução em novos procedimentos que aumentem o ativo e maior esforço institucional para viabilizar o registro contábil de passivos e variações patrimoniais diminutivas que ainda não são evidenciados adequadamente.

4 - Ao Ministério de Minas e Energia que conclua com brevidade todos os estudos requeridos para a tomada de decisão sobre as medidas que serão adotadas em função do vencimento das concessões do setor elétrico, dado o impacto que a demora ou a inadequação dessas medidas podem causar sobre o desenvolvimento nacional.

5 - Ao Ministério da Integração Nacional que considere, no atual processo de revisão da Política Nacional de Desenvolvimento Regional, a necessidade de adotar instrumentos de gestão e controle que permitam atacar o conjunto de causas identificadas pelos órgãos gestores da política e especialistas no tema.

6 - À Casa Civil e ao Ministério da Ciência e Tecnologia que considerem, na avaliação sobre a necessidade de se criar uma nova instituição para fomentar o compartilhamento de riscos para projetos de inovação, as diversas estruturas já existentes no Sistema Nacional de Ciência, Tecnologia e Inovação e que o momento presente é de reestruturação no âmbito da Financiadora de Estudos e Projetos (Finep), com vistas à utilização de instrumentos de fomento diversificados, de forma integrada, com agilidade e flexibilidade.

8 Contas do Governo da República de 2012

Quanto à apreciação das contas do segundo ano de gestão do governo da Presidente da República, relativas ao exercício de 2012, com relatoria do Ministro José Jorge, o tema escolhido foi "crescimento inclusivo", com foco na verificação se as políticas públicas, previstas no Plano Plurianual (PPA 2012-2015), nas áreas de educação, saúde, desenvolvimento regional, infraestrutura e previdência estão sendo implementadas de forma adequada, de forma a garantir o alcance dos objetivos traçados pelo Governo Federal.

As ações setoriais do Governo foram então divididas de acordo com as funções orçamentárias, com ênfase nas áreas de previdência social e política nacional de combustíveis, além de se priorizar a verificação do desempenho da arrecadação das receitas e da execução das despesas, bem como a evolução dos índices econômicos e sociais e o cumprimento das metas fiscais e dos limites estabelecidos na Lei de Responsabilidade Fiscal (LRF).

Seguem abaixo transcritos os principais trechos das conclusões, ressalvas e recomendações inseridas no parecer do Ministro-Relator José Jorge:

> Os exames efetuados nos documentos, balanços e demonstrativos encaminhados pelo Poder Executivo foram acrescidos de fiscalizações realizadas por diversas unidades técnicas do TCU que permitiram a elaboração do projeto de parecer prévio submetido à apreciação do Plenário.
> A análise conduz às seguintes conclusões:
> • As demonstrações contábeis consolidadas da União, exceto pelos possíveis efeitos das ressalvas constatadas, representam a situação patrimonial em 31 de dezembro de 2012, bem como os resultados relativos ao exercício encerrado nessa data, de acordo com a Lei 4.320/1964, a Lei Complementar 101/2000 e as demais normas aplicáveis.
> • Os elementos apresentados no relatório sobre a execução do orçamento da União, exceto pelos possíveis efeitos das ressalvas constatadas, demonstram que foram observados os princípios constitucionais e legais que regem a administração pública federal, e também as normas constitucionais, legais e regulamentares na execução dos orçamentos da União e nas demais operações realizadas com recursos públicos federais, em especial ao que estabelece a lei orçamentária anual.
>
> *Ressalvas*
> Ao todo, foram emitidas 22 ressalvas, relacionadas a aspectos de conformidade da receita pública, da execução do orçamento e das demonstrações contábeis.

Recomendações

Ao todo, 41 recomendações se fizeram necessárias em razão das ressalvas de conformidade e da análise do desempenho governamental, com destaque para as seguintes:

Órgão/Entidade	Recomendação
Casa Civil da Presidência da República, Ministério do Desenvolvimento Social, Ministério da Fazenda e Ministério do Planejamento, Orçamento e Gestão	Certifiquem-se, em conjunto, de que as alterações ocorridas na identificação das despesas do Plano Brasil Sem Miséria, por meio do plano orçamentário, sejam suficientes para propiciar a correta identificação da sua execução orçamentária; caso contrário, que providenciem outro mecanismo para assegurar a referida identificação no exercício de 2013.
Secretaria do Tesouro Nacional, na qualidade de órgão central do Sistema de Administração Financeira Federal, nos termos do art. 11, inciso I, da Lei 10.180/2001	Apure, discrimine e evidencie, em item específico do relatório "Resultado do Tesouro Nacional", o efeito fiscal decorrente de receitas extraordinárias, de qualquer natureza, que vierem a ser arrecadadas durante o exercício, com vistas a minimizar a assimetria de informação entre a sociedade, os órgãos de controle e o governo federal, e em observância aos pressupostos do planejamento e da transparência na gestão fiscal, insculpidos no art. 1º, §1º, da Lei de Responsabilidade Fiscal.
Ministério da Saúde	Publique a Programação Anual de Saúde (PAS) para o ano de 2013, de forma a se dar transparência e permitir o acompanhamento anual das ações, metas, indicadores e recursos orçamentários que irão garantir o alcance dos objetivos e o cumprimento das metas do Plano Nacional de Saúde 2012-2015, em conformidade ao que dispõe o art. 36, §2º, da Lei Complementar 141/2012.
Banco Nacional de Desenvolvimento Econômico e Social	Somente proponha o pagamento de dividendos para resultados apurados nas demonstrações contábeis levantadas em 30 de junho e 31 de dezembro de cada exercício, conforme dispõe o seu Estatuto Social, aprovado pelo Decreto 4.418/2002.
Presidência da República	Não autorize as empresas estatais federais a declararem dividendos intermediários em condições não previstas em seus respectivos estatutos.
Secretaria do Tesouro Nacional, em conjunto com a Secretaria do Patrimônio da União	Inclua a depreciação de bens imóveis na política contábil atual do governo federal, contemplando a depreciação dos bens de infraestrutura.
Ministério da Previdência Social, em conjunto com a Secretaria do Tesouro Nacional	Contabilize, ainda em 2013, as provisões matemáticas previdenciárias do Regime Próprio dos servidores públicos civis federais, com dados de informação atuarial referente a 31.12.2012; assim como as variações dessas provisões tão logo estejam concluídas as atualizações atuariais anuais.

9 Contas do Governo da República de 2013

O Relatório sobre as Contas do Governo da República de 2013, sob a relatoria do Ministro Raimundo Carreiro, foi centrado no tema "governança pública para o desenvolvimento". Introduziu-se uma nova estrutura e uma abordagem diferenciada do parecer, de tal forma que, com as melhorias introduzidas nesse exercício, buscou-se maior convergência do relatório com os padrões e as boas práticas internacionais de fiscalização governamental.

No tocante às mudanças estruturais implementadas, cumpre destacar que o próprio parecer prévio passou a constituir o capítulo inaugural da manifestação da Corte de Contas, em consonância com as conclusões e as recomendações oriundas dos projetos de fortalecimento das contas do Governo, realizados em parceria com o Banco Mundial e com a Organização para a Cooperação e o Desenvolvimento Econômico (OCDE).

Outra alteração foi quanto à abordagem dada ao capítulo que analisa a ação setorial do governo. O enfoque passou a ser a evidenciação dos resultados da atuação do Governo Federal, de tal forma que a avaliação realizada pelo TCU começou a objetivar a aferição dos instrumentos de medição de desempenho, verificando se são apropriados e suficientes para demonstrar os resultados das intervenções governamentais.

Em consonância com o tema "governança pública para o desenvolvimento", foram feitas análises específicas sobre aspectos de governança em políticas públicas consideradas prioritárias para a promoção do desenvolvimento nacional justo e sustentável, nas áreas de educação, proteção social, infraestrutura, pesquisa e inovação, meio ambiente e segurança pública.

Também foram incluídos exames de aspectos de governança em temas transversais, essenciais para o bom desempenho da Administração Pública como um todo, dentre os quais planejamento, avaliação, gestão de riscos, gestão de pessoas e tecnologia da informação.

Estão transcritos a seguir os principais trechos das conclusões do TCU no que concerne ao Relatório e Parecer Prévio sobre as Contas do Governo da República – Exercício de 2013:

> *Parecer prévio*
> O Tribunal de Contas da União emite o parecer de que *estão em condições de serem aprovadas pelo Congresso Nacional, com ressalvas*, as Contas do Poder Executivo, referentes ao exercício financeiro de 2013 e de responsabilidade da Excelentíssima Senhora Presidenta da República, Dilma Vana Rousseff.

1. Opinião com ressalvas sobre o relatório de execução do orçamento

O relatório sobre a execução do orçamento da União, exceto pelos possíveis efeitos das ressalvas constatadas, demonstram que foram observados os princípios constitucionais e legais que regem a administração pública federal, bem como as normas constitucionais, legais e regulamentares na execução dos orçamentos da União e nas demais operações realizadas com recursos públicos federais, em especial ao que estabelece a lei orçamentária anual.

2. Opinião sobre o Balanço Geral da União (BGU)

Opinião com ressalvas sobre as informações patrimoniais O Balanço Patrimonial e a Demonstração das Variações Patrimoniais, exceto pelos possíveis efeitos das ressalvas constatadas, refletem, respectivamente, a situação patrimonial em 31/12/2013 e o resultado patrimonial relativo ao exercício encerrado nessa data, de acordo com as disposições da Lei 4.320/1964, da Lei Complementar 101/2000 e das demais normas aplicáveis à contabilidade federal.

Opinião com ressalvas sobre as informações orçamentárias e financeiras Os balanços Orçamentário e Financeiro, exceto pelos possíveis efeitos das ressalvas constatadas, refletem respectivamente os resultados orçamentários e financeiros de 2013, de acordo com as disposições da Lei 4.320/1964, da Lei Complementar 101/2000 e das demais normas aplicáveis à contabilidade federal.

Ressalvas

Foram emitidas *26 ressalvas*, das quais 8 são relacionadas ao relatório de execução do orçamento (capítulos 3 e 4 do Relatório) e 18 referem-se à opinião sobre o BGU (capítulo 5).

Diante da materialidade e dos efeitos generalizados das distorções referentes às informações patrimoniais, o Ministério da Fazenda se comprometeu a adotar as medidas necessárias e suficientes para evidenciar a real situação patrimonial da União nas próximas contas de 2014, compromisso que será acompanhado em processo específico. Nesse sentido, foi proposto alerta ao Poder Executivo sobre a possibilidade de o TCU emitir opinião adversa sobre o Balanço Geral da União, caso as recomendações expedidas não sejam implementadas.

A opinião emitida pelo TCU serve como subsídio ao julgamento político a cargo do Congresso Nacional, nos termos do art. 71, §1º, da Constituição Federal.

Recomendações

48 recomendações foram necessárias, com destaque para as seguintes:

Órgão/Entidade	Recomendação
Casa Civil e Ministério do Planejamento, Orçamento e Gestão	Incluam, nos projetos de Lei de Diretrizes Orçamentarias, um rol de prioridades da administração pública federal, com suas respectivas metas, nos termos do §2º do art. 165 da Constituição Federal, que estabelece que as leis de diretrizes orçamentárias devem compreender as metas e prioridades da administração pública federal, instrumento indispensável ao monitoramento e à avaliação de seu desempenho ao longo da execução do orçamento a que se referem.
Secretaria de Política Econômica e Secretaria do Tesouro Nacional	Elaborem e apresentem, no prazo de 90 dias, as projeções anuais, para este e os próximos três exercícios (2014 a 2017), dos valores correspondentes aos benefícios financeiros e creditícios decorrentes das operações de crédito concedidas pela União ao Banco Nacional de Desenvolvimento Econômico e Social (BNDES) a partir de 2008, incluindo as respectivas despesas financeiras relativas aos juros e demais encargos decorrentes da captação de recursos pelo Tesouro Nacional, em cumprimento aos itens 9.1.5 e 9.1.6 do Acórdão 3.071/2012-TCU-Plenário, medida que visa a dar maior transparência às ações de governo e contribuir para que a sociedade possa conhecer e avaliar o custo das operações realizadas.

Órgão/Entidade	Recomendação
Secretaria do Tesouro Nacional	Na qualidade de órgão central do Sistema de Administração Financeira Federal, nos termos do art. 11, inciso I, da Lei 10.180/2001, e em observância aos pressupostos do planejamento e da transparência na gestão fiscal, insculpidos no art. 1º, §1º, da Lei Complementar 101/2000, apure, discrimine e evidencie, em item específico do relatório "Resultado do Tesouro Nacional", o efeito fiscal decorrente de receitas extraordinárias, de quaisquer naturezas, que vierem a ser arrecadadas durante o exercício, com vistas a minimizar a assimetria de informação entre a sociedade, os órgãos de controle e o governo federal, em reiteração a recomendação proferida nas Contas do Governo de 2012.
	Em reiteração à recomendação expedida nas Contas do Governo de 2012, divulgue em notas explicativas o valor das participações societárias em 31 de dezembro, de modo que o usuário do Balanço Patrimonial possa compreender os efeitos da defasagem entre a data do Balanço Geral da União e as datas das demonstrações financeiras das empresas participadas.
	Inclua, em notas explicativas sobre as receitas de dividendos arrecadadas pela União, elementos mínimos sobre a política de dividendos das principais participações societárias do governo federal, bem como o histórico de arrecadação desse tipo de receita em relação ao resultado primário do exercício a que se referem as demonstrações contábeis e dos quatro exercícios anteriores.
Casa Civil da Presidência da República	Defina o órgão competente para efetuar a contabilização das provisões matemáticas previdenciárias do Regime Próprio de Previdência Social da União, enquanto não houver unidade gestora do regime, e também tome outras providências necessárias para o fiel cumprimento da Lei 9.717/1998 e das respectivas normas regulamentares editadas pelo Ministério da Previdência Social, em especial quanto à estruturação da referida unidade gestora, permitindo assim a transparência, a prestação de contas e a responsabilização adequada pela gestão e contabilização do RPPS da União.

Órgão/Entidade	Recomendação
Controladoria-Geral da União	Com fundamento na Lei 10.180/2001 e no Decreto 3.591/2000, estabeleça procedimentos para certificar, na maior extensão possível, a exatidão das informações de desempenho constantes da Prestação de Contas da Presidenta da República, previamente ao encaminhamento desta ao Congresso Nacional.
Procuradoria-Geral da Fazenda Nacional, Procuradoria-Geral da União e Procuradoria-Geral Federal	Tomem as providências necessárias para o reconhecimento, a mensuração e a evidenciação de provisões e passivos contingentes, em especial quanto à estruturação da setorial contábil e ao cálculo da probabilidade de perda, assim como já ocorre na Procuradoria-Geral do Banco Central.
Caixa Econômica Federal e Banco Nacional de Desenvolvimento Econômico e Social	Ampliem a transparência de suas respectivas políticas de dividendos, de modo a permitir a avaliação externa da capacidade econômico-financeira das instituições financeiras federais.

10 Contas do Governo da República de 2014

Nas Contas de Governo da República de 2014, sob a relatoria do Ministro Augusto Nardes, o TCU abordou o tema "governança pública para a competitividade nacional". Foi elaborado amplo diagnóstico da governança no setor público, contemplando organizações das esferas federal, estadual e municipal. Dois aspectos foram prioritariamente tratados: os programas voltados para o aperfeiçoamento da gestão pública federal e as características dos planos e orçamentos públicos. Houve também uma tentativa de aproximação das técnicas e dos procedimentos da auditoria que sustentam a emissão do parecer prévio às diretrizes de auditoria financeira emitidas pela Organização Internacional de Entidades Fiscalizadoras Superiores (Intosai).

A grande questão que passou a ser tratada foi a necessidade de transparência e coerência na obtenção das estatísticas fiscais, de forma que os dados obtidos sejam confiáveis e sirvam de instrumento de política monetária, além de parâmetro da gestão fiscal e do processo orçamentário.

Nesse contexto, várias deficiências foram detectadas, em um mecanismo de maquiagem das contas públicas que consistia em espécie de "drible" econômico praticado pelo Tesouro Nacional, que atrasava o repasse de verba federal para bancos públicos, privados e autarquias, com o intuito de ludibriar o mercado financeiro com a falsa impressão de que o Governo possuía menos despesas. Tal sistemática produz um aumento artificial do *superávit* primário ou, ainda, quando as despesas do governo são maiores do que suas receitas, uma camuflagem do *déficit* primário existente.

Essa prática ficou conhecida como pedalada fiscal e foi inicialmente detectada pelo Tribunal de Contas da União no âmbito do processo de representação do Procurador Júlio Marcelo de Oliveira (TC 021.643/2014-8), de relatoria do Ministro José Múcio Monteiro, no qual foi prolatado o Acórdão nº 825/2015 – Plenário, ratificado em sede de embargos de declaração pelo Acórdão nº 992/2015 – Plenário, tendo sido constatado que o Banco Central não computou, no cálculo da Dívida Líquida do Setor Público (DLSP), passivos da União junto ao Banco do Brasil, ao Banco Nacional de Desenvolvimento Econômico e Social (BNDES) e ao Fundo de Garantia por Tempo de Serviço (FGTS).

Segundo consta no voto do Ministro-Relator José Múcio Monteiro:

> [...] o Banco Central do Brasil, na condição de responsável pela apuração dos resultados fiscais para fins de cumprimento das metas fixadas na Lei de Diretrizes Orçamentárias, ao deixar à margem de suas estatísticas passivos da União que, de acordo com os seus próprios critérios, deveriam compor a Dívida Líquida do Setor Público – DLSP, faltou com a diligência e transparência esperada no desempenho de suas atribuições.

Diante de todo esse contexto, o Tribunal de Contas da União, em uma postura inédita após o advento da Nova República, recomendou a rejeição das contas da Presidente da República Dilma Vana Rousseff relativas ao exercício de 2014.

Ressalte-se que, desde que a Corte de Contas foi criada, foi a segunda vez em que foi feita tal recomendação ao Congresso Nacional. A primeira foi em 1937, durante o governo Getúlio Vargas.

Importante destacar ainda que, antes dessa recomendação de rejeição das contas do Governo Federal, em nome do devido processo legal e em respeito ao princípio constitucional do contraditório e da ampla defesa, o TCU concedeu prazo para que a Presidente da República se manifestasse acerca dos treze indícios de irregularidades incialmente apontados (Acórdão nº 1.464/2015 – Plenário, prolatado na Sessão Extraordinária de 17.06.2015).

Segue transcrição dos principais trechos das considerações finais do Ministro-Relator Augusto Nardes, no Relatório e Parecer Prévio sobre as Contas do Governo da República de 2014:

(...)
Como muito bem destacado pela Semag no tópico 8.13, a Lei de Responsabilidade Fiscal (LRF) é indiscutivelmente um dos maiores marcos normativos na era pós-constituição de 1988. Representa ganhos institucional e social inegáveis ao romper com paradigmas até então arraigados na cultura dos Poderes da República.

Tal norma, conceitual e principiológica por essência, teve como objetivo central estabelecer comportamentos esperados, diretrizes e regras norteadoras de uma gestão fiscal responsável e equilibrada, preocupada com o controle rigoroso das contas públicas, por meio de medidas prudenciais e ações planejadas visando ao monitoramento *pari passu* do nível da expansão das despesas e do endividamento públicos.

As metas fiscais, nesse contexto, são instrumento de grande valia neste esforço conjunto de manutenção do equilíbrio das finanças públicas. A lógica orçamentária, materializada por intermédio de suas leis, só faz sentido em um cenário de constante avaliação e monitoramento da realidade – mediante o confronto dos dados apurados com as metas previamente estabelecidas – por parte dos três poderes de cada esfera estatal, a fim de se permitir replanejamento dos gastos públicos, quando necessário, evitando-se surpresas indesejadas pelo sistema ao final de cada ciclo orçamentário.

Contudo, o diagnóstico deste processo, em conjunto com as análises realizadas no TC 021.643/2014-8, evidencia que diversos procedimentos adotados ao longo do exercício de 2014 afrontaram de forma significativa os princípios, objetivos e comportamentos preconizados pela LRF.

Os fatos que permeiam as irregularidades abordadas neste capítulo denotam inobservância sistemática de regras e princípios estabelecidos pelo legislador complementar, além de outros aplicáveis à administração pública. Importante enfatizar que tais fatos possuem conexão singular entre si na medida em que repercutiram, todos, sem exceção, de uma forma ou de outra, na condução fiscal de 2014 e nos resultados a ela inerentes.

O relatório demonstra, de forma cabal, o uso contínuo e reiterado de bancos estatais como "financiadores" de políticas públicas, contrariando vedação expressa da LRF. Com isso, foram postergados, injustificadamente, por arbítrio do Poder Executivo, o pagamento de despesas obrigatórias pela União. Tais operações de crédito ocultas, proibidas pela LRF – exceto no caso da relação entre União e FGTS acerca do Programa Minha Casa Minha Vida –, distorceram a realidade orçamentário-financeira e o resultado fiscal do ano.

Facultaram também, em contrapartida, maior margem de manobra governamental no que se refere ao limite de despesas discricionárias.

Houve desrespeito também à regra proibitiva da LRF quanto à realização de operações de crédito por antecipação de receita orçamentária no último ano de mandato da Presidente da República.

Com exceção da dívida da União para com a Caixa Econômica Federal em razão dos atrasos nos pagamentos dos benefícios do Bolsa Família, do Seguro Desemprego e do Abono Salarial, os demais passivos não compuseram as estatísticas fiscais elaboradas pelo Banco Central do Brasil (Bacen), comprometendo a fidedignidade dos números da Dívida Líquida do Setor Público (DLSP) – em algo próximo a R$ 40 bilhões – e do resultado fiscal do exercício.

Afastei, amparando-me na análise da Semag, as teses centrais utilizadas pela defesa, segundo as quais os atrasos nos pagamentos não configuraram operações de crédito, segundo a conceituação da LRF, mas meros adiantamentos devidos a ajustes operacionais típicos em virtude da própria dinâmica dos repasses dos benefícios, por meio de instituição financeira estatal na condição de agente operador.

Em suma, entendi, em oposição a esse raciocínio, que os atrasos se enquadram no conceito de operação de crédito estabelecido pela LRF; que, para tal enquadramento, não se exige contrato bancário típico, específico, firmado com instituição financeira com vistas à entrega de numerários; que as operações em questão são assemelhadas às do rol do art. 29, inciso III, da LRF, mais especificamente à hipótese de abertura de crédito.

Importante esclarecer que a responsabilidade direta da Presidente da República sobre a prática das chamadas "pedaladas fiscais", em 2014, ficou evidente ante a edição do recente Decreto 8.535, de 2015, pela Exma. Presidente da República. Eis que, por meio desse decreto autônomo (fundado no art. 84, VI, da Constituição de 1988), a Presidente passou a restringir a prática das "pedaladas" e, assim, deu evidente demonstração de que caberia diretamente a ela coibir a prática de referidas irregularidades, em 2014.

A omissão das despesas primárias no cálculo do resultado fiscal falseou os dados oficiais, que ficaram subestimados, afetando a programação orçamentária e financeira bem como a verificação do cumprimento das metas fiscais sob o enfoque da necessidade de limitação de empenho e movimentação financeira (contingenciamento). Dessa forma, criou-se situação irreal que culminou na realização de contingenciamento em montante inferior ao que seria exigido em caso de observância da legislação em vigor.

Ainda que se abstraiam os valores reais que deveriam ter composto as estatísticas fiscais, o Poder Executivo, já na avaliação devida ao quarto bimestre de 2014, tinha conhecimento dos dados que apontavam para um déficit primário significativo. Naquele momento, o cenário indicava a necessidade de contingenciamento no montante de despesas discricionárias.

A irregularidade se materializou, em definitivo, com a emissão do Decreto 8.367/2014, na avaliação do quinto bimestre, em paralelo com a submissão do PLN 36/2014 ao Congresso Nacional, ocasião em que não se contemplou novo contingenciamento, além de ter havido condicionamento da execução orçamentária à aprovação do projeto de lei.

Refutei, nesse ponto, a tese de defesa segundo a qual a decisão pelo não contingenciamento foi medida de responsabilidade fiscal, tendo se justificado pelas mudanças no cenário econômico mundial, ante o agravamento da crise, e pela possibilidade de alteração da meta pela via legislativa.

Considerei que alterações na meta fiscal são possíveis, mas em respeito aos ditames das leis orçamentárias, o que ocorreu apenas sob o aspecto formal, uma vez que o PLN 26/2014 foi submetido ao Poder Legislativo somente quando a realidade fiscal já estava deteriorada, o que deixou o parlamento refém de uma situação fática irreversível.

Restou demonstrado, também, que os efeitos da crise em 2014 não se fizeram sentir apenas em novembro, mas ao longo de todo o ano. Os indicadores econômicos mostraram a piora do cenário não apenas na avaliação do quinto bimestre, mas bem antes, já em maio e, com mais ênfase, em agosto.

Ainda no âmbito da programação orçamentária e financeira, o relatório confirma que houve omissões reiteradas quanto a projeções atualizadas encaminhadas pelo Ministério do Trabalho e Emprego. Essa ocorrência induziu a um montante contingenciado de despesas discricionárias no início do ano (Decretos 8.197/2014 e 8.216/2014) aquém do necessário.

Para constar, outro achado de gravidade acentuada se deve à abertura de créditos suplementares, da ordem de R$ 15 bilhões, quando a meta fiscal em vigor estava comprometida.

As contrarrazões atinentes a essas duas ocorrências foram, também, devidamente enfrentadas e refutadas em tópicos apartados deste relatório.

Outra tese central de defesa que permeia praticamente todas as irregularidades tratadas neste processo diz respeito à possível violação dos princípios da segurança jurídica e da proteção da confiança por parte deste TCU na hipótese de concluir pela emissão de parecer adverso.

Nesse particular, também em consonância com a análise da Semag, reputei que as decisões do TCU, por falta de disposição legal ou constitucional que o autorizem a assim proceder, não conferem salvaguarda à continuidade da prática de ato ilegal não abordado ou detectado por ocasião da análise fático-jurídica resultante de suas manifestações anteriores.

(...)

Como conclusão a todo esse quadro que se delineou no exame das Contas de 2014, observo que se revela situação ainda mais preocupante do que tão-somente o descumprimento – generalizado e reiterado – da Lei de Responsabilidade Fiscal.

Revelou-se o desprestígio que o Poder Executivo devotou ao Congresso Nacional, não somente ao adotar medidas ao arrepio da vigente Lei de Responsabilidade Fiscal, mas também ao promover, por exemplo, a abertura de créditos suplementares sem prévia autorização legislativa, desmerecendo o papel preponderante que exerce o Poder Legislativo no harmônico concerto entre os Poderes da República, princípio fundamental da Nação, e descumprindo mandamento expresso da atual Constituição da República.

Especificamente no tocante à sistemática adotada pelo Governo Federal quanto à efetivação de operações de crédito irregulares, que foi um dos principais fatores que motivou a recomendação do TCU para que o Congresso Nacional rejeite as contas da Presidente da República Dilma Vana Rousseff, relativas ao exercício de 2014, importante trazer à baila o gráfico a seguir, que muito bem ilustra a magnitude dos adiantamentos concedidos pela Caixa Econômica Federal à União para cobertura de despesas no âmbito dos programas Bolsa Família, Seguro Desemprego e Abono Salarial, restando demonstrado que a soma dos saldos dessas despesas na última década indica assimetria verificada a partir do segundo semestre de 2013, que se intensifica, consideravelmente, ao longo do exercício de 2014.

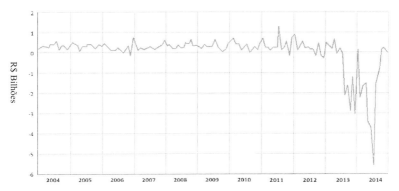

Fonte: Relatório e Parecer Prévio das Contas de Governo de 2014 (análise das contrarrazões da Presidente da República).

11 Contas do Governo da República de 2015

A relatoria das contas do primeiro ano de gestão do segundo mandato do governo da Presidente da República Dilma Vana Rousseff ficou a cargo do Ministro José Múcio Monteiro.

Em 2015, o desempenho da economia brasileira foi extremamente ruim, e esse cenário de crise foi abordado na análise das contas do Governo da República de 2015.

Foram destacados os principais índices econômicos em 2015, dentre os quais: a) taxa de inflação, medida pelo IPCA, de 10,67%, que é a maior desde 2002, quando o índice se situou em 12,53%; b) aumento da taxa de desocupação, que finalizou o ano em 6,9%; c) encolhimento do PIB de 3,8% em relação a 2014, o que representa a pior *performance* desde 1990 e a última colocação entre os países do G20; d) taxa *per capita* do PIB com recuo de 4,6 %, o que indica que, em termos reais, a renda média anual da população caiu ainda mais que a produção.; e e) redução do rendimento médio real, que ficou 6,7% inferior ao ano de 2014.

A análise do perfil dos gastos públicos em 2015 indicou que, apesar desse cenário de grave crise econômica, não houve a esperada ampla redução dos dispêndios do Governo Federal, de tal forma que, enquanto consumo das famílias, que teve queda de 4,0% em 2015, resultado bem abaixo do verificado em 2014, quando houve crescimento de 1,3%, as despesas de consumo da Administração Pública tiveram redução bem menos acentuada, de 1,0% no encerramento de 2015.

Os resultados fiscais também foram muito ruins. Saiu-se de um *superávit* primário de 3,52% do PIB, em agosto de 2011, passando por um *déficit* de 0,16%, em novembro de 2014, para se chegar a um *déficit* ainda maior, de 1,88% em dezembro de 2015.

Nesse quadro de descontrole dos gastos governamentais, o que se observa é que a degeneração nas contas públicas deveria ter sido o foco principal da política econômica do Governo; contudo, houve fracasso na tentativa de conduzir uma política macroeconômica capaz de assegurar a estabilidade necessária para o avanço da economia brasileira, calcada no denominado tripé macroeconômico: ajuste fiscal, sistema de metas de inflação e flexibilização cambial por meio da adoção de câmbio flutuante.

A tolerância da autoridade monetária quanto às taxas de inflação é evidente, sendo que, em 2015, como vem acontecendo desde 2010, a inflação superou o centro da meta. No tocante ao ajuste fiscal, desde 2014 o governo deixou de priorizar uma política fiscal compatível com a estabilidade da razão dívida pública/PIB (resultado nominal do setor público como proporção do PIB), de tal forma que, em dezembro/2015, o resultado nominal alcançou um valor extremamente elevado, equivalente a 10,38% do PIB; já em fevereiro de 2016, o *déficit* nominal atingiu 10,75% do PIB.

Todo esse quadro econômico foi abordado no âmbito das contas do Governo da República e, do mesmo modo que em 2014, quando o TCU emitiu parecer favorável à rejeição das contas da Presidente da República, em decorrência de 12 ilegalidades detectadas, em 2015 também foram identificados 21 indícios de irregularidades na gestão orçamentária e financeira e duas possíveis distorções nas informações contábeis e de desempenho e, mantendo o procedimento de 2014, a Corte de Contas, por meio do Acórdão nº 1.497/2016 – Plenário, proferido em 15.06.2016, concedeu prazo para que a Presidente da República apresentasse suas contrarrazões quanto a esses indícios de irregularidades apontados, preservando-se o devido processo legal e os princípios do contraditório e da ampla defesa.

Estão transcritos a seguir trechos do voto do Ministro-Relator José Múcio Monteiro que embasou o do Acórdão nº 1.497/2016 – Plenário, os quais abordam as sistemáticas detectadas que originaram esses indícios de irregularidade objeto de ciência à Chefe do Poder Executivo em 2015:

> 17. A exemplo do ocorrido no exercício de 2014, em 2015 o Tesouro Nacional deixou de repassar, tempestivamente, ao Banco do Brasil, os valores relativos à equalização de taxa de juros nas operações do Plano Safra prevista na Lei 8.427/1992 e, ao BNDES, os da equalização da taxa de juros do âmbito do Programa de Sustentação do Investimento (PSI), definido na Lei 12.096/2009, que constituem transferência de recursos ao mutuário final das operações, sob a modalidade subvenção econômica.
> (...)
> 20. Além disso, ao não repassar à instituição financeira os recursos necessários à quitação dos empréstimos (principal e juros) dessa natureza contraídos em períodos anteriores ao recém encerrado, estará caracterizada também a ocorrência da manutenção de dívida, que se enquadra no conceito de operação de crédito a que se refere o art. 29, inciso III, da Lei Complementar 101/2000 (Lei de Responsabilidade Fiscal).
> (...)
> 42. A partir dessa análise inicial, pode-se concluir que a ausência de registro das dívidas da União junto BB, BNDES, Caixa e FGTS pode ter comprometido a condução da execução orçamentária, na medida em que possivelmente distorceu o diagnóstico das metas fiscais.
> (...)
> 44. Merece menção, igualmente, a dívida da União junto à Caixa, não contabilizada nos resultados fiscais apurados pelo Bacen em 2015, concernente ao não pagamento de tarifas devidas à instituição financeira pela prestação de serviços, relacionados a atividades diversas, como a operacionalização de programas sociais, a exemplo do Bolsa Família e o Fundo de Financiamento ao Estudante do Ensino Superior (Fies), e a intermediação de repasses do Orçamento Federal e de pagamentos de abono salarial e seguro desemprego, entre várias outras.
> (...)
> 48. No decorrer do exercício de 2015, o governo federal realizou pagamentos dos passivos junto aos dois bancos públicos e ao FGTS, no montante de R$ 74,1 bilhões, dos quais R$ 21 bilhões referiam-se a 2015

e R$ 53,1 bilhões eram destinados a recompor atrasos de anos anteriores. Destaco que aproximadamente R$ 4,5 bilhões dizem respeito ao pagamento de juros por atraso.

49. Embora não restassem dúvidas quanto à natureza creditória desses passivos junto ao BB, BNDES e FGTS, independentemente de serem ou não irregulares em face do art. 36 da LRF, os respectivos pagamentos não foram registrados como quitação de dívida de operações de crédito. Em vez disso, se deram por meio de despesas com subvenções econômicas, procedimento que levou à distorção das informações orçamentárias do exercício de 2015.

(...)

56. Também foram identificadas irregularidades com relação aos pagamentos de dívidas da União junto ao FGTS, relativas aos adiantamentos realizados pelo fundo para a concessão de subvenções econômicas no âmbito do Programa Minha Casa Minha Vida (PMCMV).

57. Esses adiantamentos sem o posterior ressarcimento pela União ao fundo em prazo razoável também são caracterizados como operações de crédito, conforme já abordado no Relatório sobre as Contas do Governo da República do exercício de 2014, que fundamentou o Acórdão 2.461/2015-Plenário, de outubro de 2015.

(...)

61. A despeito dos alertas e orientações, o governo federal persistiu, ao longo do exercício de 2015, no repasse de recursos ao FGTS para quitação de dívidas anteriormente contraídas utilizando rubrica orçamentária destinada ao pagamento de subvenções econômicas, em vez de serem adotados os procedimentos atinentes à liquidação de operações de crédito.

67. A Lei Orçamentária de 2014 (Lei 12.952/2014) autorizava o adiantamento pelo FGTS em nome da União até o montante de R$ 612 milhões. Todavia, os valores executados excederam em muito as dotações orçamentárias, esgotadas em junho de 2014, totalizando o montante de R$ 1,48 bilhão no exercício.

68. Ao longo de 2015, o governo federal procedeu ao pagamento do passivo gerado por essa extrapolação da autorização orçamentária (R$ 869,10 milhões) também na forma de subvenção econômica, embora se tratasse de operação de crédito, constituída sem permissão legal, pois desprovida de autorização legislativa conferida pelo Orçamento Geral.

(...)

81. A ocorrência que se discute consiste na edição pela Presidente da República, logo após a apresentação do PLN 5/2015, de seis decretos – todos sem numeração, sendo quatro em 27/7/2015, um em 20/8/2015 e um em 2/9/2015 – por meio dos quais foi autorizada a abertura de créditos suplementares ao orçamento da União, sem que houvesse a devida autorização legislativa, como prevê a Constituição Federal.

82. Destaco que, adotando critério conservador, a unidade técnica deste Tribunal considerou apenas os decretos editados após o recebimento do referido projeto de lei pelo Congresso Nacional. Embora seja provável que as dificuldades fiscais tenham se iniciado anteriormente, foi naquela ocasião que houve o reconhecimento, pelo próprio governo, da impossibilidade de se atingir a meta fiscal então vigente. Também foram desconsiderados os valores decorrentes de anulação de despesa, bem como de despesas financeiras, ambos sem reflexos na meta de resultado primário, referência adotada pelo citado art. 4º da LOA 2015.

No dia 05.10.2016, o Tribunal de Contas da União analisou as contrarrazões encaminhadas pela Presidente da República quanto aos indícios de irregularidades e possíveis distorções apontados no Acórdão nº 1.497/2016 – TCU-Plenário e concluiu que a defesa apresentada não foi suficiente para justificar a maioria das irregularidades.

Assim, por meio do Acórdão nº 2.523/2016 – Plenário, o TCU recomendou ao Congresso Nacional a rejeição das contas da ex-Presidente da República Dilma Vana Rousseff, relativas ao exercício de 2015, registrando que, "devido à gravidade e à repercussão negativa sobre a gestão governamental, associadas às irregularidades detectadas, não elididas pelas contrarrazões apresentadas por Sua Excelência, houve inobservância relevante aos princípios constitucionais e legais que regem a administração pública federal, às normas constitucionais, legais e regulamentares na execução dos orçamentos da União e nas demais operações realizadas com recursos públicos federais, conforme estabelece a lei orçamentária anual, razão pela qual as Contas não estão em condições de serem aprovadas".

Foram consignadas as seguintes irregularidades:
1. Manutenção do estoque de operações de crédito vencidas até 31.12.2014 durante praticamente todo o exercício de 2015, relativamente a atrasos nos repasses ao Banco do Brasil respeitantes à equalização de juros do Plano Safra, tendo iniciado aquele ano com valor aproximado de R$8,3 bilhões, em desacordo com o art. 36, *caput*, da Lei Complementar nº 101/2000 (itens 3.5.6.1 e 7.2);
2. Manutenção do estoque de operações de crédito vencidas até 31.12.2014 durante praticamente todo o exercício de 2015, relativamente a atrasos nos repasses ao Banco Nacional de Desenvolvimento Econômico e Social respeitantes à equalização de juros do Programa de Sustentação do Investimento, tendo iniciado aquele ano com valor aproximado de R$20 bilhões, em desacordo com o art. 36, *caput*, da Lei Complementar nº 101/2000 (itens 3.5.6.2 e 7.2);

3. Realização de novas operações de crédito pela União junto ao Banco Nacional de Desenvolvimento Econômico e Social, no primeiro e no segundo semestres do exercício de 2015, nos valores de R$3,7 bilhões e R$4,37 bilhões, respectivamente, em virtude de passivos oriundos do Programa de Sustentação do Investimento, operacionalizado por aquela instituição financeira, em desacordo com os artigos 32, §1º, incisos I e II, e 36, *caput*, da Lei Complementar nº 101/2000 e com os pressupostos do planejamento, da transparência e da gestão fiscal responsável insculpidos no art. 1º, §1º, da Lei Complementar nº 101/2000 (itens 3.5.6.3 e 7.2);

4. Realização de novas operações de crédito pela União junto ao Banco do Brasil no primeiro e no segundo semestre do exercício de 2015, nos montantes de R$2,6 bilhões e R$3,1 bilhões, respectivamente, em virtude de passivos oriundos da equalização de taxa de juros em operações de crédito rural, em desacordo com o art. 165, §8º, da Constituição Federal c/c o art. 32, §1º, incisos I e II, da Lei Complementar nº 101/2000, bem como com o art. 36, *caput*, da mesma lei e com os pressupostos do planejamento, da transparência e da gestão fiscal responsável insculpidos no art. 1º, §1º, da Lei Complementar nº 101/2000 (itens 3.5.6.4 e 7.2);

5. Omissão de passivos da União junto ao Banco do Brasil, à Caixa Econômica Federal, ao Banco Nacional de Desenvolvimento Econômico e Social e ao Fundo de Garantia do Tempo de Serviço, nas estatísticas da dívida pública divulgadas pelo Banco Central do Brasil ao longo do exercício de 2015, contrariando os pressupostos do planejamento, da transparência e da gestão fiscal responsável insculpidos no art. 1º, §1º, da Lei Complementar nº 101/2000 (itens 3.5.7 e 7.3);

6. Pagamento de dívidas da União junto ao Banco do Brasil e ao Banco Nacional de Desenvolvimento Econômico e Social sem a devida autorização na Lei Orçamentária Anual ou em lei de créditos adicionais, inclusive com o registro irregular de subvenções econômicas, contrariando o que estabelecem o art. 167, inciso II, da Constituição Federal, o art. 5º, §1º, da Lei Complementar nº 101/2000 e os arts. 12, §3º, inciso II, e §6º, e 13 da Lei nº 4.320/1964 (itens 3.3.6 e 7.4);

7. Pagamento de dívidas da União junto ao Fundo de Garantia do Tempo de Serviço sem a devida autorização em Lei Orçamentária Anual ou em lei de créditos adicionais, e

também com o registro irregular de subvenções econômicas, contrariando o que estabelecem o art. 167, inciso II, da Constituição Federal, o art. 5º, §1º, da Lei Complementar nº 101/2000 e os artigos 12, §3º, inciso II, e §6º, e 13 da Lei nº 4.320/1964 (itens 3.3.6 e 7.4);

8. Abertura de créditos suplementares, entre 27.07.2015 e 02.09.2015, por meio dos Decretos Não Numerados 14241, 14242, 14243, 14244, 14250 e 14256, incompatíveis com a obtenção da meta de resultado primário então vigente, em desacordo com o art. 4º da Lei Orçamentária Anual de 2015, infringindo por consequência, o art. 167, inciso V, da Constituição Federal (itens 3.3.2.1 e 7.5);

9. Condução da programação orçamentária e financeira com amparo na proposta de meta fiscal constante do Projeto de Lei PLN nº 5/2015, e não na meta fiscal vigente nas datas de edição dos Relatórios de Avaliação de Receitas e Despesas Primárias do 3º e do 4º Bimestres de 2015, bem como dos Decretos nº 8.496/2015 e 8.532/2015, contrariando o disposto nos artigos 9º da Lei Complementar nº 101/2000 e 52 da Lei nº 13.080/2015 (itens 3.5.3 e 7.6);

10. Contingenciamentos de despesas discricionárias da União em montantes inferiores aos necessários para atingimento da meta fiscal vigente nas datas de edição dos Decretos nº 8.496, de 30.07.2015, e 8.532, de 30.09.2015, amparados, respectivamente, pelos Relatórios de Avaliação de Receitas e Despesas Primárias do 3º e 4º Bimestres de 2015, contrariando o disposto nos artigos 9º da Lei Complementar nº 101/2000 e 52 da Lei nº 13.080/2015.

Em seu voto, o Ministro José Múcio Monteiro apontou que, "em decorrência das análises efetuadas, constataram-se possíveis distorções e indícios de irregularidades graves na execução dos orçamentos e na gestão dos recursos públicos federais – envolvendo o endividamento público, os resultados fiscais, as alterações orçamentárias, a execução orçamentária da despesa, a limitação de empenho e movimentação financeira –, denotando o descumprimento de princípios e pressupostos essenciais preconizados na Lei de Responsabilidade Fiscal, na Lei nº 4.320/1964 e na própria Constituição Federal".

No voto que proferiu, acompanhando o relator, o Ministro-Substituto Marcos Bemquerer Costa consignou o seguinte:

> Importante destacar que a obediência aos preceitos da Lei de Responsabilidade Fiscal não é só uma questão de legalidade, mas garantia de estabilidade econômica. A maquiagem das contas públicas e as denominadas

pedaladas fiscais criaram um contexto em que foram detectadas várias irregularidades no exercício de 2015, não se tratando somente de embasamento para que o parecer do TCU seja pela rejeição das contas da Chefe do Poder Executivo, mas fator que contribuiu para o quadro de crise na economia brasileira, em especial, no tocante ao fato de o País ter perdido o grau de investimento (selo de bom pagador) e atravessar uma recessão que pode ser a mais longa de sua história.

12 Conclusão

Após esse panorama da atuação da Corte de Contas nos últimos dez anos, o que se observa é que o relatório e os pareceres prévios sobre as contas do Governo da República referentes a cada exercício financeiro não se traduzem apenas no cumprimento de um mandamento constitucional, tornam-se produto de singular importância para os cidadãos brasileiros, contemplando informações valiosas a respeito da destinação dada aos tributos pagos e da forma como o Governo Federal executa políticas públicas.

Durante o decênio em exame, são observadas nítidas evoluções e sensíveis aperfeiçoamentos dos relatórios e pareceres prévios das contas do Governo da República, em especial no que concerne ao cumprimento de dispositivos da Lei de Responsabilidade Fiscal (LRF) e à questão da incorporação tanto dos princípios internacionais de auditoria financeira quanto dos aspectos de governança.

Em 2006, nas primeiras contas do Governo da República, objeto do presente estudo, o que se observa é que, na análise empreendida pelo TCU, havia a concepção de que deveria ser observado o disposto no art. 71 da Constituição Federal de 1988, com elaboração e apreciação de relatório e pareceres prévios sobre as contas do Presidente da República, para posterior julgamento pelo Congresso Nacional, mas também devia ser obedecida a atribuição dada pela Lei de Responsabilidade Fiscal, para o exame e a manifestação sobre as contas dos Presidentes do Senado Federal, da Câmara dos Deputados, dos Tribunais Superiores do Poder Judiciário, do Presidente do Tribunal de Justiça do Distrito Federal e dos Territórios e do Chefe do Ministério Público da União.

Essa concepção foi alterada após a concessão, pelo Supremo Tribunal Federal, de medida cautelar em sede de Ação Direta de Inconstitucionalidade (ADIN nº 2.238-5/DF), consoante publicação do Diário de Justiça de 21.08.2007, com suspensão da eficácia do *caput* do art. 56 e do art. 57 da Lei de Responsabilidade Fiscal, com o advento do entendimento de que o parecer prévio é *exclusivo* para o Chefe do Poder Executivo, com julgamento posterior das contas pelo Congresso

Nacional, de tal forma que, a partir das contas de Governo da República de 2007, a aferição do cumprimento, por parte dos órgãos dos Poderes Legislativo e Judiciário, das disposições da Lei de Responsabilidade Fiscal, passou a ocorrer em processos específicos, não mais no âmbito do parecer prévio.

Restritamente no tocante à análise das receitas e despesas em cada exercício, em que pese o exame empreendido nas contas do Governo em todo o decênio analisado ter contemplado a verificação do perfil consolidado da arrecadação das receitas e da realização de despesas, contendo comentários acerca da recuperação de créditos tributários, da renúncia de receitas, dos benefícios tributários, financeiros e creditícios, além da avaliação dos resultados de fundos constitucionais de financiamento, foi a partir do exercício de 2009 que o enfoque do TCU passou a contemplar análises mais pontuais de receitas e despesas, com avaliação, por exemplo, da arrecadação decorrente de multas administrativas aplicadas por diversos órgãos da Administração Pública Federal, além de ter sido efetuada avaliação circunstanciada do Programa de Aceleração do Crescimento (PAC), de Programas do Plano Plurianual (PPA) 2008/2011 e das grandes áreas de despesa que compõem o gasto público, tais como: seguridade social, educação, segurança pública, meio ambiente, reforma agrária, contemplando, ainda, em destaque, iniciativas relacionadas à reforma do Poder Judiciário.

Também na questão da incorporação dos princípios internacionais de auditoria financeira, é nítida a evolução nos últimos anos.

Primeiramente, é importante ressaltar que as Normas Internacionais das Entidades Fiscalizadoras Superiores (ISSAI), desenvolvidas pela Organização Internacional das Entidades Fiscalizadoras Superiores (INTOSAI), visam promover auditorias independentes e eficazes e apoiar os membros da INTOSAI no desenvolvimento de suas próprias abordagens profissionais, de acordo com seus mandatos e com leis e regulamentos nacionais.

No que concerne às contas do Governo da República, a adoção dessas normas e diretrizes profissionais adotadas em âmbito internacional traz maior credibilidade e incremento substancial de qualidade nas abordagens contidas no relatório e nos pareceres prévios.

Nesse sentido, foi no âmbito do relatório e dos pareceres prévios das contas do Governo da República do exercício de 2013 que foi introduzida a incorporação, pelo Tribunal de Contas da União, dessas boas práticas internacionais de fiscalização governamental.

No que tange aos temas priorizados nos relatórios das contas do Governo da República nesses dez anos, o que se observa é que há uma ideia de continuidade e complementaridade em cada exercício, especialmente nos anos de 2011, 2012, e 2013, cujos temas, respectivamente, "sustentabilidade do crescimento", "crescimento inclusivo" e "governança pública para o desenvolvimento", estão bastante correlacionados, de tal forma que os exames empreendidos nesses exercícios permitem que sejam detectados gargalos e fragilidades estruturais, em áreas consideradas prioritárias, com vistas a que sejam alçados os objetivos para o efetivo desenvolvimento econômico, social e político do país.

Especificamente quanto às contas do Governo da República de 2010, restou caracterizada a tentativa de se promoverem evoluções nas análises empreendidas pelo TCU, de tal forma que foram implementadas ações inovadoras, destinadas a ouvir setores da Administração Pública e da sociedade civil com o intuito de alcançar o aperfeiçoamento do produto a ser entregue ao Congresso Nacional.

Uma dessas ações foi a realização de *Seminário de Conjuntura Econômica e Contas de Governo*, com participação do Presidente do Banco Central do Brasil e do Secretário de Política Econômica do Ministério da Fazenda, para discussões acerca das políticas fiscal, monetária e creditícia desenvolvidas pelo governo em 2010. Outra ação foi a organização de evento intitulado *Novas Perspectivas para a Apreciação das Contas de Governo*, que contou com a participação do meio acadêmico, do setor produtivo, da mídia e da sociedade civil organizada, organizando-se um fórum de discussões que gerou várias sugestões de melhoria na forma de apresentação do relatório e na análise de planos e programas de governo.

Essa busca por evoluções nas análises empreendidas teve um resultado concreto em 2013, quando foram introduzidas importantes mudanças na estrutura e no conteúdo do *Relatório sobre as Contas do Governo*, especialmente no que concerne à auditoria das informações de desempenho constantes da Prestação de Contas da Presidente da República (PCPR), de tal forma que nessa nova perspectiva que passou a ser adotada pelo TCU, o foco passou a ser o resultado da gestão pública, com preocupação na melhoria do diálogo entre governo e sociedade.

A verificação da solidez das informações de desempenho divulgadas pelo Poder Executivo é importante para que se possa construir um sistema de medição adequado às demandas sociais, alavancando-se, por conseguinte, todo o processo de melhoria da governança do setor público.

Importante, ainda, ressaltar o fato de que a análise do resultado da atuação governamental em 2013 não foi mais efetuada por funções orçamentárias, como ocorreu até o exercício anterior, mas a partir de programas temáticos e objetivos do PPA 2012-2015, selecionados por critérios de materialidade e relevância.

Ainda no tocante às mudanças estruturais implementadas em 2013, cumpre destacar que o próprio parecer prévio passou a constituir o capítulo inaugural da manifestação da Corte de Contas, em consonância com as conclusões e as recomendações oriundas dos projetos de fortalecimento das Contas do Governo, realizados em parceria com o Banco Mundial e com a Organização para a Cooperação e o Desenvolvimento Econômico (OCDE).

Essas avaliações da OCDE acerca do relatório e parecer prévio das contas do Presidente da República, em especial no que concerne a aspectos de governança pública, refletem os resultados de uma cooperação de um ano entre a OCDE e o TCU, o Governo Federal e a sociedade civil, para discutir o processo de análise das contas do Governo da República e a *accountability* governamental.

Em decorrência dessa cooperação, foram organizados vários fóruns de discussões, em Brasília e Paris, com altos funcionários de EFS, contando, inclusive, com a participação dos Poderes Executivo e Legislativo de alguns países da OCDE, sempre com foco no objetivo de melhorar a avaliação técnica realizada nas diversas etapas associadas às Contas do Presidente da República.

Como resultado dos trabalhos de cooperação desenvolvidos entre a OCDE e o TCU, foi apresentado, no dia 04.11.2012, durante o Seminário Internacional de Auditoria Financeira no Setor Público, relatório contendo propostas para otimizar a atuação da Corte de Contas e propiciar incremento qualitativo e quantitativo nas informações a serem remetidas ao Poder Legislativo.

No âmbito do relatório e parecer prévio das contas do Governo da República do exercício de 2013, foram observadas as ponderações e recomendações contidas no aludido relatório decorrente da cooperação entre TCU e OCDE.

Cumpre, finalmente, destacar que as contas do Governo da República do último decênio tiveram um enfoque crescente na questão da governança.

Segundo documento elaborado em 2014 pelo Tribunal de Contas da União, intitulado *Governança Pública: referencial básico de governança aplicável a órgãos e entidades da administração pública e ações indutoras de melhoria*, o termo governança abrange "a habilidade e a capacidade governamental para formular e implementar, de forma efetiva, políticas públicas mediante o estabelecimento de relações e parcerias coordenadas entre organizações públicas e/ou privadas".

Nesse contexto, importante destacar que, em 2013, o tema central na análise das contas do Governo da República foi "governança pública para o desenvolvimento" e, principalmente nos últimos dois exercícios examinados (2014 e 2015), a questão da governança tem tido enfoque prioritário no relatório e no parecer prévio, especialmente no que concerne aos reflexos das ações governamentais e das políticas públicas no desempenho da economia brasileira em cada exercício.

Em uma etapa singular da política nacional, em razão do processo de impedimento da Presidente da República Dilma Vana Rousseff, os posicionamentos técnicos contidos no relatório e nos pareceres prévios sobre as contas do Governo da República foram interpretados como principais elementos de prova, de modo a fundamentar as acusações de cometimento de crime de responsabilidade.

O que se verifica, portanto, é que, após as evoluções detectadas nos últimos dez anos, o produto oferecido pelo Tribunal de Contas da União, por meio do relatório e dos pareceres prévios, objetivando auxiliar o Congresso Nacional, contempla as informações, necessárias e fidedignas, a fundamentar não só o julgamento das contas do Governo da República, mas também e, sobretudo, para fomentar o debate democrático sobre a atuação do Estado brasileiro.

Referências

AGUIAR, S. J. C. et al. *Normas de auditoria governamental* - NAGs: aplicáveis ao controle externo. Rio de Janeiro: Instituto Rui Barbosa, 2010.

ALMEIDA, G. C. O papel dos Tribunais de Contas no Brasil. *Jus Navegandi*, v. 2, n. 7, p. 1-3, fev. 2005.

ANDRADA, Antônio C. D. de; BARROS, Laura C. de B. O Parecer Prévio como instrumento de transparência, controle social e fortalecimento da cidadania. *Revista do Tribunal de Contas do Estado de Minas Gerais*, v. 77, n. 4, p. 54-70, out./dez 2010.

BRASIL. *Constituição da República Federativa do Brasil [1988]*. Disponível em: <http://www.planalto.gov.br/ccivil_03/constituicao/constituicaocompilado.htm>. Acesso em: 08 jun. 2016.

BRASIL. *Lei 8.443, de 16 de julho de 1992*. Disponível em: <http://www.planalto.gov.br/ccivil_03/leis/l8443.htm>. Acesso em: 8 jun. 2016.

BRASIL. *Lei Complementar 101, de 4 de maio de 2000*. Disponível em: <http://www.planalto.gov.br/Ccivil_03/leis/LCP/Lcp101.htm>. Acesso em: 15 jun. 2014.

BRASIL. *Relatório e parecer prévio sobre as contas do Governo da República*: exercício de 2007. Disponível em: <http://portal.tcu.gov.br/tcu/paginas/contas_governo/contas_2007/CG2007_B.htm>. Acesso em: 14 jun. 2016.

BRASIL. *Relatório e parecer prévio sobre as contas do Governo da República*: exercício de 2008. Disponível em: <http://portal.tcu.gov.br/tcu/paginas/contas_governo/contas_2008/CG2008_B.htm>. Acesso em: 15 jun. 2016.

BRASIL. *Relatório e parecer prévio sobre as contas do Governo da República*: exercício de 2009. Disponível em: <http://portal.tcu.gov.br/tcu/paginas/contas_governo/contas_2009/index.htm>. Acesso em: 16 jun. 2016.

BRASIL. *Relatório e parecer prévio sobre as contas do Governo da República*: exercício de 2010. Disponível em: <http://portal.tcu.gov.br/tcu/paginas/contas_ governo/contas_2010/index.htm >. Acesso em: 17 jun. 2016.

BRASIL. *Relatório e parecer prévio sobre as contas do Governo da República*: exercício de 2011. Disponível em: <http://portal.tcu.gov.br/tcu/paginas/contas_governo/contas_2010/index.htm >. Acesso em: 20 jun. 2016.

BRASIL. *Relatório e parecer prévio sobre as contas do Governo da República*: exercício de 2012. Disponível em: <http://portal.tcu.gov.br/tcu/paginas/contas_ governo/contas_2012/index.htm >. Acesso em: 21 jun. 2016.

BRASIL. *Relatório e parecer prévio sobre as contas do Governo da República*: exercício de 2013. Disponível em: <http://portal.tcu.gov.br/tcu/paginas/contas_ governo/contas_2013/index.htm >. Acesso em: 22 jun. 2016.

BRASIL. *Relatório e parecer prévio sobre as contas do Governo da República:* exercício de 2014. Disponível em: <http://portal.tcu.gov.br/tcu/paginas/contas_ governo/contas_2014/index.htm >. Acesso em: 23 jun. 2016.

BRASIL. *Relatório preliminar contas do Governo da República*: exercício de 2015. TC-008.389/2016-0. Ministro-Relator José Múcio Monteiro. Acórdão n. 1497/2016 – Plenário. Data da Sessão: 15.06.2016 – Contas do Governo. Código eletrônico para localização na página do TCU na Internet: AC-1497-22/16-P. Acesso em: 29 jun. 2016.

BRASIL. *Relatório preliminar contas do governo da república*: exercício de 2015. TC-008.389/2016-0. Ministro-Relator José Múcio Monteiro. Acórdão nº 2.523/2016 – Plenário. Data da Sessão: 05.10.2016 – Contas do Governo. Código eletrônico para localização na página do TCU na Internet: AC-2523-38/16-P. Acesso em: 10 out.2016.

BRASIL. Supremo Tribunal Federal. Medida Cautelar na Ação *Direta de Inconstitucionalidade (ADI) 2.238 DF. Rel. Min.* Sepúlveda Pertence, julgada em 08.08.2007 e publicada no Diário de Justiça de 21.08.2007. Disponível em: <http://www.stf.jus.br>. Acesso em: 22 jun. 2016.

BRASIL. Supremo Tribunal Federal. *Súmula 347*. Aprovada na Sessão Plenária de 13.12.1963. Publicada no Diário de Justiça de 26.04.1962. Disponível em: <http://www.stf.jus.br/portal/jurisprudencia/listarJurisprudencia.asp?s1=347.NUME.NAO S.FLSV.&base=baseSumulas>. Acesso em: 15 jun. 2016.

BRASIL. Supremo Tribunal Federal. *Suspensão de Segurança (SS) 1.197 PE. Rel. Min. Celso de Mello*, julgada em 15.09.1997 e publicada no Diário de Justiça de 22.09.1997. Disponível em: <http://www.stf.jus.br>. Acesso em: 10 jun. 2016.

BRASIL. Tribunal de Contas da União. *Governança Pública*: referencial básico de governança aplicável a órgãos e entidades da administração pública e ações indutoras de melhoria. Brasília: TCU, Secretaria de Planejamento, Governança e Gestão, 2014. Disponível em: <www.portal2.tcu.gov.br>. Acesso em: 30 jun. 2016.

BRASIL. Tribunal de Contas da União. *Relatório e parecer prévio sobre as contas do Governo da República*: exercício de 2006. Disponível em: <http://portal.tcu.gov.br/tcu/paginas/contas_governo/contas_2006/CG2006_B1.htm>. Acesso em: 13 jun. 2016.

FERRAZ, Luciano. *Controle da Administração Pública*: elementos para compreensão dos Tribunais de Contas. Belo Horizonte: Mandamentos, 1999, p. 154.

FERRAZ, Luciano. *Due process of law* e parecer prévio das Cortes de Contas. *Diálogo Jurídico*, Salvador, ano I, n. 9, dez. 2001.

MONTENEGRO, Ivo. As contas do governo da União. *Revista Jus Navigandi*, Teresina, ano 20, n. 4.405, 24 jul. 2015. Disponível em: <https://jus.com.br/artigos/41197>. Acesso em: 20 jun. 2016.

OECD (2012). *Brazil's Supreme Audit Institution: the audit of the consolidated year-end government report*, OECD Public Governance Reviews, OECD Publishing. Disponível em: <http://dx.doi.org/10.1787/9789264188112-en>.

OLIVEIRA, H. C. Auditoria governamental como instrumento de avaliação dos resultados dos programas Governamentais: uma análise comparativa. 2007. 168 f. Dissertação (Mestrado em Ciências Contábeis) – Programa Multi-institucional e Inter-Regional de Pós-Graduação em Ciências Contábeis, Universidade de Brasília, Brasília, 2007.

SILVA, C. D. O. Considerações sobre os sujeitos do parecer prévio dos Tribunais de Contas e seus reflexos jurídicos e políticos. *Revista Jus Navegandi*, Teresina, v. 9, n. 206, p. 1-2, jan. 2004.

Informação bibliográfica deste livro, conforme a NBR 6023:2002 da Associação Brasileira de Normas Técnicas (ABNT):

COSTA, Marcos Bemquerer; BASTOS, Patrícia Reis Leitão. Relatórios e pareceres prévios sobre as contas do Governo da República: histórico da atuação do Tribunal de Contas da União nos últimos dez anos. In: LIMA, Luiz Henrique; OLIVEIRA, Weder de; CAMARGO, João Batista (Coord.). *Contas governamentais e responsabilidade fiscal:* desafios para o controle externo – estudos de ministros e conselheiros substitutos dos Tribunais de Contas. Belo Horizonte: Fórum, 2017. p. 63-103. ISBN 978-85-450-0246-8.

CAPÍTULO 3

O CONTROLE DA RESPONSABILIDADE FISCAL E OS DESAFIOS PARA OS TRIBUNAIS DE CONTAS EM TEMPOS DE CRISE

LUIZ HENRIQUE LIMA[1]

1 Introdução

A grave crise econômica, fiscal e política que vive o Brasil desde 2015[2] alertou a opinião pública para a extraordinária relevância do orçamento, da responsabilidade na gestão fiscal e da correta gestão das finanças públicas.

Como assinalado pelo Ministro Ayres Britto, do STF, depois da Constituição, o orçamento é a lei mais importante para os cidadãos,

---

[1] Agradeço o apoio recebido de Stephanie Silvestrin Silveira Eubank, Edicarlos Lima Silva e Janayna Cajueiro na pesquisa de dados e jurisprudência.

[2] O Relatório Anual de 2015 do Banco Central apontou queda de 3,8% no Produto Interno Bruto, eliminação de 1,6 milhão de empregos formais, redução de 3,7% do rendimento médio real recebido no trabalho, elevação de 10,67% do IPCA e 11,27% do INPC. Disponível em: <http://www.bcb.gov.br/?id=BOLETIMANO&ano=2015>. Acesso em: 26 jan. 2017. Por sua vez, o Tesouro Nacional registrou para 2015 um resultado primário deficitário em R$114,7 bilhões. Disponível em: <http://www.tesouro.fazenda.gov.br/documents/10180/246449/Apresenta%C3%A7%C3%A3o+RTN_Dez2016.pdf/9deb1ea-4-b985-42a3-95f1-f73befa74218>. Acesso em: 30 jan. 2017.

pois é a que define a origem e o destino dos recursos públicos.[3] O orçamento não é mera formalidade contábil-legal, sua discussão não pode ser protocolar e sua execução não deve ser opaca, obscurecida por códigos tecnocráticos de difícil compreensão para o cidadão. Minimizar ou abreviar sua discussão é fraudar a democracia e comprometer o desenvolvimento. Afinal, nenhum dos direitos fundamentais proclamados pela Constituição – educação, saúde, segurança etc. – é autoexecutável. Para sua concretização, todos dependem de recursos orçamentários, que não apenas devem ser alocados na quantidade necessária, mas principalmente empregados com qualidade.

A crise também aumentou o interesse pelos julgamentos das contas públicas pelos Tribunais de Contas (TCs), assim como pelas conclusões técnicas de seus trabalhos de fiscalização da gestão governamental. Isso foi evidenciado pela importância atribuída às conclusões do Tribunal de Contas da União (TCU) acerca das irregularidades denominadas "pedaladas fiscais" que fundamentaram os pareceres prévios contrários à aprovação das contas do Governo da República nos exercícios de 2014 e 2015,[4] pela Comissão Especial de *Impeachment* do Senado responsável pela análise da denúncia de crime de responsabilidade em desfavor da Presidente da República,[5] que culminou na sentença de perda do cargo em 2016.[6]

Tal interesse também gerou inúmeras críticas à atuação desses órgãos, que podem ser sintetizadas no seguinte argumento: se a Lei de Responsabilidade Fiscal (LRF),[7] de 2000, surgiu para assegurar a qualidade da gestão fiscal e o equilíbrio das contas públicas, prevenindo a expansão dos gastos com pessoal e da dívida pública; e se as Cortes de Contas são as principais guardiãs da responsabilidade fiscal, elas falharam ao permitir o surgimento e a expansão dos fatores que conduziram à presente crise. Questiona-se se os TCs estão exercendo efetivamente o seu mandato.

Embora parcialmente procedente, a crítica aos TCs, todavia, peca por alguma desinformação, em boa medida porque, das instituições

---

[3] Voto na ADI nº 4.048. Disponível em: <http://redir.stf.jus.br/estfvisualizadorpub/jsp/consultarprocessoeletronico/ConsultarProcessoEletronico.jsf?seqobjetoincidente=2602344>. Acesso em: 30 jan. 2017.

[4] Acórdão nº 2.461/2015 – TCU – Plenário e Acórdão nº 2.523/2016 – TCU – Plenário.

[5] Disponível em: <http://www12.senado.leg.br/noticias/arquivos/2016/08/02/relatorio-do-sen.-antonio-anastasia-referente-a-pronuncia>. Acesso em: 31 jan. 2017.

[6] Disponível em: <http://www12.senado.leg.br/noticias/arquivos/2016/08/31/veja-a-sentenca-de-impeachment-contra-dilma-rousseff>. Acesso em: 03 fev. 2017.

[7] Lei Complementar nº 101, de 4 de maio de 2000.

republicanas, as Cortes de Contas são as mais desconhecidas e menos estudadas, inclusive no meio acadêmico e no mundo jurídico. Com frequência, tal desconhecimento alimenta expectativas as mais diversas e irreais quanto à atuação do controle externo.

O artigo está estruturado em seis seções. Após a introdução, traça-se uma breve descrição do papel dos Tribunais de Contas na organização estatal oriunda da Constituição de 1988. A seguir, apresentam-se as atribuições que a Lei de Responsabilidade Fiscal conferiu aos órgãos de controle externo. A quarta seção relata como as Cortes de Contas alteraram sua forma de atuação a partir da edição da LRF. Na sequência, elencam-se perplexidades, polêmicas e desafios relativos à busca por maior efetividade dos Tribunais de Contas. A seção final expõe algumas conclusões.

2 Os Tribunais de Contas na Constituição de 1988 e legislação posterior[8]

Os Tribunais de Contas exercem uma função essencial à democracia, que é o controle externo da Administração Pública. Além de guardiões da responsabilidade fiscal e da probidade e eficiência administrativas, os TCs devem atuar como impulsionadores da transparência na gestão pública, da qualidade na execução de políticas públicas e da criação e aperfeiçoamento de mecanismos de participação da cidadania, inclusive mediante o uso das novas tecnologias de comunicação e informação.

Os TCs não são uma invenção brasileira ou um modismo recente. No Brasil, o Tribunal de Contas foi criado apenas em 1890,[9] logo após a instalação da República, inspirado no modelo francês instituído por Napoleão em 1807.[10] Ao longo de nossa conturbada trajetória constitucional, sua importância cresceu nos períodos democráticos[11] e foi podada nas épocas autoritárias.[12]

---

[8] Seção baseada em LIMA, Luiz Henrique. *Controle externo*: teoria e jurisprudência para os tribunais de contas. 6. ed. Rio de Janeiro: Forense; São Paulo: Método, 2015a.

[9] O debate acerca da criação do Tribunal de Contas foi, provavelmente, o mais longo de nossa história parlamentar, uma vez que a primeira proposição legislativa com essa intenção foi apresentada em 1826.

[10] Hoje existem Cortes de Contas em dezenas de nações, inclusive na União Europeia.

[11] Como nas Constituições de 1946 e 1988.

[12] Como nas Constituições de 1937 (Estado Novo) e 1967 (ditadura militar).

Na Constituição de 1988, a mais democrática de nossa história, foram ampliadas e fortalecidas as competências do Tribunal de Contas da União,[13] aplicáveis por simetria às demais Cortes de Contas,[14] introduzidos novos critérios de controle,[15] alterados os requisitos e procedimentos para escolha dos ministros,[16] definida a colaboração com os órgãos de controle interno,[17] entre outras relevantes mudanças.

Apesar de seu nome, os Tribunais de Contas não pertencem ao Poder Judiciário,[18] tampouco são órgãos auxiliares do Poder Legislativo, embora com ele possuam estreita relação de colaboração e complementaridade de atuação. Na organização estatal, posicionam-se como órgãos autônomos a serviço da sociedade, cujas competências e prerrogativas são expressamente fixadas na Constituição. Fiscalizam todos os poderes e órgãos públicos, não se subordinando a nenhum. Devem zelar não somente pela legalidade, mas também pela legitimidade e economicidade dos atos de gestão. Não cuidam apenas de aspectos formais das despesas, cabendo-lhes avaliar a qualidade do gasto público, expressa em indicadores de resultados de políticas públicas.

Sublinhe-se que os TCs não julgam pessoas, mas, sim, contas, ou seja, atos de gestão envolvendo recursos públicos, sob os prismas orçamentário, contábil, financeiro, patrimonial e operacional. Os TCs não julgam crimes ou contravenções penais, nem decidem sobre atos de improbidade administrativa. Tais competências são do Poder Judiciário. Assim, os TCs não condenam gestores à prisão, embora possam aplicar sanções previstas em lei, como restituição de valores, multas, indisponibilidade de bens, declarações de inidoneidade de empresa e de inabilitação de pessoas para o exercício de cargos públicos. Ademais, com base nas informações e análises resultantes de sua atuação fiscalizatória, o Ministério Público promove ações penais que podem conduzir à sentença judicial de prisão do responsável.

---

[13] Constituição Federal (CF), art. 71.

[14] Há 34 Tribunais de Contas no Brasil: o Tribunal de Contas da União (TCU); o Tribunal de Contas do Distrito Federal; os 26 Tribunais de Contas estaduais; Tribunais de Contas dos Municípios nos estados da Bahia, Ceará, Goiás e Pará; e os Tribunais de Contas do Município do Rio de Janeiro e do Município de São Paulo. De acordo com o art. 75 da Constituição da República, aos demais Tribunais aplicam-se as mesmas regras nela previstas para o TCU, no que concerne à sua organização, composição e fiscalização.

[15] CF, art. 70.

[16] CF, art. 73.

[17] CF, art. 74, *caput*.

[18] Como ocorre, por exemplo, em Portugal e na Grécia.

Não há confundir contas de governo e contas de gestão. Nas contas de governo, o TC emite um parecer prévio, de natureza técnica, pela aprovação ou rejeição, mas o julgamento definitivo é do Poder Legislativo. Nas contas de gestão, quem julga é o próprio TC, decidindo pela sua regularidade, irregularidade ou regularidade com ressalvas.

As contas de governo envolvem a responsabilidade do Chefe do Executivo acerca dos macrorresultados das políticas públicas. As contas de gestão alcançam uma multiplicidade de responsáveis pelas ações setoriais e pontuais da administração. Por exemplo: sobrepreço num contrato ou fraude numa licitação são analisados nas contas de gestão; desrespeito aos limites constitucionais de gastos em saúde e educação e aos limites de gastos com pessoal e endividamento é objeto das contas de governo.

Nem sempre um parecer favorável nas contas de governo corresponde a um julgamento pela regularidade das contas de gestão e vice-versa.

Além das atribuições que lhes foram conferidas pela Carta Magna, a Lei de Licitações e Contratos Administrativos definiu que o controle das despesas decorrentes dos contratos e demais instrumentos por ela regidos será feito pelo Tribunal de Contas competente, ficando os órgãos interessados da Administração responsáveis pela demonstração da legalidade e regularidade da despesa e execução, nos termos da Constituição e sem prejuízo do sistema de controle interno nela previsto.[19] Em outro dispositivo de grande relevância para a atuação das Cortes de Contas, facultou-se aos Tribunais de Contas e aos órgãos integrantes do sistema de controle interno solicitar para exame, até o dia útil imediatamente anterior à data de recebimento das propostas, cópia de edital de licitação já publicado, obrigando-se os órgãos ou as entidades da Administração interessada a adoção de medidas corretivas pertinentes que, em função desse exame, lhes forem determinadas.[20]

A mencionada faculdade tem sido utilizada para a expedição de medidas cautelares, suspendendo certames licitatórios ou mesmo a efetivação de pagamentos, quando identificados indícios de graves irregularidades. O poder de cautela do TCU não se encontra previsto na sua Lei Orgânica, mas tem sido reconhecido pelo STF:

---

[19] Lei nº 8.666/1993, art. 113.

[20] Lei nº 8.666/1993, art. 113, §2º. Foi com base nessa norma legal que o TCU aprovou diversas súmulas versando acerca da interpretação das normas legais de licitações e contratos, cujo conteúdo é de grande interesse para os estudiosos da matéria.

O Tribunal de Contas da União tem competência para fiscalizar procedimentos de licitação, determinar suspensão cautelar (arts. 4º e 113, §§1º e 2º da Lei nº 8.666/93), examinar editais de licitação publicados e, nos termos do art. 276 do seu Regimento Interno, possui legitimidade para a expedição de medidas cautelares para prevenir lesão ao erário e garantir a efetividade de suas decisões. (MS 24.510, Rel.: Min. Ellen Gracie).

Com efeito, impende reconhecer, desde logo, que assiste, ao Tribunal de Contas, poder geral de cautela. Trata-se de prerrogativa institucional que decorre, por implicitude, das atribuições que a Constituição expressamente outorgou à Corte de Contas. (...) É que esse procedimento mostra-se consentâneo com a própria natureza da tutela cautelar, cujo deferimento, pelo Tribunal de Contas, sem a audiência da parte contrária, muitas vezes se justifica em situação de urgência ou de possível frustração da deliberação final dessa mesma Corte de Contas, com risco de grave comprometimento para o interesse público. (MS 26.457, Rel.: Min. Celso de Mello).

Ademais, o Supremo Tribunal Federal tem reconhecido a competência do Tribunal de Contas da União para exercer o controle de constitucionalidade difuso e incidental.[21] Conforme acentua Farias:[22]

O controle de constitucionalidade que exerce o Tribunal de Contas insere-se na sua missão institucional e na sua competência constitucional de fiscalizar, a tempo, a aplicação de recursos públicos e a gestão do patrimônio público. Consiste em alertar o Chefe do Poder Executivo que, caso pratique atos com espeque em norma considerada verticalmente incompatível pelo Tribunal de Contas, a Corte considerará irregular o ato.

Nada obstante tão importantes atribuições, os Tribunais de Contas ainda são bastante desconhecidos pelos brasileiros,[23] o que se compreende, em parte, quando se observa que o estudo dos Tribunais de Contas não tem merecido maior atenção no mundo acadêmico. Com efeito, em pesquisa efetuada junto a 20 cursos de graduação superior,

---

[21] Embora em decisão monocrática no MS nº 25.888 o Min. Gilmar Mendes tenha questionado a recepção pela Constituição de 1988 da Súmula STF nº 347, segundo a qual "o Tribunal de Contas, no exercício de suas atribuições, pode apreciar a constitucionalidade das leis e dos atos do poder público".

[22] FARIAS, Márcia Ferreira Cunha. O controle de constitucionalidade nos Tribunais de Contas. *Interesse Público*, n. 18, p. 201-206, 2003.

[23] Em pesquisa de âmbito nacional realizada em 2016, 68% dos entrevistados não responderam ou responderam que não sabiam à questão: "O(a) sr(a). sabe o que é o Tribunal de Contas?". Ademais, outros 15% que afirmaram que sabiam, definiram-nos de forma incorreta. Disponível em: <http://www.atricon.org.br/imprensa/destaque/para-brasileiros-tribunais-de-contas-sao-essenciais-no-combate-a-corrupcao-e-a-ineficiencia-revela-pesquisa-ibopecni/>. Acesso em: 02 fev. 2017.

dos quais os cinco de melhor classificação no *ranking* universitário da Folha de São Paulo de 2014 nas áreas de direito, administração, ciências econômicas e ciências contábeis,[24] constatou-se que nenhum deles possuía na sua grade curricular disciplina cuja ementa destacasse o controle externo da Administração Pública e/ou as competências constitucionais e legais dos Tribunais de Contas.

Disso resultam tanto expectativas irreais quanto ausência de uma cobrança mais objetiva acerca do desempenho das Cortes de Contas no cumprimento de sua missão institucional.

3 O controle da responsabilidade fiscal e o papel dos Tribunais de Contas

A Lei de Responsabilidade Fiscal é uma das mais importantes normas regentes da gestão pública e marco na evolução do direito financeiro pátrio. Furtado (2013) assevera que, com a edição da LRF, o Brasil passou a experimentar um novo regime de administração dos recursos públicos, denominado de Gestão Fiscal Responsável, que está assentado em quatro pilares: planejamento, transparência, controle das contas públicas e responsabilização.[25]

Entre outras relevantes inovações, a LRF estipulou regras relativas à responsabilidade na gestão fiscal, o que pressupõe a ação planejada e transparente, em que se previnem riscos e corrigem desvios capazes de afetar o equilíbrio das contas públicas, mediante o cumprimento de metas de resultados entre receitas e despesas e a obediência a limites e condições no que tange à renúncia de receita, geração de despesas com pessoal, da seguridade social e outras, dívidas consolidada e mobiliária, operações de crédito, inclusive por antecipação de receita, concessão de garantia e inscrição em Restos a Pagar, com destaque para fixação de:

a) metas anuais, em valores correntes e constantes, relativas a receitas, despesas, resultados nominal e primário e montante

---

[24] Foram pesquisadas as grades curriculares dos seguintes cursos:
Direito: UFMG, UFRJ, Direito GV-SP, PUC-SP, USP;
Economia: USP, EESP, UFMG, UFRJ, Unicamp;
Ciências Contábeis: UFRJ, UFMG, USP, PUC-SP, UFSC; e
Administração: UFRJ, UFRGS, UFMG, USP, FGV-EAESP.
Disponível em: <ruf.folha.uol.com.br>. Acesso em: 13 mar. 2015.

[25] FURTADO, J. R. Caldas. *Elementos de Direito Financeiro*. 4. ed. Belo Horizonte: Fórum, 2013, p. 439.

da dívida pública, para o exercício a que se referirem e para os dois seguintes;[26]
b) limites para despesas com pessoal;[27]
c) limites para endividamento;[28]
d) condições para a concessão de benefícios de seguridade social;[29]
e) condições para a criação, expansão ou aperfeiçoamento de ação governamental que acarrete aumento da despesa;[30]
f) exigência de segregação de ativos previdenciários;[31]
g) exigência da garantia de recursos para a conclusão de obras inacabadas antes do início de novos projetos;[32]
h) restrições à contração de despesas ou ao aumento de despesas com pessoal ao final do mandato;[33]
i) condições para a concessão ou expansão da renúncia de receitas;[34]
j) relatórios de execução orçamentária e de desempenho fiscal ao longo do exercício;[35] e
k) sanções administrativas e financeiras em caso de descumprimento de seus dispositivos.[36]

O controle do cumprimento de tais normas foi atribuído ao Poder Legislativo, com o auxílio dos Tribunais de Contas, e ao sistema de controle interno, nos termos do art. 59, *caput*:

> Art. 59. O Poder Legislativo, diretamente ou com o auxílio dos Tribunais de Contas, e o sistema de controle interno de cada Poder e do Ministério Público, fiscalizarão o cumprimento das normas desta Lei Complementar, com ênfase no que se refere a:
> I - atingimento das metas estabelecidas na lei de diretrizes orçamentárias;

---

[26] LRF, art. 4º, §1º.
[27] LRF, arts. 19 e 20.
[28] LRF, art. 30.
[29] LRF, art. 24.
[30] LRF, art. 16.
[31] LRF, art. 43, §1º.
[32] LRF, art. 45.
[33] LRF, arts. 42 e 21, parágrafo único.
[34] LRF, art. 14.
[35] LRF, arts. 52 e 54.
[36] LRF, arts. 23, §3º; 33, §3º; 51, §2º; 52, §2º; 55, §3º; 70, parágrafo único; e 73-C.

II - limites e condições para realização de operações de crédito e inscrição em Restos a Pagar;

III - medidas adotadas para o retorno da despesa total com pessoal ao respectivo limite, nos termos dos arts. 22 e 23;

IV - providências tomadas, conforme o disposto no art. 31, para recondução dos montantes das dívidas consolidada e mobiliária aos respectivos limites;

V - destinação de recursos obtidos com a alienação de ativos, tendo em vista as restrições constitucionais e as desta Lei Complementar;

VI - cumprimento do limite de gastos totais dos legislativos municipais, quando houver.

Como destaca Mendes (2012),[37] a enumeração constante do dispositivo não é taxativa, podendo a fiscalização alcançar outros aspectos da responsabilidade fiscal.

Na prática, pela própria natureza dos trabalhos que desenvolvem, são os Tribunais de Contas que exercem o controle das normas de responsabilidade fiscal.[38] Entre os seus principais instrumentos, estão os alertas previstos no §1º do referido art. 59 da LRF:

§1º Os Tribunais de Contas alertarão os Poderes ou órgãos referidos no art. 20 quando constatarem:

I - a possibilidade de ocorrência das situações previstas no inciso II do art. 4º e no art. 9º;

II - que o montante da despesa total com pessoal ultrapassou 90% (noventa por cento) do limite;

---

[37] MENDES, Gilmar Ferreira. Arts. 48 a 59. In: MARTINS, Ives Gandra da Silva; NASCIMENTO, Carlos Valder do (Org.). *Comentários à Lei de Responsabilidade Fiscal*. 6. ed. São Paulo: Saraiva, 2012.

[38] A Resolução nº 42/2016, do Senado Federal, criou, no âmbito daquela casa legislativa, a Instituição Fiscal Independente (IFI), com a finalidade de:

I - divulgar suas estimativas de parâmetros e variáveis relevantes para a construção de cenários fiscais e orçamentários;

II - analisar a aderência do desempenho de indicadores fiscais e orçamentários às metas definidas na legislação pertinente;

III - mensurar o impacto de eventos fiscais relevantes, especialmente os decorrentes de decisões dos Poderes da República, incluindo os custos das políticas monetária, creditícia e cambial;

IV - projetar a evolução de variáveis fiscais determinantes para o equilíbrio de longo prazo do setor público.

A norma esclarece que as competências previstas para a IFI não excluem nem limitam aquelas atribuídas a órgãos jurisdicionais, normativos ou de controle.

III - que os montantes das dívidas consolidada e mobiliária, das operações de crédito e da concessão de garantia se encontram acima de 90% (noventa por cento) dos respectivos limites;

IV - que os gastos com inativos e pensionistas se encontram acima do limite definido em lei;

V - fatos que comprometam os custos ou os resultados dos programas ou indícios de irregularidades na gestão orçamentária.

Ademais, o §2º do mesmo art. 59 estipula que também compete aos Tribunais de Contas verificar os cálculos dos limites da despesa total com pessoal de cada Poder e órgão conforme previsão do art. 20 da LRF. Diante da relevância dos gastos com pessoal no conjunto da despesa pública, a observância desse limite é considerada estratégica para o bom desempenho da gestão fiscal.

Assim, os cálculos apresentados nos Relatórios de Gestão Fiscal (RGFs) devem ser objeto da fiscalização dos TCs, a quem cumpre emitir alertas quando observarem que os limites foram ou estão próximos de ser ultrapassados. Isso porque, a partir de determinados índices são exigidas medidas de ajuste e/ou aplicáveis sanções[39]. Em síntese, convencionou-se denominar três limites:

a) o limite de alerta, quando alcançados 90% do limite legal estipulado pelo art. 20, em cumprimento ao art. 59, §1º, II;
b) o limite prudencial, quando alcançados 95% do limite legal estipulado pelo art. 20, em cumprimento ao art. 22 e com as consequências do art. 22, parágrafo único; e
c) o limite legal propriamente dito, estipulado pelo art. 20, em cumprimento ao art. 22 e com as consequências do art. 23.

A finalidade dos três limites é essencialmente prevenir o agravamento dos problemas. Quando alcançado o limite de alerta, o gestor deve adotar cautela; se ultrapassado o limite prudencial, aplicam-se as vedações constantes dos incisos do parágrafo único do art. 22 da LRF;[40] e uma vez excedido o limite legal, torna-se obrigatória a adoção

---

[39] LRF, art. 23.

[40] I - concessão de vantagem, aumento, reajuste ou adequação de remuneração a qualquer título, salvo os derivados de sentença judicial ou de determinação legal ou contratual, ressalvada a revisão prevista no inciso X do art. 37 da Constituição;

II - criação de cargo, emprego ou função;

III - alteração de estrutura de carreira que implique aumento de despesa;

IV - provimento de cargo público, admissão ou contratação de pessoal a qualquer título, ressalvada a reposição decorrente de aposentadoria ou falecimento de servidores das áreas de educação, saúde e segurança;

de providências para a eliminação do percentual excedente nos dois quadrimestres subsequentes.

A periodicidade quadrimestral dos RGFs exige maior tempestividade na fiscalização dos TCs, antes acomodados na "zona de conforto" do controle *a posteriori*, no exame das contas anuais de exercícios vencidos. De igual modo, os Relatórios Resumidos de Execução Orçamentária (RREOs), bimestrais, permitem acompanhar a evolução de diversos indicadores, especialmente a realização da receita.

Por fim, o §3º do art. 59 atribui ao Tribunal de Contas da União[41] acompanhar o cumprimento pelo Banco Central das normas previstas nos §§2º, 3º e 4º do art. 39 da LRF: aquisição de títulos emitidos pela União somente para refinanciar a dívida mobiliária federal que estiver vencendo na sua carteira; e vedação ao Tesouro Nacional de adquirir títulos da dívida pública federal existentes na carteira do Banco Central, ainda que com cláusula de reversão, salvo para reduzir a dívida mobiliária.

Outro importante dispositivo relacionado à fiscalização dos TCs consta do *caput* do art. 50 da LRF, que estabelece normas para a escrituração das contas públicas, que atualizam e complementam aquelas previstas na Lei nº 4.320/1964, com destaque para a necessidade de registro próprio das disponibilidades de caixa, de forma individualizada para os recursos vinculados a cada órgão, fundo ou despesa obrigatória, objetivando vedar a nefasta prática do "caixa único" e conferir maior transparência à contabilidade pública.

Posteriormente, a Lei nº 10.028/2000,[42] cognominada Lei dos Crimes Fiscais, acrescentou oito novos tipos ao Código Penal, no capítulo VI – Dos Crimes contra as Finanças Públicas, punindo com penas de detenção e reclusão o desrespeito a seus dispositivos. Um exemplo é o tipo previsto no art. 359-C:

> Art. 359-C. Ordenar ou autorizar a assunção de obrigação, nos dois últimos quadrimestres do último ano do mandato ou legislatura, cuja despesa não possa ser paga no mesmo exercício financeiro ou, caso reste parcela a ser paga no exercício seguinte, que não tenha contrapartida suficiente de disponibilidade de caixa:
> Pena - reclusão, de 1 (um) a 4 (quatro) anos.

V - contratação de hora extra, salvo no caso do disposto no inciso II do §6º do art. 57 da Constituição e as situações previstas na lei de diretrizes orçamentárias.

[41] Essa competência não é estendida aos demais TCs.
[42] BRASIL. Lei nº 10.028, de 19 de outubro de 2000, art. 2º.

Ainda, o art. 5º dessa lei previu quatro hipóteses de infrações administrativas contra as leis de finanças públicas, conferindo aos Tribunais de Contas a atribuição de processá-las e julgá-las, inclusive aplicando sanções pecuniárias equivalentes a 30% dos vencimentos anuais do agente que lhe der causa, sendo o pagamento da multa de sua responsabilidade pessoal.

Finalmente, o art. 73-A da LRF, introduzido pela Lei Complementar nº 131/2009, prevê que qualquer cidadão, partido político, associação ou sindicato é parte legítima para denunciar ao respectivo Tribunal de Contas e ao órgão competente do Ministério Público o descumprimento das prescrições estabelecidas na própria LRF.

Acrescente-se que, a partir da Resolução nº 18/2001 do Senado Federal, é responsabilidade do Tribunal de Contas competente a expedição de certidão, necessária à instrução de pleitos de empréstimos por estados, Distrito Federal e municípios, ou por suas autarquias e fundações, atestando que o pleiteante cumpre as condições estabelecidas na LRF para realização de operações de crédito.

Cumpre, no entanto, atentar para a sábia advertência de Oliveira (2015):[43]

> A LRF não se explica por si só. É o ápice de uma pirâmide de questões de fundo. A discussão de suas normas é o mote para revolver relevantes temas de direito, orçamento, finanças e administração pública. Complexas e instigantes questões de fundo estão submersas na aparência de clareza e simplicidade de seus dispositivos.

Embora bastante contestada quando de sua edição,[44] hoje a LRF enraizou-se profundamente no patrimônio jurídico e na opinião pública brasileira, como indica o Ministro Roberto Barroso nos autos do MS nº 34.448-DF:

> A responsabilidade fiscal é fundamento das economias saudáveis, e não tem ideologia. Desrespeitá-la significa predeterminar o futuro com déficits, inflação, juros altos, desemprego e todas as consequências negativas que dessas disfunções advêm. A democracia, a separação de Poderes e a proteção dos direitos fundamentais decorrem de escolhas orçamentárias transparentes e adequadamente justificadas, e não da realização de gastos

---

[43] OLIVEIRA, Weder de. *Curso de responsabilidade fiscal*. 2. ed. Belo Horizonte: Fórum, 2015, p. 28.

[44] Diversos partidos políticos propuseram ao Supremo Tribunal Federal a Ação Direta de Inconstitucionalidade nº 2.238, pugnando pela declaração de inconstitucionalidade completa da LRF. Até o presente, não houve deliberação definitiva, embora tenha sido concedida medida liminar suspendendo cautelarmente a eficácia de alguns de seus dispositivos.

superiores às possibilidades do Erário, que comprometem o futuro e cujos ônus recaem sobre as novas gerações.

4 Adaptação, evolução e transformação das Cortes de Contas – etapas e percalços de um processo

Como visto, a Lei de Responsabilidade Fiscal instituiu novas e importantes competências para a atuação dos Tribunais de Contas brasileiros. Ampliou o escopo de sua fiscalização, definindo limites específicos para gastos com pessoal e endividamento, entre outros, que se tornaram itens de verificação obrigatórios e essenciais no exame das contas públicas e, ao fixar periodicidade bimestral e quadrimestral para os Relatórios Resumidos de Execução Orçamentária e Relatórios de Gestão Fiscal, estabelecendo o dever das Cortes de Contas emitirem alertas em determinadas situações, compeliu esses órgãos a uma atuação mais tempestiva. Isso exigiu dos órgãos de controle externo um movimento inicial de adaptação, posteriormente de evolução e, por fim, de transformação, reduzindo o prazo entre a prática dos atos de gestão e a sua análise pelo Tribunal de Contas, transitando do tradicionalíssimo controle *a posteriori* para o desejado controle concomitante ou *pari passu*, bem mais efetivo na prevenção de falhas e/ou na minimização de seus impactos.

Assim, em breve análise, pode-se distinguir três etapas sucessivas na atuação das Cortes de Contas brasileiras no controle da responsabilidade fiscal: adaptação, evolução e transformação.

Na fase de adaptação, os Tribunais de Contas dedicaram-se ao estudo das novas normas, à capacitação técnica de seu pessoal e à orientação dos jurisdicionados, mediante a edição de manuais, o desenvolvimento de *softwares* especializados, a promoção de cursos e eventos de capacitação e encontros técnicos e científicos, entre outros. Em suma, o controle externo buscou aparelhar-se para desempenhar adequadamente seu novo papel.

O Tribunal de Contas da União regulamentou sua atuação por meio da Resolução TCU nº 142/2001,[45] cabendo registrar que todos os alertas emitidos são comunicados à Comissão Mista Permanente de que trata o art. 166, §6º, da Constituição Federal, inclusive quando constatado fato que comprometa os custos ou os resultados de programas ou indício de irregularidade na gestão orçamentária.

---

[45] Alterada pela Resolução nº 278/2016.

Vieira (2010) relata diversas iniciativas relacionadas à adaptação dos TCs para exercerem as atribuições que lhes foram conferidas pela LRF, inclusive a criação do Programa de Modernização do Sistema de Controle Externo dos Estados, Distrito Federal e Municípios Brasileiros (PROMOEX), que tinha como um de seus componentes a "harmonização de conceitos e definição de Pontos de Controle da LRF".[46]

O TCE de São Paulo elaborou manual para orientação de seus jurisdicionados quanto ao cumprimento da LRF.[47] Por ocasião dos dez anos da edição da norma, promoveu levantamento que indicou que, entre 2000 e 2009, houve significativa redução do número de municípios que ultrapassaram os limites para despesas com pessoal.[48] O TCE de Pernambuco também produziu um manual com orientações gerais sobre o cumprimento da LRF.[49]

Também na etapa de adaptação, os TCs desenvolveram novos instrumentos de análise e regras processuais de modo a atender às prescrições da LRF. Um exemplo são os Termos de Alerta,[50] documentos emitidos para alertar os responsáveis e informar à sociedade acerca do descumprimento de normas ou da ultrapassagem dos limites legais. Em diversos casos, a expedição dos Termos de Alerta ocorre eletronicamente a partir da verificação nos bancos de dados de dezenas de itens, não apenas de natureza contábil-orçamentária-financeira, mas também relacionados à transparência administrativa, como a realização de audiências públicas e a publicização dos RGFs e RREOs.

Um elemento complicador é a ausência de uma legislação nacional única que discipline os processos de controle externo (MILESKI, 2011),[51] dotados de singularidades próprias que os distinguem tanto dos processos administrativos como dos cíveis e penais. Há hoje uma babel de normas díspares, por exemplo, sobre modalidades e prazos recursais, espalhadas em dezenas de leis orgânicas e regimentos internos,

---

[46] VIEIRA, Luiz Sergio Gadelha. A modernização dos Tribunais de Contas e a Lei de Responsabilidade Fiscal. *Revista Técnica dos Tribunais de Contas*, ano 1, n. 0, p. 109-113, set. 2010.

[47] Disponível em: <http://www4.tce.sp.gov.br/sites/tcesp/files/a-lei-responsabilidade-fiscal-dez-2012_0.pdf>. Acesso em: 02 fev. 2017.

[48] Disponível em: <http://www4.tce.sp.gov.br/sites/tcesp/files/10-anos-de-lrf-2010-05-21_0.pdf>. Acesso em: 03 fev. 2017.

[49] Disponível em: <http://tce.pe.gov.br/internet/docs/publicacoes/cartilha_de_orientao_sobre_a_lei_de_responsabilidade_fiscal.pdf>. Acesso em: 03 fev. 2017.

[50] Em alguns TCs, a denominação utilizada é Notificação de Alerta.

[51] MILESKI, Hélio Saul. Codificação no Direito Público: entre estabilidade do dogma e o dinamismo da fiscalização. *Revista Técnica dos Tribunais de Contas*, ano 2, n. 1, p. 121-150, set. 2011.

causando confusões e aumentando a entropia. Malgrado algumas iniciativas no âmbito da Associação dos Membros dos Tribunais de Contas (Atricon), não se logrou até o momento êxito na elaboração de uma lei processual comum.[52]

Por seu turno, a etapa aqui denominada evolução ocorre quando o controle da responsabilidade fiscal se incorpora e integra ao conjunto das demais ações dos Tribunais de Contas, como, por exemplo, a apreciação das contas de governo e o julgamento das contas de gestão, influenciando o seu conteúdo e a dinâmica de sua realização.

Em Mato Grosso, a padronização das irregularidades para informar a avaliação das contas públicas pelo TCE-MT tipificou 42 (quarenta e duas) falhas relacionadas ao descumprimento das normas de responsabilidade fiscal,[53] sendo dez classificadas como gravíssimas, ou seja, suscetíveis, por si só, de conduzir a uma conclusão reprobatória sobre as contas.

Na apreciação das contas de governo dos exercícios de 2014 e 2015, dos pareceres prévios contrários emitidos pelo TCE-MT, a totalidade registrou a ocorrência de tais irregularidades,[54] que foram determinantes para fundamentar o juízo negativo. Em diversos casos, a presença de apenas uma infringência da LRF foi suficiente para justificar a manifestação contrária do órgão de controle externo.

Da mesma forma, no julgamento pelo TCE-MT das contas de gestão relativas aos exercícios de 2014 e 2015, 89% e 100%, respectivamente, das contas julgadas irregulares tiveram como fundamento o descumprimento das normas de gestão fiscal.[55]

Algumas Cortes de Contas desenvolveram índices consolidados que congregam informações sobre diversos resultados relevantes na gestão fiscal de seus jurisdicionados, tais como receita própria, endividamento, despesas de pessoal, investimentos e outros.[56] Tais índices

---

[52] Em 2013, foi debatido um anteprojeto de lei processual, bem como um manual de boas práticas processuais dos Tribunais de Contas.

[53] Resolução TCE-MT nº 17/2010 e suas atualizações, sendo as mais recentes a Resolução TCE-MT nº 02/2015 e a Resolução TCE-MT nº 17/2016.

[54] Pareceres Prévios nº 67/2015; 82/2015; 102/2015; 114/2015; 124/2015; 140/2015; 56/2016; 79/2016; 90/2016; 118/2016; 121/2016; 138/2016 e 141/2016. Disponível em: <http://www.tce.mt.gov.br>. Acesso em: 19 jan. 2017.

[55] Acórdãos nº 232/2015-SC; 281/2015-PC; 282/2015-PC; 283/2015-PC; 285/2015-PC; 3.045/2015-TP; 3.285/2015-TP; 3.287/2015-TP; 3.613/2015-TP; 168/2016-SC; 169/2016-SC; 658/2016-TP. Disponível em: <www.tce.mt.gov.br>. Acesso em: 19 jan. 2017.

[56] A exemplo do Índice de Gestão Fiscal dos Municípios do TCE-MT (Resolução Normativa nº 29/2014) e do Índice de Efetividade da Gestão Municipal do TCE-SP. Disponível em: <www4.tce.sp.gov.br/sites/tcesp/files/manual-iegm-tcesp_0_0.pdf>. Acesso em: 19 jan.

permitem acompanhar o desempenho de um determinado ente ao longo de um período, bem como compará-lo com outros da mesma microrregião ou de perfil sociodemográfico semelhante.

Outra característica dessa fase é a consolidação de jurisprudência acerca da interpretação de dispositivos da LRF, inclusive mediante respostas a consultas formuladas por jurisdicionados. A consulta é o instrumento mediante o qual o TC decide a respeito de dúvida suscitada na aplicação de dispositivos legais e regulamentares concernentes à matéria de sua competência. Nos termos da jurisprudência do Supremo Tribunal Federal:

> As decisões do Tribunal de Contas da União proferidas em consultas têm caráter normativo e constituem prejulgamento da tese, nos termos do §2º do art. 1º da Lei nº 8.443/1992. São, portanto, atos normativos (ADI nº 1.691-MC, Rel. Min. Moreira Alves, DJ 12.12.1997).

Dentre as decisões relevantes, incluem-se algumas que intentam inibir a denominada "contabilidade criativa" ou, mais apropriadamente, destrutiva, que acelerou a crise fiscal da União a partir de 2011:

> É irregular a postergação das ordens bancárias de transferências devidas pela União a estados e municípios para o último dia do mês, em horário que só permite a saída do recurso no dia seguinte, transferindo para período posterior ao prazo devido o impacto das despesas no resultado primário ou na receita corrente líquida da União, falseando, assim, as estatísticas fiscais (Acórdão TCU nº 2.575/2016-Plenário, Relator: José Múcio Monteiro).

> Constitui operação de crédito a concessão e a utilização de recursos próprios de instituições financeiras controladas pela União para o pagamento de benefícios de programas sociais, subsídios e subvenções de responsabilidade da controladora, em razão de atrasos sistemáticos e relevantes nos repasses dos valores devidos àquelas entidades, contrariando o que estabelecem os arts. 32, §1º, inciso I, 36 e 38, inciso IV, alínea b, da LC 101/2000 (Lei de Responsabilidade Fiscal). (Acórdão TCU nº 2.575/2016-Plenário, Relator: José Múcio Monteiro).

> O exame de questões relativas ao cumprimento, pelos governos dos estados, Distrito Federal e municípios, dos preceitos previstos na Lei de Responsabilidade Fiscal para gastos com pessoal está na esfera de competência dos respectivos tribunais de contas (Acórdão TCU nº 2.528/2014-Plenário, Relator: Marcos Bemquerer).

2017. Digno de menção também o Índice de Gestão Fiscal da Federação das Indústrias do Rio de Janeiro (FIRJAN).

As restrições previstas no art. 23, §3º, da Lei Complementar 101/2000 (LRF) são aplicadas ao ente federativo, desde que qualquer Poder ou órgão definido no art. 20 extrapole seus respectivos limites e não consiga readequar-se no prazo fixado na Lei (Acórdão TCU nº 597/2009-Plenário, Relator: Raimundo Carreiro).

Nesse ponto, todavia, identificam-se alguns graves problemas, como a existência nos diversos TCs de interpretações díspares sobre conceitos basilares da responsabilidade fiscal, bem como de entendimentos que num mesmo TC experimentam idas e vindas em distintos momentos, o que será aprofundado adiante.

Por sua vez, o que poderia ser classificado como etapa da transformação caracterizar-se-ia por uma mudança mais estrutural e profunda, em que a essência da organização e funcionamento da Corte de Contas teria como fundamento a guarda da responsabilidade fiscal em suas múltiplas dimensões. Registre-se que, há mais de uma década, Moreira Neto identificou uma "mutação" nos órgãos de controle "de órgãos tradicionais de controle contábil a órgãos de vanguarda de controle econômico-financeiro nos Estados policráticos e democráticos".[57]

Todavia, diversos fatores, que serão adiante analisados, têm retardado esse processo.

Dada a diversidade nas suas estruturas e normativos de fiscalização (MELO; PEREIRA; SOUZA, 2009),[58] é possível que alguns Tribunais de Contas ainda possam ser classificados como estando no primeiro estágio, enquanto outros poderiam estar próximos do terceiro. Cumpre sublinhar que tais processos não são uniformes, nem lineares, mas sujeitos a avanços e retrocessos, mais ou menos intensos, de acordo com alterações na composição e na direção de cada Corte de Contas, bem como pressões e circunstâncias conjunturais.

---

[57] MOREIRA NETO, Diogo de Figueiredo. *O Parlamento e a Sociedade como destinatários do trabalho dos Tribunais de Contas*, 2003, p. 84; SOUZA et al. *O novo Tribunal de Contas*: órgão protetor dos direitos fundamentais. Belo Horizonte: Fórum, 2003.

[58] MELO, Marcus; PEREIRA, Carlos; SOUZA, Saulo. Creative accounting and the quality of audit institutions: the Achilles' heel of the Fiscal Responsibility Law in Brazil. Paper presented at the 13th Annual Conference of the International Society for New Institutional Economics, University of California at Berkeley, Walter A. Haas School of Business, USA, June 18-20, 2009. Disponível em: <https://extranet.sioe.org/uploads/isnie2009/pereira_melo_souza.pdf>. Acesso em: 19 jan. 2017.

5 Desafios para maximizar a efetividade dos Tribunais de Contas

Pela natureza da fiscalização que exercem e pelo volume de informações a que têm acesso, os TCs se encontram em posição privilegiada para prever a possibilidade de agravamento da saúde fiscal de seus jurisdicionados e atuar no sentido de evitá-lo. Todavia, o pleno exercício do controle da responsabilidade fiscal tem sido limitado por um conjunto de circunstâncias tanto endógenas como exógenas aos órgãos de controle externo. As exógenas são constituídas de barreiras e lacunas legais ou jurisprudenciais que mitigam o potencial fiscalizador dos Tribunais de Contas. As endógenas são limitações autoimpostas pelas Cortes de Contas quando, por incapacidade estrutural ou por excessiva complacência diante dos jurisdicionados, renunciam a parcela dos seus deveres para com o povo brasileiro. Reconhecer e enfrentar tais barreiras e limitações é, portanto, um passo indispensável na busca por maior efetividade do controle da responsabilidade fiscal pelos Tribunais de Contas.

5.1 A recente deterioração da gestão fiscal

É interessante assinalar que, em 2010, quando a LRF completou dez anos, inúmeras análises apontaram resultados bastante positivos de sua aplicação (AFONSO; CARVALHO; CASTRO,[59] 2010; TOLEDO JR.; ROSSI, 2010;[60] MILESKI, 2010).[61] Todavia, no período subsequente observaram-se indicadores negativos, possivelmente resultantes, ao menos em parte, de certo relaxamento na interpretação de alguns dispositivos ou da intempestividade da fiscalização.

Na esfera federal, a perda de qualidade da gestão fiscal foi evidenciada nos pareceres prévios do TCU relativos a 2014 e 2015.[62]

---

[59] AFONSO, José Roberto; CARVALHO, Guilherme Luís Nilson Pinto de; CASTRO, Kleber Pacheco de. Desempenho comparado dos principais governos brasileiros depois de dez anos de LRF. *Revista Técnica dos Tribunais de Contas*, ano 1, n. 0, p. 13-48, set. 2010.

[60] TOLEDO JR., Flavio C. de; ROSSI, Sérgio Ciquera. O controle da Lei de Responsabilidade Fiscal: a experiência do Tribunal de Contas do Estado de São Paulo – dez anos de vigência. *Revista Técnica dos Tribunais de Contas*, ano 1, n. 0, p. 57-72, set. 2010.

[61] MILESKI, Hélio Saul. A transparência da Administração Pública pós-moderna e o novo regime de responsabilidade fiscal. *Revista Técnica dos Tribunais de Contas*, ano 1, n. 0, p. 115-149, set. 2010.

[62] Acórdão nº 2.461/2015 – TCU – Plenário e Acórdão nº 2.523/2016 – TCU – Plenário.

Pinto e Toledo Jr. (2015)[63] apresentam dados que demonstram a deterioração dos resultados fiscais dos municípios paulistas em 2012, ano de eleições municipais, e apontam como causa o não cumprimento de preceitos básicos da LRF, associado a "poucas punições", inobstante os muitos alertas emitidos.

Uma situação paradoxal ocorreu quando um determinado Tribunal de Contas violou as normas de responsabilidade fiscal, gerando sanções ao ente federado, em caso que provocou manifestação do Supremo Tribunal Federal, que autorizou a exclusão judicial da inscrição e/ou a liberação dos recursos federais para o estado, "independentemente da sua destinação", aplicando ao caso o princípio da intranscendência subjetiva das sanções jurídicas, segundo o qual sanções e restrições de ordem jurídica não podem ultrapassar a dimensão estritamente pessoal do agente que infringiu a norma.[64]

O TCE do Rio Grande do Sul disponibiliza estatísticas pormenorizadas acerca do desempenho fiscal dos municípios,[65] permitindo o acompanhamento dos principais indicadores, como os limites de despesas com pessoal, conforme a Tabela 1:

TABELA 1
Enquadramento dos municípios gaúchos nos limites de despesas com pessoal de 2002 a 2014

	2002	2006	2010	2014
Até 90% do limite	418	428	427	348
Entre 90 e 95% do limite	46	42	44	83
Entre 95 e 100% do limite	19	16	18	46
Acima do limite	11	10	7	20

Fonte: Elaboração própria com base em <www.tce.rs.gov.br>.

Como se depreende da Tabela 1, observou-se, entre 2002 e 2010, uma evolução levemente decrescente do número de municípios em dificuldades, que não ultrapassaram 15% da amostra. Todavia, os dados

---

[63] PINTO, Élida Graziane; TOLEDO JR., Flávio Corrêa de. O crescimento do déficit/dívida municipal e a ainda mal cumprida Lei de Responsabilidade Fiscal. *Revista Controle*, v. XIII, n. 1, p. 14-26, jun. 2015.

[64] TCE-PB em 2009. Disponível em: <http://www.stf.jus.br/portal/cms/verNoticiaDetalhe.asp?idConteudo=287772> e <http://www.stf.jus.br/portal/cms/verNoticiaDetalhe.asp?idConteudo=118599&caixaBusca=N>. Acesso em: 31 jan. 2017.

[65] Disponível em: <http://www1.tce.rs.gov.br/portal/page/portal/tcers/consultas/contas_municipais/estatisticas_gestao_fiscal>. Acesso em: 03 fev. 2017.

de 2014 apontaram acentuada piora da situação fiscal, com cerca de 30% de municípios com indicação de alerta.

Situação semelhante é observada em Mato Grosso. A Tabela 2 apresenta a evolução da média dos resultados do IGFM – Gastos com pessoal[66] dos municípios mato-grossenses entre 2011 e 2015.

TABELA 2
Média dos resultados do IGFM –
Gastos com pessoal dos municípios mato-grossenses

	2011	2012	2013	2014	2015
Média anual	0,66	0,57	0,41	0,53	0,48

Fonte: Elaboração própria com base em <www.tce.mt.gov.br>.

Assim, em 2015, 104 dos 141 municípios mato-grossenses apresentaram IGFM – Gastos com Pessoal inferior ao de 2011.[67]

Em 2016, em analogia à "calamidade pública" prevista no art. 65 da LRF, assistiu-se em diversos estados brasileiros à decretação de "estados de calamidade financeira" (Rio de Janeiro: Decreto nº 45.692, de 17.06.2016; Rio Grande do Sul: Decreto nº 53.303, de 21.11.2016; e Minas Gerais: Decreto nº 47.101, de 05.12.2016), em extremada tentativa no intuito de evitar as medidas corretivas decorrentes do descumprimento da LRF:

> Art. 65. Na ocorrência de calamidade pública reconhecida pelo Congresso Nacional, no caso da União, ou pelas Assembléias Legislativas, na hipótese dos Estados e Municípios, enquanto perdurar a situação:
> I - serão suspensas a contagem dos prazos e as disposições estabelecidas nos arts. 23, 31 e 70;
> II - serão dispensados o atingimento dos resultados fiscais e a limitação de empenho prevista no art. 9º.

---

[66] Nos termos da Resolução Normativa TCE-MT nº 29/2014, o Índice da Despesa com Pessoal: Representa quanto os municípios comprometem da sua receita corrente líquida (RCL) com o pagamento de pessoal. Significa o percentual da despesa com pessoal em relação ao montante da RCL.
Se a despesa com pessoal, calculada conforme LRF, for igual ou menor que 40%, é atribuída a pontuação 1. Se a despesa com pessoal representar mais que 60%, é atribuída a pontuação Zero. Se a despesa com pessoal representar entre 40 e 60%, a pontuação atribuída observa a razão: ((60-(despesa com pessoal/ RCL) x 100)) x (1/20).

[67] *34 municípios apresentaram melhoras e em 3 municípios os dados não foram suficientes para apuração do IGFM - Gastos com Pessoal.* Disponível em: elaboração própria com base em <www.tce.mt.gov.br>. Acesso em: 19 jan. 2017.

Parágrafo único. Aplica-se o disposto no *caput* no caso de estado de defesa ou de sítio, decretado na forma da Constituição.

Duas observações se impõem de imediato. Primeira: calamidade financeira não se confunde com calamidade pública, cujo conceito está sedimentado na legislação,[68] doutrina e jurisprudência como flagelos naturais (cataclismos, inundações, secas) ou epidemias de graves consequências para a saúde pública. Segunda: mesmo no caso de calamidade pública, a imprevidência dos gestores não justifica medidas emergenciais que excepcionem a aplicação das normas legais.

De toda sorte, os efeitos da decretação de tais medidas ainda não foram objeto de apreciação pelos órgãos de controle ou pelo Poder Judiciário.[69] Todavia, a deterioração da situação fiscal desses estados não ocorreu num único exercício, mas foi agravada no decorrer de vários, e não há como não estranhar que em nenhum deles tenha ocorrido a emissão de sequer um parecer prévio contrário à aprovação das contas do governador.[70]

O que todos esses exemplos permitem inferir é que, em muitos casos, as ações de controle exercidas pelas Cortes de Contas não foram suficientes para impedir a piora das contas públicas. Melo, Pereira e Souza (2014) concluem que: "*The quality of audit institution and its independence from political influence are also important factors in a governor's decision to rely on window dressing mechanisms*".[71]

Em estudo econométrico que examina a utilização da "contabilidade criativa" por governos estaduais, os mesmos autores apontam que a qualidade das Cortes de Contas é o "calcanhar de Aquiles" da Lei de

---

[68] Segundo o art. 3º, IV, do Decreto nº 895/1993, estado de calamidade pública é o reconhecimento pelo poder público de situação anormal, provocada por desastres, causando sérios danos à comunidade afetada, inclusive à incolumidade ou à vida de seus integrantes.

[69] O TCE de São Paulo emitiu um comunicado alertando os prefeitos sobre a prática do decreto de calamidade financeira. Comunicado SDG 6/2017. Disponível em: <https://www4.tce.sp.gov.br/sites/tcesp/files/downloads/comunicado_sdg_06_2017.pdf>. Acesso em: 02 fev. 2017.

[70] Embora em alguns casos tenham se registrado votos vencidos no sentido da reprovação das contas.

[71] MELO, Marcus; PEREIRA, Carlos; SOUZA, Saulo. Why do some governments resort to 'creative accounting' but not others? Fiscal governance in the Brazilian federation. *International Political Science Review*, v. 35, n. 5, oct. 2014. Disponível em: <https://www.researchgate.net/publication/270350985_Why_do_some_governments_resort_to_'creative_accounting'_but_not_others_Fiscal_governance_in_the_Brazilian_federation>. Acesso em: 19 jan. 2017.

Responsabilidade Fiscal,[72] pois instituições mais ativas e independentes inibem a infringência de suas normas.

5.2 Limitações endógenas

Em importante obra na seara ambiental,[73] o professor Juarez Freitas identifica os principais vícios da política insustentável, dos quais pelo menos três também podem ser apontados como obstáculos poderosos à efetividade na atuação dos Tribunais de Contas: o patrimonialismo, o tráfico de influências e o omissivismo. Tais vícios se concretizarão no que aqui se denominam limitações endógenas ao controle da responsabilidade fiscal pelos Tribunais de Contas.

A primeira e mais evidente limitação diz respeito à tempestividade do controle, que, em diversos casos, é realizado muito *a posteriori*. De acordo com o *Diagnóstico dos Tribunais de Contas do Brasil: avaliação da qualidade e agilidade do controle externo*, 96% dos TCs não conseguem completar o julgamento de processos no prazo de cinco anos contados da sua autuação e, no caso de denúncias, 71% não conseguem apreciá-las no prazo de seis meses contados do recebimento (ATRICON, 2013).[74]

Assim, há de se questionar a efetividade da emissão de Termos de Alerta intempestivos. Por exemplo, é de pouca utilidade um Termo de Alerta, relativo ao relatório de gestão fiscal do 1º quadrimestre de 2016, ser publicado em janeiro de 2017, quando já se havia encerrado o exercício para o qual se destinava o alerta para adoção de medidas corretivas.[75] Da mesma forma, um Termo de Alerta, relativo ao relatório resumido de execução orçamentária do 1º bimestre de 2016, publicado apenas em janeiro de 2017.[76]

---

[72] MELO, Marcus; PEREIRA, Carlos; SOUZA, Saulo. Creative accounting and the quality of audit institutions: the Achilles' heel of the Fiscal Responsibility Law in Brazil. Paper presented at the 13th Annual Conference of the International Society for New Institutional Economics, University of California at Berkeley, Walter A. Haas School of Business, USA, June 18-20, 2009. Disponível em: <https://extranet.sioe.org/uploads/isnie2009/pereira_melo_souza.pdf>. Acesso em: 19 jan. 2017.

[73] FREITAS, Juarez. *Sustentabilidade*: direito ao futuro. Belo Horizonte: Fórum, 2011, p. 210.

[74] ATRICON. Associação dos Membros dos Tribunais de Contas do Brasil. *Diagnóstico dos Tribunais de Contas do Brasil*: avaliação da qualidade e agilidade do controle externo. Brasília: Atricon, 2013.

[75] Termo de Alerta TCE-MT nº 02. Disponível em: <http://www.tce.mt.gov.br/diario/preview/numero_diario_oficial/1028>. Acesso em: 01 fev. 2017.

[76] Termo de Alerta TCE-MT nº 37. Disponível em: <http://www.tce.mt.gov.br/diario/preview/numero_diario_oficial/1033>. Acesso em: 03 fev. 2017.

Outra situação passível de ser caracterizada como limitação é a ocorrência de decisões que, mesmo reconhecendo a presença de irregularidades gravíssimas no campo da gestão fiscal, adotam juízos mais complacentes, como pareceres prévios favoráveis ou contas de gestão regulares com ressalvas, transmitindo ao Legislativo e à sociedade uma sinalização confusa.[77][78]

Mais uma grave limitação ocorre quando as decisões dos diversos TCs são antagônicas e contraditórias, como sói acontecer em resoluções de consultas, mormente no que respeita a critérios para cálculos de limites objetivos fixados pela LRF e pelas Resoluções do Senado dela decorrentes.[79] Furtado (2013) expõe algumas questões críticas, infelizmente não disciplinadas de modo uniforme pelas Cortes de Contas brasileiras.[80] Por seu turno, Gonçalves (2010) explana relevantes divergências conceituais e de metodologia entre os TCs relativas a pontos de controle da LRF.[81] De igual modo, Souza (2010) identifica essas discrepâncias.[82] Melo, Pereira e Souza (2009) concluem que diversos governos estaduais foram beneficiados ao terem seus *"accounting tricks"* acolhidos por interpretações lenientes dos TCs.[83]

---

[77] Exemplos: Parecer Prévio favorável à aprovação das contas de Governo do Estado de Minas Gerais relativas ao exercício de 2015 (Disponível em: <http://www.mpc.mg.gov.br/apreciacao-das-contas-do-governador-exercicio-de-2015>. Acesso em: 19 jan. 2017) e Parecer Prévio favorável à aprovação das Contas de Governo do Estado do Rio Grande do Sul relativas ao exercício de 2015 (Disponível em: <http://www1.tce.rs.gov.br/portal/page/portal/tcers/consultas/contas_estaduais/contas_governador/pp_2015.pdf>. Acesso em: 19 jan. 2017).

[78] Há, com certeza, situações específicas em que circunstâncias atenuantes podem justificar juízos não reprobatórios. Um exemplo seria o de um gestor que, ao assumir, tenha encontrado as despesas com pessoal em patamar superior a 105% do limite legal e que, ao término de seu primeiro ano de mandato, tenha conseguido reduzi-lo para 100,5%, insuficiente para descaracterizar uma irregularidade gravíssima, mas revelador de considerável esforço visando ao equilíbrio fiscal.

[79] Resoluções do Senado Federal nº 40/2001, que dispõe sobre os limites globais para o montante da dívida pública consolidada e da dívida pública mobiliária dos Estados, do Distrito Federal e dos Municípios, em atendimento ao disposto no art. 52, VI e IX, da Constituição Federal e nº 43/2001, que dispõe sobre as operações de crédito interno e externo dos Estados, do Distrito Federal e dos Municípios, inclusive concessão de garantias, seus limites e condições de autorização, e dá outras providências.

[80] *Op. cit.*, p. 474-485.

[81] GONÇALVES, Paulo Roberto Riccioni. Sistema de acompanhamento da Gestão Fiscal e a Lei Complementar Federal nº 101/2000 (LRF). *Revista Técnica dos Tribunais de Contas*, ano 1, n. 0, p. 215-227, set. 2010.

[82] SOUZA, Antonio Emanuel Andrade de. Desafios em dez anos de Lei de Responsabilidade Fiscal. *Revista Técnica dos Tribunais de Contas*, ano 1, n. 0, p. 291-296, set. 2010.

[83] MELO, Marcus; PEREIRA, Carlos; SOUZA, Saulo. Creative accounting and the quality of audit institutions: the Achilles' heel of the Fiscal Responsibility Law in Brazil. Paper

A formulação pelos jurisdicionados de consultas aos Tribunais de Contas acerca de dispositivos da Lei de Responsabilidade Fiscal[84] assemelha-se à conhecida imagem da batalha do mar contra o rochedo. Ao longo dos anos, foram propostas centenas de consultas versando principalmente acerca de critérios para cálculo da receita corrente líquida e das despesas com pessoal, bem como sobre a interpretação dos conceitos de obrigação de despesa e de disponibilidade de caixa constantes do art. 42 da LRF.[85] Em certas situações, mesmo após consolidado um entendimento na jurisprudência da maioria dos TCs, bem como pela doutrina, algumas tentativas lograram êxito em admitir soluções mais flexíveis, tanto no sentido de aumentar o denominador (receita corrente líquida) quanto no de reduzir o numerador (despesas totais com pessoal), de modo a assegurar que o limite legal para a relação entre ambos não seja ultrapassado.[86]

Uma das maiores críticas à atuação dos TCs diz respeito às regras previstas para a escolha de ministros e conselheiros, que têm gerado diversas indicações polêmicas, em que a avaliação da capacidade técnica do futuro magistrado de contas é sobrepujada pela afiliação a grupos de interesses político-partidários. Questiona-se se a composição daí resultante influenciaria decisões, tornando-as menos rigorosas e técnicas. Melo, Pereira e Figueiredo (2009) demonstram que a presença no corpo deliberativo de membros oriundos de carreiras técnicas está

---

presented at the 13th Annual Conference of the International Society for New Institutional Economics, University of California at Berkeley, Walter A. Haas School of Business, USA, June 18-20, 2009. Disponível em: <https://extranet.sioe.org/uploads/isnie2009/pereira_melo_souza.pdf>. Acesso em: 19 jan. 2017.

[84] Assim como de temas relativos ao cumprimento de limites mínimos constitucionais de gastos com manutenção e desenvolvimento do ensino (CF, art. 212) e assistência à saúde (CF, art. 198, §2º) e, também, os limites constitucionais máximos de subsídios de vereadores (CF, art. 29, VI) e de total de despesas com o Legislativo municipal (art. 29-A). Desnecessário mencionar que, em regra, a intenção das consultas é proporcionar uma interpretação que reduza os limites mínimos e aumente os limites máximos, ampliando a margem de discricionariedade dos gestores.

[85] *Somente em Mato Grosso, a Consolidação de entendimentos técnicos:* súmulas e prejulgados registra 61 Resoluções de Consulta acerca de dispositivos da LRF. Disponível em: <http://jurisdicionado.tce.mt.gov.br/publicacao/detalhePublicacao?publicacao=167>. Acesso em: 01 fev. 2017.

[86] Fenômeno semelhante ocorre em relação ao limite máximo de despesas com folha de pagamento das Câmaras Municipais (CF, art. 29-A, §1º) e, no sentido inverso, de aumentar o numerador e reduzir o denominador, em relação ao limite mínimo de gastos com manutenção e desenvolvimento do ensino (CF, art. 212) e ações e serviços públicos de saúde (CF, art. 198, §2º).

positivamente correlacionada ao grau de ativismo dos TCs na realização de auditorias, bem como para a punição de irregularidades.[87]

Nos Tribunais de Justiça e nos Tribunais Regionais Federais, 80% dos desembargadores são oriundos da magistratura concursada, que, nos TCs, corresponde aos conselheiros substitutos. Já nas Cortes de Contas, ocorre o inverso, pois a previsão é de que apenas um entre sete conselheiros seja escolhido dentre os conselheiros substitutos concursados[88] e, mesmo assim, em diversos TCs ainda não foi efetivada essa solitária presença.[89] Note-se que, na *Cour des Comptes* francesa, que inspirou a criação dos TCs brasileiros, assim como na totalidade dos TCs europeus, a grande maioria dos magistrados tem origem na carreira especializada da magistratura de contas.[90]

Todos esses fatores contribuem para que alguns estudiosos identifiquem um "déficit crônico de legitimidade" nas Cortes de Contas (FERREIRA JÚNIOR, 2015).[91]

5.3 Barreiras exógenas
5.3.1 Conselho de Gestão Fiscal

A ausência de instalação do Conselho de Gestão Fiscal previsto no art. 67 da LRF tem sido apontada como uma das responsáveis por interpretações dissonantes, antagônicas e contraditórias entre os diversos TCs acerca da contabilização de determinadas operações (PINTO; TOLEDO JR., 2015; ABRAHAM, 2017):

---

[87] MELO, Marcus; PEREIRA, Carlos; FIGUEIREDO, Carlos M. Political and Institutional Checks on Corruption: explaining the performance of brazilian audit institutions. *Comparative Political Studies*, v. 42, n. 9, p. 1.217-1.244, 2009. Disponível em <http://cepesp.fgv.br/sites/cepesp.fgv.br/files/Melo%20Pereira%20Figueiredo%20CPS%202009.pdf>. Acesso em: 19 jan. 2017.

[88] No TCU, apenas um entre os nove ministros tem origem na carreira de ministro substituto.

[89] LIMA, Luiz Henrique. Composição e funcionamento dos Tribunais de Contas: anotações à jurisprudência do Supremo Tribunal Federal. In: LIMA, Luiz Henrique (Coord.). *Tribunais de Contas*: temas polêmicos na visão de Ministros e Conselheiros Substitutos. Belo Horizonte: Fórum, 2014, p. 83-109.

[90] CANHA, Cláudio Augusto. A evolução (?) do papel dos auditores dos tribunais de contas do Brasil. In: LIMA, Luiz Henrique (Coord.). *Tribunais de contas:* temas polêmicos na visão de Ministros e Conselheiros Substitutos. Belo Horizonte: Fórum, 2014, p. 19-49.

[91] FERREIRA JÚNIOR, Adircélio de Moraes. *O bom controle público e as cortes de contas como tribunais da boa governança*. Dissertação (mestrado em Direito) – Programa de Pós-graduação, Universidade Federal de Santa Catarina, Florianópolis, 2015.

Art. 67. O acompanhamento e a avaliação, de forma permanente, da política e da operacionalidade da gestão fiscal serão realizados por conselho de gestão fiscal, constituído por representantes de todos os Poderes e esferas de Governo, do Ministério Público e de entidades técnicas representativas da sociedade, visando a:

I - harmonização e coordenação entre os entes da Federação;

II - disseminação de práticas que resultem em maior eficiência na alocação e execução do gasto público, na arrecadação de receitas, no controle do endividamento e na transparência da gestão fiscal;

III - adoção de normas de consolidação das contas públicas, padronização das prestações de contas e dos relatórios e demonstrativos de gestão fiscal de que trata esta Lei Complementar, normas e padrões mais simples para os pequenos Municípios, bem como outros, necessários ao controle social;

IV - divulgação de análises, estudos e diagnósticos.

§1º O conselho a que se refere o caput instituirá formas de premiação e reconhecimento público aos titulares de Poder que alcançarem resultados meritórios em suas políticas de desenvolvimento social, conjugados com a prática de uma gestão fiscal pautada pelas normas desta Lei Complementar.

§2º Lei disporá sobre a composição e a forma de funcionamento do conselho.

Comentando o dispositivo, Mattos (2012) destaca que caberá ao legislador a tarefa de explicitar não só a composição e a forma de funcionamento do Conselho, mas também conferir-lhe poderes suficientes para garantir o fiel cumprimento de sua missão.[92] A atuação do órgão central de contabilidade da União para a edição de normas gerais para consolidação das contas públicas[93] tem sido insuficiente para assegurar um entendimento uniforme dos órgãos de fiscalização, como o demonstram, por exemplo, inúmeras decisões conflitantes acerca de elementos integrantes dos cálculos da receita corrente líquida e do total de despesas com pessoal.

5.3.2 Conselho Nacional dos Tribunais de Contas

Outro fator relevante é que as Cortes de Contas não dispõem de um conselho nacional que, a exemplo do Conselho Nacional de Justiça

---

[92] MATTOS, Mauro Roberto de. Arts. 60 a 75. In: MARTINS, Ives Gandra da Silva; NASCIMENTO, Carlos Valder do (Org.). *Comentários à Lei de Responsabilidade Fiscal*. 6. ed. São Paulo: Saraiva, 2012.

[93] LRF, art. 50, §2º.

e do Conselho Nacional do Ministério Público, atue na uniformização de procedimentos, fixação de metas e indicadores de desempenho e prevenção e correção de falhas institucionais ou desvios funcionais por parte de seus membros. Embora haja Tribunais de Contas que realizem trabalhos notáveis e inovadores, gerando importantes benefícios para a sociedade e contribuindo para o aprimoramento das políticas públicas, registram-se também exemplos negativos em que alguma Corte de Contas atua com atraso, de modo insuficiente, com técnicas obsoletas ou com decisões complacentes com o mau uso dos recursos públicos. Falta um órgão que dissemine as boas práticas[94] e exerça uma corregedoria nacional sobre denúncias contra ministros e conselheiros. Há em tramitação no Congresso Nacional, desde 2007, a Proposta de Emenda à Constituição nº 28, que institui o Conselho Nacional dos Tribunais de Contas (CNTC), cujo conteúdo é merecedor de aprimoramentos, mas que deve ser incluída na pauta de reformas prioritárias para o país.

5.3.3 Lei da Ficha Limpa

Em agosto de 2016, uma decisão do Supremo Tribunal Federal (STF) debilitou as decisões dos TCs no julgamento das contas de gestão. Em breve síntese, no julgamento com repercussão geral do RE nº 848.826, o STF entendeu que os julgamentos pelos Tribunais de Contas pela irregularidade das contas de gestão de prefeitos não produzem efeito de inelegibilidade, como prescreve a Lei da Ficha Limpa, devendo tais juízos ser referendados pelas respectivas Câmaras de Vereadores.

Até então, prevalecia o entendimento de que o julgamento pelos Tribunais de Contas das contas de gestão de prefeitos ordenadores de despesas ensejaria a sua inelegibilidade, nos termos do art. 1º, I, *g*, da Lei Complementar nº 64/1990 (Lei das Inelegibilidades), com a redação dada pela Lei Complementar nº 135/2010 (Lei da Ficha Limpa). Segundo o dispositivo, são inelegíveis aqueles que:

> tiverem suas contas relativas ao exercício de cargos ou funções públicas rejeitadas *por irregularidade insanável QUE CONFIGURE ATO DOLOSO DE IMPROBIDADE ADMINISTRATIVA, e por decisão irrecorrível do órgão competente*, salvo se esta houver sido suspensa ou anulada pelo Poder Judiciário, para as eleições que se realizarem nos *8 (oito) anos* seguintes, contados a partir da data da decisão, aplicando-se o disposto no inciso II

---

[94] A Atricon tem empreendido um trabalho de divulgação de boas práticas, mas, pela sua própria natureza, não dispõe de mecanismos para compelir as Cortes de Contas a adotá-las. Disponível em: <http://boaspraticas.atricon.org.br/>. Acesso em: 31 jan. 2017.

do art. 71 da Constituição Federal, a todos os ordenadores de despesa, sem exclusão de mandatários que houverem agido nessa condição. (Grifei)

É com fulcro no art. 11, §5º, da Lei nº 9.504/1997 que os Tribunais de Contas elaboram as listas de gestores com contas julgadas irregulares e as encaminham à Justiça Eleitoral, a quem compete registrar, ou não, as candidaturas a cargos eletivos.

O relator da matéria, Ministro Roberto Barroso, que foi voto vencido, explicitou que a condenação pela irregularidade das contas em julgamento colegiado das Cortes de Contas era, sim, motivo de inelegibilidade, seguindo a jurisprudência do próprio STF que, ao apreciar a Ação Direta de Inconstitucionalidade (ADI) nº 4.578 contra a Lei da Ficha Limpa, considerou a norma integralmente constitucional, mesmo resultado das Ações Declaratórias de Constitucionalidade (ADCs) nº 29 e nº 30. Assim, a nova decisão é contraditória, não apenas com o julgamento das referidas ADI e ADCs, mas com diversas outras manifestações da Corte Suprema, a exemplo da ADI nº 3.715 e das Reclamações nº 13.965 e nº 15.902.

Com esse julgamento, frustrou-se o espírito da Lei da Ficha Limpa, uma vez que, nas eleições de 2014, 84% das declarações de inelegibilidade pela Justiça Eleitoral foram motivadas pela reprovação das contas pelos TCs[95] e, em sua maioria, em razão do descumprimento da Lei de Responsabilidade Fiscal.[96] O temor de se tornar inelegível era um importante fator dissuasório às transgressões na gestão fiscal, que desapareceu após o novel entendimento jurisprudencial.

A referida decisão prevaleceu por mínima maioria, de seis votos contra cinco, o que alimenta a esperança de que em breve a matéria possa ser reexaminada, e o equívoco, corrigido.

5.3.4 Adoção de medidas cautelares de indisponibilidade de bens

Outra frente em que as competências dos TCs têm sido afetadas negativamente é a possibilidade de adoção de medidas cautelares de indisponibilidade de bens de empresas particulares contratadas pelo Poder Público. Contrariando a jurisprudência dominante do STF,[97]

---

[95] *Nota pública sobre decisão do STF que retira dos Tribunais de Contas a competência para julgar contas de prefeito ordenador de despesas.* Disponível em: <http://www.atricon.org.br/imprensa/destaque/nota-publica-sobre-o-re-848826/>. Acesso em: 01 fev. 2017.

[96] Conforme visto na seção 4.

[97] MS nº 24.379 – Primeira Turma; MS nº 33.092 – Segunda Turma; MS nº 24.510 – Plenário.

o Ministro Marco Aurélio, em sucessivas decisões monocráticas nos Mandados de Segurança nº 34.357 (31.08.2016), nº 34.392 (06.09.2016) e nº 34.410 (14.09.2016), concedeu pedidos liminares autorizando a livre movimentação de bens cuja indisponibilidade havia sido decretada pelo TCU. De acordo com o ministro, o poder geral de cautela do TCU "possui limites, dentro dos quais não se encontra o de bloquear, por ato próprio, dotado de autoexecutoriedade, os bens de particulares contratantes com a Administração".[98]

Ainda que seja provável a derrubada da decisão liminar quando vier a ser submetida a um órgão colegiado, sabe-se que o prazo para uma nova deliberação pode alcançar muitos meses e até anos.[99] Sucede que as cautelares adotadas pelo TCU se sustentam, entre outros elementos, na presença do *periculum in mora*, ou seja, no risco plausível de que a demora até a deliberação final comprometa a possibilidade de os responsáveis efetuarem o ressarcimento ao erário dos danos causados. Os exemplos citados envolviam bilhões de reais de empreiteiras que lesaram a Petrobras em processos associados à Operação Lava Jato.

5.3.5 Sigilo bancário e fiscal

Um dos principais obstáculos a uma fiscalização mais efetiva pelos TCs é a invocação, por exemplo, pela Petrobras, pelo BNDES, pela Receita Federal e pelo Banco Central do Brasil, de sigilos bancário, fiscal e comercial, utilizados como pretexto para negar dados às auditorias do controle externo.[100] Em diversos estados, argumentos semelhantes foram empregados para negar transparência aos processos de concessão de incentivos fiscais. Trata-se de um contrassenso, pois não pode haver sigilo na aplicação de recursos do erário ou na renúncia de receitas públicas.

Os sigilos bancário e fiscal são importantes direitos individuais, amparados na Constituição e na legislação específica, mas a exigência de prévia autorização judicial para o fornecimento de dados às fiscalizações

---

[98] Disponível em: <http://www1.folha.uol.com.br/poder/2016/09/1809273-odebrecht-suspende-no-stf-decisao-do-tcu-de-bloqueio-de-bens.shtml>. Acesso em: 25 jan. 2017.

[99] De acordo com o relatório O Supremo e o Tempo, do projeto O Supremo em Números, a média de duração das liminares em Mandados de Segurança no STF, entre 1998 e 2013, foi de 2 anos. Disponível em: <http://bibliotecadigital.fgv.br/dspace/bitstream/handle/10438/12055/III%20Relat%c3%b3rio%20Supremo%20em%20N%c3%bameros%20-%20O%20Supremo%20e%20o%20Tempo.pdf?sequence=5&isAllowed=y>. Acesso em: 25 jan. 2017.

[100] Exemplos: STF: MS nº 22.701 (Relator: Ministro Menezes Direito); MS nº 22.617 (Relator: Ministro Eros Grau); MS nº 22.801 (Relator: Ministro Celso de Mello).

dos TCs burocratiza e emperra a realização dos trabalhos, dificultando a adoção de medidas preventivas e tempestivas capazes de fazer cessar operações que geram potencial dano ao erário.

Neste sentido, é importante que, além do aprimoramento da legislação, o STF evolua na sua jurisprudência e adote o entendimento do TCU exarado no Acórdão TCU nº 715/2010 – Plenário (Rel.: Ministro Augusto Sherman):

> CONCESSÃO DE FINANCIAMENTOS PELO BNDES COM RECURSOS DO FUNDO DA MARINHA MERCANTE. INDÍCIOS DE FAVORECIMENTOS INDEVIDOS E DE SUPERFATURAMENTO NO CUSTO DAS EMBARCAÇÕES OBJETO DAS OPERAÇÕES. NÃO ENCAMINHAMENTO PELO BNDES DE INFORMAÇÕES REQUERIDAS PELA UNIDADE TÉCNICA, SOB O ARGUMENTO DE SIGILO BANCÁRIO. FIXAÇÃO DE PRAZO PARA QUE O PRESIDENTE DO BNDES ENCAMINHE AS INFORMAÇÕES REQUERIDAS. COMUNICAÇÃO AO MINISTRO DE ESTADO DO DESENVOLVIMENTO, INDÚSTRIA E COMÉRCIO EXTERIOR.
>
> 1. As disposições constitucionais atinentes ao sigilo bancário devem ser harmonizadas com as normas também de estatura constitucional referentes ao exercício do controle externo.
>
> 2. A não apresentação das informações mínimas necessárias à apuração de irregularidades na gestão de recursos públicos representa óbice ao exercício da competência constitucional deste Tribunal de realizar o controle externo em auxílio ao Congresso Nacional.
>
> 3. As pessoas que optam por celebrar contratos ou realizar operações financeiras com a Administração Pública Indireta se submetem a um regime de natureza pública, sujeitando-se, por conseguinte, aos controles atinentes à espécie, entre eles o controle externo a cargo deste Tribunal.

5.4 Desafios

De certa forma, a gravidade da crise econômica, fiscal e política provocou uma inflexão na trajetória dos Tribunais de Contas no período posterior à edição da LRF. Hoje as Cortes de Contas se encontram perante um dilema: ou aprofundam sua transformação em busca de maior efetividade, recuperando-se do "déficit de legitimidade", ou optam pela estagnação, tornando-se institucionalmente irrelevantes para a sociedade brasileira.

Quando se discute a efetividade do controle, é comum a polarização entre duas posições extremadas: uma proclama que é preciso ainda mais controle, porque o atual é insuficiente; outra sustenta que é urgente minimizar os controles, porque atrapalham quem quer fazer as coisas certas e não impedem os gestores criminosos ou incompetentes de produzirem graves danos à sociedade.

No entanto, o debate mais produtivo não deve ter como foco a quantidade de controles, mas a sua qualidade. Quais os controles que funcionam e trazem aos cidadãos resultados efetivos, em termos de aprimoramento da gestão pública, não apenas na prevenção de fraudes, mas também na melhoria da efetividade das políticas públicas, ou seja, melhores indicadores de educação, saúde, segurança pública etc.?

Há que superar o controle que não funciona. O controle formalista-burocrático não funciona. O controle *a posteriori* e intempestivo não funciona. O controle generalista e superficial não funciona. Afinal, quem tenta controlar tudo não controla o essencial.

O controle que funciona é o controle preventivo, o controle substantivo, que elege prioridades e acompanha *pari-passu* a execução de projetos. O controle que funciona é aquele que orienta, esclarece e alerta, que concentra e aprofunda sua fiscalização naquilo que é essencial, mediante critérios de materialidade, relevância, risco e oportunidade. O controle que funciona é o controle especializado em áreas como engenharia, previdência, tecnologia da informação e meio ambiente e que utiliza ferramentas de inteligência artificial e monitoramento de alertas em repositórios de dados. O controle que funciona é aquele em que as diversas instituições envolvidas dialogam e atuam articuladamente em redes colaborativas.

Cada vez mais, a gestão pública deve ser transparente. Cada vez mais, o conceito republicano de prestação de contas deixará de referir-se a um processo empoeirado com documentos contábeis incompreensíveis ao leigo e de exame restrito a técnicos e passará a ser uma dinâmica compartilhada de acompanhamento simultâneo da gestão pública pela sociedade. Além de facilitar denúncias e de agilizar comunicações, as novas tecnologias de informação são extraordinários instrumentos que podem e devem ser utilizados pela cidadania para o fortalecimento da democracia (LIMA, 2015b).[101]

Há hoje um esforço considerável de alguns membros e dirigentes dos TCs no sentido de buscar o aprimoramento institucional.[102]

---

[101] LIMA, Luiz Henrique. As novas tecnologias e as contas públicas. In: FEITOSA, Gustavo. *Curso controle cidadão*. Fortaleza: Fundação Demócrito Rocha/Universidade Aberta do Nordeste, 2015, p. 113-128.

[102] *Como testemunham as Diretrizes para o aprimoramento dos Tribunais de Contas do Brasil e o Projeto Qualidade e Agilidade dos Tribunais de Contas, liderados pela Atricon.* Disponível em: <www.atricon.org.br>. Acesso em: 30 jan. 2017.

Contudo, os dados disponíveis[103] revelam que é longo e árduo o caminho a percorrer.

6 Conclusão

O controle da gestão fiscal pelos Tribunais de Contas é de suma relevância para que a Lei de Responsabilidade Fiscal produza os resultados idealizados quando de sua elaboração. Ao zelarem pela boa gestão orçamentária e pela gestão fiscal responsável, os Tribunais de Contas atuam na garantia dos direitos fundamentais da sociedade e como curadores dos interesses das futuras gerações.

A grave crise fiscal e econômica que o Brasil enfrentou a partir de 2015, cujas venenosas sementes foram plantadas em anos anteriores, direcionou maior atenção da sociedade para o papel desempenhado pelos órgãos de controle externo, exigindo-lhes mais efetividade.

A experiência recente indica que a atuação dos Tribunais de Contas pode propiciar efeitos positivos, não apenas ao penalizar os gestores que violam os preceitos da LRF, mas, principalmente, quando ocorre de modo tempestivo, com a emissão de alertas que induzem a adoção de medidas corretivas que evitem o agravamento de situações de desequilíbrio fiscal. Contudo, os problemas identificados comprometem sobremaneira a efetividade dessa atuação.

Os TCs só lograrão reunir apoio político e social para ultrapassar as barreiras exógenas que lhes são colocadas se empreenderem obstinado e vigoroso esforço para superar as suas limitações endógenas anteriormente descritas.

Neste sentido, elencam-se algumas medidas recomendáveis para propiciar um novo patamar para o controle da responsabilidade na gestão fiscal:

- estruturar os TCs para atuarem mais tempestivamente no controle da responsabilidade fiscal, especialmente no que concerne à análise dos RGFs e RREOs e eventual emissão de Termos de Alerta;
- buscar a uniformização de entendimentos entre os TCs sobre conceitos basilares da LRF, tais como itens componentes da receita corrente líquida, das despesas totais com pessoal, das obrigações de despesa e da disponibilidade de caixa ao final do exercício;

---

[103] ATRICON. Associação dos Membros dos Tribunais de Contas do Brasil. *Diagnóstico dos Tribunais de Contas do Brasil*: avaliação da qualidade e agilidade do controle externo. Brasília: Atricon, 2013.

- buscar a disseminação de boas práticas e de experiências de fiscalização em temas sensíveis e estratégicas como renúncia de receitas e regimes próprios de previdência social;
- ampliar as experiências de auditorias coordenadas sobre políticas públicas e programas governamentais de dimensão nacional e de execução descentralizada;
- ampliar a utilização de ferramentas de inteligência aplicadas ao controle;
- ampliar os canais de transparência e comunicação com a sociedade, mediante o uso de novas tecnologias de comunicação e informação;
- exigir o estrito cumprimento dos requisitos constitucionais nos processos de escolha de ministros e conselheiros dos TCs, especialmente no que concerne à idoneidade moral, reputação ilibada e notórios conhecimentos jurídicos, contábeis, econômicos e financeiros ou de administração pública;
- aprovar emenda constitucional, ampliando a presença nos colegiados dos TCs de membros oriundos da carreira especializada da magistratura de contas (ministros e conselheiros substitutos);
- aprovar uma lei nacional disciplinando os processos de controle externo;
- aprovar a lei regulamentadora e instalar o Conselho de Gestão Fiscal previsto no art. 67 da LRF;
- aprovar emenda constitucional e instalar o Conselho Nacional dos Tribunais de Contas;
- confirmar a jurisprudência do STF, reconhecendo aos TCs competência para adotar medidas cautelares de indisponibilidade de bens de pessoas físicas e jurídicas privadas responsáveis por grave dano ao erário;
- revisar a jurisprudência do STF para reconhecer aos TCs competência para julgar as contas de gestão de prefeitos ordenadores de despesas, com eventuais efeitos na inelegibilidade daqueles cujas contas forem julgadas irregulares;
- revisar a jurisprudência do STF e, eventualmente, a legislação específica para reconhecer aos TCs competência para requerer aos órgãos fazendários e instituições do sistema financeiro informações relativas a alterações patrimoniais e operações bancárias e financeiras de seus jurisdicionados e de pessoas físicas e jurídicas privadas responsáveis por grave dano ao erário.

Espera-se que o amadurecimento deste debate conduza a sociedade brasileira e os próprios órgãos de controle externo a enfrentarem os desafios que se apresentam e lograrem alcançar significativo e necessário aprimoramento da atuação dos Tribunais de Contas no controle da LRF.

Como destacou o Ministro Ayres Britto em mais de uma oportunidade:[104]

> A instituição que não desempenha bem assumidamente e autenticamente sua função constitucional, ela embota e propicia, à própria sociedade, um movimento espontâneo de reclamo da extinção pura e simples dessa instituição embotada. (...) função é atividade própria de um órgão, é aquilo para o qual o órgão existe, é o que põe o órgão em movimento, é a razão de ser do órgão. O órgão vale porque a função vale. Se o órgão não desempenha a função ele não tem mais razão de existir (...) Ele é uma lantejoula, é uma bijuteria, ele é uma nominalidade pura e simplesmente. Numa sociedade democrática, autenticamente democrática, contemporânea, cada órgão tem que se assumir como militante da função que lhe empresta o nome.

As críticas são necessárias, e o debate é relevante. A Administração Pública não pode prescindir do controle externo, que deve ser mais independente, mais técnico, mais efetivo, mais tempestivo e mais transparente. O controle tecnicamente frágil ou politicamente enviesado debilita a democracia e não contribui para a melhoria dos resultados das políticas públicas.

Para assegurar à sociedade brasileira os benefícios esperados com o cumprimento da Lei de Responsabilidade Fiscal, é crucial aprimorar a independência, a governança e a composição dos Tribunais de Contas, enfrentando e superando as barreiras legais, jurisprudenciais e institucionais que comprometem a qualidade de sua atuação.

Referências

ABRAHAM, Marcus. *Lei de responsabilidade fiscal comentada*. 2. ed. rev. e atual. Rio de Janeiro: Forense, 2017.

AFONSO, José Roberto; CARVALHO, Guilherme Luís Nilson Pinto de; CASTRO, Kleber Pacheco de. Desempenho comparado dos principais governos brasileiros depois de dez anos de LRF. *Revista Técnica dos Tribunais de Contas*, ano 1, n. 0, p. 13-48, set. 2010.

---

[104] BRITTO, Carlos Augusto Ayres. Tribunais de Contas: instituição pública de berço constitucional. *Revista Técnica dos Tribunais de Contas*, ano 2, n. 1, p. 13-25, set. 2011.

ATRICON. Associação dos Membros dos Tribunais de Contas do Brasil. *Diagnóstico dos Tribunais de Contas do Brasil*: avaliação da qualidade e agilidade do controle externo. Brasília: Atricon, 2013.

BRITTO, Carlos Augusto Ayres. Tribunais de Contas: instituição pública de berço constitucional. *Revista Técnica dos Tribunais de Contas*, ano 2, n. 1, p. 13-25, set. 2011.

CANHA, Cláudio Augusto. A evolução (?) do papel dos auditores dos tribunais de contas do Brasil. In: LIMA, Luiz Henrique (Coord.). *Tribunais de contas*: temas polêmicos na visão de Ministros e Conselheiros Substitutos. Belo Horizonte: Fórum, 2014. p. 19-49.

FARIAS, Márcia Ferreira Cunha. O controle de constitucionalidade nos Tribunais de Contas. *Interesse Público*, n. 18, p. 201-206, 2003.

FERREIRA JÚNIOR, Adircélio de Moraes. *O bom controle público e as cortes de contas como tribunais da boa governança*. Dissertação (Mestrado em Direito) –Programa de Pós-Graduação, Universidade Federal de Santa Catarina, Florianópolis, 2015.

FREITAS, Juarez. *Sustentabilidade*: direito ao futuro. Belo Horizonte: Fórum, 2011.

FURTADO, J. R. Caldas. *Elementos de Direito Financeiro*. 4. ed. Belo Horizonte: Fórum, 2013.

GONÇALVES, Paulo Roberto Riccioni. Sistema de acompanhamento da Gestão Fiscal e a Lei Complementar Federal nº 101/2000 (LRF). *Revista Técnica dos Tribunais de Contas*, ano 1, n. 0, p. 215-227, set. 2010.

LIMA, Luiz Henrique. Composição e funcionamento dos tribunais de contas: anotações à jurisprudência do Supremo Tribunal Federal. In: LIMA, Luiz Henrique (Coord.). *Tribunais de contas*: temas polêmicos na visão de ministros e conselheiros substitutos. Belo Horizonte: Fórum, 2014, p. 83-109.

LIMA, Luiz Henrique. Controle externo: teoria e jurisprudência para os tribunais de contas. 6. ed. Rio de Janeiro: Método, 2015a.

LIMA, Luiz Henrique. As novas tecnologias e as contas públicas. In: FEITOSA, Gustavo. *Curso controle cidadão*. Fortaleza: Fundação Demócrito Rocha/Universidade Aberta do Nordeste, 2015b, p. 113-128.

MATTOS, Mauro Roberto de. Arts. 60 a 75. MARTINS, Ives Gandra da Silva; NASCIMENTO, Carlos Valder do (Org.). *Comentários* à *Lei de Responsabilidade Fiscal*. 6. ed. São Paulo: Saraiva, 2012.

MELO, Marcus; PEREIRA, Carlos; FIGUEIREDO, Carlos M. Political and institutional checks on corruption: explaining the performance of brazilian audit institutions. *Comparative Political Studies*, v. 42, n. 9, p. 1.217-1.244, 2009.

MELO, Marcus; PEREIRA, Carlos; SOUZA, Saulo. Creative Accounting and the Quality of Audit Institutions: The Achilles' heel of the Fiscal Responsibility Law in Brazil. Paper presented at the 13th Annual Conference of the International Society for New Institutional Economics, University of California at Berkeley, Walter A. Haas School of Business, USA, June 18-20, 2009.

MELO, Marcus. Why do some governments resort to 'creative accounting' but not others? Fiscal governance in the Brazilian federation. *International Political Science Review*, v. 35, n. 5, oct. 2014.

MENDES, Gilmar Ferreira. Arts. 48 a 59. In: MARTINS, Ives Gandra da Silva; NASCIMENTO, Carlos Valder do (Org.). *Comentários* à *Lei de Responsabilidade Fiscal*. 6. ed. São Paulo: Saraiva, 2012.

MILESKI, Hélio Saul. A transparência da Administração Pública pós-moderna e o novo regime de responsabilidade fiscal. *Revista Técnica dos Tribunais de Contas*, ano 1, n. 0, p. 115-149, set. 2010.

MILESKI, Hélio Saul. Codificação no Direito Público: entre estabilidade do dogma e o dinamismo da fiscalização. *Revista Técnica dos Tribunais de Contas*, ano 2, n. 1, p. 121-150, set. 2011.

MOREIRA NETO, Diogo de Figueiredo. O Parlamento e a Sociedade como destinatários do trabalho dos Tribunais de Contas. In: SOUZA, Alfredo José. *O novo Tribunal de Contas*: órgão protetor dos direitos fundamentais. Belo Horizonte: Fórum, 2003.

OLIVEIRA, Weder de. *Curso de responsabilidade fiscal*. 2. ed. Belo Horizonte: Fórum, 2015.

PINTO, Élida Graziane; TOLEDO JR., Flávio Corrêa de. O crescimento do déficit/dívida municipal e a ainda mal cumprida lei de responsabilidade fiscal. *Revista Controle*, v. XIII, n. 1, p. 14-26, jun. 2015.

SOUZA, Antonio Emanuel Andrade de. Desafios em dez anos de Lei de Responsabilidade Fiscal. *Revista Técnica dos Tribunais de Contas*, ano 1, n. 0, p. 291-296, set. 2010.

TOLEDO JR., Flavio C. de; ROSSI, Sérgio Ciquera. O controle da Lei de Responsabilidade Fiscal: a experiência do Tribunal de Contas do Estado de São Paulo – dez anos de vigência. *Revista Técnica dos Tribunais de Contas*, ano 1, n. 0, p. 57-72, set. 2010.

VIEIRA, Luiz Sergio Gadelha. A modernização dos tribunais de contas e a Lei de Responsabilidade Fiscal. *Revista Técnica dos Tribunais de Contas*, ano 1, n. 0, p. 109-113, set. 2010.

Legislação

BRASIL. *Constituição da República Federativa do Brasil*. 1988.

BRASIL. *Decreto nº 895/1993*.

BRASIL. *Lei Complementar nº 101/2000*.

BRASIL. *Lei Complementar nº 131/2009*.

BRASIL. *Lei Complementar nº 135/2010*.

BRASIL. *Lei Complementar nº 64/1990*.

BRASIL. *Lei nº 10.028/2000*.

BRASIL. *Lei nº 4.320/1964*.

BRASIL. *Lei nº 8.666/1993*.

BRASIL. Senado Federal. *Resolução nº 18/2001*. Altera a Resolução nº 78, de 1998, do Senado Federal, para incluir a comprovação de cumprimento de dispositivos da Lei de Responsabilidade Fiscal na instrução de pleitos de empréstimos.

BRASIL. Senado Federal. *Resolução nº 40, de 2001*. Dispõe sobre os limites globais para o montante da dívida pública consolidada e da dívida pública mobiliária dos Estados, do Distrito Federal e dos Municípios, em atendimento ao disposto no art. 52, VI e IX, da Constituição Federal.

BRASIL. Senado Federal. *Resolução nº 42, de 2016*. Cria a Instituição Fiscal Independente no **âmbito** do Senado Federal.

BRASIL. Senado Federal. *Resolução nº 43, de 2001*. Dispõe sobre as operações de crédito interno e externo dos Estados, do Distrito Federal e dos Municípios, inclusive concessão de garantias, seus limites e condições de autorização, e dá outras providências.

BRASIL. Tribunal de Contas da União (TCU). *Resolução TCU nº 142/2001*.

BRASIL. Tribunal de Contas da União (TCU). *Resolução TCU nº 278/2016*.

MATO GROSSO. Tribunal de Contas de Mato Grosso (TCE-MT). *Resolução Normativa nº 17/2010*.

MATO GROSSO. Tribunal de Contas de Mato Grosso (TCE-MT). *Resolução Normativa nº 29/2014*.

MATO GROSSO. Tribunal de Contas de Mato Grosso (TCE-MT). *Resolução Normativa nº 02/2015*.

MATO GROSSO. Tribunal de Contas de Mato Grosso (TCE-MT). *Resolução Normativa nº 17/2016*.

MINAS GERAIS. *Decreto nº 47.101*, de 05 de dezembro de 2016.

RIO DE JANEIRO. *Decreto nº 45.692*, de 17 de junho de 2016.

RIO GRANDE DO SUL. *Decreto nº 53.303*, de 21 de novembro de 2016.

Sítios eletrônicos

AMORA, Dimmi. *Odebrecht suspende no STF decisão do TCU de bloqueio de bens*. Disponível em: <http://www1.folha.uol.com.br/poder/2016/09/1809273-odebrecht-suspende-no-stf-decisao-do-tcu-de-bloqueio-de-bens.shtml>. Acesso em: 25 jan. 2017.

ATRICON. <http://www.atricon.org.br>. Acesso em: 30 jan. 2017.

ATRICON. *Boas práticas*. Disponível em: <http://boaspraticas.atricon.org.br/>. Acesso em: 31 jan. 2017.

ATRICON. *Nota pública sobre decisão do STF que retira dos Tribunais de Contas a competência para julgar contas de prefeito ordenador de despesa*. Disponível em: <http://www.atricon.org.br/imprensa/destaque/nota-publica-sobre-o-re-848826/>. Acesso em: 01 fev. 2017.

ATRICON. *Para brasileiros, Tribunais de Contas são essenciais no combate à corrupção e à ineficiência, revela pesquisa Ibope/CNI*. Disponível em: <http://www.atricon.org.br/imprensa/destaque/para-brasileiros-tribunais-de-contas-sao-essenciais-no-combate-a-corrupcao-e-a-ineficiencia-revela-pesquisa-ibopecni/>. Acesso em: 02 fev. 2017.

BRASIL. Banco Central. *Boletim do BC*: relatório anual. Disponível em: <http://www.bcb.gov.br/?id=BOLETIMANO&ano=2015>. Acesso em: 26 jan. 2017.

BRASIL. Ministério da Fazenda. *Resultado do Tesouro Nacional* – dezembro de 2016. Disponível em: <http://www.tesouro.fazenda.gov.br/documents/10180/246449/Apresenta%C3%A7%C3%A3o+RTN_Dez2016.pdf/9deb1ea4-b985-42a3-95f1-f73befa74218>. Acesso em: 30 jan. 2017.

BRASIL. Senado Federal. *Parecer*. Disponível em: <http://www12.senado.leg.br/noticias/arquivos/2016/08/02/relatorio-do-sen.-antonio-anastasia-referente-a-pronuncia>. Acesso em: 31 jan. 2017.

BRASIL. Senado Federal. *Sentença*. Disponível em: <http://www12.senado.leg.br/noticias/arquivos/2016/08/31/veja-a-sentenca-de-impeachment-contra-dilma-rousseff>. Acesso em: 03 fev. 2017.

BRASIL. Supremo Tribunal Federal. *Descumprimento da LRF por tribunal de contas não pode gerar restrição ao Executivo*. Disponível em: <http://www.stf.jus.br/portal/cms/verNoticiaDetalhe.asp?idConteudo=287772>. Acesso em: 31 jan. 2017.

BRASIL. Supremo Tribunal Federal. *Paraíba contesta no STF limitações impostas pela União para operações de crédito*. Disponível em: <http://www.stf.jus.br/portal/cms/verNoticiaDetalhe.asp?idConteudo=118599&caixaBusca=N>. Acesso em: 31 jan. 2017.

BRASIL. Supremo Tribunal Federal. *Processo: ADI/4048*. Disponível em: <http://redir.stf.jus.br/estfvisualizadorpub/jsp/consultarprocessoeletronico/ConsultarProcessoEletronico.jsf?seqobjetoincidente=2602344>. Acesso em: 30 jan. 2017.

FALCÃO, Joaquim; HARTMANN, Ivar A.; CHAVES, Vitor P. *III Relatório Supremo em Números*: o Supremo e o tempo. Disponível em: <http://bibliotecadigital.fgv.br/dspace/bitstream/handle/10438/12055/III%20Relat%c3%b3rio%20Supremo%20em%20N%c3%bameros%20-%20O%20Supremo%20e%20o%20Tempo.pdf?sequence=5&isAllowed=y>. Acesso em: 25 jan. 2017.

MATO GROSSO. Tribunal de Contas de Mato Grosso. *Diário Oficial de Contas 1028*. Disponível em: <http://www.tce.mt.gov.br/diario/preview/numero_diario_oficial/1028>. Acesso em: 01 fev. 2017.

MATO GROSSO. Tribunal de Contas de Mato Grosso. *Diário Oficial de Contas 1033*. Disponível em: <http://www.tce.mt.gov.br/diario/preview/numero_diario_oficial/1033>. Acesso em: 03 fev. 2017.

MELO, Marcelo; PEREIRA, Carlos; SOUZA, Saulo. *Creative accounting and the quality of audit institutions*: the Achilles' heel of the Fiscal Responsibility Law in Brazil. Disponível em: <https://extranet.sioe.org/uploads/isnie2009/pereira_melo_souza.pdf>. Acesso em 19 jan. 2017.

MELO, Marcus Andre. *Why do some governments resort to 'creative accounting' but not others?* Fiscal governance in the Brazilian federation. Disponível em: <https://www.researchgate.net/publication/270350985_Why_do_some_governments_resort_to_'creative_accounting'_but_not_others_Fiscal_governance_in_the_Brazilian_federation>. Acesso em: 19 jan. 2017.

MELO, Marcus André; PEREIRA, Carlos; FIGUEIREDO, Carlos Mauricio. *Political and institutional checks on corruption*: explaining the performance of brazilian audit institutions. Disponível em: <http://cepesp.fgv.br/sites/cepesp.fgv.br/files/Melo%20Pereira%20Figueiredo%20CPS%202009.pdf>. Acesso em: 19 jan. 2017.

MINAS GERAIS. Ministério Público de Contas do Estado de Minas Gerais. *Apreciação das Contas do Governador exercício de 2015*. Disponível em: <http://www.mpc.mg.gov.br/apreciacao-das-contas-do-governador-exercicio-de-2015/>. Acesso em: 19 jan. 2017.

PERNAMBUCO. Tribunal de Contas do Estado de Pernambuco. *Lei de Responsabilidade Fiscal*: orientações gerais. Disponível em: <http://tce.pe.gov.br/internet/docs/publicacoes/cartilha_de_orientao_sobre_a_lei_de_responsabilidade_fiscal.pdf>. Acesso em: 03 fev. 2017.

RANKING de universidades. *Folha de São Paulo*. Disponível em: <ruf.folha.uol.com.br>. Acesso em 13 mar. 2015.

RIO GRANDE DO SUL. Tribunal de Contas Estado do Rio Grande do Sul. *Relatório e Parecer Prévio Sobre as Contas do Governador do Estado* – Exercício de 2015. Disponível em: <http://www1.tce.rs.gov.br/portal/page/portal/tcers/consultas/contas_estaduais/contas_governador/pp_2015.pdf>. Acesso em: 19 jan. 2017.

RIO GRANDE DO SUL. Tribunal de Contas Estado do Rio Grande do Sul. *Estatísticas anuais das contas de gestão fiscal*. Disponível em: <http://www1.tce.rs.gov.br/portal/page/portal/tcers/consultas/contas_municipais/estatisticas_gestao_fiscal>. Acesso em: 03 fev. 2017.

SÃO PAULO (Estado). Tribunal de Contas do Estado de São Paulo. *Comunicado SDG nº 06/2017*. Disponível em: <https://www4.tce.sp.gov.br/sites/tcesp/files/downloads/comunicado_sdg_06_2017.pdf>. Acesso em: 02 fev. 2017.

SÃO PAULO (Estado). Tribunal de Contas do Estado de São Paulo. *Dez anos da lei de responsabilidade fiscal*. Disponível em: <http://www4.tce.sp.gov.br/sites/tcesp/files/10-anos-de-lrf-2010-05-21_0.pdf>. Acesso em: 03 fev. 2017.

SÃO PAULO (Estado). Tribunal de Contas do Estado de São Paulo. *Índice de efetividade da gestão municipal*. Disponível em: <http://www4.tce.sp.gov.br/sites/tcesp/files/manual-iegm-tcesp_0_0.pdf>. Acesso em: 19 jan. 2017

SÃO PAULO (Estado). Tribunal de Contas do Estado de São Paulo. *Manual básico*: a lei de responsabilidade fiscal. Disponível em: <http://www4.tce.sp.gov.br/sites/tcesp/files/a-lei-responsabilidade-fiscal-dez-2012_0.pdf>. Acesso em: 02 fev. 2017.

Informação bibliográfica deste livro, conforme a NBR 6023:2002 da Associação Brasileira de Normas Técnicas (ABNT):

LIMA, Luiz Henrique. O controle da responsabilidade fiscal e os desafios para os Tribunais de Contas em tempos de crise. In: LIMA, Luiz Henrique; OLIVEIRA, Weder de; CAMARGO, João Batista (Coord.). *Contas governamentais e responsabilidade fiscal*: desafios para o controle externo – estudos de ministros e conselheiros substitutos dos Tribunais de Contas. Belo Horizonte: Fórum, 2017. p. 105-143. ISBN 978-85-450-0246-8.

CAPÍTULO 4

CONTROLE DE SUSTENTABILIDADE FISCAL PELOS TRIBUNAIS DE CONTAS: TUTELA PREVENTIVA DA RESPONSABILIDADE FISCAL E A CONCRETIZAÇÃO DA SOLIDARIEDADE INTERGERACIONAL

DANIELA ZAGO GONÇALVES DA CUNDA

1 Introdução

O presente estudo tem o objetivo de abordar algumas possibilidades de atuação dos Tribunais de Contas e a necessidade de novos paradigmas na fiscalização das políticas públicas que deverão concretizar a *sustentabilidade multidimensional*,[1] com ênfase na *dimensão fiscal*, e a *solidariedade intergeracional*.

Em pesquisa mais ampla sobre o tema,[2] com propostas de ordem conjuntamente prática, foram realizadas abordagens mais detalhadas

---

[1] No sentido terminológico desenvolvido a seguir.
[2] CUNDA, Daniela Zago G. da Cunda. *Controle de Sustentabilidade pelos Tribunais de Contas.* Tese de doutorado. Porto Alegre, PUCRS, 2016. Conjuntamente, sobre o mesmo tema, obra *no prelo*.

sobre o *controle de sustentabilidade*, mediante a apresentação de levantamento da utilização de instrumentos de controle, pelos Tribunais de Contas do Brasil e por entidades fiscalizadoras superiores, que devem receber destaque na operacionalização da sustentabilidade multidimensional e ensejam aprimoramentos (*v.g.* auditorias operacionais e auditorias coordenadas de sustentabilidade, termo de ajustamento de gestão sustentável, controle de qualidade das audiências públicas, controle ampliado de legalidade, de conformidade constitucional e de sustentabilidade e poder geral de cautela a promover um controle simultâneo de sustentabilidade). Paralelamente, foram demonstradas propostas para um efetivo *controle externo concretizador da sustentabilidade e da solidariedade intergeracional* mediante a necessária ênfase nas licitações e contratações sustentáveis.

O *controle de sustentabilidade* a ser desempenhado pelos Tribunais de Contas proposto encontra-se próximo à noção de equidade (ou solidariedade) intergeracional defendida por Edith Brown Weiss,[3] assentada em um *princípio de curadoria*. O referido *princípio de curadoria*, de Brown Weiss, no sentido de que as gerações presentes receberam um legado da geração anterior e devem geri-lo racionalmente, de modo a preservar as opções de aproveitamento de recursos das gerações vindouras, embasará a ideia de que *os Tribunais de Contas deverão assumir o papel de instituição com missão de tutelar os interesses antecipados das gerações futuras de maneira que estejam incorporados nas decisões atuais da Administração Pública*, que tende a dar primazia apenas às demandas imediatas.

No presente artigo, será concedido enfoque à dimensão fiscal da sustentabilidade e respectivo controle de sustentabilidade a ser exercido pelas Cortes de Contas. Em um primeiro momento, será providenciada uma rápida abordagem sobre a visualização da sustentabilidade como dever e princípio, seguida de considerações sobre o princípio da solidariedade intergeracional com respectiva contextualização na atuação de Cortes de Contas. Em um segundo momento, será providenciado um detalhamento da dimensão fiscal da sustentabilidade com simultânea apresentação de propostas para um *controle de sustentabilidade fiscal*, que tem como principal marco legal a Lei de Responsabilidade

---

[3] BROWN WEISS, Edith. Our rights and obligations to future generations for the environment. In: What obligations does our generation owe to the next? An approach to global environmental responsibility. *AJIL*, v. 94, p. 198 *et seq.*, 1990. Também da autora: In fairness to future generations: International Law, common patrimony and intergenerational equity, 1989. Tokyo/New York: The United Nations University/Transnational Publishers, 1989.

Fiscal[4] e enseja um controle preventivo e ampliado de legalidade, de conformidade constitucional e de sustentabilidade.

2 Sustentabilidade como dever e princípio

Depreende-se que o princípio da sustentabilidade tem como características a estatura constitucional (arts. 3º; 225; 170, IV, todos da Constituição da República Federativa do Brasil) e ser de eficácia direta e imediata[5] a ensejar controle sistemático (tarefa a ser exercida nos controles externo, interno, social e realizado pelo Poder Judiciário e Ministério Público).

No presente estudo, utiliza-se a terminologia "sustentabilidade" no sentido amplo (sustentabilidade multidimensional)[6] e no sentido estrito (sustentabilidade ecológica), ambos com *status* constitucional. Antes da abordagem central deste estudo – sustentabilidade fiscal – serão tecidas considerações gerais quanto ao princípio e dever constitucional da sustentabilidade.

No princípio da sustentabilidade, passa-se a noção de solidariedade horizontal e vertical referida por Casalta Nabais,[7] ou seja, tanto o Estado como os cidadãos deverão se comprometer com parâmetros essenciais de *equidade inclusiva das várias gerações*.[8]

O princípio em estudo também é considerado por Juarez Freitas como dever, que descende do imperativo constitucional e está endereçado a todas as condutas administrativas para o desenvolvimento sustentável, único capaz de promover, em bloco, os direitos

---

[4] Vide sobre o tema: OLIVEIRA, Weder. *Curso de responsabilidade fiscal*: orçamento, direito e finanças públicas. 2. ed. Belo Horizonte: Fórum, 2015.

[5] Considerações quanto ao direito/dever fundamental à sustentabilidade e demais considerações atinentes à *teoria geral dos direitos fundamentais* são detalhadas nos seguintes estudos: CUNDA, Daniela Zago G. da. *Controle de sustentabilidade pelos tribunais de contas*. Tese (Doutorado) – PUCRS, Porto Alegre, 2016. CUNDA, Daniela Zago Gonçalves da. *O dever fundamental à saúde e o dever fundamental à educação na lupa dos tribunais (para além) de contas*. Porto Alegre: Simplíssimo Livros, 2013. CUNDA, Daniela Zago G. da. *Tutela da efetividade dos direitos e deveres fundamentais pelos Tribunais de Contas*: direito/dever fundamental à boa administração pública (e derivações) e direitos fundamentais à saúde e à educação. Dissertação (Mestrado), PUCRS, Porto Alegre, 2011.

[6] Terminologia proposta pelo seguinte autor: FREITAS, Juarez. *Sustentabilidade*: direito ao futuro. 3. ed. Belo Horizonte: Fórum, 2016.

[7] CASALTA NABAIS, José. Algumas considerações sobre a solidariedade e a cidadania. *Boletim da Faculdade de Direito da Universidade de Coimbra* – BFDUC, Coimbra, p. 145-174, 1999.

[8] Utilizando os termos de Juarez Freitas (In: *O Controle dos Atos Administrativos e os princípios fundamentais*, p. 129).

fundamentais.[9] Por ser um dever, não está na seara da simples faculdade do administrador sujeito apenas a juízo temporário de conveniência e oportunidade, mas deverá estar em consonância com uma diretriz intertemporal de escolha.[10]

O *controle sistemático da sustentabilidade multidimensional* será um dos instrumentos a tutelar a própria qualidade de vida e dos direitos fundamentais para além do ambiente equilibrado, como o direito à saúde, educação e previdência social[11] (que também requerem políticas públicas planejadas em longo prazo). Concomitantemente, em sua essência, a sustentabilidade, como sinônimo da manutenção da integridade dos sistemas ecológicos, deverá ser objeto de controle frequente pelas Cortes de Contas na análise da gestão ambiental (inserida na noção de *good governance*).[12]

Nesse contexto, a fiscalização a ser desempenhada pelos Tribunais de Contas deverá ser abrangente, considerando-se a eficácia negativa do princípio da sustentabilidade, abarcando a própria discricionariedade,[13] denominada por Juarez Freitas de "discricionariedade vinculada".[14]

Não há como se negar a complexidade de implementação do princípio da sustentabilidade, ainda mais no âmbito internacional, em razão da ausência de normas cogentes, ou seja, considerando-se a "insustentável leveza da grande parte dos compromissos" internacionais,

---

[9] FREITAS, Juarez. *O controle dos atos administrativos e os princípios fundamentais*, p. 128.

[10] Nesta mesma linha de entendimento, Ingo Sarlet e Tiago Fensterseifer afirmam que "a partir dos princípios se viabiliza também o próprio controle das ações e omissões dos órgãos estatais e até mesmo de atores privados, pois mesmo os atos designados de discricionários da administração pública são sempre os vinculados aos direitos e princípios fundamentais, sendo cabível, portanto, o controle jurisdicional" (SARLET, Ingo; FENSTERSEIFER, Tiago. *Princípios do Direito Ambiental*, p. 23 *et seq.*).

[11] Sobre a temática e a atuação das Cortes de Contas, vide: LIMA, Luiz Henrique; SARQUIS, Alexandre (Coord.) *Controle externo dos regimes próprios de Previdência Social*: estudos de ministros e conselheiros substitutos dos Tribunais de Contas. Belo Horizonte: Fórum, 2016.

[12] Cumpre lembrar que, na Declaração de Nova Deli, o princípio da *good governance* consta como um dos princípios interligados. Acerca do direito fundamental à boa administração, vide: FREITAS, Juarez. *Direito fundamental à boa administração pública*. 3. ed. São Paulo: Malheiros, 2014. Sobre a visualização sob a ótica de "dever fundamental à boa administração": FALZONE, Guido. *Il Dovere di Buona Amministrazione*. Milano: Dott. A. Giuffrè Editore, 1953; CUNDA, Daniela Zago Gonçalves da. *O dever fundamental à saúde e o dever fundamental à educação na lupa dos tribunais (para além) de Contas*. Porto Alegre: Simplíssimo Livros, 2013.

[13] FREITAS, Juarez. *O controle dos atos administrativos e os princípios fundamentais*, p. 130: "Parafraseando o art. 421 do Código Civil, a liberdade administrativa só poderá ser exercida 'em razão e nos limites' da sustentabilidade".

[14] FREITAS, Juarez. *O controle dos atos administrativos e os princípios fundamentais*, p. 349 *et seq.*

como afirma Carla Amado Gomes.[15] Todavia, além da incorporação em normas de *soft law*, as diretrizes do *princípio da sustentabilidade* acabaram por ser inseridas em várias Cartas Constitucionais, como no Brasil, em que o princípio recebe estatura de dever constitucional e tem sido detalhado em vários diplomas infraconstitucionais, como, por exemplo, a Lei de Responsabilidade Fiscal,[16] que traz diretrizes a tutelar a *sustentabilidade fiscal*.

No que se refere à abrangência dos objetos protegidos no princípio (e *volatilidade do princípio*),[17] a delimitação das dimensões (quando em voga o sentido amplo de sustentabilidade) e o destaque da visualização da sustentabilidade no sentido estrito (com foco no direito/dever ao ambiente) acabam por suavizar a amplitude e esvaziamento do conceito de sustentabilidade.

Na concepção ampla do princípio da sustentabilidade (denominada nesta investigação de *sustentabilidade multidimensional*),[18] o papel de curadoria do Estado e da sociedade é mais abrangente e está interligado a uma amplitude de direitos fundamentais. Em conjunto com as várias dimensões da sustentabilidade (ambiental, social, econômica, ética, político/jurídica), a *dimensão fiscal e financeira* confirma a interligação da sustentabilidade com os direitos fundamentais (com destaque aos direitos sociais),[19] acolhendo-se a ideia de Casalta Nabais de que, ao tratarmos dos direitos fundamentais, é de suma importância abordar sua face oculta, que consiste tratar dos deveres e dos custos que os materializam.[20]

---

[15] AMADO GOMES, Carla. *Risco e modificação do acto autorizativo concretizador de deveres de protecção do ambiente*, p. 27 et seq. (versão *ebook*).

[16] Com a necessária atenção às diretrizes trazidas na Lei Complementar nº 156, de 28.12.2016, que estabelece o Plano de Auxílio aos Estados e ao Distrito Federal e medidas de estímulo ao reequilíbrio fiscal e altera a Lei de Responsabilidade Fiscal.

[17] Carla Amado Gomes, na obra suprarreferida, refere que a "*volatilidade do princípio do desenvolvimento sustentado*, o *relativismo geográfico* da efectividade da protecção do ambiente, aliados a uma posição jurídica intensamente permeável ao conceito metamorfoseante de *qualidade de vida*, põem em causa a seriedade da proclamação de um *direito ao ambiente*" (p. 27 et seq.).

[18] Com amparo na ideia sustentada por Juarez Freitas, em especial na seguinte obra: *Sustentabilidade*: direito ao futuro. 2. ed. Belo Horizonte: Fórum, 2012.

[19] No que diz com os *direitos sociais a prestações*, Ingo Sarlet, ao tratar das especificidades da referida modalidade dos direitos fundamentais, menciona que o seu "custo assume especial relevância no âmbito de sua eficácia e efetivação": SARLET, Ingo Wolfgang. *A eficácia dos direitos fundamentais*. 10. ed. Porto Alegre: Livraria do Advogado, 2009, p. 260 et seq. Na doutrina estrangeira: MIRANDA, Jorge. O regime dos direitos sociais. *Revista de Informação Legislativa*, ano 47, n. 188, out./dez. 2010.

[20] CASALTA NABAIS, José; TAVARES DA SILVA, Suzana. *Sustentabilidade Fiscal em Tempos de Crise*. Coimbra: Almedina, 2011; CASALTA NABAIS, José. Algumas reflexões

Sem maiores delongas, *entende-se por sustentabilidade o dever constitucional e fundamental que objetiva tutelar direitos fundamentais (com destaque ao ambiente ecologicamente equilibrado e aos direitos fundamentais sociais), também princípio instrumento a dar-lhes efetividade, ou seja, princípio que vincula o Estado (e suas instituições) e a sociedade, mediante responsabilidade partilhada, e redesenha as funções estatais, que deverão ser planejadas não apenas para atender demandas de curto prazo, mas também providenciar a tutela das futuras gerações.* Pretende-se com o referido conceito abordar as duas noções de sustentabilidade: sentido amplo (englobando as dimensões ambiental, social, ética, fiscal, econômica e jurídico-política)[21] e o sentido mais específico (denominado por Bosselmann como *sustentabilidade forte*),[22] que, em regra, dá primazia à dimensão ecológica (interligada ao dever fundamental de tutela ao ambiente natural ecologicamente equilibrado).[23]

Tendo em mente as breves considerações quanto ao *dever de sustentabilidade*, segue-se com a análise do princípio da sustentabilidade, com destaque para a sua interligação com o princípio da solidariedade intergeracional.

3 Princípio da solidariedade intergeracional

No presente estudo, adota-se a ideia de solidariedade defendida por Casalta Nabais,[24] ou seja, no sentido de que "solidariedade não é um problema nem exclusivamente do estado, nem exclusivamente

---

críticas sobre os direitos fundamentais. *Revista de Direito Público da Economia – RDPE*, Belo Horizonte, ano 6, n. 22, p. 61-95, abr./jun. 2008; CASALTA NABAIS, José. A face oculta dos direitos fundamentais: os deveres e os custos dos direitos. *Revista da AGU*, Brasília, n. especial, p. 73-92, jun. 2002.

[21] Nos termos propostos por Juarez Freitas (*Sustentabilidade*: direito ao futuro. 3. ed. Belo Horizonte: Fórum, 2016) e Ignacy Sachs (*Caminhos para o desenvolvimento sustentável*. 3. ed. Rio de Janeiro: Garamond, 2008).

[22] BOSSELMANN, Klaus. *O princípio da sustentabilidade*, p. 47 e 27, 28, 36, 42.

[23] Quanto à natureza de direito e também dever, vide: MEDEIROS, Fernanda Fontoura. *Meio ambiente. Direito e dever fundamental.* Porto Alegre: Livraria do Advogado, 2004. Quanto ao "ambiente como bem jurídico", enquanto direito e dever e tutela em sentido objetivo e subjetivo, vide também: SARAIVA, Rute Neto Cabrita e Gil. *A herança de quioto em clima de incerteza*: análise jurídico-económica do mercado de emissões num quadro de desenvolvimento sustentado, p. 195 *et seq.* E ainda: ANTUNES, Tiago. Ambiente: um direito mas também um dever. In: VICENTE, Dário Manuel Lentz de Moura *et al*. *Estudos em memória do Professor Doutor António Marques dos Santos.* v. II. Coimbra: Almedina, 2005.

[24] CASALTA NABAIS, José. Algumas considerações sobre a solidariedade e a cidadania. *Boletim da Faculdade de Direito da Universidade de Coimbra – BFDUC*, Coimbra, p. 145-174, 1999.

da sociedade",[25] mas simultaneamente dos cidadãos e do estado (visualizado como sociedade em sua forma mais organizada). Ademais, ainda com amparo no referido autor, mesmo que com ideia de complementaridade, distingui-se *solidariedade vertical*, solidariedade pelos direitos ou solidariedade paterna, da *solidariedade horizontal*, solidariedade pelos deveres ou solidariedade fraterna,[26] que ressurgiu com maior acolhida quanto às questões ecológicas.

O princípio 3 da *Declaração do Rio sobre Meio Ambiente e Desenvolvimento (1992)* consagra que "o direito ao desenvolvimento deve ser exercido de modo a permitir que sejam atendidas *equitativamente*[27] as necessidades de desenvolvimento das *gerações presentes e futuras*. No *Relatório Nosso Futuro Comum*, elaborado pela Comissão Mundial sobre Meio Ambiente e Desenvolvimento (1987), ficou ainda mais clara a conexão da sustentabilidade com a solidariedade intergeracional ao determinar-se como premissa "atender às necessidades das gerações presentes, mas sem comprometer a possibilidade de as gerações futuras atenderem a suas próprias necessidades". Estabelecer o nexo entre o princípio da solidariedade e a noção de sustentabilidade foi uma das grandes virtudes do Relatório de Brundland.

---

[25] *Idem*, p. 174. Neste estudo, também se demonstra a aproximação entre solidariedade e cidadania sustentada por Casalta Nabais (mesma obra, p. 172 *et seq.*). O autor sintetiza que a solidariedade é "efectivamente um valor que suporta uma nova dimensão da cidadania", no sentido de "cidadania solidária" ou "cidadania responsavelmente solidária".

[26] Para Casalta Nabais (na mesma obra referida nas notas anteriores, p. 150 *et seq.*), os direitos de solidariedade intergeracional ou diacrónica são basicamente deveres. Ainda quanto à solidariedade horizontal, solidariedade dos deveres ou solidariedade fraterna, sustenta que se "chama à colação, de um lado, os deveres fundamentais ou constitucionais que o estado, enquanto seu destinatário directo, não pode deixar de concretizar legislativamente e, de outro lado, os deveres de solidariedade que cabem à comunidade social ou sociedade civil, entendida esta, em contraposição à sociedade estadual ou política".

[27] Há doutrinadores que referem o termo *"equidade" intra e intergeracional*, outros que adotam a terminologia aqui utilizada: *"solidariedade" intra e intergeracional*. Da leitura da obra de John Rawls, depreende-se a ideia de *justiça entre gerações* no "princípio da poupança justa", mediante a lógica de existência de deveres e obrigações entre gerações (RAWLS, John. *Uma teoria da justiça*. 2. ed. São Paulo: Martins Fontes, 2002. p. 320 *et seq.*). Ricardo Lobo Torres refere que a solidariedade se aproxima da *justiça* por criar o vínculo de apoio mútuo entre os que participam dos grupos de beneficiários da redistribuição de bens sociais (TORRES, Ricardo Lobo. *Tratado de Direito Constitucional, Financeiro e Tributário*: valores e princípios constitucionais tributários. Rio de Janeiro/São Paulo/Recife: [S. n.], 2005. v. II, p. 183 *et seq.*). Vide também quanto ao aspecto global de justiça: SOUZA, Draiton Gonzaga; OLIVEIRA JR., Nythamar Fernandes de (Org.). *Justiça global e democracia*: homenagem a John Rawls. v. 1. Porto Alegre: Edipucrs, 2010.

O *princípio da solidariedade*[28] encontra-se previsto na Constituição da República Federativa do Brasil tanto no Preâmbulo (ao referir *sociedade fraterna*) como no art. 3º, que estabelece como objetivo central do Estado e da sociedade brasileira a "construção de uma sociedade livre, justa e solidária". Também o art. 225, *caput*, demonstra a lógica de responsabilidade e encargos ambientais compartilhados entre o Estado e a sociedade ao estabelecer como "dever" de proteger o ambiente para as presentes e futuras gerações. Há, portanto, um inegável *dever de solidariedade*. Sobre o assunto, Ingo Sarlet e Tiago Fensterseifer afirmam que "a ideia de *dever fundamental* é um dos aspectos normativos mais importantes trazidos pela 'nova dogmática' dos direitos fundamentais, vinculando-se diretamente com o princípio da solidariedade".[29]

Especificamente quanto à *solidariedade intergeracional*, José Joaquim Gomes Canotilho entende que consiste em "obrigar as gerações presentes a incluir como medida de ação e de ponderação os interesses das futuras gerações".[30] François Ost, por sua vez, ressalta o reconhecimento de dever das gerações presentes de assegurar a existência das gerações futuras, na lógica da vulnerabilidade das futuras gerações e respectiva necessidade de proteção jurídica.[31] Alexandre Kiss e Dinah Shelton associam ao *princípio da equidade intergeracional* a situação de as gerações presentes terem recebido uma "herança de seus antepassados em relação à qual elas têm direitos de uso, mas que são limitados pelos interesses e necessidades das gerações futuras".[32]

---

[28] Sobre solidariedade sob a ótica do direito administrativo (parte I, item 1, da obra a seguir referida), positivação da solidariedade no âmbito do direito público (parte II) e solidariedade como princípio (parte II, item 3), vide o seguinte autor espanhol: REAL FERRER, Gabriel. La solidaridad en derecho administrativo. *Revista de administración pública* (RAP), n. 161, mayo/ago. 2003. Disponível em: <https://dialnet.unirioja.es/descarga/.../721284.pdf>. Acesso em: jan. 2016.

[29] SARLET, Ingo; FENSTERSEIFER, Tiago. *Princípios do direito ambiental*, p. 71. Também dos autores, tratando mais especificamente a temática: SARLET, Ingo Wolfgang; FENSTERSEIFER, Tiago. *Direito Constitucional Ambiental*. São Paulo: Editora Revista dos Tribunais, 2011, p. 221 e ss. Vide também: MEDEIROS, Fernanda Fontoura. *Meio Ambiente. Direito e dever fundamental*. Porto Alegre: Livraria do Advogado, 2004.

[30] GOMES CANOTILHO, José Joaquim. Direito Constitucional ambiental português e da União Europeia. In: CANOTILHO, José J. Gomes; MORATO LEITE, José Rubens. *Direito Constitucional Ambiental Brasileiro*. São Paulo: Saraiva, 2007, p. 8.

[31] OST, François. *A natureza à margem da lei (a ecologia à prova do direito)*. Lisboa: Instituto Piaget, 1995. p. 317-318.

[32] KISS, Alexandre; SHELTON, Dinah. *Guide to international environmental Law*. Leiden/Boston: Martinus Hijhoff Publishers, 2007, p. 106 *et seq*. Também de um dos autores, abordando a temática: KISS, Alexandre. L'irréversibilité et le droit des générations futures. *Revue juridique de l'environnement*. Limonges, n. spéc., p. 49-57, 1998.

Carla Amado Gomes entende tratar-se de um "antropocentrismo alargado" de maneira a possibilitar o seu aproveitamento pelas gerações futuras. Ao comentar a alínea *d*, nº 2, do art. 66 da Constituição portuguesa, refere que o "caráter transgeracional dos bens ambientais gera deveres para com as gerações vindouras, obrigando a um cuidado acrescido na gestão dos mesmos".[33] De maneira a contornar o referido "antropocentrismo", também é necessária a adoção da ideia de Ulrich Beck, no sentido de que devemos conceber uma *solidariedade entre todas as coisas vivas*,[34] ou seja, uma espécie de *solidariedade entre espécies naturais*.

Edith Brown Weiss, ao delimitar a ideia de solidariedade entre gerações, sistematiza-a em três tópicos: "Conservação das opções das gerações vindouras, conservação da qualidade dos recursos naturais e conservação do acesso a estes".[35] A necessidade de *conservação das opções* atinentes ao ambiente e a outros direitos fundamentais para *gerações vindouras* e a *conservação do acesso* (ampliada para um acesso com qualidade) a esses direitos é concebível e necessária, conforme procurou ser explicado no transcorrer deste estudo.

Como já afirmado, o *controle de sustentabilidade* a ser desempenhado pelos Tribunais de Contas, aqui proposto, encontra-se próximo à noção de equidade (ou solidariedade) intergeracional defendida por Edith Brown Weiss,[36] assentada em um *princípio de curadoria*. O referido *princípio de curadoria*, de Brown Weiss, no sentido de que as gerações presentes receberam um legado da geração anterior e devem geri-lo racionalmente, de modo a preservar as opções de aproveitamento de recursos das gerações vindouras, *embasa a ideia de que os Tribunais de Contas deverão assumir o papel de instituição com missão de tutelar os interesses antecipados das gerações futuras de maneira que estejam incorporados nas decisões atuais da Administração Pública*, que tendem a dar primazia apenas às demandas imediatas.

---

[33] AMADO GOMES, Carla. *A prevenção à prova no direito do ambiente*, p. 42. Vide, também, estudo mais recente: GOMES, Carla Amado. Responsabilidade intergeracional e direito ao (ou dever de?) não uso dos recursos naturais. Lisboa. *Revista do Ministério Público*, n. 145, jan./mar. 2016.

[34] BECK, Ulrich. *Políticas Ecológicas em la sociedad del Riesgo*: hacia uma nueva modernidad. Tradução Jorge Navarro, Daniel Jiménez e Maria Rosa Borras. Barcelona: Paidós, 2001, p. 81 *et seq*.

[35] AMADO GOMES, Carla. *Risco e modificação do acto autorizativo concretizador de deveres de protecção do ambiente*, p. 156-157.

[36] BROWN WEISS, Edith. Our rights and obligations to future generations for the environment. In: What obligations does our generation owe to the next? An approach to global environmental responsibility. *AJIL*, v. 94, p. 198 *et seq*, 1990. Também da autora: In fairness to future generations: *International Law, common patrimony and intergenerational equity*. Tokyo/New York: The United Nations University/Transnational Publishers, 1989.

Nas propostas constantes nos estudos paralelamente desenvolvidos, sustenta-se a ideia de que o *controle externo* deverá ser *curador da solidariedade intergeracional* e *concretizador da sustentabilidade* mediante a atuação com enfoque nas dimensões ambientais e ecológicas, financeira ou fiscal, também dimensões social, econômica, político/jurídica e dimensão ética. No tópico que se segue, será detalhada a dimensão fiscal da sustentabilidade.

4 Dimensão fiscal e controle de sustentabilidade fiscal

Entende-se por dimensão fiscal da sustentabilidade a que tem como enfoque central o orçamento público (materializado pelas leis orçamentárias), o equilíbrio e a transparência da atividade financeira do Estado e que tem, conjuntamente, por objeto o financiamento de direitos/deveres fundamentais das presentes e futuras gerações.

Por consequência, o controle de sustentabilidade fiscal deverá ter por principais objetos o controle das leis orçamentárias, das diretrizes estabelecidas na Lei de Responsabilidade Fiscal, o controle da qualidade dos gastos,[37] da efetividade dos direitos fundamentais financiados (em especial a gestão ambiental)[38] e controle preventivo a obstaculizar "pedaladas fiscais",[39] dívida pública e corrupção (grandes fatores de insustentabilidade fiscal).[40]

Diante do conceito adotado e do respectivo *controle de sustentabilidade* proposto a ser providenciado pelos Tribunais de Contas, constata-se que a *dimensão fiscal* integra o dever fundamental

---

[37] Estudo sobre a necessidade de controle da qualidade dos gastos públicos, entre outros da autora indicados nas referências bibliográficas: PINTO, Élida Graziane. Controle judicial do ciclo orçamentário: um desafio em aberto. *Interesse Público – IP*, Belo Horizonte, ano 17, n. 90, p. 199-226, mar./abr. 2015. Em síntese, refere a autora: "Gasto público de qualidade, sob esse prisma de análise, significa gasto bem planejado, cuja execução se revele aderente às estimativas de custo e resultado, sem prejuízo da obediência aos demais filtros de conformidade com o ordenamento".

[38] Como, por exemplo, a averiguação do controle dos fundos destinados ao meio ambiente, como o estabelecido na Lei nº 7.797/89, que cria o Fundo Nacional do Meio Ambiente, alterada pela Lei nº 13.156/2015.

[39] Questão abordada no Acórdão nº 2.461/2015 do Plenário do Tribunal de Contas da União, Relator Ministro Augusto Nardes (Processo nº 005.335/2015-9, Contas de Governo da República, exercício de 2014). Disponível em: <https://contas.tcu.gov.br/juris/SvlHighLight>. Acesso em: 20 out. 2015

[40] Em estudo mais amplo sobre o tema, foram abordados alguns instrumentos a serem utilizados também no *controle de sustentabilidade fiscal*, com destaque às audiências públicas (também a efetivar o controle social propiciado pela transparência determinada na Lei de Responsabilidade Fiscal), no controle de constitucionalidade das leis orçamentárias (negativa de executoriedade) e no poder geral de cautela.

(ou princípio) da sustentabilidade e está interligada aos princípios da participação pública (*v.g.* orçamento participativo, controle dos gastos, audiências públicas), da transparência, prevenção, boa administração pública, da cooperação (nacional, entre os entes federativos)[41] e da solidariedade (intra e intergeracional).

A *vertente fiscal* encontra-se interligada à *vertente econômica* da sustentabilidade, considerando que, se o funcionamento da economia de mercado não proporcionar excedentes tributários adequados à correspondente dimensão do Estado, este se tornaria insustentável. Também encontra forte conexão com a *dimensão ecológica/ambiental*, uma vez que tanto as receitas públicas como as despesas públicas constituem vias importantes de realização de um elevado nível de tutela ambiental (*v.g.* a sustentabilidade ecológica por via fiscal e os benefícios fiscais ambientais).[42]

Não restam dúvidas de que a dimensão fiscal ou financeira da sustentabilidade não pode ser relegada e que se encontra interligada para além das vertentes econômica, social e ambiental. Também detém íntima conexão com a *dimensão jurídico-política* e com a *dimensão ética*.[43]

Entende-se que, na visualização da *sustentabilidade multidimensional*, a sustentabilidade fiscal tem sido uma "vertente oculta" ou "dimensão lunar", assim como os deveres fundamentais costumam ser a face oculta dos direitos fundamentais ou o seu "lado lunar", nos dizeres de Carla Amado Gomes.[44] A autora também refere que a recente crise financeira "deu novo fôlego ao conceito de sustentabilidade, destacando-o da vacuidade em que caíra como *princípio* de direito do ambiente e tentando encontrar na lógica da solidariedade intergeracional um motor de operatividade jurídica".[45]

---

[41] MARTINS, Guilherme Waldemar d'Oliveira; PINTO, Ana Calado. O conceito de endividamento líquido no novo regime financeiro das autarquias locais e das entidades intermunicipais: estudo prévio de impacto potencial. *Revista de finanças públicas e direito fiscal*, Coimbra, ano 5, n. 4, p. 213-227, 2012.

[42] Nesse sentido: NABAIS, José Casalta. *Sustentabilidade fiscal em tempos de crise*. Coimbra: Almedina, 2011, p. 25. Sobre sustentabilidade ecológica por via fiscal, p. 44; e, a respeito dos benefícios fiscais ambientais, p. 49.

[43] Dimensões detalhadamente abordadas em outro estudo mais aprofundado, anteriormente referido: CUNDA, Daniela Zago G. da Cunda. *Controle de Sustentabilidade pelos Tribunais de Contas*. Tese (Doutorado) – PUCRS, Porto Alegre, 2016. Conjuntamente, sobre o mesmo tema, obra *no prelo*.

[44] AMADO GOMES, Carla. *Introdução ao Direito do Ambiente*, p. 47 *et seq.*

[45] AMADO GOMES, Carla. *Introdução ao Direito do Ambiente*, p. 84.

Os direitos fundamentais têm relação direta com as finanças públicas,[46] uma vez que dependem, para a sua integridade e defesa, do equilíbrio da atividade financeira do Estado, ao mesmo tempo em que lhe fornecem o fundamento da legalidade e da legitimidade. Desse modo, "as finanças públicas, em todas as suas dimensões – tributária, patrimonial, monetária, orçamentária, promocional, etc. –, encontram-se em permanente e íntimo contato com os direitos fundamentais",[47] a incluir o direito/dever ao ambiente ecologicamente equilibrado.

Registre-se que a concretização de direitos fundamentais demanda a realização de despesas públicas e, consequentemente, exige a arrecadação de recursos (receita pública). Por tal motivo, é importante a observância pelos Tribunais de Contas e pela própria sociedade (desde que respeitado o princípio da transparência) das Leis Orçamentárias Anuais (LOA) elaboradas pelos entes públicos, que são veículos normativos que fixam a despesa e estimam a receita para um determinado exercício. As referidas Leis Orçamentárias deverão estar em consonância com a Lei de Diretrizes Orçamentárias (LDO) e com o Plano Plurianual, que traçam diretrizes, objetivos, metas e programas dos entes públicos para um determinado exercício, de maneira que deverão incluir políticas públicas atinentes à tutela dos direitos fundamentais (*v.g.* ambiente).[48] Inquestionável, portanto, a *vinculação dos referidos diplomas legais orçamentários com a implementação dos direitos/deveres fundamentais,*

---

[46] Sobre o assunto, vide também: CARRILLO, Marc. Constitución y Control de lãs Finanzas Públicas. *Revista Española de Derecho Constitucional*, Madrid, ano 34, n. 101, p. 13-42, mayo/ago. 2014.

[47] TORRES, Ricardo Lobo. *Os direitos fundamentais e o Tribunal de Contas*. Do mesmo autor, para aprimorar os estudos sobre direitos fundamentais e orçamento e reserva orçamentária: TORRES, Ricardo Lobo. O mínimo existencial, os direitos sociais e os desafios de natureza orçamentária. In: SARLET, Ingo Wolfgang; TIMM, Luciano Benetti. *Direitos fundamentais*: orçamento e reserva do possível. Porto Alegre: Livraria do Advogado, 2008, p. 69-86.

[48] Sobre o controle do ciclo orçamentário tanto pelo Judiciário como pelos Tribunais de Contas: PINTO, Élida Graziane. Controle judicial do ciclo orçamentário: um desafio em aberto. *Interesse Público – IP*, Belo Horizonte, ano 17, n. 90, p. 199-226, mar./abr. 2015; PINTO, Élida Graziane. Controle das políticas governamentais e qualidade dos gastos públicos: a centralidade do ciclo orçamentário. *Revista do Tribunal de Contas de Minas Gerais*, TCEMG, v. 33, n. 1. jan./mar. 2015, p. 8-12. Também da autora, sobre orçamento público e financiamento de direitos fundamentais: PINTO, Élida Graziane. *Financiamento dos direitos à saúde e à educação uma perspectiva constitucional*. Belo Horizonte: Fórum, 2014; PINTO, Élida Graziane. Eficácia dos direitos sociais por meio do controle judicial da legalidade orçamentária e da sua adequada execução. *Revista Fórum de Direito Financeiro e Econômico – RFDFE*, Belo Horizonte, ano 3, n. 5, mar./ago. 2014; PINTO, Élida Graziane; CONTI, José Maurício. *Lei dos orçamentos públicos completa 50 anos de vigência*. Disponível em: <http://www.conjur.com.br/2014-mar-17/lei-orcamentos-publicos-completa-50-anos-vigencia>. Acesso em: 23 set. 2015.

que dependem de ações governamentais, que devem estar inseridas em programas de governo e, consequentemente, prestigiadas com recursos suficientes para que sejam alcançados os objetivos traçados.[49] Em muitas situações, uma análise prévia (o que corrobora a importância do controle externo preventivo) das leis orçamentárias (genericamente denominadas) já demonstra imperfeições (e futuras omissões) quanto à efetiva aplicação dos recursos públicos a satisfazerem direitos/deveres fundamentais.[50] *É importante, portanto, a intensificação de atuação das Cortes de Contas quanto à análise preventiva das leis orçamentárias.*[51]

Demonstrada a conexão da *dimensão fiscal da sustentabilidade* com os *direitos/deveres fundamentais (a incluir o ambiente equilibrado)*, cumpre realizar mais um ajuste terminológico. Adota-se no presente estudo a expressão "dimensão fiscal", em consonância com as referências constantes em seu principal marco legal (Lei Complementar nº 101/2000 – Lei de Responsabilidade Fiscal) e também pela conotação mais abrangente que transmite.[52]

Pelas afirmações anteriormente apresentadas, depreende-se que a dimensão fiscal[53] tem forte ligação com a atuação dos Tribunais de

---

[49] Corroboram tais assertivas as considerações de João Augusto dos Anjos Bandeira de Mello: MELLO, João Augusto dos Anjos Bandeira de. Controle externo, lei orçamentária anual e a concretização dos direitos fundamentais. *Revista TCE SE*, Aracajú, n. 42, p. 26-27, fev./mar. 2009.

[50] Considerações nesse sentido constam no seguinte estudo: CUNDA, Daniela Zago Gonçalves da. *O dever fundamental à saúde e o dever fundamental à educação na lupa dos tribunais (para além) de Contas*.

[51] Também nesse sentido, ressaltando a sustentabilidade e o planejamento, valores expressos na Constituição da República: PEREIRA JÚNIOR, Jessé Torres. Sustentabilidade e planejamento: valores constitucionais reitores das contratações administrativas no Estado Democrático de Direito. *Interesse Público*, n. 91, ano 17, p. 27-51, maio/jun. 2015.

[52] NABAIS, José Casalta. *Sustentabilidade fiscal em tempos de crise*, p. 24. O autor, na p. 26, esclarece questões conceituais nos seguintes termos: "Falamos propositadamente em sustentabilidade fiscal e não em sustentabilidade financeira e fiscal, como seria mais rigoroso, porque entendemos que a sustentabilidade financeira do Estado não passa, na prática, da sua sustentabilidade fiscal".

[53] Quanto ao tema, destacam-se as seguintes obras como referencial teórico: NABAIS, José Casalta; TAVARES DA SILVA, Suzana. *Sustentabilidade fiscal em tempos de crise*. Coimbra: Almedina, 2011; TAVARES, José F. F. *Alguns aspectos estruturais das finanças públicas na actualidade*. [Separata] Coimbra: Almedina, 2008, item 6 – Sustentabilidade das finanças públicas e equidade intergeracional. AMADO GOMES, Carla *et al.* (Coord.). *A crise e o Direito Público*: VI Encontro dos Professores Portugueses de Direito Público (janeiro/2012). Edição: Instituto de Ciências Jurídico-Políticas. FDUL, 2013.

Contas,[54] em especial pela fiscalização que exercem quanto ao cumprimento da Lei de Responsabilidade Fiscal.[55]

Acrescente-se, ainda, a *importância do papel dos Tribunais de Contas no exercício do controle das despesas públicas*, de maneira a tutelar o cumprimento do *direito/dever fundamental da boa administração fiscal*,[56] tendo-se em mente a "regra de ouro das finanças públicas", segundo a qual o valor do déficit orçamental não deve ser superior ao valor das despesas de investimento aptas a gerar no futuro receitas fiscais suficientes para fazer frente aos empréstimos contraídos.[57]

O orçamento do Estado, que consiste na política financeira em números, deverá espelhar as prioridades da gestão pública quanto aos direitos fundamentais sociais e deverá incluir o financiamento referente à gestão ambiental. Conjuntamente, deverá haver transparência quanto aos recursos destinados a cobrir dívidas públicas e quais outras medidas do Estado (além do mero corte de investimentos destinados aos direitos sociais) na busca da *reversão da insustentabilidade fiscal*.[58] Nessa linha, será necessário ter cautela na aplicação e fiscalização da Emenda Constitucional nº 95, de 15.12.2016, que institui o novo regime fiscal no âmbito dos orçamentos fiscal e da seguridade social da União, que vigorará por vinte exercícios financeiros, nos termos dos arts. 107 a 114 do Ato das Disposições Constitucionais Transitórias.

Quanto ao aspecto fiscal, a *solidariedade intergeracional* fica evidente em situações em que a atual geração tem de assumir *dívidas públicas* atinentes a gerações anteriores e/ou ao assumir sacrifícios (*v.g.* reduções na satisfação de direitos sociais)[59] como forma de não agravar as finanças para gerações futuras.

---

[54] FRACCHIA, Fabrizio. Corte dei conti e tutela della finanza pubblica: problemi e prospettive. *Diritto processuale amministrativo*, Padova, ano 26, n. 3, p. 669-687, set. 2008.

[55] Sobre o assunto: BERTOLO, Rozangela Motiska. *Das funções sociais dos institutos jurídicos às funções sociais da cidade.* Tese (Doutorado), URFRGS, Porto Alegre, 2006 com destaque p. 147 *et seq.* (sustentabilidade financeira e fiscal, Lei de Responsabilidade Fiscal e Estatuto da Cidade, instrumentos tributários e financeiros).

[56] Estudo mais específico sobre o tema: CUNDA, Daniela Zago Gonçalves da. *O dever fundamental à saúde e o dever fundamental à educação na lupa dos tribunais (para além) de Contas*.

[57] NABAIS, José Casalta. *Sustentabilidade fiscal em tempos de crise*, p. 30.

[58] Há que se ter cautela na reversão da insustentabilidade fiscal. Nesse sentido: SILVA, Suzana Tavares da. A "Linha Maginot" à sustentabilidade financeira: perigo, risco, responsabilidade e compensação de sacrifícios: uma revisão da dogmática a pretexto da gestão do litoral. CEDOUA. *Revista do Centro de Estudos de Direitos do Ordenamento, Urbanismo e Ambiente*, Coimbra, ano 12, n. 23, 2009, p. 29-50.

[59] Relacionado ao tema, vide: CALIENDO, Paulo. *Interpretação tributária: in dubio contra sacrificium*. Nomos (Fortaleza), v. 33, p. 205-238.

No Brasil, não há previsão constitucional específica para situações de crise econômico-financeira; todavia, a *Lei de Responsabilidade Fiscal dispõe de inúmeras ferramentas preventivas a tutelar a sustentabilidade fiscal*.[60]

Um dos princípios básicos da gestão fiscal é a *prevenção de déficit fiscal* (que objetiva estabelecer o equilíbrio dentre os anseios sociais e os gastos desembolsados) e o *princípio da transparência da gestão fiscal*, que tem por finalidade viabilizar o controle social das finanças públicas.

A *dimensão fiscal da sustentabilidade* encontra-se também prevista nos artigos 163 e seguintes da CRFB, ao tratar das finanças públicas e leis orçamentárias (arts. 165/169). No que tange ao viés "tributação", interligado às receitas públicas, traz a Carta Constitucional diretrizes atinentes ao Sistema Tributário Nacional (art. 145/162). Já o controle da sustentabilidade a ser realizado pelos Tribunais de Contas tem como suporte constitucional os artigos 70 e seguintes da CRFB.

Não é o propósito do presente artigo analisar de maneira detalhada os dispositivos legais da Lei de Responsabilidade Fiscal.[61] Entretanto, é importante ressaltar, exemplificativamente, alguns tópicos a serem fiscalizados no *controle de sustentabilidade fiscal*.[62] O art. 14 da Lei Complementar nº 101/00 traz regras quanto às renúncias de receita; os artigos 18 e seguintes abordam a questão das despesas com pessoal; o art. 27 determina requisitos para a concessão de crédito; o art. 28 trata de limitações quanto à utilização de recursos públicos para socorrer instituições do Sistema Financeiro Nacional; os artigos 29 e seguintes tratam da *dívida pública*[63] (que terá limites de endividamento para Estados e Municípios a partir de 2016),[64] operações de créditos, limites e proibições, a atuação das instituições financeiras e do Banco Central; no art. 48 (com os acréscimos inseridos no art. 48-A e prazos estabelecidos

---

[60] Vide também: Lei Complementar nº 156, de 28.12.2016, que estabelece o Plano de Auxílio aos Estados e ao Distrito Federal e medidas de estímulo ao reequilíbrio fiscal e altera a Lei de Responsabilidade Fiscal.

[61] Sobre abordagens específicas sobre a Lei de Responsabilidade Fiscal, vide: PINTO, Élida Graziane. Quinze anos de Lei de Responsabilidade Fiscal. *Revista Negócios Públicos*, Curitiba, p. 39 *et seq.*, jul. 2015.

[62] Vide também a Lei Complementar nº 156, de 28.12.2016, que estabelece o Plano de Auxílio aos Estados e ao Distrito Federal e medidas de estímulo ao reequilíbrio fiscal e altera a Lei de Responsabilidade Fiscal.

[63] CASALTA NABAIS, José. Será a imposição de limites ao défice orçamental e à dívida pública compatível com o estado social? *Direito & Política*, n. 3, p. 108-109, abr./jun. 2013.

[64] KANAYAMA, Rodrigo Luis. Lei de Responsabilidade Fiscal. *Revista Negócios Públicos*, Curitiba, p. 44 *et seq.*, jul. 2015. O autor também aborda os limites de endividamento para Estados e Municípios a partir de 2016.

no art. 73-B), há importantes diretrizes a tutelar a *transparência da gestão fiscal* mediante ampla divulgação dos planos orçamentário-financeiros, *participação popular e audiências públicas*; nos artigos 62 e seguintes são estabelecidas normas destinadas ao orçamento dos Municípios. No art. 69, a Lei de Responsabilidade Fiscal traz diretrizes quanto à crise da previdência social e o necessário *equilíbrio financeiro e atuarial*.[65]

Registre-se, mais uma vez, que os Tribunais de Contas detêm papel decisivo no controle das implementações dos dispositivos legais da Lei de Responsabilidade Fiscal referidos, com a necessária e oportuna participação paralela do controle social. Conjuntamente, para um *controle de sustentabilidade fiscal* mais abrangente, deverá ser dada atenção especial à *análise preventiva das leis orçamentárias* dos entes federativos que fiscaliza, assim como também deverão ser *ampliadas as medidas de controle preventivo de grandes fatores de insustentabilidade fiscal – as "pedaladas fiscais", a dívida pública e a corrupção*. O controle externo deverá ser repensado, com medidas efetivas que procurem obstaculizar que os recursos públicos não sigam seu destino correto, ou seja, de financiamento dos direitos/deveres fundamentais (dentre os quais se incluem os que visam tutelar o meio ambiente).

Sob outro enfoque, em ocorrendo *insustentabilidade fiscal* a necessitar medidas de austeridade, há que se refletir quais as possibilidades de atuações das Cortes de Contas ao constatar o descumprimento do financiamento de direitos fundamentais essenciais, inclusive, de maneira a colocar em xeque o princípio da dignidade humana. Conjuntamente, há que se ter cautela quanto à utilização contumaz e imotivada do argumento da "reserva do possível", como um "abre-te sésamo" para o descumprimento de deveres fundamentais previstos na Constituição Federal (*v.g.* dispositivos com determinação de aplicação de percentuais mínimos em saúde e educação).[66] Nesse sentido, demonstra ser prudente a mais ampla fiscalização das diretrizes trazidas pela Emenda Constitucional nº 93, de 08.09.2016, que altera o Ato das Disposições Constitucionais Transitórias visando à desvinculação de receitas da União e estabelecer a desvinculação de receitas dos Estados, Distrito

---

[65] Sobre o tema, vide: LIMA, Luiz Henrique; SARQUIS, Alexandre (Coord.) *Controle externo dos regimes próprios de Previdência Social*: estudos de ministros e conselheiros substitutos dos Tribunais de Contas. Belo Horizonte: Fórum, 2016.

[66] Considerações sobre o assunto: CUNDA, Daniela Zago Gonçalves da. Sustentabilidade fiscal sob a ótica da solidariedade e os direitos sociais em xeque. *RIDB*, ano 2, n. 3, p. 1.911-1.967. Disponível em: <http://www.idb-fdul.com>. Também: CUNDA, Daniela Zago Gonçalves da. *O dever fundamental à saúde e o dever fundamental à educação na lupa dos tribunais (para além) de contas*. Ebook.

Federal e Municípios para que não comprometam a eficácia de direitos fundamentais.[67]

De maneira a abordar a *insustentabilidade fiscal* (*v.g.* questão da crise econômico-financeira), para Casalta Nabais não é minimamente aceitável que, numa situação de emergência econômico-financeira, os custos decorrentes dos riscos que ela envolve sejam imputáveis apenas aos contribuintes, ou seja, os efetivos sujeitos passivos acabem sempre sendo os mesmos – os contribuintes da geração presente e das gerações futuras.[68] Casalta Nabais e Suzana Tavares da Silva apontam a ausência de uma abertura constitucional expressa para este tipo de estado de necessidade, situado entre o excepcional estado de sítio e estado de emergência português e o ordinário ou corrente estado de necessidade administrativo.

A *vertente fiscal da sustentabilidade* é a que apresenta maior problemática em tempos de insuficiência econômico-financeira. A situação se agrava quando a carga fiscal já se encontra próxima ao insuportável, como no Brasil e em Portugal.[69]

Diante da insustentabilidade do Estado fiscal, algumas medidas demonstram ser emergentes: i) redução significativa das despesas públicas de modo a restabelecer um equilíbrio adequado às forças de economia de mercado para gerar resultados tributáveis;[70] e ii) aumentar o controle das finanças públicas, *inibindo a corrupção*[71] e tutelando o *direito/dever à boa administração fiscal*, com possibilidade de investimento (eficiente e eficaz) na satisfação de direitos sociais.[72]

---

[67] Não podem ser esquecidas as exceções trazidas nos parágrafos únicos dos artigos 76-A e 76-B do ADCT, com as alterações trazidas pela Emenda Constitucional nº 93/2016, não obstante os limites de gastos públicos estipulados na Emenda Constitucional nº 95/2016.

[68] NABAIS, José Casalta. *Sustentabilidade fiscal em tempos de crise*, p. 34.

[69] *Ibidem*, p. 55.

[70] NABAIS, José Casalta. *Sustentabilidade fiscal em tempos de crise*, p. 55-56.

[71] Sobre o tema: SANTOLIM, Cesar. Corrupção: O papel dos controles externos – transparência e controle social. Uma análise de Direito e Economia. *Cadernos de Pós-Graduação em Direito/UFRGS*, v. VII, n. 1, 2012. SANTOLIM, Cesar. A lei anticorrupção e os tribunais de contas. In: SARQUIS, Alexandre Figueiredo *et al*. *Tribunais de contas*: temas polêmicos na visão de ministros e conselheiros substitutos. Belo Horizonte: Fórum, 2014, p. 217-223.

Interessante sistemática adotada em Portugal é a recomendação do Conselho de Prevenção da Corrupção nº 07/01/2015, como diretriz quanto à *prevenção de riscos de corrupção* na contratação pública. Disponível em: <http://www.cpc.tcontas.pt/documentos/recomendacoes/recomendacao_cpc_20150107.pdf>. Acesso em: 14 jan. 2015.

[72] CASALTA NABAIS, José. Será a imposição de limites ao défice orçamental e à dívida pública compatível com o estado social? *Direito & Política*, Loures, n. 3, p. 108-109, abr./jun. 2013.

Quanto à conexão da *dimensão* fiscal com o *princípio (ou dever fundamental) à boa administração*, cada vez mais assume relevância a necessidade de o controle público focalizar-se na correlação entre "boa política" e "boa finança", conforme já referido em estudos anteriores.[73]

J. J. Gomes Canotilho[74] propõe uma revisão urgente da jurisdição financeira no quadro de uma Teoria do Estado e da Constituição e a incontornável tarefa de dar centralidade a *várias dimensões constitutivas do princípio republicano*.[75] Nas referidas dimensões constitutivas do princípio republicano, o autor aborda a conexão dos *princípios da responsabilidade financeira*, da *transparência* na utilização e gestão dos valores públicos, *princípio do controle da boa administração* no âmbito do erário público e *princípio da justiça intergeracional* na partilha dos recursos públicos.

Na mesma linha, em síntese, pretende-se demonstrar a importância de se conceder todas as ferramentas necessárias a uma eficiente arrecadação tributária. Contudo, o *direito/dever fundamental* à *boa administração tributária* não estaria plenamente tutelado sem uma eficiente fiscalização (prévia e concomitante) da destinação dos recursos arrecadados, mediante a efetivação do *direito/dever fundamental à boa finança* (uma das derivações do direito/dever fundamental à boa administração pública). O conjunto de ambas as concepções (boa tributação e boa finança) também pode ser denominado de *direito/dever fundamental à boa gestão fiscal*, nos parâmetros terminológicos trazidos pela Lei de Responsabilidade Fiscal e também por estar afinado ao princípio da transparência.

Na compreensão dúplice proposta, com inspiração nas palavras de Casalta Nabais, além de levar a sério os direitos (a incluir o ambiente ecologicamente equilibrado), tem de se levar a sério os deveres, levar

---

[73] CUNDA, Daniela Zago Gonçalves da. *O dever fundamental à saúde e o dever fundamental à educação na lupa dos tribunais (para além) de Contas*. Porto Alegre: Simplíssimo Livros, 2013.

[74] Em artigo apresentado oralmente na V Assembleia Geral dos Tribunais de Contas da CPLP – Comunidade dos Países de Língua Portuguesa, em Porto, nos dias 08 e 09.05.2008 e publicado em: CANOTILHO, José Joaquim Gomes. *Tribunal de Contas como instância dinamizadora do princípio republicano*.

[75] CANOTILHO, José Joaquim Gomes. *Tribunal de Contas como instância dinamizadora do princípio republicano*. O autor aborda as dimensões constitutivas do princípio republicano nos seguintes termos: (i) o princípio da responsabilidade(s) financeira; (ii) o princípio da transparência na utilização e gestão dos valores públicos; (iii) o princípio do controlo da boa administração no âmbito do erário público; (iv) o princípio da justiça intergeracional na partilha dos recursos públicos; (v) o princípio da unidade da República garantidor de autonomia financeira aos entes territoriais autónomos com respeito da coesão económica e territorial, da solidariedade interterritorial e dos vínculos comunitários europeus.

a sério a arrecadação de tributos[76] e a fiscalização de aplicação dos recursos públicos, ou seja, tutelar o *gerar*, o *gerir* e o *gastar*.

No que tange à conexão da *dimensão fiscal da sustentabilidade e ao princípio da solidariedade intergeracional*, cumpre ser referido que o *planejamento fiscal* deverá ser efetivado com metas de longo prazo. Somente assim se perfectibilizará o princípio da sustentabilidade, de maneira a configurar um equilíbrio, "numa perspectiva intergeracional, olhando tanto para trás como para frente, que trate as gerações passadas, a geração presente e as gerações futuras com um mínimo de equidade e justiça de modo a que a cadeia de gerações (...) não quebre".[77]

A íntima conexão entre o *princípio da sustentabilidade*[78] (vertente fiscal) e o *princípio da solidariedade intergeracional* também fica evidente nas conclusões apresentadas por Casalta Nabais ao afirmar que "os enormes custos que a actual situação de emergência económico-financeira comporta hão-de ser repartidos pela cadeia de gerações – a geração passada, a geração presente e a geração futura – em conformidade com um estrito princípio de solidariedade intergeracional".[79]

Em matéria de sustentabilidade fiscal e tutela dos direitos das gerações futuras, assume destaque a necessária *qualidade da decisão política*[80] e o incentivo à *democracia direta*. Não somente as gerações mais velhas e mais experientes (geralmente com maior representatividade) deverão se manifestar, mas também os mais novos, que tendem a ter maior sensibilidade para as problemáticas das gerações vindouras e a necessidade de implementação de políticas sustentáveis.[81]

---

[76] Sobre o "gerar tributos" de maneira a implementar direitos fundamentais, vide: CALIENDO, Paulo. A Extrafiscalidade como Instrumento de Implementação dos Direitos Fundamentais Sociais no Brasil. *Revista Jurídica do Cesuca*, v. 2, p. 62-86, 2014.

[77] NABAIS, José Casalta. *Sustentabilidade fiscal em tempos de crise*, p. 55.

[78] Vide também: AMARO, António Leitão. O princípio constitucional da sustentabilidade. *Estudos de homenagem ao Professor Doutor Jorge Miranda*. Coimbra, 2012, v. 1, p. 405-432.

[79] NABAIS, José Casalta. *Sustentabilidade fiscal em tempos de crise*. Coimbra: Almedina, 2011, p. 56.

[80] Recomendável a decisão que utilize o *raciocínio reflexivo e racional – sistema reflexivo –*, mais adequado à equidade intergeracional (e não apenas o sistema automático, ou seja, raciocínio intuitivo e automático): SUNSTEIN, Cass R; THALER, Richard H. *Nudge*: O empurrão para a escolha certa: aprimore suas decisões sobre saúde, riqueza e felicidade. Tradução Marcello Lino. Rio de Janeiro: Elsevier, 2009. p. 21 *et seq.*; SADEK, Maria Tereza. O judiciário e arena pública: um olhar a partir da ciência política. In: GRINOVER, Ada Pellegrini; WATANABE, Kazuo (Coord.). *Controle jurisdicional de políticas públicas*. Rio de Janeiro: Forense, 2011, p. 1-32, tabela constante na p. 22.

[81] Sobre considerações a respeito da qualidade da decisão política: PEREIRA DA SILVA, Jorge. Breve ensaio sobre a protecção constitucional das gerações futuras. In: CAUPERS, João; GARCIA, Maria da Glória F. P. D.; ATHAYDE, Augusto de (Org.). *Em homenagem ao Prof. Doutor Diogo Freitas do Amaral*, Coimbra, 2010, p. 459 *et seq*.

Registre-se, ainda, na relação do princípio da equidade intergeracional[82] com a sustentabilidade fiscal, o fato de que, conforme José Tavares, "enfrenta vários riscos de natureza diferenciada, nomeadamente o risco de manipulação das contas públicas, práticas fraudulentas e de criatividade financeira, bem como o risco de violação do *princípio da equidade intergeracional*".[83] Mais adiante, o autor refere que "a solvência, o crescimento económico, a estabilidade e a equidade são dimensões que a sustentabilidade das finanças públicas envolve. Ora, na actualidade, há domínios que exigem atenção especial pelas suas implicações na sustentabilidade das finanças públicas, como são os casos da segurança social, da saúde [...]".[84]

Há, portanto, primordial relevância na visualização explícita da *dimensão fiscal da sustentabilidade* em consonância com as demais vertentes, com destaque a *social*, de maneira a tutelar os direitos sociais, o *direito/dever fundamental ao ambiente equilibrado* e os princípios da equidade intrageracional e intergeracional e o princípio da dignidade da pessoa humana,[85] mesmo diante da escassez de recursos, com a devida cautela quanto *à reserva do possível*.[86] Concomitantemente, não se pode esquecer a relevante atuação dos Tribunais de Contas nesse

---

[82] SEN, Amartya. *A ideia de Justiça*. Coimbra: Almedina, 2010.

[83] TAVARES, José F. F. *Alguns aspectos estruturais das finanças públicas na actualidade*. Coimbra: Almedina, 2008, item 6 – Sustentabilidade das finanças públicas e equidade intergeracional.

[84] Sobre esta problemática: Pareceres do Tribunal de Contas sobre as CGE de 2004 e 2006. Disponível em: <http://www.tcontas.pt>. Acesso em: jul. 2014. Também sobre sustentabilidade fiscal e equidade intergeracional: BROWN WEISS, Edith. *In fairness to future generations*: international law, common patrimony and intergenerational equity. [S. l]: [S. n], 1989, com destaque o Capítulo V, p. 119 a 168 (*Implementation strategies*). A importante abordagem do aspecto financeiro por Edith Brown Weiss foi destacada por: AMADO GOMES, Carla. *Risco e modificação do acto autorizativo concretizador de deveres de protecção do ambiente*. Coimbra: Coimbra Editora, 2007. p. 156. E ainda sobre o tema: GONÇALVES, Pedro *et al*. (Coord.). *A crise e o direito público*: VI Encontro dos Professores Portugueses de Direito Público (janeiro/2012). Edição: Instituto de Ciências Jurídico-Políticas. FDUL, 2013.

[85] Sobre o tema: SARLET, Ingo Wolfgang. *Dimensões da dignidade*: ensaios de filosofia do Direito e Direito Constitucional. Porto Alegre: Livraria do Advogado, 2005.

[86] Quanto às reservas à reserva do possível, vide: CUNDA, Daniela Zago Gonçalves da. *O dever fundamental à saúde e o dever fundamental à educação na lupa dos tribunais (para além) de contas*. Porto Alegre: Simplíssimo Livros, 2013 (item 1.4 – Reservas à reserva do possível no âmbito de controle exercido pelos Tribunais de Contas). A expressão "reservas à reserva do possível" é da autoria e consta na seguinte obra: FREITAS, Juarez. *Sustentabilidade*, p. 307. Ainda sobre o princípio da reserva do possível: FORTINI, Cristiana. Efetividade dos direitos fundamentais e o princípio da reserva do possível: uma discussão em torno da legitimidade das tomadas de decisão público administrativas. *Fórum Administrativo*, Belo Horizonte, n. 93, p. 7-14, nov. 2008.

processo de fiscalização da viabilidade do controle social e a efetivação da *solidariedade* (subsidiária e não exclusiva).[87]

A *dimensão fiscal* da sustentabilidade está atrelada ao *controle das leis orçamentárias e controle das diretrizes estabelecidas na Lei de Responsabilidade Fiscal*, como ficou demonstrado, e também está interligada às vertentes econômicas, social e ambiental, assim como detém conexão com a dimensão jurídico-política, considerando-se que o orçamento do Estado é um programa político estabelecido em números e em lei.

De maneira a encaminhar-se para as considerações finais, providencia-se a exposição de algumas considerações quanto ao controle orçamentário, sob o enfoque da pertinente comunicação da dimensão fiscal e demais vertentes da sustentabilidade, assim como de um necessário controle preventivo e ampliado de legalidade (também inserindo as leis orçamentárias), mediante o cotejo com as diretrizes constitucionais e de forma a incluir as determinações atinentes à sustentabilidade.

5 Controle ampliado de legalidade, de conformidade constitucional e de sustentabilidade

A missão de controle de legalidade estabelecida constitucionalmente aos Tribunais de Contas, no *caput* do art. 70 da CRFB, necessariamente deverá englobar averiguação de conformidade com a Constituição Federal, incluindo seus princípios fundamentais e o princípio/dever de sustentabilidade multidimensional. Com embasamento em todas as afirmações do necessário controle de sustentabilidade expostas nesta investigação, entende-se que a leitura do art. 70 da CRFB deverá ser realizada conjuntamente com os artigos 225, 3º e 170, inc. VI, todos da CRFB. Ademais, os Tribunais de Contas deverão preocupar-se não somente com os atos comissivos em desconformidade com a lei, com a Constituição Federal e com o princípio/dever de sustentabilidade, mas também atentar para as omissões específicas e flagrantemente inconstitucionais, com destaque às omissões que acarretam insustentabilidades fiscais, ecológicas, ambientais, sociais, econômicas, jurídico-políticas e *éticas*. A terceira *ênfase* sustentada a seguir diz respeito à necessidade de, na realização do controle ampliado de legalidade, examinar-se a conformidade com os tratados internacionais,

---

[87] Outro estudo específico sobre a dimensão fiscal da sustentabilidade: CUNDA, Daniela Zago Gonçalves da. Sustentabilidade fiscal sob a ótica da solidariedade e os direitos sociais em xeque, ano 2, n. 3, p. 1.911-1.967, 2013. Disponível em: <http://www.idb-fdul.com/>.

mediante a leitura do art. 70 da CRFB, conjuntamente com o artigo 4º e §3º do art. 5º, também da CRFB.

O Tribunal de Contas tem "como *dever*,[88] mas sem adentrar em competência alheia (do Judiciário),[89] agir dentro dos limites de suas atribuições (de modo que não *declara* inconstitucionalidade) e negar executoriedade ao ato de administração inconstitucional",[90] com respaldo na *competência original aprofundada*[91] ou na *teoria dos poderes implícitos*.[92]

O *caput* do art. 70 da CRFB traz as expressões "legalidade" e "legitimidade",[93] permitindo, portanto, a afirmação de que os Tribunais de Contas, no exercício da sua competência de fiscalização, podem e devem verificar se os atos administrativos estão em consonância com a Constituição, mediante um juízo de "juridicidade" do atuar administrativo. Cumpre esclarecer que as Cortes de Contas não exercem o controle repressivo de constitucionalidade, mas, sim, uma averiguação

---

[88] Pontes de Miranda sustenta tratar-se de um *dever*, não só *poder* dos Tribunais de Contas para examinarem e interpretarem a lei, sindicando sua constitucionalidade. MIRANDA, Pontes de. *Comentários à Constituição Federal de 1967, com a Emenda 1/69*. 2. ed. São Paulo: Revista dos Tribunais, 1970. t. II, p. 249.

[89] Considerando-se o *princípio constitucional da jurisdição una*.

[90] SCHMITT, Rosane Heineck. *Tribunais de Contas no Brasil e controle de constitucionalidade*. Tese (Doutorado em Direito) – Faculdade de Direito, Universidade Federal do Rio Grande do Sul, UFRGS, Porto Alegre, 2006, p. 205. Na referida obra, específica sobre o assunto, a autora trata do "dever/poder de exame de conformidade constitucional dos gastos públicos (p. 172 *et seq*), dos "Tribunais de Contas, negativa de executoriedade de atos administrativos/normativos inconstitucionais e controle de constitucionalidade" (p. 195 *et seq*) e, por fim, "Tribunais de Contas, controle de constitucionalidade e princípio da jurisdição una".

[91] Nos dizeres de: CANOTILHO, José Joaquim Gomes. *Direito constitucional e teoria da Constituição*. 2. ed. Coimbra: Almedina, 1998 p. 493-494.

[92] "*Implied Powers*", nos termos constantes na Jurisprudência da Suprema Corte Americana. No direito constitucional norte-americano, desenvolveu-se a doutrina dos poderes implícitos dos órgãos constitucionais, também denominados "inerentes", "incidentes", "deduzidos" ou "agregados". Trata-se da *outorga de poder que não é expressamente declarada na Constituição, nem especificamente concedida pelo Congresso*. FISHER, Louis. *Constitutional Conflicts between congress and the president*. 4. ed. Kansas: University Press of Kansas, 1997, p. 14. Corroborando a tradição constitucional brasileira sobre a aplicação da teoria dos poderes implícitos, que teve início com Rui Barbosa, Carlos Maximiliano doutrinava em 1948: "Quando a Constituição confere poder geral ou prescreve dever, franqueia também, implicitamente, todos os poderes particulares, necessários para o exercício de um, ou o cumprimento de outro" (MAXIMILIANO, Carlos. *Comentários à Constituição Brasileira*. 4. ed. v. I. Rio de Janeiro: Freitas Bastos, 1948, p. 138).

[93] Vide sobre o controle de legitimidade: MOREIRA NETO, Diogo de Figueiredo. *Legitimidade e discricionariedade*: novas reflexões sobre os limites e controle da discricionariedade. 4. ed. Rio de Janeiro: Forense, 2001. Também do mesmo autor: MOREIRA NETO, Diogo de Figueiredo. *Mutações do Direito Administrativo*. 3. ed. Rio de Janeiro: Renovar, 2007.

de consonância das normas aplicadas frente à Constituição Federal[94] e aos seus princípios fundamentais, incluindo-se o princípio/dever de sustentabilidade multidimensional. Ademais, na realização do *controle de sustentabilidade* (*v.g. dimensão social e ecológica/ambiental*), o controle da legalidade e da legitimidade deverá ter por base também os tratados internacionais firmados pelo país (ainda mais após a Emenda Constitucional nº 45/04, que inseriu o §3º ao art. 5º da CRFB, e considerando a tutela internacional do direito/dever fundamental ao meio ambiente ecologicamente equilibrado).[95] Há que se considerar a transterritorialidade que os deveres fundamentais fiscalizados pelos Tribunais de Contas acarretam (*v.g.* dimensão ecológica e ambiental da sustentabilidade) e a visualização ampla que os direitos fundamentais ensejam (quanto *à* dimensão social da sustentabilidade), que também detêm dimensão para além de fronteiras (quando concebidos como direitos humanos, nos termos do inc. II do art. 4º da CRFB). As amplitudes "transterritorial" e "transtemporal", sem sombra de dúvidas, envolvem complexidades na visualização das finanças públicas e respectivo controle.

Se for correto afirmar que o controle de constitucionalidade é tarefa do Poder Judiciário, também é verdadeira a assertiva de que "todos são intérpretes da Constituição"[96] e, por consequência, o controle de sua observância não *é* monopólio de um dos três Poderes.[97]

---

[94] Em sentido semelhante, Ricardo Lobo Torres, sobre o *controle de legalidade* pelos Tribunais de Contas, afirma que o controle "implica ainda o da superlegalidade, ou seja, o da constitucionalidade das leis e atos administrativos" (TORRES, Ricardo Lobo. p. 36 *et seq.*) Vide, especificamente sobre o tema, entre outras obras: WILLEMAN, Marianna Montebello. Controle de constitucionalidade por órgãos não jurisdicionais. *Revista Fórum Administrativo*, Belo Horizonte, ano 12, n. 139, p. 56-75, set. 2012.

[95] Quanto aos tratados de direitos humanos, se forem aprovados com *quorum* qualificado previsto no art. 5º, §3º, da Constituição, terão estatura de emenda constitucional. Quanto aos tratados internacionais comuns, servem de paradigma para o *controle de legalidade* das normas infraconstitucionais "de sorte que a incompatibilidade destas com os preceitos contidos naqueles invalida a disposição legislativa em causa em benefício da aplicação do tratado". Entendimento constante na seguinte obra: MAZZUOLI, Valerio de Oliveira. *O controle jurisdicional da convencionalidade das leis*. 3. ed. São Paulo: Revista dos Tribunais, 2013.

[96] HÄBERLE, Peter. *Hermenêutica constitucional*: a sociedade aberta dos intérpretes da constituição: constituição para a interpretação pluralista e "Procedimental" da constituição. Tradução Gilmar Ferreira Mendes Porto Alegre: Fabris Editor, 2002. Nas p. 17 *et seq.*, refere o autor que "no processo de interpretação constitucional estão potencialmente vinculados todos os órgãos estatais, todas as potências públicas, todos os cidadãos e grupos, não sendo possível estabelecer-se um elenco cerrado ou fixado com *numerus clausus* de intérpretes da Constituição".

[97] Nesse sentido, vide: BINENBOJM, Gustavo. *A nova jurisdição constitucional*: legitimidade democrática e instrumentos de realização. 3. ed. Rio de Janeiro: Renovar, 2010. Nas

Cumpre ser referido que, embora haja previsão na Súmula nº 347 do Supremo Tribunal Federal de que "o Tribunal de Contas, no exercício de suas atribuições, pode apreciar a constitucionalidade das leis e dos atos do poder público", a possibilidade de averiguação da legalidade e legitimidade (a incluir a fiscalização de consonância com a Constituição Federal, seus princípios, direitos/deveres fundamentais, e com tratados internacionais) descende diretamente da Constituição Federal (art. 70, *caput*).

Na interpretação constitucional que se propõe dos artigos 70 e 71 da Constituição da República Federativa do Brasil, além da possibilidade de fiscalização da legalidade e legitimidade nos termos referidos, em *situações de omissões específicas* (com parâmetros averiguados junto à CRFB, seus princípios e deveres fundamentais), deverá o Tribunal de Contas "assinar prazo para que o *órgão* ou entidade adote as providências necessárias ao exato cumprimento da lei, se verificada ilegalidade" (inc. IX do art. 71 da CRFB), como uma espécie de *determinação de executoriedade constitucional*.[98]

Já nos casos *de atuação (ação comissiva)* com amparo em leis em desacordo com a Constituição Federal, deverão as Cortes de Contas "negar executoriedade" da legislação aplicável ao caso concreto (se destoante com a Constituição Federal). Observe-se que não se trata de "declarar inconstitucionalidade", mas, sim, no exercício do controle externo em conjunto com o controle de sustentabilidade, de obstaculizar a utilização de lei (especificamente quanto ao caso concreto analisado) em desconformidade com a Lei Maior e seus princípios e direitos/ deveres fundamentais.

---

p. 278 *et seq*. o autor refere que "é preciso desmistificar a ideia de que ao Poder Judiciário esteja reservado um *monopólio* sobre o controle da constitucionalidade. Na verdade, todos os Poderes devem reverência à Constituição e, mais ainda, têm o dever de impedir, dentro de seu elenco de competências, qualquer atentado à Lei Fundamental". Noutra passagem, o autor refere que, "caso contrário, o Tribunal Constitucional deixará de ser o interprete último para se converter em interprete único da Constituição, transformando-se numa instância autoritária de deslegitimada de Poder". Também abordando a temática: BITENCOURT, Lucio. *O controle jurisdicional da constitucionalidade das leis*. Rio de Janeiro: Forense, 1949. p. 91 *et seq*.; CLÈVE, Clèmerson Merlin. *A fiscalização abstrata da constitucionalidade no direito brasileiro*. 2. ed. São Paulo: Revista dos Tribunais, 2000. p. 246 *et seq*.; BARROSO, Luís Roberto. *O controle de constitucionalidade no direito brasileiro*. São Paulo: Saraiva, 2004; BARROSO, Luís Roberto. Tribunais de Contas: algumas competências controvertidas. In: BARROSO, Luís Roberto. *Temas de direito constitucional*. 2. ed. Rio de Janeiro: Renovar, 2002.

[98] E derivações, como "recomendação de executoriedade constitucional", ou ainda "determinação" ou "recomendação de executoriedade legal", questões detalhadas nos seguintes estudos: CUNDA, Daniela Zago G. da Cunda. *Controle de Sustentabilidade pelos Tribunais de Contas*. Tese (Doutorado) – Porto Alegre, PUCRS, 2016. Conjuntamente, sobre o mesmo tema, obra *no prelo*.

Como afirmado, entende-se também ser possível que as Cortes de Contas atuem em situações de *flagrante e específica omissão inconstitucional*.[99] A inércia, referente a deveres constitucionalmente estabelecidos (*v.g.* dever de tutela de direitos fundamentais), poderá ensejar a determinação de adoção de providências necessárias ao "exato cumprimento da Lei Maior" (com amparo no que prevê o inc. IX do art. 71 da CRFB).

Outro ponto a ser amadurecido *é* a possibilidade de controle da *consonância constitucional das leis orçamentárias* pelos Tribunais de Contas. Há situações em que se detecta flagrante descumprimento de deveres constitucionalmente estabelecidos pela simples análise das leis orçamentárias (*v.g.* percentuais de investimento inferiores ao estabelecido na CRFB quanto aos direitos/deveres fundamentais à saúde e educação,[100] objetos do *controle de sustentabilidade social e fiscal*). São crescentes os entendimentos quanto à possibilidade de controle de constitucionalidade das leis orçamentárias pelo Poder Judiciário.[101] As Cortes de Contas deverão ajustar procedimento (preventivo) ao tomarem conhecimento de flagrante inconstitucionalidade nas leis orçamentárias, no exercício do *controle de sustentabilidade fiscal* (e fiscalização contábil, financeira e orçamentária, nos termos do art. 70 da CRFB).

Trata-se de abordagens controvertidas, não se desconhece, e não teriam espaço para serem desenvolvidas detalhadamente neste estudo, embora tenham correlação com a concretização da sustentabilidade multidimensional que se propõe.[102] Fica, todavia, o registro de que o controle de legalidade necessita de uma visualização ampliada, como forma de melhor concretizar-se o *princípio/dever de sustentabilidade e da solidariedade intra e intergeracional*.

Mesmo diante de temas polêmicos, alguns consensos aparentam estar se estabelecendo. Há que se reconhecer que, com a constitucionalização do direito administrativo, somente a lei em consonância com

---

[99] Sobre omissões inconstitucionais, vide: FREITAS, J.; TEIXEIRA, Anderson Vichinkeski. *Comentários à Jurisprudência do STF*: direitos fundamentais e omissão inconstitucional. v. 1. São Paulo: Manole, 2012.

[100] Sobre tema correlato: LEITE, Carlos Henrique Bezerra; LEITE, Laís Durval. Controle concentrado de constitucionalidade da lei orçamentária e a tutela dos direitos fundamentais à saúde e à educação. *Revista de Processo*, ano 36, v. 198, p. 127-145, ago. 2011.

[101] PINTO, Élida Graziane. Controle judicial do ciclo orçamentário: um desafio em aberto. *Interesse Público – IP*, Belo Horizonte, ano 17, n. 90, p. 199-226, mar./abr. 2015; PINTO, Élida Graziane. Controle das políticas governamentais e qualidade dos gastos públicos: a centralidade do ciclo orçamentário. *Revista do Tribunal de Contas de Minas Gerais*, v. 33, n. 1, p. 8-12, jan./mar. 2015; PINTO, Élida Graziane. Eficácia dos direitos sociais por meio do controle judicial da legalidade orçamentária e da sua adequada execução. *Revista Fórum de Direito Financeiro e Econômico – RFDFE*, Belo Horizonte, ano 3, n. 5, mar./ago. 2014.

[102] Objeto de estudo específico (*no prelo*).

a Constituição Federal poderá servir como fundamento do atuar do administrador. Mesmo doutrinadores que questionam a permanência da Súmula de verbete nº 347 do STF concordam que a "CRFB determina que os Tribunais de Contas exerçam um controle que vá além da *legalidade*, avaliando também a *legitimidade/juridicidade* – afinal não poderá ser legítimo um ato administrativo que viole qualquer princípio ou regra constitucional",[103] como, por exemplo, as que visam tutelar o dever fundamental de sustentabilidade.

6 Conclusão

No estudo que se encerra, abordou-se a *dimensão fiscal da sustentabilidade* como a vertente que tem como enfoque central o orçamento público (materializado pelas leis orçamentárias), o equilíbrio e a transparência da atividade financeira do Estado e que tem, conjuntamente, por objeto o financiamento de direitos/deveres fundamentais das presentes e futuras gerações.

Por consequência, *o controle de sustentabilidade fiscal* deverá ter por principais objetos o controle das leis orçamentárias, das diretrizes estabelecidas na Lei de Responsabilidade Fiscal, o controle da qualidade dos gastos e efetividade dos direitos fundamentais financiados e o controle preventivo a obstaculizar "pedaladas fiscais", dívida pública e corrupção (grandes fatores de insustentabilidade fiscal). A Lei de Responsabilidade Fiscal dispõe de inúmeras ferramentas de prevenção a tutelar a sustentabilidade fiscal e somente será efetiva mediante a fiscalização persistente pelas Cortes de Contas.

Sob outro enfoque, em ocorrendo *insustentabilidade fiscal*, a necessitar medidas de austeridade, há que se refletir quais seriam as possibilidades de atuações dos Tribunais de Contas ao constatar o descumprimento do financiamento de direitos fundamentais essenciais e/ou omissões constitucionais, inclusive, de maneira a colocar em xeque o princípio da dignidade humana, razão pela qual se entende recomendável ampla cautela na fiscalização das diretrizes trazidas pelas Emendas Constitucionais nº 93/2016 e 95/2016.

Paralelamente, no *controle de sustentabilidade a ser realizado pelos Tribunais de Contas* proposto, as Cortes de Contas deverão assumir o papel *de curadoria das gerações futuras*, assentado no "princípio de

---

[103] PEDRA, Anderson Sant'Ana. (Im)Possibilidade do controle de constitucionalidade pelos Tribunais de Contas: uma análise da súmula n. 347 do STF. In: ABELHA, Marcelo; JORGE, Flávio Cheim. *Direito Processual e a administração pública*. Rio de Janeiro: Forense Universitária, 2010.

curadoria",[104] com a missão de tutelar os interesses antecipados das gerações futuras de maneira que estejam incorporados nas decisões atuais da Administração Pública.[105] Nessa linha, há que se planejar as políticas públicas com olhos no futuro e com participação ativa da sociedade; por tal razão, a atuação das Cortes de Contas deverá estar atenta à democracia participativa e à tutela das gerações futuras. Em determinadas situações, até mesmo os interesses dos atuais titulares da capacidade eleitoral ativa, se não tutelados de maneira preventiva, poderão se tornar emergenciais. Dito de outra forma, a *solidariedade dentro da mesma geração (intrageracional), bem pontuada e consubstanciada, é o primeiro passo*, que deverá ser seguido por todos os demais passos rumo à *solidariedade intergeracional*.[106] Dessa maneira, é *essencial o controle externo da viabilidade do controle social*, ou seja, a fiscalização da possibilidade de participação efetiva da sociedade nas tomadas de decisão.

Conjuntamente, como principais ideias que foram destacadas, foi referido que há que se ter cautela quanto à utilização contumaz e sem fundamentação do argumento da "reserva do possível", como um "abre-te sésamo" para o descumprimento de *deveres fundamentais* previstos na Constituição Federal. Em matéria de sustentabilidade fiscal e de tutela dos direitos das gerações futuras, assume destaque a necessária *qualidade da decisão política*, que poderá e deverá ser objeto de controle pelas Cortes de Contas. Os Tribunais de Contas deverão preocupar-se não somente com os atos comissivos em desconformidade com a lei, com Constituição Federal e com o princípio/dever de sustentabilidade, mas também atentar para as omissões específicas e flagrantemente inconstitucionais.

---

[104] BROWN WEISS, Edith. *Un mundo justo para las futuras generaciones*: derecho internacional, patrimonio común y equidad intergeneracional. Tradução Máximo E. Gowland. Madrid: Mundi-Prensa, 1999; BROWN WEISS, Edith. In fairness to future generations: International Law, common patrimony and intergenerational equity. Tokyo/New York: The United Nations University/Transnational Publishers, 1989. Chapter on Planetary Rights, p. 95-117; BROWN WEISS, Edith. Our rights and obligations to future generations for the environment. In: What obligations does our generation owe to the next? An approach to global environmental responsibility. AJIL, v. 94, p. 198 *et seq.*, 1990.

[105] BAYER, Stefan. Generation-Adjusted Discounting in Long-Term Decision-Making. *International Journal on Sustainable Development*, v. 6, n. 1, p. 133-145, 2003.

[106] Quanto aos limites na operacionalização da solidariedade intergeracional, vide: CUNDA, Daniela Zago G. da Cunda. *Controle de Sustentabilidade pelos Tribunais de Contas*. Tese (Doutorado) –PUCRS, Porto Alegre, 2016. p. 157 *et seq.* Conjuntamente, sobre o mesmo tema, obra *no prelo*.

Referências

AMADO GOMES, Carla et al. (Coord.). *A crise e o Direito Público*: VI Encontro dos Professores Portugueses de Direito Público (janeiro/2012). Lisboa: Instituto de Ciências Jurídico-Políticas/FDUL, 2013.

AMADO GOMES, Carla. A gestão do risco de catástrofe natural: uma introdução na perspectiva do direito internacional. In: GOMES, Carla Amado (Coord.). *Direito(s) das catástrofes naturais*. Coimbra: Almedina, 2012.

AMADO GOMES, Carla. *Consumo sustentável*: ter ou ser, eis a questão. Disponível em: <http://www.icjp.pt/sites/default/files/papers/texto-ter_ou_ser.pdf>.

AMADO GOMES, Carla. *Introdução ao Direito do Ambiente*. 2. ed. Lisboa: AAFDL, 2014.

AMADO GOMES, Carla. Responsabilidade intergeracional e direito ao (ou dever de?) não uso dos recursos naturais. *Revista do Ministério Público*, n. 145, jan./mar. 2016.

AMADO GOMES, Carla. *Risco e modificação do acto autorizativo concretizador de deveres de protecção do ambiente*. Coimbra: Coimbra Editora, 2007.

AMADO GOMES, Carla. *Sustentabilidade ambiental*: missão impossível? Disponível em: <http://www.icjp.pt/sites/default/files/papers/palmas-sustentabilidade.pdf>.

AMARO, António Leitão. O princípio constitucional da sustentabilidade. In: OTERO, Paulo; QUADROS, Fausto de; SOUSA, Marcelo Rebelo de. *Estudos de homenagem ao Professor Doutor Jorge Miranda*. v. 1. Coimbra: Almedina, 2012, p. 405-432.

ANDRADE, José Carlos Vieira de. *Os direitos fundamentais na Constituição Portuguesa de 1976*. 3. ed. Coimbra: Almedina, 2004.

ANTUNES, Tiago. Ambiente: um direito mas também um dever. In: VICENTE, Dário Moura; PINHEIRO, Luís de Lima; MIRANDA, Jorge. *Estudos em memória do Professor Doutor António Marques dos Santos*. v. II. Coimbra: Almedina, 2005.

ARAÚJO, Fernando. *Introdução à Economia*. 3. ed. Coimbra: Almedina, 2005.

ARAÚJO, Fernando; RIBEIRO, Marcia Carla Pereira (Coord.). *Em busca dos caminhos jurídicos e econômicos para a superação da crise*. Curitiba: Editora Universitária Champagnat, 2016.

ARAÚJO, Inaldo. *Introdução à auditoria operacional*. Rio de Janeiro: Editora FGV, 2001.

ATRICON. *Diretrizes para os aprimoramentos dos Tribunais de Contas do Brasil*: resoluções da ATRICON. Recife: Associação dos Membros dos Tribunais de Contas do Brasil, 2015.

AYALA, Patryck de Araújo. Direito ambiental da sustentabilidade e os princípios de um direito ambiental de segunda geração na PNMA. In: LOPEZ, Teresa A. et al. *Sociedade de risco e direito privado*: desafios normativos, consumeristas e ambientais. São Paulo: Atlas, 2013, p. 243-272.

AZEVEDO, Pedro Henrique Magalhães. Os Tribunais de Contas brasileiros e as licitações sustentáveis. *Fórum de Contratação e Gestão Pública*, Belo Horizonte, ano 12, n. 142, p. 42-57, out. 2013.

BARROSO, Luís Roberto. *O controle de constitucionalidade no direito brasileiro*. São Paulo: Saraiva, 2004.

BARROSO, Luís Roberto. Tribunais de Contas: algumas competências controvertidas. In: BARROSO, Luís Roberto. *Temas de Direito Constitucional*. 2. ed. Rio de Janeiro: Renovar, 2002.

BARSTENTEIN, Kristin. Les orignes du concept de dévelopement durable. *Revue Juridique de l'environnement*, Limoges, n. 3, p. 289-297, 2005.

BARZELAY, Michael. Central audit institutions and performance auditing: a comparative analysis of organizational strategies in the OECD. *Governance*, p. 235-260, jul. 1996.

BARZELAY, Michael. Instituições centrais de auditoria e auditoria de desempenho: uma análise comparativa das estratégias organizacionais na OCDE. *Revista do Serviço Público*, Brasília, ano 53, n. 2, p. 5-35, abr./jun. 2002.

BAYER, Stefan. Generation-adjusted discounting in long-term decision-making. *International Journal on Sustainable Development*, v. 6, n. 1, p. 133-145, 2003.

BECK, Ulrich. *Políticas ecológicas em la sociedad del riesgo*. Barcelona: El Roure, 1998.

BECK, Ulrich. *Políticas ecológicas em la sociedad del riesgo*: hacia uma nueva modernidad. Tradução Jorge Navarro, Daniel Jiménez e Maria Rosa Borras. Barcelona: Paidós, 2001.

BECKERMAN, Winfred. The impossibility of a theory of intergenerational justice. In: TREMMEL, Joerg Chet. *Handbook of intergenerational justice*. Oxford: Edward Elgar, 2006. p. 66 *et seq*.

BERTOLO, Rozangela Motiska. *Das funções sociais dos institutos jurídicos às funções sociais da cidade*. Tese (Doutorado) – URFRGS, Porto Alegre, 2006.

BIRNBACHER, Dieter. *La responsabilite envers les generations futures*. Paris: Presses Universitaires de France, 1994.

BIRNBACHER, Dieter. Responsibility for Future Generations. Scope and Limits. In: TREMMEL, Joerg Chet. *Handbook of Intergenerational Justice*. Oxford: Edward Elgar, 2006, p. 23-39.

BOFF, Leonardo. *Sustentabilidade*: o que é, o que não é. Rio de Janeiro: Vozes, 2013.

BOSSELMANN, Klaus. *O princípio da sustentabilidade*: transformando Direito e governança. Tradução Phillip Gil França. São Paulo: Revista dos Tribunais, 2015.

BOSSELMANN, Klaus. *The principle of sustainability. Transforming Law and governance*. Farnham: Ashgate, 2008.

BRITTO, Carlos Ayres. O regime constitucional dos Tribunais de Contas. In: GRAU, Eros Roberto; CUNHA, Sérgio Sérvulo da (Coord.). *Estudos de Direito Constitucional em homenagem a José Afonso da Silva*. São Paulo: Malheiros, 2003.

BROWN WEISS, Edith. *In fairness to future generations*: international law, common patrimony and intergenerational equity. Tokyo/New York: The United Nations University/Transnational Publishers, 1989, p. 95-117.

BROWN WEISS, Edith. Our rights and obligations to future generations for the environment. In: What obligations does our generation owe to the next? An approach to global environmental responsibility. *AJIL*, v. 94, p. 198 *et seq*, 1990.

BROWN WEISS, Edith. *Un mundo justo para las futuras generaciones*: derecho internacional, patrimonio común y equidad intergeneracional. Tradução Máximo E. Gowland. Madrid: Ediciones Mundi-Prensa, 1999.

BUCCI, Maria Paula Dallari. Controle judicial de políticas públicas: possibilidades e limites. *Fórum Administrativo*, Belo Horizonte, n. 103, p. 7-16, set. 2009.

BUDD, Joel. Climate change. *The Economist Magazine*, nov. 2015. Disponível em: <http://www.economist.com/news/special-report/21678951-not-much-has-come-efforts-prevent-climate-change-so-far-mankind-will-have-get?frsc=dg%7Ca>. Acesso em: jan. 2016.

CALIENDO, Paulo. *Direito Tributário e análise econômica do Direito*: uma visão crítica. Rio de Janeiro: Elsevier, 2009.

CALVÃO, Filipa *et al.* (Coord.). *A crise e o Direito Público*: VI Encontro dos Professores Portugueses de Direito Público (janeiro/2012). Coimbra: Instituto de Ciências Jurídico-Políticas/FDUL, 2013.

CANOTILHO, José Joaquim Gomes *et al.* (Coord.). *Comentários à Constituição do Brasil*. São Paulo: Saraiva/Almedina, 2013.

CANOTILHO, José Joaquim Gomes. *Brancosos e interconstitucionalidade*: itinerários dos discursos sobre a historicidade constitucional. Coimbra: Almedina, 2006.

CANOTILHO, José Joaquim Gomes. *Estudos sobre direitos fundamentais*. 2. ed. Coimbra: Coimbra Editora, 2008.

CANOTILHO, José Joaquim Gomes. Sustentabilidade: um romance de cultura e de ciência para reforçar a sustentabilidade democrática. *Boletim da Faculdade de Direito – Universidade de Coimbra*, n. 88, v. 53, t. I, p. 1-11, 2012.

CANOTILHO, José Joaquim Gomes. Tribunal de Contas como instância dinamizadora do princípio republicano. *Revista do Tribunal de Contas de Santa Catarina*, Florianópolis, p. 17-30, set. 2008.

CARETTI, Paolo. *I diritti fondamentali*: libertà e diritti sociali. Torino: G. Giappichelli, 2000.

CARLOWITZ, H. C. Von. *Sylvicultura oeconomica. Anweisung zur wilden Baum-Zucht*. Leipzig, repr. Freiberg, TU Bergakademie Freiberg und Akademische Buchhandlung, 2000.

CARRILLO, Marc. Constitución y Control de las Finanzas Públicas. *Revista Española de Derecho Constitucional*, Madrid, ano 34, n. 101 (mayo/ago. 2014), p. 13-42.

CARSON, Rachel. *Primavera silenciosa*. São Paulo: Gaia, 2010.

CARTER, Alan. Can we harm future people? *Environmental Values*, v. 10, p. 429-454, 2001.

CARVALHO, Délton Winter de. A sociedade do risco global e o meio ambiente como um direito personalíssimo intergeracional. *Revista de Direito Ambiental*, v. 52, p. 27-36, 2008.

CASALTA NABAIS, José. A face oculta dos direitos fundamentais: os deveres e os custos dos direitos. *Revista da AGU*, Brasília, n. Especial, p. 73-92, jun. 2002.

CASALTA NABAIS, José. Algumas considerações sobre a solidariedade e a cidadania. *Boletim da Faculdade de Direito da Universidade de Coimbra – BFDUC*, Coimbra, p. 145-174, 1999.

CASALTA NABAIS, José. Algumas reflexões críticas sobre os direitos fundamentais. *Revista de Direito Público da Economia – RDPE*, Belo Horizonte, ano 6, n. 22, p. 61-95, abr./jun. 2008.

CASALTA NABAIS, José. *O dever fundamental de pagar impostos*: contributo para a compreensão constitucional do estado fiscal contemporâneo. Coimbra: Almedina, 1998.

CASALTA NABAIS, José. Será a imposição de limites ao défice orçamental e à dívida pública compatível com o estado social? *Direito & Política*, Loures, n. 3, p. 108-109, abr./jun. 2013.

CASALTA NABAIS, José; TAVARES DA SILVA, Suzana. *Sustentabilidade fiscal em tempos de crise.* Coimbra: Almedina, 2011.

CASSESE, Sabino. La Noción de "Constitución Econômica" y las Transformaciones Del Estado. *A&C – Revista de Direito Administrativo e Constitucional*, Belo Horizonte, ano 3, n. 14, p. 11-18, out./dez. 2003.

CASSESE, Sabino. *La nuova costituzione economica.* Roma: Laterza, 2005.

CASTELLS, Manuel. *A sociedade em rede.* Tradução Rondei Venâncio Majer e Klauss Brandini Gerhardt. 6. ed. São Paulo: Paz e Terra, 2002.

CAVALCANTI, Augusto Sherman. Prefácio. In: LIMA, Luiz Henrique; SARQUIS, Alexandre (Coord.). *Controle externo dos regimes próprios de Previdência Social*: estudos de ministros e conselheiros substitutos dos Tribunais de Contas. Belo Horizonte: Fórum, 2016, p. 11-13.

CHAIM, Ali *et al. E-gov.br*: a próxima revolução brasileira. São Paulo: Pearson//Prentice Hall, 2004.

CHEVALLIER, Jacques. *O Estado pós-moderno.* Tradução Marçal Justen Filho. Belo Horizonte: Fórum, 2009.

CLÈVE, Clèmerson Merlin. *O desafio da efetividade dos direitos fundamentais sociais.* Disponível em: <http://www.mundojuridico.adv.br>. Acesso em: 20 set. 2015.

COELHO, Hamilton Antônio. Responsabilidade ambiental, sustentabilidade, tributação ecossocial e os tribunais de contas. *Revista do Tribunal de Contas do Estado de Minas Gerais*, Belo Horizonte, ano 30, v. 82, n. 1, p. 39-44, jan./mar. 2012.

CONTI, José Maurício; PINTO, Élida G. *Lei dos Orçamentos Públicos completa 50 anos de vigência.* Disponível: <http://www.conjur.com.br/2014-mar-17/lei-orcamentos-publicos-completa-50-anos-vigencia>. Acesso em: 23 set. 2015.

COOTER, Robert; ULEN, Thomas. *Law and economics.* 6. ed. Boston: Addison-Wesley, 2012.

CORREIA, José Manuel Sérvulo. Controlo judicial da Administração e responsabilidade democrática da Administração. In: NETTO, Luísa Pinto e; NETTO, Eurico Bittencourt e (Coord.). *Direito Administrativo e direitos fundamentais*: diálogos necessários. Belo Horizonte, 2012, p. 299 *et seq.*

COSTA, Carlos Eduardo Lustosa da. As licitações sustentáveis na ótica do controle externo. *Interesse Público – IP*, Belo Horizonte, ano 14, n. 71, p. 243-278, jan./fev. 2012.

COSTA, Marcos Bemquerer. Propostas para um controle externo que atenda aos anseios da sociedade brasileira. Prefácio. In: LIMA, Luiz Henrique. *Tribunais de Contas*: temas polêmicos na visão de ministros e conselheiros substitutos. Belo Horizonte: Fórum, 2014, p. 11-16.

COSTA, Marcos Bemquerer; BASTOS, Patrícia Reis Leitão. A sustentabilidade dos regimes previdenciários sob a ótica do Tribunal de Contas da União. In: LIMA, Luiz Henrique; SARQUIS, Alexandre (Coord.). *Controle externo dos regimes próprios de Previdência Social*: estudos de ministros e conselheiros substitutos dos Tribunais de Contas. Belo Horizonte: Fórum, 2016, p. 79-126.

CRUZ, Paulo Márcio; REAL FERRER, Gabriel. Direito, sustentabilidade e a premissa tecnológica como ampliação de seus fundamentos. *Revista Sequência da UFSC. Florianópolis*, v. 36, n. 71, p. 239-278, dez. 2015. Disponível em: <http://www.scielo.br/pdf/seq/n71/2177-7055-seq-71-00239.pdf>. Acesso em: jan. 2016.

CUNDA, Daniela Zago Gonçalves da. A cor da licitação também é verde: licitações e a sustentabilidade multidimensional. In: Congresso Brasileiro de Direito e Sustentabilidade & III Fórum Brasileiro de Altos Estudos de Direito Público, 2011, Curitiba. *Anais...* Curitiba, nov. 2011.

CUNDA, Daniela Zago Gonçalves da. Controle de Políticas Públicas pelos Tribunais de Contas: Tutela da efetividade dos direitos e deveres fundamentais. *Revista Brasileira de Políticas Públicas*, Brasília, v. 01, p. 111-149, jul./dez. 2011.

CUNDA, Daniela Zago Gonçalves da. *Controle de sustentabilidade pelos Tribunais de Contas.* Tese (Doutorado) – PUCRS, Porto Alegre, 2016.

CUNDA, Daniela Zago Gonçalves da. Direito Fundamental à boa administração tributária e financeira. *Revista Jurídica Tributária*, Porto Alegre: Nota Dez, v. 3, n. 10, p. 103-130, jul./set. 2010.

CUNDA, Daniela Zago Gonçalves da. Licitação sustentável, um novo paradigma ambiental na "hipermodernidade": Direito fundamental à boa gestão ambiental no Estado Socioambiental. In: X Seminário Internacional: Os Direitos Fundamentais no Estado Socioambiental, 2011, Porto Alegre. Anais... Porto Alegre, abr. 2011.

CUNDA, Daniela Zago Gonçalves da. Modelos de auditoria pública. Um estudo comparado entre instituições brasileiras e a italiana. *Revista do Tribunal de Contas de Minas Gerais*, v. 33, n. 1, jan./mar. 2015, p. 62-86. Disponível em: <https://libano.tce.mg.gov.br/seer/index.php/TCEMG/article/view/40/18>.

CUNDA, Daniela Zago Gonçalves da. Mudam-se os tempos, mudam-se as licitações públicas... considerações sobre licitações sustentáveis, sustentabilidade e tutela das gerações futuras (direito ao futuro), a Administração Pública como consumidora responsável, respectiva fiscalização e responsabilidade socioambiental. In: I Congresso Internacional Florense de Direito e Ambiente, 2011, Caxias do Sul. *Anais...* Caxias do Sul, ago. 2011.

CUNDA, Daniela Zago Gonçalves da. *O dever fundamental à saúde e o dever fundamental à educação na lupa dos tribunais (para além) de contas.* Porto Alegre: Simplíssimo Livros, 2013.

CUNDA, Daniela Zago Gonçalves da. Sustentabilidade fiscal sob a ótica da solidariedade e os direitos sociais em xeque, ano 2, n. 3, p. 1911-1967, 2013. Disponível em: <http://www.idb-fdul.com>. Acesso em: 09 fev. 2015.

CUNDA, Daniela Zago Gonçalves da. *Tutela da efetividade dos direitos e deveres fundamentais pelos Tribunais de Contas*: direito/dever fundamental à boa administração pública (e derivações) e direitos fundamentais à saúde e à educação. Dissertação (Mestrado), PUCRS, Porto Alegre, 2011.

CUNDA, Daniela Zago Gonçalves da. Um breve diagnóstico sobre a utilização do termo de ajustamento de gestão pelos tribunais de contas estaduais. *Interesse Público*, Belo Horizonte, n. 58, p. 243-251, 2010.

CUNDA, Daniela Zago Gonçalves da; ZAVASCKI. Liane Tabarelli. Controles da Administração Pública e a efetividade dos direitos fundamentais: breves anotações sobre a atuação dos Tribunais de Contas e do controle judicial da discricionariedade administrativa. *Interesse Público*, Belo Horizonte, ano 13, n. 66, p. 223-265, mar./abr. 2011.

DENNINGER, Erhard. La reforma constitucional em Alemania: entre ética y seguridad jurídica. *REP*, n. 84, p. 69 *et seq.*, 1994.

DERANI, Cristiane. *Direito Ambiental Econômico*. São Paulo: Saraiva, 2008.

DESPOUY, Leandro. *Auditoría pública e integración regional*: Jornadas 2003. Buenos Aires: Auditoría General de La Nación, 2004.

DEWAR, D. Value for Money audit: the first 800 years. *Public Finance and Accountancy*, p. 10 *et seq.*, ago. 1985.

DIAMOND, Jared. *Collpase*: How societies choose to fail or succed. New York: Viking Books, 2005.

DROMI, Roberto. *Modernización del control público*. Madrid: Hispania Libros, 2005.

DUARTE, Tiago. Paul Laband e a crise orçamentária prussiana: In: *Estudos jurídicos e econômicos em homenagem ao Professor Doutor António de Sousa Franco*. Coimbra: Coimbra Editora, [S. d] v. III, p. 1.071-1.103.

DUARTE, Tiago. Tribunal de Contas, visto prévio e tutela jurisdicional efectiva? Yes, we can! *Cadernos de Justiça Administrativa*, n. 71, set./out. 2008.

DUGUIT, León. *Las transformaciones del Derecho (público y privado)*. Buenos Aires: Heliasta, 2008.

DUPUY, Pierre-Marie. Back to the future of a multilateral dimension of the law of state responsibility for breaches of obligations owed to the international community as a whole. *European Journal of International Law*, Oxford, v. 23, n. 4, p. 1.059-1.069, n. 2012.

DUPUY, Pierre-Marie. Où en est le Droit International de l'Environnement à la fin du siècle? *RGDIP*, n. 4, p. 873 *et seq.*, 1997.

DUPUY, Pierre-Marie. Soft law and the environmental law of the environment. In: PEVATO, Paula M. *International environmental law*. Farnham: Ashgate, 2003. v. 1, p. 219-234.

DUPUY, Pierre-Marie. Soft law and the international law of the environment. *Michigan JIL*, n. 1, 1991.

DWORKIN, Ronald. *Levando os direitos a sério*. Tradução Nelson Boeira. São Paulo: Martins Fontes, 2002.

ESTORNINHO, Maria João. *Curso de direito dos contratos públicos*: por uma contratação pública sustentável. Coimbra: Almedina, 2012.

ESTORNINHO, Maria João. *Green public procurement*. 2012. Disponível em: <http://www.icjp.pt/sites/default/files/media/texto_profa_mje.pdf>. Acesso em: 09 fev. 2015.

FALZONE, Guido. *Il dovere di buona amministrazione*. Milano: Dott. A. Giuffrè, 1953.

FARBER, Daniel. Sustainable consumption, energy policy, and individual well-being. *Vanderbilt Law Review*, n. 65, p. 1.479-1.526, 2012.

FAZIO, Giuseppe. *Sindicabilità e Motivazione degli atti amministrativi discrezionali*. Milano: Dott. A. Giuffrè, 1966.

FERNANDES, Jorge Ulisses Jacoby. *Tribunais de Contas do Brasil*: jurisdição e competência. Belo Horizonte: Fórum, 2003.

FERNANDES, Viviane Vieira da Silva. O papel da fiscalização contratual no desenvolvimento nacional sustentável. In: VILLAC, Teresa; BLIACHERIS, Marcos; SOUZA, Lilian. *Panorama de licitações sustentáveis*: direito e gestão pública. Belo Horizonte: Fórum, 2014, p. 193 *et seq.*

FERRAJOLI, Luigi. *Los fundamentos de los derechos fundamentales*. 3. ed. Madrid: Trotta, 2007.

FERRAZ, Luciano. *Novos rumos para o controle da administração pública*: auditorias de gestão e eficiência administrativa. Tese (Doutorado) – Belo Horizonte: UFMG, 2003.

FERRER, Florência; SANTOS, Paula (Org.). *E-government*: o governo eletrônico no Brasil. São Paulo: Saraiva, 2004.

FIEVET, G. Réflexions sur le concept de développement durable: prétention économique, principes stratégiques et protection des droits fondamentaux. *RDBI*, n. 1, p. 128 et seq., 2001.

FIGUEIREDO, Lucia Valle. Planejamento, direito tributário e segurança jurídica. *Revista Trimestral de Direito Público*, São Paulo, n. 12, p. 11-15, 1995.

FISHER, Eleanor. The Power of Purchase: Addressing Sustainability through Public Procurement. *European Procurement & Public Private Partnership Law Review*, n. 1, p. 2-7, 2013.

FOCHEZATTO, Adelar. Indicador de boa governança na gestão pública dos estados brasileiros, 1998. *Análise*, Porto Alegre, v. 14, n. 1, p. 41-69, 2003.

FORTINI, Cristiana. Efetividade dos direitos fundamentais e o princípio da reserva do possível: uma discussão em torno da legitimidade das tomadas de decisão público administrativas. *Fórum Administrativo*. Direito Público. Belo Horizonte, n. 93, p. 7-14, nov. 2008.

FORTINI, Cristiana; ESTEVES, Júlio César dos Santos; DIAS, Maria Tereza Fonseca (Org.). *Políticas públicas*: possibilidades e limites. Belo Horizonte: Fórum, 2008.

FRACCHIA, Fabrizio. Corte dei conti e tutela della finanza pubblica: problemi e prospettive. *Diritto processuale amministrativo*, Padova, ano 26, n. 3, p. 669-687, set. 2008.

FRANÇA, Philip Gil. *O controle da administração pública*. São Paulo: Revista dos Tribunais, 2008.

FRANCO, Antònio de Sousa. *Orçamento*: conceito, natureza e regime dos orçamentos públicos portugueses. Lisboa: Tribunal de Contas, 2006.

FREIRE, Paula Vaz. A reforma do Estado de Bem-Estar Social. In: ARAÚJO, Fernando; RIBEIRO, Marcia Carla Pereira (Coord.). *Em busca dos caminhos jurídicos e econômicos para a superação da crise*. Curitiba: Editora Universitária Champagnat, 2016. Disponível em: <https://livraria.pucpr.br/caminhosjuridicos/CAMINHOSJURIDICOS_ONLINE.pdf>. Acesso em: mar. 2016.

FREITAS, J.; CUNDA, Daniela Zago G. da. Licitações: novos critérios de avaliação das propostas e o controle pelos tribunais de contas. *Revista Jurídica UNICURITIBA*, 2015.

FREITAS, Juarez. *A interpretação sistemática do direito*. 5. ed. São Paulo: Malheiros, 2010.

FREITAS, Juarez. *Direito fundamental à boa administração pública*. 3. ed. São Paulo: Malheiros, 2014.

FREITAS, Juarez. *O controle dos atos administrativos e os princípios fundamentais*. 5. ed. rev. ampliada. São Paulo: Malheiros, 2013.

FREITAS, Juarez. O controle social no orçamento público. *Revista Interesse Público*, v. 3, n. 11, p. 13-29, jul./set. 2001.

FREITAS, Juarez. O princípio da Democracia e o Controle de Orçamento Público Brasileiro. *Revista Interesse Público*, Belo Horizonte, Responsabilidade Fiscal, ano 4, v. especial, p. 1-24.

FREITAS, Juarez. *Sustentabilidade*: direito ao futuro. 2. ed. Belo Horizonte: Fórum, 2012.

FROT, Olivier. *Développement durable & marches publics*. Paris: AFNOR, 2008.

FROT, Olivier. Public administration and sustainability: the role of public institutions in creating a sustainable future: [dossier]. In: GLEMAREC, Yannick; OLIVEIRA, Jose A. Puppim de. *Public administration and development*, v. 32, n. 3, p. 199-334, ago. 2012.

GAMBINO, Silvio. *Diritti fondamentali e unione europea*: una prospettiva costituzional comparatistica. Milano: Giuffrè, 2009.

GAO. United States General Accounting Office. Normas de Auditoria Governamental do Escritório da Controladoria Geral dos Estados Unidos. Salvador: Tribunal de Contas do Estado da Bahia, 2005.

GARCIA, Denise Schmitt Siqueira. *Debates sustentáveis*: análise multidimensional e governança ambiental. Itajaí: Univali, 2015.

GARCIA, Denise Schmitt Siqueira. *Governança transnacional e sustentabilidade*. v. 1. Itajaí: Univali, 2014.

GARCIA, Denise Schmitt Siqueira. O caminho para sustentabilidade. In: GARCIA, Denise S. S. (Org.). *Debates sustentáveis*: análise multidimensional e governança ambiental. Itajaí: Univali, 2015, p. 8-30.

GIANOLLA, Cristiano. Vertical cosmopolitanism: the intergenerational approach towards human rights of future generations. *Pace diritti umani/Peace human rights. Rivista quadrimestrale*, ano VI, n. 3, p. 107-127, set./dez. 2009.

GONÇALVES, Pedro et al. (Coord.). *A crise e o Direito Público*: VI Encontro dos Professores Portugueses de Direito Público (janeiro/2012). Lisboa: Instituto de Ciências Jurídico-Políticas/ FDUL, 2013.

GRINOVER, Ada Pellegrini; WATANABE, Kazuo. *Controle Jurisdicional de Políticas Públicas*. Rio de Janeiro: Forense, 2011.

GUIMARÃES, Edgar. O Controle das licitações como instrumento de combate à corrupção. *Fórum de Contratação e Gestão Pública*, Belo Horizonte, ano 7, n. 78, p. 48-54, jun. 2008.

HÄBERLE, Peter. El concepto de los derechos fundamentales. In: *Problemas actuales de los derechos fundamentales*. Madrid: Universidad Carlos III de Madrid y Boletín Oficial del Estado – B.O.E, 1994. p. 109 et seq.

HÄBERLE, Peter. *Hermenêutica constitucional*: a sociedade aberta dos intérpretes da constituição: constituição para a interpretação pluralista e "Procedimental" da constituição. Tradução Gilmar Ferreira Mendes. Porto Alegre: Fabris Editor, 2002.

HIROKAWA, Keith. A challenge to sustainable governments. *Washington University Law Review*, v. 87, n. 1, 2009.

INTOSAI. International Organization of Supreme Audit Institutions. *Diretrizes para aplicação de normas de auditoria operacional*: normas e diretrizes para a auditoria operacional baseadas nas Normas de Auditoria e na experiência prática da INTOSAI. Tradução Inaldo da Paixão Santos Araújo e Cristina Maria Cunha Guerreiro. Salvador: Tribunal de Contas do Estado da Bahia, 2005.

IOCKEN, Sabrina Nunes. Déficit autuarial: o desafio no controle da gestão. In: LIMA, Luiz Henrique; SARQUIS, Alexandre (Coord.). *Controle externo dos regimes próprios de Previdência Social*: estudos de ministros e conselheiros substitutos dos Tribunais de Contas. Belo Horizonte: Fórum, 2016, p. 163-183.

JAVOR, Benedek. Institutional protection of succeeding generations – ombudsman for future generations in Hungary. In: TREMMEL, Jörg. *Handbook of intergenerational justice*. Cheltenham: Edgar Elgar Publishing, 2006, p. 92-124.

JONAS, Hans. *O princípio da responsabilidade*: ensaio de uma ética para uma civilização tecnológica. Rio de Janeiro: PUC Rio, 2006.

JUSTEN FILHO, Marçal. A contratação administrativa destinada ao fomento de atividades privadas de interesse público. *Revista Brasileira de Direito Público*, Belo Horizonte, n. 34, p. 47-72, jul./set. 2011.

KAHL, Wolfgang. *Nachhaltigkeit als Verbundbergriff*. Tübingen: Mohr Siebeck, 2008.

KELSEN, Hans. L'esecuzione federale. In: GERACI, C. *La giustizia costituzionale*. Milano: Giuffrè, 1981.

KISS, Alexandre. L'irréversibilité et le droit des générations futures. *Revue juridique de l'environnement*, Limonges, n. spéc. (1998), p. 49-57.

KISS, Alexandre. Le droit à la conservation de l'environnement. *RUDH*, n. 12, 1990.

KISS, Alexandre. Les origines du droit a l'environnement: Le droit international. *Revue juridique de l'environnement*, Limoges. N. spéc. 2003, p. 13-14.

KISS, Alexandre; SHELTON, Dinah. *Guide to international environmental Law*. Leiden/Boston: Martinus Hijhoff Publishers, 2007.

KLOEPFER, Michael. *Umweltrecht*. 3. ed. Munique: C. H. Beck, 2004.

KUUSIKKO, Kirsi. Advice, Good administration and legitimate expectations: some comparative aspects. *European Pubblic Law*, v. 7, n. 3, p. 455-472, set. 2001.

LEEUWEN, Sylvia van. Auditoria em assuntos hídricos: experiências das entidades fiscalizadoras superiores (EFS). *Revista do Tribunal de Contas de Portugal*, p. 286-301, jul./dez. 2004.

LIMA, Luiz Henrique (Coord.). *Tribunais de Contas*: temas polêmicos na visão de ministros e conselheiros substitutos. Belo Horizonte: Fórum, 2014.

LIMA, Luiz Henrique. *Controle do patrimônio ambiental brasileiro*: a contabilidade como condição para o desenvolvimento sustentável. Rio de Janeiro: UERJ, 2001.

LIMA, Luiz Henrique. Materialidade, relevância e riscos: a importância estratégica do controle externo dos regimes próprios de Previdência Social. In: LIMA, Luiz Henrique; SARQUIS, Alexandre (Coord.). *Controle externo dos regimes próprios de Previdência Social*: estudos de ministros e conselheiros substitutos dos Tribunais de Contas. Belo Horizonte: Fórum, 2016, p. 15-41.

LIMA, Luiz Henrique. O controle externo da gestão ambiental – auditorias ambientais. In: TCE/AM/INSTITUTO RUI BARBOSA. *I Simpósio internacional sobre gestão ambiental e controle das contas públicas*. Belo Horizonte: Fórum, 2011, v. 1, p. 129-145.

LIMA, Luiz Henrique. O TCU e as Auditorias Ambientais. *Revista do Tribunal de Contas da União*, Brasília, v. 83, p. 22-27, 2000.

LIMA, Luiz Henrique; SARQUIS, Alexandre Manir Figueiredo (Coord.). *Controle externo dos regimes próprios de Previdência Social*: estudos de ministros e conselheiros substitutos dos Tribunais de Contas. Belo Horizonte: Fórum, 2016.

MACKLIN, Ruth. *Can future generations correctly be said to have rights?* In: PARTRIDGE, Ernest. *Responsibilities to future generations*: environmental ethics. New York: Buffalo, 1980, p. 151-157.

MARIOTTI, Alexandre *et al*. Interfaces entre o poder judiciário e o poder executivo: devido processo administrativo. In: III Congresso Internacional Revisitando o Direito Público, 2009, Porto Alegre. *Anais do II Congresso Internacional Revisitando o Direito Público*. Porto Alegre: Escola Superior de Advocacia Pública, 2009. p. 3-130.

MARQUES NETO, Floriano de Azevedo. Os grandes desafios do controle da Administração Pública. In: MODESTO, Paulo (Coord.). *Nova organização administrativa brasileira*. 2. ed. rev. e ampl. Belo Horizonte: Fórum, 2010, p. 199-238.

MARTÍN MATEO, Ramón. *Manual de derecho ambiental*. 3. ed. Navarra: Thomson/Aranzadi, 2003, p. 43.

MARTINS, Guilherme d'Oliveira; PAIXÃO, Judite Cavaleiro. *Public accounts with history*. Lisboa: [S. n.], 2007.

MATOS, Marcos Lima de. *Auditoria operacional no TCU*: impacto da metodologia na realização dos trabalhos e nas contratações. Brasília: Instituto Serzedelo Corrêa do TCU, 2009.

MAZZUOLI, Valério de Oliveira. *Curso de Direito Internacional Público*. 7. ed. São Paulo: Revista dos Tribunais, 2013.

MAZZUOLI, Valério de Oliveira. *O controle jurisdicional da convencionalidade das leis*. 3. ed. São Paulo: Revista dos Tribunais, 2013.

MEDEIROS, Fernanda Fontoura. *Meio Ambiente*: direito e dever fundamental. Porto Alegre: Livraria do Advogado, 2004.

MELLO, João Augusto dos Anjos Bandeira de. Controle externo, lei orçamentária anual e a concretização dos direitos fundamentais. *Revista TCE SE*, Aracaju, n. 42, p. 26-27, fev./mar. 2009.

MILESKI, Helio Saul. *O controle da gestão pública*. 2. ed. Belo Horizonte: Fórum, 2011.

MILESKI, Helio Saul. O controle público exercido sobre a atividade financeira e orçamentária do Estado: dados comparativos entre os sistemas de controles exercidos nos âmbitos da União européia e do Brasil. *Interesse Público*, n. 53, p. 29-68, 2009.

MINATCHY, Yola. *Le développment durable, entériné dans la Constitution belge*. Disponível em: <http://www.droitbelge.be/news_detail.asp?id=398>. Acesso em: dez. 2015.

MOREIRA NETO, Diogo de Figueiredo. Algumas Notas sobre Órgãos Constitucionalmente Autônomos (um estudo de caso sobre os Tribunais de Contas no Brasil). *Revista de Direito Administrativo*, Rio de Janeiro, n. 223, p. 1-24, jan./mar. 2001.

MOTTA, Fabrício. Tribunais de contas e a efetivação dos direitos fundamentais. *Revista Del Rey Jurídica*, Belo Horizonte, n. 14, p. 36-37, jan./jun. 2005.

NÓBREGA, Marcos Antônio da. O controle do gasto público pelos Tribunais de Contas e o princípio da legalidade: uma visão crítica. *Revista Brasileira de Direito Público*, v. 23, p. 31-41, 2008.

NÓBREGA, Marcos Antônio da. Sistemas Previdenciários: aspectos teóricos. In: LIMA, Luiz Henrique; SARQUIS, Alexandre (Coord.) *Controle externo dos regimes próprios de Previdência Social*: estudos de ministros e conselheiros substitutos dos Tribunais de Contas. Belo Horizonte: Fórum, 2016, p. 43-78.

OLIVEIRA, Licurgo Joseph Mourão de. Dez anos de gestão fiscal responsável: experiências para a efetividade do controle governamental como instrumento de responsabilidade fiscal. In: CASTRO, Rodrigo Pironti Aguirre de (Org.). *Lei de responsabilidade fiscal*: ensaios em comemoração aos 10 anos da Lei Complementar nº 101/00. v. 467. Belo Horizonte: Fórum, 2010, p. 231-285.

OLIVEIRA, Odilon Cavallari de. Os tribunais de contas diante dos direitos fundamentais. *Fórum de Contratação e Gestão Pública*, Belo Horizonte, n. 63, p. 48-54, mar. 2007.

OLIVEIRA, Weder. *Curso de responsabilidade fiscal*: orçamento, direito e finanças públicas. 2. ed. Belo Horizonte: Fórum, 2015.

OST, François. *A natureza à margem da lei (a ecologia à prova do direito)*. Lisboa: Instituto Piaget, 1995, p. 317-318.

PALLEMAERTS, M. International Law and sustainable development: any progress in Johannesburg? *RECIEL*, n. 1, p. 1 *et seq.*, 2003.

PALLEMAERTS, M. La Conférence de Rio: Grandeur et décadence du Droit International de l'Environnement? *RBDI*, p. 175 *et seq.*, 1995.

PARTRIDGE, Ernest. *Responsibilities to future generations*: environmental ethics. New York: Prometheus Books, 1981.

PASCOAL, Valdecir F. Lei de Acesso à Informação: uma nova lei, um novo sol e uma nova esperança. *Revista do Tribunal de Contas do Município do Rio Janeiro*, v. XXIX, p. 64-64, 2012.

PASCOAL, Valdecir F.; FARIAS, Willams B. O papel dos tribunais de contas no fortalecimento do controle social: o Programa TCEndo Cidadania do TCE-PE. *Revista do Tribunal de Contas do Estado de Minas Gerais*, v. XXX, p. 154-157, 2012.

PASSARO, Fabio Merusi Michele. *Le autoritá indipendenti*. Bologna: Società Editrice Il Mulino, 2003.

PEREIRA DA SILVA, Jorge. Breve ensaio sobre a protecção constitucional das gerações futuras. In: *Em homenagem ao Prof. Doutor Diogo Freitas do Amaral*. Coimbra: Almedina, 2010, p. 459 *et seq*.

PEREIRA JÚNIOR, Jessé Torres. Sustentabilidade e planejamento: valores constitucionais reitores das contratações administrativas no Estado Democrático de Direito. *Revista Interesse Público*, n. 91, ano 17, p. 27-51, maio/jun. 2015.

PEREZ LUÑO, Antônio Enrique. *Ciberciudadaní@ o ciudadanìa.com?* Barcelona: Gedisa, 2004.

PEREZ LUÑO, Antônio Enrique. *Los derechos fundamentales*. 9. ed. Madrid: Tecnos, 2007.

PINTO, Élida Graziane; CONTI, José Maurício. Lei dos orçamentos públicos completa 50 anos de vigência. Disponível em: <http://www.conjur.com.br/2014-mar-17/lei-orcamentos-publicos-completa-50-anos-vigencia>. Acesso em: 23 set. 2015.

PINTO, Élida Graziane. Controle das políticas governamentais e qualidade dos gastos públicos: a centralidade do ciclo orçamentário. *Revista do Tribunal de Contas de Minas Gerais*, TCEMG, v. 33, n. 1, p. 8-12, jan./mar. 2015.

PINTO, Élida Graziane. Controle judicial do ciclo orçamentário: um desafio em aberto. *Interesse Público – IP*, Belo Horizonte, ano 17, n. 90, p. 199-226, mar./abr. 2015.

PINTO, Élida Graziane. Eficácia dos direitos sociais por meio do controle judicial da legalidade orçamentária e da sua adequada execução. *Revista Fórum de Direito Financeiro e Econômico – RFDFE*, Belo Horizonte, ano 3, n. 5, mar./ago. 2014.

PINTO, Élida Graziane. *Financiamento dos direitos à saúde e à educação uma perspectiva constitucional*. Belo Horizonte: Fórum, 2014.

PINTO, Élida Graziane. Quinze anos de Lei de Responsabilidade Fiscal. *Revista Negócios Públicos*, p. 39 et seq., jul. 2015.

POLLITT Chirstopher *et al*. *Desempenho ou legalidade?*: auditoria operacional e de gestão pública em cinco países. Tradução Pedro Buck. Belo Horizonte: Fórum, 2008.

PRIEUR, Michel. Instruments internationaux et évaluation environnementale de La biodiversité: enjeux et obstacles. *Revue Juridique de l'Environnement*, n. especial, p. 7-28, 2011.

PRIEUR, Michel. La Convention d'Aarhus, instrument universel de La dèmocratie environnementale.*Revue Juridique de l'Environnement*, n. especial, p. 9 et seq., 1999.

RAWLS, John. *Justiça como equidade*: uma reformulação. São Paulo: Martins Fontes, 2003.

REAL FERRER, Gabriel. *El derecho ambiental y el derecho de la sostenibilidad*. In: PNUMA. Programa regional de capacitacion en derecho y políticas ambientales. [S.l.], [2009?]. Disponível em: <http://www.pnuma.org/deramb/documentos>. Acesso em: set. 2015.

REAL FERRER, Gabriel. La solidariedad em Derecho Administrativo. *Revista de administración* pública (RAP), n. 161, maio/ago. 2003. Disponível em: <https://dialnet.unirioja.es/descarga/.../721284.pdf>. *Acesso em: jan. 2016*.

REAL FERRER, Gabriel; CRUZ, Paulo Márcio. Direito, sustentabilidade e a premissa tecnológica como ampliação de seus fundamentos. *Revista Sequência da UFSC*, Florianópolis, v. 36, n. 71, p. 239-278, dez. 2015. Disponível em: <http://www.scielo.br/pdf/seq/n71/2177-7055-seq-71-00239.pdf>. Acesso em: jan. 2016.

REIS, Fernando Simões. *Novas perspectivas para o controle da discricionariedade administrativa pelo TCU em auditorias operacionais*. UFRGS: Porto Alegre, 2014.

RENN, Ortwin. *White paper on risk governance*: towards an integrative approach. The international risk governance council, suíça, 2006. Disponível em: <http://www.irgc.org/IMG/pdf/IRGC_WP_No_1_Risk_Governance__reprinted_version_.pdf>. Acesso em: 28 out. 2015.

RIBEIRO, Renato Jorge Brown. *Controle Externo da Administração Pública Federal no Brasil*: O Tribunal de Contas da União – uma análise jurídico-administrativa. Rio de Janeiro: América Jurídica, 2002.

RICHER, Laurent. *Droit des Contrats Administratifs*. 9. ed. Paris: *LGDJ*, 2014.

RUMPALA, Yannick. La "consummation durable" comme nouvelle phase d'unegouverne mentalisation de laconsommation. *Revue Française de Science Politique*, v. 59, n. 5, p. 967-996, out. 2009.

SACHS, Ignacy. *Caminhos para o desenvolvimento sustentável*. 3. ed. Rio de Janeiro: Garamond, 2008.

SACHS, Ignacy. *Estratégias de Transição para do século XXI – desenvolvimento e Meio Ambiente*. São Paulo: Studio Nobel – Fundação para o desenvolvimento administrativo, 1993.

SAMPAIO, Ricardo. Critérios de sustentabilidade: dever ou faculdade? 2012. Disponível em: <http://www.zenite.blog.br/criterios-de-sustentabilidade-dever-ou- faculdade/#.U506BkDLLis>. Acesso em: 13 jun. 2014.

SANTOLIM, Cesar. A lei anticorrupção e os tribunais de contas. In: SARQUIS, Alexandre Manir Figueiredo *et al. Tribunais de contas*: temas polêmicos na visão de ministros e conselheiros substitutos. Belo Horizonte: Fórum, 2014, p. 217-223.

SANTOLIM, Cesar. Corrupção: O papel dos controles externos – transparência e controle social. Uma análise de Direito e Economia. *Cadernos de Pós-Graduação em Direito/UFRGS*, v. VII, n. 1, 2012.

SARAIVA, Rute Neto Cabrita e Gil. *A Herança de Quioto em Clima de Incerteza*: Análise Jurídico-Económica do Mercado de Emissões num Quadro de Desenvolvimento Sustentado. Tese (Doutorado) – Faculdade de Direito da Universidade de Lisboa, Lisboa, 2009.

SARLET, Ingo Wolfgang *et al.* (Coord.). *Comentários à Constituição do Brasil*. São Paulo: Saraiva/Almedina, 2013.

SARLET, Ingo Wolfgang. *A eficácia dos direitos fundamentais*. 10. ed. Porto Alegre: Livraria do Advogado, 2009.

SARLET, Ingo Wolfgang. *Direito Ambiental*: introdução, fundamentos e teoria geral. São Paulo: Saraiva, 2014.

SARLET, Ingo Wolfgang. *Princípios do Direito Ambiental*. São Paulo: Saraiva, 2014.

SARLET, Ingo Wolfgang; TIMM, Luciano Benetti. *Direitos Fundamentais*: orçamento e reserva do possível. Porto Alegre: Livraria do Advogado, 2008.

SARLET, Ingo Wolfgang; FENSTERSEIFER, Tiago. *Direito Constitucional Ambiental*. São Paulo: Revista dos Tribunais, 2011.

SCHMITT, Rosane Heineck. *Tribunais de Contas no Brasil e controle de constitucionalidade*. Tese (Doutorado em Direito) – Faculdade de Direito, Universidade Federal do Rio Grande do Sul – UFRGS, Porto Alegre, 2006.

SCOVAZZI, Tullio. La partecipazione del pubblico alle decisioni sui progetti che incidono sull'ambiente. *Rivista Giuridica dell Ambiente*, n. 3, p. 485 *et seq.*, 1989.

SEN, Amartya. *A ideia de Justiça*. Coimbra: Almedina, 2010.

SILVA, Suzana Tavares da. A "Linha Maginot" da sustentabilidade financeira: perigo, risco, responsabilidade e compensação de sacrifícios: uma revisão da dogmática a pretexto da gestão do litoral. *CEDOUA – Revista do Centro de Estudos de Direitos do Ordenamento, Urbanismo e Ambiente*, Coimbra, ano 12, n. 23, p. 29-50, 2009.

SILVA, Suzana Tavares da. Sustentabilidade e solidariedade no financiamento do bem estar: o fim das "boleias"? In: OTERO, Paulo; QUADROS, Fausto de; SOUSA, Marcelo Rebelo de. *Estudos de homenagem ao Professor Doutor Jorge Miranda*. v. V. Coimbra: Coimbra Editora, 2012, p. 819-842.

SOARES, Fabiana de Menezes. *Produção do Direito e conhecimento da lei a luz da participação popular e sob o impacto da tecnologia da informação*. Tese (Doutorado) –UFMG, Belo Horizonte, 2002.

SOLOW, Robert M. An almost practical step toward sustainability. *Resources Policy*, v. 19, n. 3, p. 168 *et seq.*, 1993.

SOUSA, Alfredo José. O Tribunal de Contas de Portugal na Actualidade. In: SOUSA, Alfredo José (Coord.). *O novo Tribunal de Contas*: Órgão Protetor dos Direitos Fundamentais. Belo Horizonte: Fórum, 2003.

SOUZA, Aluisio Gama. *Direito Público no Tribunal de Contas*. Rio de Janeiro: Faculdade Gama e Souza, 2007.

SOUZA, Antônio Emanuel Andrade de. Os riscos da implantação dos planos de previdência complementar dos servidores públicos no Brasil: uma visão além do equilíbrio atuarial. In: LIMA, Luiz Henrique; SARQUIS, Alexandre (Coord.). *Controle externo dos regimes próprios de Previdência Social*: estudos de ministros e conselheiros substitutos dos Tribunais de Contas. Belo Horizonte: Fórum, 2016, p. 185-213.

SPECK, Bruno Wilhelm. *Inovação e rotina no Tribunal de Contas da União*. São Paulo: Fundação Konrad Adenauer, 2000.

SUNSTEIN, Cass R. Irreversibility. *Law, Probability and Risk*, v. 9, set./dec, 2010.

SUNSTEIN, Cass R. Why free markets make fools of us. *The New York Review of Books*. Disponível em: <http://www.nybooks.com/articles/archives/2015/oct/22/why-free-markets-make-fools-us/>. Acesso em 28 out. 2015.

SUNSTEIN, Cass R; THALER, Richard H. *Nudge*: o empurrão para a escolha certa – aprimore suas decisões sobre saúde, riqueza e felicidade. Tradução Marcello Lino. Rio de Janeiro: Elsevier, 2009.

TARUFFO, Michele. *Idee per uma teoria della decisione giusta*. Disponível em: <www.dirittosuweb.com>. Acesso em: 05 set. 2015.

TARUFFO, Michele. Idee per una teoria della decisione giusta. *Rivista Trimestrale di Diritto e Procedura Civile*, n. 2, 1997.

TAVARES, José F. F. *Estudos e administração e finanças públicas*. Coimbra: Almedina, 2004.

TAVARES, José F. F. *O Tribunal de Contas*: do visto, em especial. Coimbra: Almedina, 1998.

TEIXEIRA, Anderson Vichinkeski. Contratti amministrativi e principio di sostenibilità. In: TEIXEIRA, Anderson Vichinkeski; SOUZA, Maria Claudia Antunes de (Org.). *Verso lo Stato Sostenibile*: globalizzazione, sostenibilità ambientale e sviluppo socioeconomico. v. 1. Roma: Aracne Editrice, 2015, p. 29-43.

TORRES, Ricardo Lobo. *Curso de Direito Financeiro e Tributário*. 16. ed. Rio de Janeiro: Renovar, 2009.

TORRES, Ricardo Lobo. O mínimo existencial, os direitos sociais e os desafios de natureza orçamentária. In: SARLET, Ingo Wolfgang; TIMM, Luciano Benetti. *Direitos Fundamentais*: orçamento e reserva do possível. Porto Alegre: Livraria do Advogado, 2008, p. 69-86.

TORRES, Ricardo Lobo. Os direitos fundamentais e o Tribunal de Contas. *Revista do Tribunal de Contas do Estado do Rio de Janeiro*, Rio de Janeiro, v. 13, n. 23, p. 54-63, jul. 1992.

TORRES, Ricardo Lobo. *Tratado de direito constitucional, financeiro e tributário*. v. II. Rio de Janeiro: Renovar, 2005, p. 183 *et seq*.

VEIGA, José Eli (Org.). *Desenvolvimento sustentável*: o desafio do século XXI. Rio de Janeiro: Garamond, 2005.

VILLAC, Teresa. Licitações Sustentáveis e Hermenêutica. In: VILLAC, Teresa; BLIACHERIS, Marcos; SOUZA, Lilian. *Panorama de licitações sustentáveis*: direito e gestão pública. Belo Horizonte: Fórum, 2014, p. 65 *et seq*.

WEERAMANTRY, Christopher; SEGGER, Marie-Claire C. *Sustainable justice*: Reconciling Economic, Social and Environmental Law. Martinus Nijhoff, 2005.

ZYLMER, Benjamin. *Direito administrativo e controle*. Belo Horizonte: Fórum, 2005.

Informação bibliográfica deste livro, conforme a NBR 6023:2002 da Associação Brasileira de Normas Técnicas (ABNT):

CUNDA, Daniela Zago Gonçalves da. Controle de sustentabilidade fiscal pelos Tribunais de Contas: tutela preventiva da responsabilidade fiscal e a concretização da solidariedade intergeracional. In: LIMA, Luiz Henrique; OLIVEIRA, Weder de; CAMARGO, João Batista (Coord.). *Contas governamentais e responsabilidade fiscal*: desafios para o controle externo – estudos de ministros e conselheiros substitutos dos Tribunais de Contas. Belo Horizonte: Fórum, 2017. p. 145-186. ISBN 978-85-450-0246-8.

CAPÍTULO 5

O CONTROLE DA EXECUÇÃO ORÇAMENTÁRIA COMO MEIO GARANTIDOR DE DIREITOS FUNDAMENTAIS

MILENE CUNHA

1 Introdução

Os direitos fundamentais dos cidadãos, enumerados na Constituição de 1988, são resultado de uma conquista ao longo de nossa história, em que progressivamente o Estado voltou sua atenção para assegurar ao cidadão uma existência digna, livre, igual e fraterna, criando condições à plena potencialidade do ser humano.

No artigo 6º da CF/88, encontram-se enumerados os direitos sociais: o direito à educação, à saúde, ao trabalho, à moradia, ao lazer, à segurança, à previdência social, à proteção à maternidade e à infância, e à assistência aos desamparados.

Considerados direitos de segunda geração, os direitos sociais exigem do Estado uma obrigação de fazer e possuem caráter econômico e social, com o objetivo de garantir à sociedade melhores condições de vida.

Sendo uma obrigação de fazer do Estado, revelada nas políticas de justiça distributiva em prol da igualdade, a concretização desses direitos ocorrerá por meio da programação e da previsão de gastos públicos, alocando recursos no orçamento para sua execução.

Nesse contexto, a Lei do Orçamento Público assume posição de máxima relevância em nosso ordenamento, depois da Constituição Federal, vez que é o orçamento que confere efetividade às ações governamentais, definindo quanto cada área de atuação do governo receberá para a concretização de suas ações, notadamente as que buscam atender as necessidades de caráter social.

Certamente, ao alocar os recursos para fazer frente às necessidades da sociedade, o Estado encontra restrições de ordem orçamentária e financeira, razão pela qual se sustenta que o atendimento das necessidades sociais encontra uma barreira na reserva do possível, muitas vezes, sem razão, usada como justificativa para a inércia do Estado na concretização dos direitos fundamentais.

Assim, deve-se exigir do Estado ações coordenadas e planejadas a fim de priorizar a implementação e fruição desses direitos, ainda que progressivamente. Dessa forma, ao visualizarmos no orçamento importante papel de planejamento das ações governamentais, apto a prever as fontes de financiamento para a realização das despesas destinadas ao funcionamento e ao fornecimento de bens e de serviços públicos, o controle de sua execução assume posição de destaque em nossa democracia.

O controle da execução orçamentária, realizado pelos Tribunais de Contas e pelo sistema de controle interno, envolve a fiscalização e o monitoramento da arrecadação e do gasto público a fim de que as informações obtidas a partir desse controle possam retroalimentar a execução, corrigindo os desvios e induzindo novas ações, principalmente a partir das contingências que surgem no decorrer dessa execução, a exemplo das decisões judiciais que determinam a obrigação de fazer na área de saúde e educação.

Destarte, é dentro desse panorama que se busca traçar um paralelo entre o controle da execução orçamentária e a fruição dos direitos fundamentais, notadamente os sociais, sob a perspectiva do papel dos Tribunais de Contas, principalmente a partir da Constituição Cidadã de 1988, que alargou significativamente as competências desses órgãos de controle externo.

2 Direitos fundamentais: um tema jurídico-institucional

Em um Estado em que os recursos são escassos, mas as necessidades sociais são infinitas, o planejamento e a eficácia do gasto público são importantes para fazer frente a tais necessidades, principalmente levando-se em consideração que o ambiente da administração pública brasileira é geograficamente continental. Daí a complexidade das execuções das políticas públicas locais e nacionais quando se busca unificar e universalizar o atendimento dessas necessidades.

Some-se a isso o fato de a Constituição ser uma carta que garante e universaliza direitos e prevê objetivos audaciosos, conforme insculpido em seu art. 3º: constituem objetivos fundamentais a construção de uma sociedade livre, justa e solidária; a garantia do desenvolvimento nacional; a erradicação da pobreza e da marginalização e redução das desigualdades sociais e regionais; bem como a promoção do bem de todos, sem qualquer discriminação ou preconceito.

Mostra-se necessário aqui fazer um rápido resumo do contexto histórico internacional, destacando que a Declaração Universal dos Direitos Humanos de 1948 trazia em seu bojo aspectos atinentes aos direitos civis, políticos, sociais, econômicos e culturais, e foi a norteadora da elaboração de alguns pactos internacionais sobre os direitos humanos, como, por exemplo, o Pacto Internacional sobre Direitos Econômicos, Sociais e Culturais de 1966.

Do art. 25 da referida Declaração Universal, extrai-se que:

1. Toda pessoa tem direito a um padrão de vida capaz de assegurar a si e a sua família saúde e bem-estar, inclusive alimentação, vestuário, habitação, cuidados médicos e os serviços sociais indispensáveis, e direito à segurança em caso de desemprego, doença, invalidez, viuvez, velhice ou outros casos de perda dos meios de subsistência fora de seu controle.
2. A maternidade e a infância têm direito a cuidados e assistência especiais. Todas as crianças nascidas dentro ou fora do matrimônio gozarão da mesma proteção social.

Por sua vez o art. 12 do Pacto Internacional sobre os Direitos Econômicos, Sociais e Culturais de 1966 dispõe que *os Estados-Partes no presente Pacto reconhecem o direito de toda pessoa de desfrutar o mais elevado nível de saúde física e mental.*

É possível concluir que ambos os documentos alçaram os direitos sociais ao nível de direitos humanos, de abrangência universal, independentemente de reconhecidos pelas constituições, vez que dizem respeito à dignidade da pessoa humana.

Aqui, relevante se faz traçar a diferença entre direitos humanos e direitos fundamentais. Os direitos humanos possuem validade universal e nascem da própria condição humana, existindo independentemente de estarem expressos na Constituição de um país. De outro modo, os direitos fundamentais nascem justamente de sua positivação na Carta Política.

Na intelecção de Canotilho (1998, p. 259), os direitos fundamentais decorrem do processo de positivação dos direitos humanos, a partir do reconhecimento, pelas legislações positivas, de direitos considerados inerentes à pessoa humana. Dessa forma, afirma que:

> As expressões direitos do homem e direitos fundamentais são frequentemente utilizadas como sinônimas. Segundo a sua origem e significado poderíamos distingui-las da seguinte maneira: direitos do homem são direitos válidos para todos os povos e em todos os tempos; direitos fundamentais são os direitos do homem, jurídico-institucionalmente garantidos e limitados espacio-temporalmente. Os direitos do homem arrancariam da própria natureza humana e daí o seu caráter inviolável, intertemporal e universal; os direitos fundamentais seriam os direitos objetivamente vigentes numa ordem jurídica concreta.

De modo semelhante, Fábio Konder Comparato (2003, p. 176) afirma que os direitos fundamentais são *direitos que, consagrados na Constituição, representam as bases éticas do sistema jurídico nacional, ainda que não possam ser reconhecidos, pela consciência jurídica universal, como exigências indispensáveis de preservação da dignidade humana.*

Os direitos fundamentais dos cidadãos encontram-se plasmados, em enumeração não exaustiva, nos arts. 5º, 6º e 14 da Constituição Federal, que abrangem não apenas os direitos individuais, sociais e políticos, mas também os direitos coletivos, os transindividuais e os difusos, imanentes às pessoas ligadas por interesse comum ou circunstâncias de fato.

Para o atendimento dos direitos fundamentais, o Poder Público precisa de recursos pecuniários e de disciplina na aplicação desses recursos. Essa condição impõe ao ente público o exercício de uma atividade-meio, instrumental, que não cumpre função de atender diretamente à satisfação das necessidades da coletividade, mas possibilita o alcance dos fins colimados pelo Estado (CALDAS, 2013, p. 37).

Deveras, é possível afirmar que mesmo os direitos fundamentais classificados pela doutrina como "negativos"[1] são, na verdade,

---

[1] Relativo aos direitos de primeira geração, chamados de direitos de liberdade ou direitos de defesa, e que partem da ideia de que se concretizariam mediante uma simples abstenção do Estado.

"positivos",[2] no sentido de que todos os direitos, sem exceção, exigem prestações estatais tendentes à sua garantia e realização, especialmente quando há resistência no exercício desses direitos, isso quando não solicitam a formação de toda uma estrutura institucional para sua fruição (CASTRO, 2015, p. 107).

Todavia, o ponto que nos interessa abordar no presente artigo refere-se aos direitos que exigem uma prestação positiva do Estado, por sua relação direta com o controle da execução orçamentária.

2.1 Direitos sociais e políticas públicas: uma questão orçamentária

O artigo 6º da CF/88 elenca como direitos sociais o direito à educação, à saúde, ao trabalho, à moradia, ao lazer, à segurança, à previdência social, à proteção à maternidade e infância, e à assistência aos desamparados.

No escólio de Celso Barroso Leite (1972, p. 21):

> A proteção social se preocupa, sobretudo com os problemas individuais de natureza social, assim entendidos aqueles que, não solucionados, têm reflexos diretos sobre os demais indivíduos e, em última análise sobre a sociedade. A sociedade então, por intermédio de seu agente natural, o Estado, se antecipa a esses problemas, adotando para resolvê-los principalmente medidas de proteção social.

No atendimento dos direitos de segunda geração, como o são os direitos de trabalho, saúde, educação, entre outros, o sujeito passivo é o Estado, como leciona Celso Lafer (1988, p. 127). Dessa forma, cabe ao Estado oferecê-los em prol da coletividade, tendo em vista possuírem uma estrita ligação com a dignidade.

Certamente, nessa obrigação de fazer do Estado, deve-se ponderar que a reserva do possível, também conhecida como reserva do financeiramente possível, exerce um papel de efetivar os direitos sociais conforme a razoabilidade, restringindo-se às receitas do orçamento público, limitando, assim, esses direitos fundamentais prestacionais.

Nas palavras do Min. Celso de Mello (2004):

> A realização dos direitos econômicos, sociais e culturais – além de caracterizar-se pela gradualidade de seu processo de concretização – depende, em grande medida, de um inescapável vínculo financeiro subordinado às

---

[2] Assim considerados os direitos de segunda geração, por exigirem uma prestação positiva estatal.

possibilidades orçamentárias do Estado, de tal modo que, comprovada, objetivamente, a incapacidade econômico-financeira da pessoa estatal, desta não se poderá razoavelmente exigir, considerada a limitação material referida, a imediata efetivação do comando fundado no texto da Carta Política.

Entretanto, a inércia estatal fundada na reserva do possível não deve ser, por si só, aceita, pois deve-se exigir do Estado ações coordenadas e planejadas a fim de priorizar a implementação e fruição desses direitos, ainda que progressivamente. Esse também é o entendimento de Dirley da Cunha Júnior (2006, p. 287):

> Num Estado em que o povo carece de um padrão mínimo de prestações para sobreviver, onde pululam cada vez mais cidadãos socialmente excluídos e onde quase meio milhão de crianças são expostas ao trabalho escravo, enquanto seus pais sequer encontram trabalho e permanecem escravos de um mesmo sistema que não lhes garante a mínima dignidade, os direitos sociais não podem ficar reféns de condicionamentos do tipo reserva do possível.

A irresignação quanto à invocação da reserva do possível parte também da constatação da ineficiência da máquina pública. Diante desse quadro, torna-se insubsistente, por desídia do Estado, invocar a reserva do possível para a não prestação de tais direitos, conforme argumenta Andrey Stephano Silva de Arruda (2012):

> [...] se tornou uma falácia tal instituto, pois o que encontra-se externado são governantes alegando que não tem os cofres públicos numerários suficientes, ou seja, não há receitas que venham garantir a concretização destes direitos sociais, não existem políticas públicas para tal cumprimento, não existem leis ordinárias ou complementares para impor tal comportamento (cumprir e garantir ao povo, pelo menos o mínimo existencial, como a saúde, educação, moradia, assistência social), mas o que se vê é, políticos gozando do dinheiro público para fazer viagens ao exterior com a família, comprando carros de luxo, castelos, mansões, fazendo conchavos políticos, entre outras formas de ludibriações, enquanto milhares de pessoas passam fome, morrem em leitos de hospitais públicos sem serem atendidos, crianças não tem acesso a uma educação de qualidade, onde que, com isso, observa-se, ou a pessoa tem certa condição financeira, ou vai ficar a mercê destes políticos que se colocam no poder e nada fazem em prol do povo.

Importante essa reflexão, principalmente porque a grande depressão econômica de 1929 e seu desdobramento político fez surgir um novo tipo de Estado, caracterizado por uma postura mais propositiva e empenhado em conduzir a sociedade para a concretização de objetivos tidos como essenciais pelo poder constituinte. Explica-se, assim, a postura intervencionista que o Estado passou a adotar com a edição de regras e princípios que conduzem a sociedade para determinada direção. A assertiva básica desse modelo é a realização de um princípio de igualdade real, com a atuação do Estado para sua efetivação (ROCHA, 2010, p. 14).

Conforme Rocha afirma, a mudança do foco da igualdade formal, típica do modelo constitucional do Estado Liberal, para a igualdade real, preocupação do modelo constitucional do Estado Social, provoca a atuação estatal com e sobre a sociedade para a afirmação de políticas que efetivem os valores postos na Constituição como metas a serem atingidas, dentre as quais se destaca a necessidade de atuação do Estado no implemento dos direitos fundamentais sociais.

Certamente, a materialização da igualdade real exige do Estado um estudo prévio de seu custo e a consequente alocação de recursos suficientes para fazer frente à implementação de políticas sociais aptas a permitir a fruição dos direitos consagrados no ordenamento jurídico. Do contrário, os direitos formalmente previstos serão, no escólio de Castro, meras abstrações legais:

> Devemos ter em mente que sempre que houver um direito em jogo, teremos de considerar, necessariamente, qual será o custo, em dinheiro, para tornar tal pretensão uma realidade no mundo dos fatos. Caso contrário, os direitos – principalmente os constitucionalizados – permanecerão meras abstrações dos diplomas legais, "vítimas" daquilo que Luis Roberto Barroso denominou de "insinceridade normativa", ou ainda, permanecerão envoltas, como aduz Juarez Freitas, nas "[...] nuvens espessas das promessas não cumpridas" (CASTRO, 2015, p. 112).

Ora, o Estado, ao decidir se organizar como um Estado social, assume a obrigação de ser um agente da promoção social e organizador da economia, obrigando-se a garantir serviços públicos e proteção à população. Como consequência dessa decisão, exige-se que busque conduzir suas ações de forma planejada e ordenada, dentro de um padrão mínimo de qualidade que atenda as expectativas da sociedade, ainda que progressivamente, não sendo admissível que se ampare de forma reiterada na reserva do possível para justificar sua inércia ou baixo resultado na oferta desses serviços públicos.

Feita essa digressão e buscando traçar a relação entre os direitos fundamentais sociais e o controle da execução orçamentária, há que se considerar uma premissa fundamental: a de que direitos conquistados somente se consolidam quando efetivamente usufruídos. Para a consolidação desses direitos, o Estado deve adotar medidas proativas e gradativas que assegurem aos cidadãos oportunidades de emprego, qualidade na educação e na saúde, benefícios previdenciários sustentáveis, entre outros.

Dessa premissa, surge a relevância de se priorizar o planejamento e o equilíbrio fiscal, principalmente diante das dimensões territoriais e da heterogeneidade cultural e social do Brasil. Somente pela capacidade de definir as prioridades orçamentárias e a qualidade de gerenciamento do gasto, é que se pode garantir a fruição do direito, mesmo que paulatinamente, uma vez que, caso contrário, haverá uma desvalorização da Constituição como documento estruturante da sociedade e, consequentemente, um menosprezo dos direitos fundamentais sociais, que, tendo sua fruição flutuando à disponibilidade de recursos, poderão ser vistos como não tão fundamentais assim.

E é nesse contexto que a lei orçamentária assume papel de destaque em nosso ordenamento, pois esses direitos serão efetivados a partir da programação e da previsão dos gastos públicos, em que os recursos serão alocados no orçamento para sua execução.

Nas palavras de Ayres Brito na Adi-MC nº 4.049, depois da Constituição Federal, a Lei do Orçamento Público é uma lei de meios e figura como a mais importante para a Administração Pública, vez que o orçamento influencia o destino de toda a coletividade ao fixar todas as despesas e prevê todas as receitas para um determinado período.

No orçamento público, define-se quanto cada área de atuação do governo receberá e, a partir do qual, o controle se iniciará. É o orçamento, portanto, que confere efetividade às ações governamentais (LIMA, 2015).

Por isso é que a atual visão do orçamento está centrada no alcance do equilíbrio da economia como um todo, no ajustamento das entradas de receitas e despesas públicas em função das flutuações da atividade privada, com vista à realização de esperado nível de emprego e de renda (ROCHA, 2010, p. 93).

Seguramente, o orçamento é o instrumento basilar para se definir as prioridades das ações governamentais. É nele que se materializa a fase de formulação das políticas públicas de um determinado período, a partir do qual as ações governamentais serão direcionadas.

Convém, aqui, abrir um parêntese para ressaltar que o ciclo da política pública envolve quatro etapas, a saber: formulação, implementação, monitoramento e avaliação.

Na fase de formulação, há a definição de uma agenda governamental, que nasce das necessidades manifestas dos diversos grupos da população e envolve uma complexa rede de atores estatais e sociais que pressionam para que essas necessidades sejam priorizadas pelo governo. A tomada de decisão nessa fase envolve uma gama de fatores políticos, sociais e econômicos e promove forte impulso nas demais etapas do ciclo, influenciando diretamente a alocação dos recursos que serão necessários para fazer frente a essa agenda.

Na fase de implementação, dá-se a execução do que foi decidido e formulado na etapa anterior. É nessa fase que fica evidente a mobilização e o direcionamento dos recursos públicos para o atendimento das necessidades priorizadas na agenda governamental.

Já a fase de monitoramento envolve o acompanhamento contínuo e sistemático das ações governamentais executadas, por parte dos gestores e técnicos. Nessa etapa, que possui íntima relação com o controle da execução orçamentária, busca-se monitorar o atingimento das metas e dos objetivos, fornecendo informações sobre a implementação das ações e permitindo a correção de desvios que porventura possam ocorrer.

Por fim, na fase de avaliação busca-se analisar os resultados das ações e políticas implementadas em relação aos objetivos inicialmente definidos. Envolve a aferição da eficácia e da eficiência e demonstra a capacidade ou incapacidade do governo para efetivar determinada política pública dentro dos padrões esperados pela sociedade.

Feitas essas considerações, é de se reconhecer que não basta a mera inclusão de determinadas políticas públicas, notadamente daquelas voltadas para a concretização dos direitos fundamentais sociais, na inclusão da agenda governamental, para assegurar que as ações atenderão as expectativas da sociedade em relação à fruição de seus direitos constitucionais.

Observem-se, por exemplo, os gastos em educação. Desde a Constituição de 1934, mais precisamente em seu art. 156, há previsão de vinculação orçamentária de despesa para a realização de política pública de educação.

No entanto, mesmo diante de um dispositivo constitucional de mais de 82 anos que fixa percentual mínimo de gasto em educação, observamos que a mera fixação de meta para a aplicação de recursos públicos direcionados a esse fim não se mostra suficiente. É preciso que se cubram resultados satisfatórios na formação de um capital intelectual. Apesar de evidente, o desafio está em conscientizar os gestores de que, mais do que atingir o gasto mínimo, o importante é gastar bem, atendendo metas gradativas de qualidade da educação em seus diferentes níveis.

E os resultados estão aí para nos mostrar o quanto é preciso avançar. Os baixos resultados de desempenho dos estudantes brasileiros em exames internacionais como o PISA (Programme for International Student Assessment) e, não raro, a estagnação e o retrocesso das metas de IDEB (Índice de Desempenho da Educação Básica) das redes públicas municipais e estaduais de ensino são preocupantes.

Em ótimo artigo, Ramalho e Pinto (2014) afirmam que, enquanto fracassamos coletivamente na formação qualitativa dos nossos estudantes, os gestores públicos, muitas vezes, alegam serem necessários mais recursos públicos para pagar salários de professores, construir escolas, oferecer material didático etc. Entretanto, afirmam que, apesar das ações educacionais serem onerosas em um país em desenvolvimento como o nosso, o são substantivamente menos do que nas nações mais desenvolvidas, o que torna a discussão entre subfinanciamento de recursos e desperdício ainda mais importante.

Por tal razão, mostra-se necessário que o gasto em educação não se restrinja a mero protocolo constitucional, somente para atender o mínimo exigido. O que deve ser perseguido é a qualidade do desempenho da rede de ensino na formação de conhecimento e fortalecimento do capital intelectual dos cidadãos.

É nessa perspectiva que os órgãos de controle devem avaliar a aplicação do gasto em educação, pois, nas palavras de Ramalho e Pinto (2014), não basta o cumprimento matemático do dever de gasto mínimo se a ele corresponder estagnação ou regressividade imotivada de indicadores e índices oficiais de desempenho durante o período examinado.

O gasto formal do montante mínimo de recursos vinculados, desacompanhado de um padrão de qualidade, afronta os princípios da finalidade e eficiência, além de configurar oferta irregular de ensino nos termos em que dispõe o art. 208, §2º, combinado com o art. 206, VII, ambos da CF/1988.

> O gasto até pode haver sido fixado em patamar mínimo, mas a qualidade da educação envolve dever de progresso, do qual não podemos nos furtar sob pena de as futuras gerações nos cobrarem pelo que deixamos de avançar no cumprimento de normas constitucionais vigentes há tanto tempo. Afinal, se de um lado não existe plena democracia em um Estado que não atende os anseios de seu cidadão, de outro, não existe plena cidadania, em uma sociedade sem educação (RAMALHO; PINTO, 2014).

À semelhança da educação, também há um montante mínimo de recursos vinculados às políticas de saúde, desde a Emenda nº 29/2000. No caso da União, a agora recentíssima Emenda nº 86/2015 obriga um gasto não inferior a 15% da receita corrente líquida. Por sua vez, conforme a LC nº 141/2012, os Estados e o Distrito Federal devem aplicar ao menos 12%, e os Municípios, 15%, da receita de impostos e recursos das transferências obrigatórias na saúde.

Convém ressaltar que, até a EC nº 86/2015, os gastos da União com a saúde sempre mantiveram o patamar do ano anterior corrigido tão somente pela variação nominal do PIB, o que provocou a estagnação do gasto federal em saúde.

De modo diferente, o critério de gasto mínimo em saúde dos Estados, do Distrito Federal e dos Municípios, tal como definido pela Emenda nº 29/2000 e mantido pela EC nº 86/2015, sempre correspondeu ao porcentual da arrecadação de impostos e transferências. Como o Sistema Único de Saúde não tem fontes suficientes e adequadas de custeio para fazer frente às demandas da sociedade, o resultado dessa distorção federativa de critérios ao longo dos anos foi o aumento dos gastos em saúde para os entes subnacionais em patamares superiores ao da União. Nos últimos sete anos, enquanto Estados e Municípios aumentaram suas despesas públicas com saúde em 49,4% e 71,6%, respectivamente, a União cresceu apenas 40,4%, como se observa do gráfico abaixo.

Fonte: SIOPS, ANS e IBGE

Por certo, como afirma Pinto (2015), quem tem maior capacidade arrecadatória deveria ser proporcionalmente implicado na necessidade de custeio do SUS, já que o financiamento da saúde pública e, em particular, os recursos federais destinados ao setor devem ser rateados entre os três níveis da Federação, "objetivando a progressiva redução das disparidades regionais", conforme o artigo 198, §3º, inciso II, da Constituição de 1988.

Ademais, como argumenta Pinto (2015), o aumento do gasto em saúde suportado em maior grau por Estados e Municípios é, em parte, consequência da forçada resposta às ações judiciais, assim como do impreciso dimensionamento de outros gastos no setor, a exemplo do que ocorre com custos subestimados das transferências voluntárias feitas pela União para a execução descentralizada de ações e serviços públicos de saúde.

Nessa linha, os gastos com saúde oriundos de decisões judiciais e os que possuem custos subestimados têm sido suportados preponderantemente pelos Municípios e pelos Estados sem que haja um levantamento sistemático desses gastos a fim de buscar a repartição do ônus entre todos os entes federados envolvidos nessa política, comprometendo a execução orçamentária e as demais políticas públicas sob responsabilidade desses entes subnacionais.

Como o Supremo Tribunal Federal admite a responsabilidade solidária entre os entes da Federação em relação ao dever de consecução do direito à saúde, Pinto (2015) sustenta que não seria desarrazoado imputar à União, ainda que por meio de ações regressivas, a responsabilidade pela falta de custeio adequado do SUS ao longo dos últimos anos.

Por meio de ações regressivas, os Municípios interessados poderiam, desse modo, apresentar o desequilíbrio federativo no custeio das ações e serviços públicos de saúde, não para buscarem reaver o excedente fiscal do quanto eles verteram a título de gasto em ações e serviços públicos de saúde, mas para imporem, de fato e de direito, maior corresponsabilidade fiscal da União no custeio do SUS.

Todo esse debate se torna relevante – a despeito da polêmica doutrinária que envolve a interferência do Judiciário na execução dessas políticas sociais – na medida em que obriga os entes a adaptarem o curso da execução orçamentária, ao serem forçados a incluir em seu planejamento orçamentário o resultado das demandas judiciais – comprometendo a alocação de recursos em outras políticas públicas – bem como a buscarem ação articulada no financiamento e execução dessas ações.

Nessa linha de intelecção, se, de um lado, as decisões judiciais provocam imprevistos na execução orçamentária, obrigando os gestores a fazerem reservas para essas contingências em seu orçamento, por outro lado se mostram importantes para assegurar o atendimento dos direitos fundamentais sociais quando não priorizados na agenda governamental.

Em sua obra, Junior (2009) defende que o Poder Judiciário pode exercer o controle sobre as decisões efetuadas no debate orçamentário quando essas opções políticas violarem direitos fundamentais.

Argumenta esse autor que, se a Constituição de 1988 instituiu um Estado Democrático, fundado na liberdade e na dignidade humana, no qual os mínimos sociais necessários ao exercício das liberdades públicas são direitos fundamentais, é de se reconhecer que, para a defesa desses direitos, o Poder Judiciário estará legitimado a exercer o controle das escolhas orçamentárias.

No entanto, sempre que possível, a intervenção judicial sobre as escolhas orçamentárias deve ser realizada através do próprio orçamento, minimizando, com isso, o impacto sobre o princípio da divisão dos poderes e sobre o princípio democrático, além de promover o atendimento às normas constitucionais que regem a atividade financeira do Estado (JUNIOR, 2009).

A tutela judicial mostra-se eficiente para, diante da inércia do aparelho estatal, muitas vezes, convenientemente, sustentada na reserva do possível, exigir a consecução dos direitos sociais. Na linha do que defendido pelo Ministro Celso de Mello no RE nº 581.352 AgR/AM, a reserva do possível não é aplicável quando da omissão estatal ocorrer injusto inadimplemento de deveres constitucionalmente impostos ao Estado, principalmente na área da saúde. Assim, tal inércia reclama o controle judicial na implementação de políticas públicas instituídas pela Constituição e não efetivadas pelo Poder Público.

Noutro giro, forçoso reconhecer que, no Brasil, há pouca adesão e observância às peças orçamentárias, servindo estas, muitas vezes, de meros instrumentos formais para cumprir um mandamento constitucional. Assim, não raro, o que é formulado e aprovado é desconsiderado, fazendo letra morta o art. 165 da CF/88:

> As leis orçamentárias precisam ser levadas a sério e o orçamento deve vincular o gestor, em rota de evolução da sua natureza meramente autorizativa para vir a gozar do que o professor José Maurício Conti suscitara como a "máxima 'impositividade' do orçamento", já que, segundo ele, "a eficácia, credibilidade e respeito à lei orçamentária exigem que, uma vez aprovada, sua execução deva pautar-se pela busca do fiel cumprimento de seus dispositivos" (PINTO, 2014).

Diante dessa baixa adesão, a relevância das decisões judiciais reside também na imposição de cumprimento da lei orçamentária, além de, eventualmente, suprir alguma omissão no planejamento estatal das ações garantidoras dos direitos fundamentais sociais. Ademais, essas decisões servem para retroalimentar o planejamento, de modo a permitir sua correção em prol da gradativa universalização, na lei orçamentária, da resposta judicial em favor de todos os cidadãos que estiverem em igual situação jurídica.

Do exposto, é de se concluir que garantir a fruição, ainda que progressiva, dos direitos fundamentais sociais pelos cidadãos requer, inicialmente, sua priorização, a partir de uma agenda política planejada e ordenada nas peças orçamentárias, as quais devem possuir um mínimo de flexibilidade para se adaptarem às contingências. No entanto, garantir a universalização desses direitos, como objetiva a CF/88, requer eficiência e eficácia na execução. Eis onde surge a relevância do controle, vez que o controle da execução orçamentária permite verificar o grau de atendimento e o nível de qualidade dos serviços públicos voltados à população e, a partir dessa verificação, fornecer subsídios para que o Estado possa adequar, ampliar e/ou corrigir suas ações, maximizando e/ou otimizando a aplicação dos recursos públicos.

3 O controle da execução orçamentária: evolução e órgãos responsáveis

O surgimento do orçamento público está ligado ao desenvolvimento das relações políticas entre os Poderes Legislativo e Executivo e tem suas raízes na queda da monarquia absolutista, época em que a hegemonia parlamentar ganhou força na sociedade. Em razão disso, passou a ser necessário separar o tesouro público do privado e estabelecer limites à atuação do Estado na efetivação de despesas, custeadas com tributos arrecadados.

Na *Bill of Rights of 1689*,[3] o poder de legislar e de criar tributos[4] não mais competia ao monarca, soberano e detentor do patrimônio originário da coletividade, e sim ao Parlamento. Nesse momento, é possível perceber que o orçamento assume uma função, ainda que incipiente, de claro controle da atividade pública, amparado na necessidade de aprovação da proposta pelo órgão parlamentar.

No Estado Brasileiro, a origem do orçamento surge dos conflitos metrópole-colônia oriundos da insatisfação com a cobrança de tributos, a exemplo do que ocorreu com a Inconfidência Mineira. A primeira Constituição de 1824 trouxe a previsão de uma lei orçamentária, que somente veio a ser concretizada em 1830.

A partir desse momento, é possível perceber, da análise das demais constituições, que o modo de elaboração, o funcionamento e as atribuições do orçamento evoluíram de uma posição de meros

---

[3] Oriunda da Revolução Gloriosa.

[4] *That levying money for or to the use of the Crowne by pretence of Prerogative without Grant of Parliament for longer time or in other manner than the same is or shall be granted is illegall.*

instrumentos de controle na contraposição das receitas e despesas para se apresentarem como instrumentos de materialização e viabilização de políticas públicas.

Mesmo o conceito de orçamento passou a incorporar tais nuances. Em seu conceito clássico, o orçamento é uma peça que contempla apenas a previsão das receitas e fixação das despesas para um determinado período. Já em seu conceito moderno, orçamento é uma lei que contempla a previsão de receitas e despesas, programando a vida econômica e financeira do Estado por certo período (PASCOAL, 2010, p. 15-16).

Essa acepção moderna do orçamento é importante, pois o coloca como instrumento de planejamento para implementação das políticas públicas, priorizadas a partir dos objetivos econômicos e sociais para um determinado período de tempo.

Ao visualizarmos no orçamento importante papel de planejamento das ações governamentais, apto a prever as fontes de financiamento para a realização das despesas destinadas ao funcionamento e ao fornecimento de bens e serviços públicos, o controle de sua execução assume posição de destaque em nossa democracia.

Na busca desse desiderato, é fundamental que o planejamento e a programação de gasto público não estejam adstritos à norma orçamentária anual. Imprescindível se faz um planejamento de maior curso. Como explica Rocha (2010, p. 15), nosso sistema orçamentário é estruturado segundo essa perspectiva. A Constituição Federal de 1988 criou um sistema articulado de normas dotadas de imperatividade, de modo a permitir um planejamento em função dos objetivos elencados na norma constitucional.

Como parte do sistema, temos a obrigatoriedade do planejamento de médio prazo, afirmando a imperatividade da norma que aprova o Plano Plurianual (PPA); o envolvimento do Legislativo na fixação de metas e prioridades para a Administração Pública e na formulação das políticas públicas de arrecadação e de alocação de recursos, observando as disposições constitucionais que informam a criação da Lei de Diretrizes Orçamentárias (LDO); e o desdobramento da Lei Orçamentária Anual (LOA) em três orçamentos distintos: orçamento fiscal, orçamento de investimentos das empresas estatais e orçamento da seguridade social, dentro da mesma lei orçamentária.

Em consonância com as normas constitucionais, a legislação infraconstitucional também consagra o planejamento como um dos pilares da gestão fiscal responsável, conforme consta da Lei de Responsabilidade Fiscal (LRF).

Nesse ponto convém abrir um parêntese para discorrer rapidamente sobre a importância da LRF nesse contexto. A LRF surge num contexto de globalização da economia, no final do século XX, num processo de mudança na administração pública mundial, objetivando a eficiência administrativa dos recursos disponíveis.

Dessa forma, sob a influência de modelos adotados pela Grã-Bretanha, Nova Zelândia, Argentina, Peru, México e Estados Unidos da América e na mesma linha do Fundo Monetário Internacional (FMI), o que se buscou foi que a administração burocrática cedesse lugar à gerencial, administração mais ágil e dinâmica, centrada na qualidade dos serviços públicos e no atendimento à população.

Naquela época, internamente o país se via diante de uma sequência de atos de improbidade administrativa e déficit público que geraram clamor da sociedade por mudanças na condução da coisa pública.

Como resposta, o governo instituiu o Programa de Estabilidade Fiscal, no qual insere a LRF e que integra o projeto maior de Reforma do Estado, conforme preconiza a exposição de motivos da lei: "Este projeto integra o conjunto de medidas do Programa de Estabilidade Fiscal – PEF, apresentado à sociedade brasileira em outubro de 1998, e que tem como objetivo a drástica e veloz redução do déficit público e a estabilização do montante da dívida pública em relação ao Produto Interno Bruto da economia" (GONÇALVES, 2010, p. 216).

Tendo como escopo a regulação dos arts. 163 a 169 da Constituição da República de 1988, a LRF revestia-se de legitimidade para implantar uma gestão fiscal "responsável". Motta (2010, p. 229) fundamenta que, amparada por esse desígnio, resistiu às suscitadas alegações de inconstitucionalidade, tão acirrada no início de sua vigência; e, em proporções realistas, vem sendo assimilada pela sociedade e pelo comportamento administrativo.

Ainda nas palavras de Motta (2010, p. 230), a vigência da LRF inaugurou uma nova fase na Administração Pública brasileira, a começar pelo relevo de ser um amplo alento às leis orçamentárias e à racionalização do gasto público, bem como constatado o progresso na integração do planejamento em nível nacional.

Outra importante contribuição da LRF diz respeito à estrutura da contratação brasileira, etapa fundamental para a concretização das políticas públicas, que, nos anos anteriores à sanção da LRF, apresentava dois problemas básicos. O primeiro se apresentava na insuficiência do planejamento governamental, que, em resumo, não passava de um elenco de "boas práticas", normalmente desvinculado da realidade administrativa e, inclusive, dos simples fatos contábeis.

Essas contingências induziam ao descumprimento e geravam danosas consequências nos planos social e econômico.

O segundo dizia respeito ao problema das licitações "a crédito", conforme explica Motta. Eventualmente, poderiam ser licitados objetos relevantes para a vida nacional. Entretanto, havia falhas no percurso aleatório do orçamento e na destinação de recursos, vez que ficavam à mercê do sabor das mudanças políticas, provocando rupturas nas contratações. Era comum, no momento da formalização do contrato ou no decorrer da própria gestão contratual, os recursos que se supunham garantidos desaparecerem repentinamente, gerando a síndrome dos "esqueletos" de obras paralisadas, de serviços interrompidos e de inadimplência estatal.

Naquele período, o conjunto normativo não obrigava que a contratação pública estivesse vinculada ao limite de gasto estatal. Nas palavras de Motta (2010, p. 231):

> A Lei nº 4.320/1964, apesar de bem concebido e de larga aplicação, não se mostrava suficiente para disciplinar a receita e despesa públicas, talvez por não abrigar previsão de sanções específicas ao seu descumprimento. Leis voltadas ao controle da despesa de pessoal nas esferas federativas (como, por exemplo, a Lei Complementar nº 82/1995) eram sobrepujadas pelas práticas administrativas de admissão indiscriminada de servidores e terceirização galopante, com aumento desproporcional do gasto com pessoal.

De igual modo, a redação da Lei nº 8.666/1993 era omissa quanto à necessidade de se promover despesas mediante o devido recurso orçamentário e financeiro.

Diante desse contexto, é de se reconhecer que a LRF implementa um novo paradigma no ordenamento financeiro público, com o potencial, nas palavras do jusfilósofo Diogo de Figueiredo Moreira Neto (2000, p. 92), de caracterizar-se como uma mudança de hábitos, marcando a desejável passagem do "patrimonialismo demagógico para o gerencialismo democrático".

Entretanto, como observado por Motta (2010, p. 262) desde a vigência da LRF, a desejada mudança de hábitos políticos ainda não se concretizou, pois, não raro, surgem notícias, opiniões e mesmo atos governamentais que buscam burlar as diretrizes e as restrições determinadas pela lei.

Motta (2010, p. 262) pondera, citando matéria publica na Revista Veja, que "o sucesso da LRF no Brasil pode ser medido pela ira de seus opositores no mundo da política. Sempre que podem, prefeitos e governadores descontentes procuram maneira de afrouxá-la".[5]

Destarte, a Administração Pública e a sociedade brasileira, desde a publicação da LRF, têm despertado para a importância e para a necessidade de se efetivar uma boa gestão financeira, com maior rigor fiscal como instrumento concretizador do aumento da qualidade na prestação de serviço pelo Estado.

Fechando aqui o parêntese e voltando a atenção para a execução orçamentária, é de se destacar que a execução da atividade administrativa compete ao Executivo, cabendo ao Parlamento o papel de controle da legalidade, da legitimidade e da economicidade dos recursos públicos.

A atual Carta Política dá ao controle da Administração Pública um enfoque de relevância ao prever a existência de controle interno, externo e social. Quanto ao primeiro, exige da Administração Pública a manutenção de um sistema integrado de controle interno com a finalidade de avaliar o cumprimento de metas, a execução de programas e dos orçamentos; comprovar a legalidade e avaliar os resultados, quanto à eficácia e eficiência da gestão orçamentária, financeira e patrimonial nos órgãos e entidades da Administração Pública, bem como da aplicação de recursos públicos por entidades de direito privado; de exercer o controle das operações de crédito, avais e garantias, bem como dos direitos e haveres dos entes federados e; apoiar o controle externo no exercício de sua missão institucional.

Ademais, estabelece que o controle externo da execução orçamentária ficará a cargo do Poder Legislativo, com o auxílio dos Tribunais de Contas, que tiveram suas competências significativamente ampliadas, como se verá adiante. E, por fim, consagra o controle social em diversos dispositivos, permitindo que o cidadão possa, diretamente, acompanhar as ações governamentais, inclusive podendo exigir informações e denunciar aos órgãos competentes qualquer ilegalidade ou irregularidade.

Entretanto, nem sempre foi assim. Certamente, a preocupação com o controle dos gastos de dinheiro público acompanha o Brasil desde a sua descoberta, ainda que, naquela **época**, o foco fosse outro.

Mesmo no período colonial, no qual o interesse de Portugal era meramente exploratório, existiam **órgãos** da coroa que foram designados para exercer, mesmo que atipicamente – vez que a intenção era acompanhar arrecadação – a função de controlador.

Dois anos após a proclamação da independência, a Constituição Política do Império do Brasil, elaborada por um Conselho de Estado e

---

[5] SILVA, Cristiane. *Revista Veja*, p. 42, mar. 2005.

outorgada por Dom Pedro I, em 25 de março de 1824, criou o Tesouro Nacional, prevendo-se, destarte, toda uma regulação acerca das receitas e despesas e, assim, abrindo caminho para a criação de órgãos de controle.

Nos anos que se seguiram, as propostas e discussões acerca da criação de um órgão de controle foram acirradas, mas, em 10 de março de 1889, já às vésperas da proclamação da República, o Ministro da Fazenda João Alfredo Corrêa de Oliveira, Senador pernambucano, Presidente do Conselho do 35º Gabinete do 2º Império, ao apresentar o relatório de sua pasta, considerou:

[...] uma necessidade urgente a criação de um Tribunal de Contas. Será ele o único que, conhecendo de toda a contabilidade do Estado, possua meios para assegurar às Câmaras e à Nação que os balanços demonstram fiel e perfeitamente o movimento dos dinheiros públicos (SILVA, A., 1999, p. 28).

Nessa fase de transição, Rui Barbosa exerceu papel de extrema relevância. Enquanto era Ministro da Fazenda, em 7 de novembro de 1890, Rui Barbosa encaminhou o texto do Decreto nº 966-A, abordando a criação do Tribunal de Contas, em cuja Exposição de Motivos afirma que o Governo Provisório tem "a necessidade de tornar o orçamento uma instituição inviolável e soberana, em sua missão de prover as necessidades públicas mediante o menor sacrifício dos contribuintes, a necessidade urgente de fazer dessa lei uma força da nação" (REVISTA DO TCU, 1970, p. 253).

No entanto, apenas a partir da promulgação da Constituição Republicana de 1891, por intermédio de Serzedello Correa, foi instituído o Tribunal de Contas no Brasil, regulamentado no ano seguinte pelo Decreto nº 1.166, de 17 de dezembro de 1892.

A partir desse panorama, certo é que, em seu processo evolutivo, o controle da execução orçamentária progrediu de uma análise de mera conformidade contábil-legal, na confrontação de receitas e despesas, para incorporar aspectos qualitativos em sua análise, na aferição de eficiência e de legitimidade do gasto público.

Todavia, a despeito da evolução e da densidade normativa do controle das contas públicas atualmente, é correto afirmar que, nas palavras de Ayres Brito, precisamos sair da melhor normatividade para a máxima eficiência das normas. E, como veremos a seguir, os Tribunais de Contas assumem posição de protagonismo nesse processo de alcançar a eficiência das normas.

3.1 Os Tribunais de Contas como guardiões das contas públicas e sua relevância no controle da execução orçamentária

Desde que foi instituído, as competências atribuídas ao Tribunal de Contas sofreram evoluções e retrocessos ao longo das constituições que se seguiram. A constituição que trouxe considerável alargamento em suas competências, em sua jurisdição e, principalmente, no alcance de sua atuação foi a Constituição de 1988.

Na Constituição de 1967,[6] por exemplo, o Tribunal de Contas se limitava a poucos dispositivos. Suas competências envolviam apreciar as contas do Presidente da República, realizar auditoria financeira e orçamentária e julgar as contas dos administradores e demais responsáveis por bens e valores públicos, assim como julgar[7] a legalidade das concessões iniciais de aposentadorias, reformas e pensões.

Naquela época, submetiam-se à jurisdição do Tribunal apenas os administradores, os responsáveis por bens e valores públicos e, também, os servidores públicos quanto ao direito previdenciário. Ademais, sua atuação alcançava apenas os aspectos contábeis no julgamento das contas e, ao verificar alguma ilegalidade, o Tribunal podia assinar prazo para que o órgão cumprisse a lei, podendo sustar o ato em caso de não atendimento, exceto na hipótese de contrato, em que a sustação cabia exclusivamente ao Parlamento.

Com a nova Constituição, os Tribunais de Contas assumiram papel de protagonismo no controle da execução orçamentária, uma vez que o constituinte elencou uma série de novas competências a esses órgãos,[8] que, desde então, além de julgar as contas de toda e qualquer pessoa que utilize, arrecade, guarde, gerencie ou administre dinheiros, bens e valores públicos, também podem realizar inspeções e auditorias, fiscalizar a Administração Pública quanto ao uso de recursos, assinar prazo, sustar ato impugnado, representar aos Poderes competentes, aplicar sanções previstas em lei, entre outras.

Importante observar a ampliação da jurisdição dos Tribunais de Contas ao incluir a pessoa jurídica de direito privado também entre o rol daqueles que devem prestar contas quando da utilização de bens, valores e dinheiros públicos, bem como o alcance das contas daqueles

---

[6] Art. 71 e seguintes.

[7] No §8º, do art. 73 da CF/67, o Tribunal de Contas julgava os atos de inativação dos servidores públicos. Na atual CF/88, art. 71, III, o Tribunal de Contas apenas aprecia a legalidade desses atos.

[8] Art. 70 e seguintes.

que derem causa à perda, extravio ou outra irregularidade de que resulte prejuízo ao erário.

De igual modo, percebe-se que o alcance de atuação também foi significativamente expandido, vez que, além de avaliar os aspectos contábeis e financeiros, passou a avaliar também os aspectos orçamentários, operacionais e patrimoniais relacionados à legalidade, legitimidade, economicidade e eficiência do gasto público.

Enfatize-se, em especial, a fiscalização quanto aos aspectos operacionais, por meio das auditorias operacionais (ANOP), também denominadas de auditoria de *performance* ou de desempenho,[9] isto é, que audita o próprio funcionamento da instituição. Assim, o Tribunal de Contas pode avaliar o funcionamento do sistema de saúde, das políticas educacionais, de saneamento, de segurança pública, avaliando os resultados alcançados, os custos, os benefícios das políticas adotadas, para determinar e recomendar providências.

> A ANOP é a maneira através da qual os TCs fiscalizam a boa aplicação dos recursos públicos, analisando o desempenho da Administração Pública, mensurando e comparando os resultados alcançados com os resultados planejados nos programas de governo. [...] O objetivo da ANOP é contribuir para a melhoria da transparência e do desempenho da ação governamental propondo recomendações e mudanças na maneira de gerir o patrimônio público, e não punir o gestor incapaz (LIMA, 2010, p. 78-80).

Duas são as espécies de auditorias operacionais: auditoria de desempenho operacional e avaliação de programa. Na primeira, Moraes (2007, p. 230) expõe que essa tem por objetivo examinar "[...] em que medida as organizações governamentais estão operando de forma econômica, eficiente, eficaz e trata de aspectos relacionados a práticas antieconômicas e ineficientes, cumprimentos de metas previstas, aquisição, proteção e utilização dos recursos de órgãos e entidades e cumprimentos de dispositivos legais". O foco está no processo interno de gestão do órgão auditado.

Na segunda, tem o objetivo de "[...] avaliar a efetividade do programa ou projeto governamental, bem como a economicidade, eficiência, eficácia e equidade de sua implementação. É, na verdade, um plus em relação à auditoria de desempenho operacional, na medida em que busca aferir os resultados práticos da intervenção governamental" (MORAES, 2007, p. 230).

Além das competências previstas no texto constitucional, o Supremo Tribunal Federal tem reconhecido uma série de competências

---

[9] Definição empregada pelo Tribunal de Contas da União.

implícitas aos Tribunais de Contas, a exemplo do poder geral de cautela,[10] do controle incidental de inconstitucionalidade, disposto na Súmula 347, e o poder de determinar a sustação de contratos.

Somem-se a essas competências as atribuições infralegais previstas na Lei de Licitações e Contratos (Lei nº 8.666/1993), na Lei de Responsabilidade Fiscal (Lei Complementar nº 101/2000) e nas respectivas leis orgânicas de cada Tribunal.

Dessa progressão normativa, percebe-se que os Tribunais de Contas têm evoluído no sentido de não ficarem restritos à avaliação dos aspectos formais dos demonstrativos contábeis. Para além disso, os relatórios têm avaliado políticas e programas governamentais em áreas como saúde, educação, desenvolvimento regional, previdência social, distribuição de renda, entre outras.

O parecer prévio das contas do Chefe do Poder Executivo está disponível para a sociedade de forma geral e talvez seja o único documento disponível no Brasil que agregue de forma sistematizada e anualmente uma avaliação holística do Poder Executivo. Assim, embora não vincule o Poder Legislativo,[11] o documento exerce considerável pressão sobre os parlamentares e sobre o próprio Poder Executivo, que se vê, diante da repercussão, compelido a corrigir uma série de procedimentos contestados pelos Tribunais de Contas.

Na apreciação dos atos de pessoal, os Tribunais de Contas também possuem papel de máxima relevância neste gasto público, tendo em vista que os gastos com pessoal são o maior item de despesa pública. Lima afirma (2015, p. 274), inclusive, que alguns autores chegam a comentar que o Estado brasileiro se transformou numa grande "folha de pagamento", no sentido de que sobram poucos recursos para investimentos públicos, e explica que o economista Raul Velloso tem utilizado essa expressão para evidenciar o grande peso dos gastos com servidores ativos, inativos, além dos gastos com transferências de renda diretamente a pessoas a título de previdência e assistência social.

Não sem outra razão, a Lei de Responsabilidade Fiscal procurou limitar os gastos com pessoal em 60% da receita corrente líquida nos Estados e Municípios e 50% na União, patamares evidentemente muito elevados, mas que já foram maiores no anos 1990.

A atuação dos Tribunais de Contas é importante para evitar abusos e favorecimentos nesse campo, pois uma pessoa, ao ingressar

---

[10] Vide Mandado de Segurança nº 24.510-7/DF.

[11] No âmbito dos Municípios, o parecer prévio do Tribunal de Contas sobre as contas do Prefeito somente deixará de prevalecer por decisão de dois terços dos membros da Câmara Municipal, conforme art. 37, §2º, CF/88.

no serviço público, vai ali permanecer por décadas, vai também receber proventos de aposentadoria por quinze, vinte anos ou mais e, muitas vezes, ainda deixará beneficiário de pensão. A relação pode durar, em certos casos, um século. Portanto, é fundamental que o ingresso do servidor seja verificado com muito critério.

Além disso, a competência do Tribunal de Contas para realizar auditorias de pessoal, observando se há pessoas recebendo gratificações sem previsão legal, para verificar se há requisições e cessões de servidores em desconformidade com a legislação, se o teto de remuneração está sendo observado, entre outros, é muito importante para o uso racional da totalidade de recursos diante das inúmeras políticas públicas a serem implementadas.

Dentro desse contexto, a atuação dos Tribunais de Contas assume alta relevância no controle da execução orçamentária, pois, conforme Teixeira expõe em sua dissertação (2016, p. 137):

> Na realização de seus trabalhos, o Tribunal de Contas não deve se restringir a apontar problemas, mas, em parceria com os gestores públicos, recomendar providências que possam aprimorar a qualidade dos gastos e serviços públicos, identificando oportunidades de melhoria e apresentando sugestões para o aperfeiçoamento dos mecanismos de direcionamento, monitoramento e avaliação das ações governamentais. Desse modo, o Tribunal de Contas torna efetivo um dos objetivos principais da governança, que é a criação de valor público.

Dessa forma, ainda nas palavras de Teixeira, os Tribunais de Contas, enquanto guardiões das contas públicas e curadores do erário, devem usar de sua competência para repelir as falhas e distorções da atuação estatal, incentivando e induzindo a Administração Pública a adotar boas práticas de governança que maximize a qualidade do gasto público, na concretização das políticas públicas que visem garantir, em primazia, os direitos fundamentais.

Nessa linha, a partir da avaliação e auditoria dos programas públicos, as Cortes de Contas podem obter economias significativas dos recursos públicos para a consecução das metas pretendidas, mantendo-se a qualidade dos serviços prestados, assegurando-se, assim, o comando do art. 37 da CF/88, que coloca a eficiência como uma das diretrizes da Administração Pública.

Avançando, o art. 70 da CF/88 adiciona a dimensão da legitimidade na atividade de controle externo, permitindo que se supere a mera análise de conformidade do ato controlado com a legislação (legalidade estrita) e passe a contemplar, sobretudo, a necessária correlação entre o gasto público, direitos fundamentais e ação pública, transformando os Tribunais de Contas na intersecção entre direito, economia, política e moralidade (CASTRO, 2015, p. 131). Leitão Adeodato (1989, p. 1) afirma que falar de legitimidade é uma "[...] tentativa para justificar certo tipo de ação política, isto é, estabelecer uma ponte entre as expectativas dos destinatários e determinada orientação na condução da comunidade".

Em sua obra, Cademartori (2007, p. 207) conclui que "as fontes de legitimação de todos os poderes do Estado são duas: a legislação formal, assegurada pelo princípio da legalidade e sujeição do juiz à lei; e a legitimação substancial, recebida pela função judicial de sua capacidade de tutelar os direitos fundamentais [...]".

Serenamente, é possível afirmar que a legitimação substancial não deve ficar adstrita exclusivamente ao Poder Judiciário, na tutela individual ou coletiva dos direitos fundamentais. Deve, em verdade, ser considerada nas atividades e nas avaliações realizadas pelos Tribunais de Contas, tendo em vista sua especial capacidade para sua aplicação na seara política coletiva.

Dessa forma, os órgãos de controle externo, ao utilizarem a legitimidade como parâmetro da ação de controle, deverão verificar, primordialmente, se o ato controlado é legítimo, ou seja, se o ato controlado, de algum modo, realiza o direito fundamental. Na hipótese de ato ilegítimo, isto é, de ato que não realiza o direito fundamental na profundidade da CF/88, as competências dos Tribunais de Contas deverão convergir para a correção do ato para que ele possa legitimar-se perante o ordenamento constitucional e a sociedade (CASTRO, 2015, p. 161).

É nessa perspectiva que se observa a importância dos Tribunais de Contas, defendendo-se, inclusive, que haja uma participação mais ampla e intensa desses órgãos na concretização dos valores e fins constitucionais, com maior interferência no espaço de atuação dos demais poderes. Seria o que vem se convencionando chamar de ativismo de contas.[12]

Nas palavras de Castro (2015, p. 198-199), o ativismo de contas se caracterizaria, entre outras coisas, por:

> (i) uma maior eficácia e efetividade das decisões tomadas pelos Tribunais de Contas, com a imposição das sanções necessárias ao cumprimento de tudo quanto ordenado pelo órgão;

---

[12] Em paralelo ao ativismo judicial, no qual se defende maior interferência do Judiciário na realização dos direitos fundamentais.

(ii) uma efetiva utilização das competências corretivas dos Tribunais, admitindo-se que a insuficiência/deficiência no financiamento/realização de uma política pública configura uma "ilegalidade" (para usar a dicção do art. 71, IX, da CRFB) a ser corrigida;

(iii) uma valorização das competências de investigação/auditoria das Cortes de Contas, par além do mero controle da conformidade, visando também o controle do desempenho das políticas públicas (com a verificação, na realidade concreta, do maior/menor grau de realização do direito fundamental envolvido).

Veja-se que a atuação do controle levado a efeito pelos Tribunais de Contas é eminentemente coletiva, vez que transcende o cidadão considerado individualmente para alcançar toda uma gama de políticas públicas, abrangendo, em seus resultados, a coletividade como um todo, sendo essa, em verdade, a própria essência dos Tribunais de Contas – a tutela dos interesses coletivos afetos à Administração Pública.

Nessa toada, ao realizar a avaliação da legitimidade estabelecida no art. 70 da CF/88, os Tribunais de Contas podem intervir para a concretização indireta dos direitos e deveres fundamentais, tendo em vista serem capazes de contestar as ações de curto prazo comumente ligadas aos cálculos político-eleitorais, assumindo, assim, uma postura protetiva desses direitos e deveres.

Justamente por ter o papel de controlar os atos do próprio Estado sem que isso implique a inserção dos Tribunais de Contas na intimidade estrutural de qualquer dos Poderes da República, é que goza esses órgãos do mesmo regime jurídico aplicável ao Judiciário, de tal modo que possam atuar com isenção, imparcialidade e independência, sem estar vulneráveis a quaisquer pressões políticas.

Certamente, para se reconhecer valor nas competências dos Tribunais de Contas, é preciso que elas sejam plenamente exercidas, pois uma autocontenção por parte das Cortes de Contas significaria, na realidade, um esvaziamento de todo o sistema de controle externo desenhado na CRFB. Por isso, os Tribunais de Contas não podem restringir sua atuação sob a alegação de exercitar uma função pedagógica, que, como Correa (2013) afirma, mal disfarça a flagrante omissão quanto ao múnus que lhes foi constitucionalmente atribuído.

Diante do exposto, é de se reconhecer que o pleno exercício das competências dos Tribunais de Contas, notadamente com a adoção de uma postura mais ativa, tem forte impacto no controle da execução orçamentária e, por consequente, na concretização dos direitos fundamentais, especialmente os sociais, dado o caráter preventivo, corretivo e repressivo de suas ações.

Assim, a aplicação efetiva desse plexo de competências provoca um círculo virtuoso, em que esse controle promova a correção das deficiências percebidas, implicando em maior legitimidade das próprias políticas públicas, ao lado da imposição de sanções, que aumentaria o nível de responsividade[13] dos gestores envolvidos.

4 Considerações finais

Somente a partir do século XX, as constituições democráticas passaram a positivar direitos ligados à condição humana, os chamados direitos sociais, de forma a dá-los conteúdo jurídico e uma exigibilidade mínima. A educação no Brasil, por exemplo, foi assumida como uma obrigação do Estado pela primeira vez na CF/1934. A saúde, por sua vez, apenas foi universalizada e elevada a um direito social na CF/1988.

Dessa forma, o Estado, ao decidir se organizar como um Estado social, assume a obrigação de ser um agente da promoção social e organizador da economia, obrigando-se a garantir e a proteger direitos, por meio de serviços públicos voltados à população.

Entretanto, como visto, a fruição dos direitos sociais implica a priorização de ações voltadas a esse fim no orçamento, bem como a alocação de recursos suficientes que assegurem a progressividade na universalidade de atendimento desses direitos, como idealizado na CF/1988.

Nesse sentido, a inércia estatal fundada na reserva do possível não deve ser, por si só, aceita, especialmente se verificada ineficiência da máquina pública, vez que o que se persegue é a realização de um princípio de igualdade real, o qual exige a atuação do Estado para sua efetivação.

Na premissa de que os direitos conquistados somente se consolidam quando efetivamente usufruídos, a capacidade de se definir as prioridades orçamentárias e de se buscar a qualidade de gerenciamento do gasto é essencial. Do contrário, haverá uma desvalorização da Constituição como documento estruturante da sociedade e, consequentemente, um menosprezo dos direitos fundamentais, que, não sendo concretizados satisfatoriamente pelo Estado, poderão ser vistos como não tão fundamentais assim.

Ora, as ações governamentais não podem se restringir a mero protocolo constitucional, perseguindo apenas o mínimo exigido, a

---

[13] Esse termo refere-se a como a organização responde às expectativas (demandas e necessidades) da sociedade. Dessa forma, diz-se que as organizações e os agentes públicos são responsivos se conseguem atender as expectativas da população a que servem.

exemplo da educação e da saúde. Os gestores precisam se conscientizar de que, mais do que gastar o mínimo, o importante é gastar bem, atendendo metas gradativas de qualidade, buscando a progressividade de resultados.

Para esse desiderato, o orçamento é instrumento de planejamento para implementação das políticas públicas, priorizadas a partir dos objetivos econômicos e sociais para um determinado período de tempo. Todavia, forçoso reconhecer que, no Brasil, há pouca adesão e observância às peças orçamentárias, servindo estas, muitas vezes, de meros instrumentos formais para cumprir um mandamento constitucional.

Nesse aspecto, é de se considerar que a tutela judicial se mostra eficiente para, diante da inércia do aparelho estatal, exigir a consecução dos direitos sociais, evitando-se, assim, uma agressão aos direitos básicos do cidadão.

Ao lado da tutela judicial como importante meio para assegurar o cumprimento do orçamento, há o controle da execução orçamentária, que, exercido pelos Tribunais de Contas e pelo sistema de controle interno, assume posição de destaque em nossa democracia.

Como alhures afirmado, o controle da execução orçamentária progrediu de uma análise de mera conformidade contábil-legal, na confrontação de receitas e despesas, para incorporar aspectos qualitativos em sua análise, na aferição de eficiência e de legitimidade do gasto público.

E dentro desse panorama, os Tribunais de Contas, diante do alargamento de suas competências a partir da CF/88, ao exercitarem plenamente suas competências, rompem com o paradigma desse controle, assumindo posição de protagonismo na aplicabilidade eficiente das normas, vez que podem incorporar em suas análises aspectos atinentes a políticas e programas governamentais em diversas áreas, intervindo, assim, para a concretização qualitativa dos direitos sociais.

Por tal razão é que se defende, dentro de espectro de razoabilidade, uma participação mais ampla e intensa desses órgãos na concretização dos valores e fins constitucionais, com maior interferência no espaço de atuação dos demais poderes para a potencialização das ações governamentais.

Por conseguinte, o controle da execução orçamentária funciona como mecanismo que retroalimenta o planejamento e as ações governamentais voltadas para a implementação das políticas sociais, corrigindo e reprimindo desvios e induzindo a adoção de boas práticas que aumentem a qualidade dos serviços públicos prestados em educação, saúde, previdência social, entre outros.

Nessa linha, conclui-se que o efetivo controle da execução orçamentária possui uma relação direta com a concretização dos direitos fundamentais, uma vez que, além de garantir o equilíbrio das finanças públicas, necessário para a efetivação das ações governamentais, promove a correção e a repressão de desvios e induz boas práticas de governança e gestão para otimização e maximização dos resultados das políticas públicas, colocando-se, por tal razão, como garantidor da integridade e da defesa desses direitos.

Referências

ARRUDA, Andrey Stephano Silva de. *Ativismo judicial*: um meio para concretizar direitos fundamentais sociais ou uma violação ao princípio da separação dos poderes? Disponível em: <http://www.jurisway.org.br/v2/dhall.asp?id_dh=7468>. Acesso em: 09 jun. 2016.

BRASIL. *Constituição (1988)*. Constituição da República Federativa do Brasil. Disponível em: <http://www.planalto.gov.br/ccivil_03/constituicao/constituicaocompilado.htm>. Acesso em: 15 abr. 2016.

BRASIL. *Supremo Tribunal Federal*. RE 581.352 AgR/AM. Relator Min. Celso de Mello. Julgado em 29 out. 2013. 2ª Turma. Diário de Justiça Eletrônico, 21 nov. 2013. Disponível em: <http://stf.jusbrasil.com.br/jurisprudencia/24205269/recurso-extraordinario-re-581352-am-stf >. Acesso em: 27 jun. 2016.

BRASIL. *Supremo Tribunal Federal*. ADI MC 4049. Relator Min. Carlos Britto. Julgado em 05 nov. 2011. Plenário. Diário de Justiça Eletrônico, 12 nov. 2008. Disponível em: <http://redir.stf.jus.br/paginadorpub/paginador.jsp?docTP=AC&docID=591261>. Acesso em: 05 jul. 2016.

CADEMARTORI, Sérgio. *Estado de direito e legitimidade*: uma abordagem garantista. Campinas: Millenium, 2007.

CALDAS FURTADO, J. R. *Direito Financeiro*. 4. ed. Belo Horizonte: Fórum, 2013.

CANOTILHO, José Joaquim Gomes. *Direito Constitucional e Teoria da Constituição*. 3. ed. Coimbra: Almedina, 1998.

CASTRO, José Ricardo Parreira. *Ativismo de contas*: controle das políticas públicas pelos Tribunais de Contas. Rio de Janeiro: Jam Jurídica, 2015.

COMPARATO, Fábio Konder. *A afirmação histórica dos direitos humanos*. 3. ed. São Paulo: Saraiva, 2003.

CORREA, Marlon Fonseca. *A função pedagógico-punitiva das multas aplicadas aos administradores públicos pelos Tribunais de Contas*. Disponível em: <http://www.emerj.tjrj.jus.br/paginas/trabalhos_conclusao/2semestre2013/trabalhos_22013/MarlonFonsecaCorrea.pdf>. Acesso em: 22 jun. 2016.

CUNHA JÚNIOR, Dirley da. A efetividade dos direitos fundamentais sociais e a reserva do possível. In: CAMARGO, Marcelo Novelino. *Leituras complementares de Direito Constitucional*. Salvador: JusPodivm, 2006.

GONÇALVES, Paulo Roberto Riccioni. Sistema de acompanhamento da gestão fiscal e a Lei Complementar Federal nº 101/2000 (LRF). *Revista Técnica dos Tribunais de Contas*, ano 1, n. 0, set. 2010.

LAFER, Celso. *A reconstrução dos Direitos Humanos*: um diálogo com o pensamento de Hannah Arendt. São Paulo: Companhia das Letras, 1988.

LEITÃO ADEODATO, João Maurício. *O problema da legitimidade no rastro do pensamento de Hannah Arendt*. Rio de Janeiro: Forense Universitária, 1989.

LEITE, Celso Barroso. *A proteção Social no Brasil*. São Paulo: LTR, 1972.

LIMA, Edilberto Carlos Pontes Lima. *Curso de finanças públicas*: uma abordagem contemporânea. São Paulo: Atlas, 2015.

LIMA, Gustavo Massa Ferreira. *Princípio constitucional da economicidade e o controle de desempenho pelos Tribunais de Contas*. Belo Horizonte: Fórum, 2010.

MAURÍCIO JUNIOR, Alceu. *A revisão judicial das escolhas orçamentárias*: a intervenção judicial em políticas públicas. 2009.

MELLO, Celso de. *Defende ativismo judicial do STF*. Direito do Estado. 24.04.2008. Disponível em: <http://www.direitodoestado.com.br/noticias/5909/Ministro-Celso-de-Mello-defende-ativismo-judicial-do-STF>. Acesso em: 09 jun. 2016.

MORAES, Antônio Carlos Flores de. *Legalidade, eficiência e controle da administração pública*. Belo Horizonte: Fórum, 2007.

MOTA, Carlos Pinto Coelho. Dez anos da Lei de Responsabilidade Fiscal: repercussões nas licitações e contratos. *Revista Técnica dos Tribunais de Contas*, ano 1, n. 0, set. 2010.

PASCOAL, Valdecir Fernandes. *Direito Financeiro e controle externo*: teoria e jurisprudência. Rio de Janeiro: Impetus, 2010.

PINTO, Élida Graziane. *Descompasso federativo no financiamento da saúde pública brasileira*. Disponível em: <http://www.conjur.com.br/2015-abr-04/elida-pinto-descompasso-federativo-financiamento-saude?pagina=2>. Acesso em: 13 jun. 2016.

PINTO, Élida Graziane. *Judicializar o orçamento aprimorará as políticas públicas*. Disponível em: <http://www.conjur.com.br/2014-jan-20/elida-grazianejudicializar-orcamento-aprimorara-politicas-publicas>. Acesso em: 13 jun. 2016

RAMALHO, Dimas Eduardo; PINTO, Élida Graziane. *O gasto pode até ser mínimo, mas a qualidade da educação não*. Disponível em: <http://www.financiamentodosdireitosfundamentais.com/2014/05/o-gasto-pode-ate-ser-minimo-qualidade.html>. Acesso em: 13 jun. 2016.

REVISTA DO TRIBUNAL DE CONTAS DA UNIÃO, Brasília, v. 1, n. 1, 1970? . Brasília, DF: TCU, (1970-). Disponível em: <http://portal2.tcu.gov.br/portal/pls/portal/docs/2055478.PDF>. Acesso em: 10 maio 2016.

ROCHA, Francisco Sergio Silva. *Controle do orçamento público e o juízo de constitucionalidade*: problemas na execução e na inexecução orçamentária. Tese (Doutorado em Direito) – Universidade Federal do Estado do Pará, Belém, 2010.

SILVA, Arthur Adolfo Cotias. *O Tribunal de Contas da União na história do Brasil*: evolução histórica, política e administrativa (1890 - 1998). Brasília: Tribunal de Contas da União/Instituto Serzedello Corrêa, 1999.

TEIXEIRA, Odilon Inácio. *Avaliação das Práticas de Governança em Política Pública*: um estudo de caso da política de educação básica, relativa ao ensino médio, do governo do Estado do Pará. Dissertação (Mestrado Profissional em Gestão Pública) – Universidade Federal do Estado do Pará, Belém, 2016.

TORRES, Ricardo Lobo. *O orçamento na Constituição*. São Paulo: Renovar, 1995.

Informação bibliográfica deste livro, conforme a NBR 6023:2002 da Associação Brasileira de Normas Técnicas (ABNT):

CUNHA, Milene. O controle da execução orçamentária como meio garantidor de direitos fundamentais. In: LIMA, Luiz Henrique; OLIVEIRA, Weder de; CAMARGO, João Batista (Coord.). *Contas governamentais e responsabilidade fiscal:* desafios para o controle externo – estudos de ministros e conselheiros substitutos dos Tribunais de Contas. Belo Horizonte: Fórum, 2017. p. 187-216. ISBN 978-85-450-0246-8.

CAPÍTULO 6

ANÁLISE DA NATUREZA JURÍDICA DOS TRIBUNAIS DE CONTAS E DA DISTINÇÃO ENTRE CONTAS DE GOVERNO E CONTAS DE GESTÃO

RENATO LUÍS BORDIN DE AZEREDO

1 Introdução

Uma das principais características da atual Constituição Federal é que ela é extremamente analítica, fato incontroverso na doutrina, a ponto de incluir em seu texto disciplina a respeito do Colégio Dom Pedro II.[1] A par desta Constatação, observa-se que, naquilo que é de sua competência material, ou seja, principalmente a estruturação do poder, houve um importante desenvolvimento no seu texto, em especial no que diz respeito a órgãos autônomos e independentes, como os

---

[1] Art. 242. O princípio do art. 206, IV, não se aplica às instituições educacionais oficiais criadas por lei estadual ou municipal e existentes na data da promulgação desta Constituição, que não sejam total ou preponderantemente mantidas com recursos públicos.
[...]
§2º O Colégio Pedro II, localizado na cidade do Rio de Janeiro, será mantido na órbita federal.

Tribunais de Contas e o Ministério Público, por exemplo. O advento da Constituição Federal de 1988 acrescentou e disciplinou, de forma consistente, as atribuições dessas importantes instituições. Todavia, em que pese a esse avanço, ainda assim há uma série de situações a respeito da atuação desses órgãos que decorrem de uma interpretação sistêmica dos dispositivos nela insertos. Não é por outra razão que, a partir da sua promulgação, uma série de questões foram levadas ao Poder Judiciário e enfrentadas pelo Supremo Tribunal Federal, guardião da Constituição. Ao longo desse período, inúmeras decisões foram proferidas, demonstrando a posição jurídico-institucional dos Tribunais de Contas, a autonomia e independência de seus membros, o seu campo de competência, entre outros. Ocorre que, inobstante restar isso claro na jurisprudência pátria, não é incomum observarmos um "ataque" aos órgãos de controle, em especial quando realizam importantes trabalhos de fiscalização e controle no exercício de suas atribuições. O presente trabalho objetiva demonstrar essas questões, abordando um tema de importante repercussão para a sociedade, que diz respeito à distinção entre contas de governo e de gestão, o que implica examinar os limites da sua competência. Para tanto, faz-se necessário abordar a evolução da matéria na doutrina e jurisprudência a fim de contextualizarmos o atual estágio de compreensão e analisarmos discussões a respeito desse tema e os seus desdobramentos na doutrina e jurisprudência.

2 Tribunais de Contas

2.1 A origem e o seu desenvolvimento no cenário nacional

As cidades da Antiguidade, para manter suas funções, especialmente de defesa, começaram a desenvolver mecanismos de controle do orçamento. Atenas, para manter o exército e a marinha, despendia extraordinários gastos. Estava sempre às voltas com o orçamento complexo e desequilibrado, característica dos sistemas incipientes daquela época. Contava com vários agentes, escolhidos, conforme o caso, por sorteio ou eleição, para administrar-lhe as rendas. Em Roma, há um maior desenvolvimento no exame das contas públicas. Nesse período, lançam-se os fundamentos históricos dos Tribunais de Contas, órgãos existentes, em nossos dias, na quase totalidade dos países civilizados.[2][3]

---

[2] CRETELLA JUNIOR, José. *Curso de Direito Administrativo*. 11. ed. Rio de Janeiro: Forense, 1991, p. 105-126.

[3] No mesmo sentido, segue excerto de artigo de Elke Silva: "Visando resguardar bens e valores coletivos, obstando a prática de ilegalidades ou desvios pelos responsáveis por

O Estado sempre se preocupou em manter controle sobre as rendas públicas, tendo em conta a correta aplicação, guarda e gerenciamento. As formas e espécies de controle davam-se de acordo com a época, as necessidades e a cultura de cada povo.[4]

O dever de prestar contas é um valor tão significativo que esteve presente na Declaração dos Direitos do Homem e do Cidadão de 1789: "Art. 15º - A sociedade tem o direito de pedir contas a todo agente público pela sua administração".

Nos tempos modernos, dada a complexidade das funções do Estado, bem como pela necessidade cada vez maior de prestações positivas, a organização financeira bem ordenada, aliada a processos técnicos e racionalmente estabelecidos, é essencial para a sua própria existência e para o atendimento das crescentes demandas. Um Estado que não estabeleça um sistema racional e eficiente das finanças públicas tem a sua legitimidade questionada.

Nesse contexto, o que se espera do Estado é o cumprimento de suas tarefas básicas, mas com base em critérios de Justiça. Rawls dá a idéia do que seja uma sociedade bem organizada a partir de uma concepção contratualista:

> [...] uma sociedade bem organizada satisfaz os princípios da Justiça, que são coletivamente racionais a partir da perspectiva da posição original; e do ponto de vista do indivíduo, o desejo de afirmar a concepção pública de justiça como o fator determinante de nosso plano de vida é coerente com os princípios da escolha racional. Essas conclusões apóiam os valores da comunidade, e, ao atingi-las, minha análise da justiça como equidade se completa.[5]

---

sua administração, desde a antiguidade, surgiram órgãos encarregados da fiscalização das finanças públicas. 'A prestação de contas vem de longos tempos. Na Grécia antiga, (...) a assembleia popular – a Eclésia – reunida na Ágora – a praça pública – elegia dez oficiais, anualmente, com a missão de tomar conta de arcontes, embaixadores, generais, comandantes de galeras, sacerdotes e todos aqueles que geriam o dinheiro público. (...) em Roma, era exercida pelo Senado Romano que muitas vezes a delegou a comissões especiais; na idade média, havia Conselhos de Contas para controlar as finanças do Monarca, embora aqui dissociados do parlamento.'" (MARANHÃO, Jarbas. Tribunais de Contas e poder judiciário. *Revista de Informação Legislativa*, Brasília, ano 27, n. 107, jul./set. 1990, p. 161-164 *apud* MOURA SILVA, Elke Andrade Soares de. Essencialidade da compreensão do significado de "Contas de Governo e Contas de Gestão" para uma leitura constitucionalmente adequada das competências outorgadas ao Tribunal de Contas. *Revista do Tribunal de Contas dos Municípios do Estado do Ceará*, n. 19, p. 70-92, 2011).

[4] Para aprofundamento desta evolução, remete-se o leitor ao artigo de MILESKI, Hélio Saul. Tribunais de Contas: evolução, natureza, funções e perspectivas futuras. In: FREITAS, Ney José de (Coord.). *Tribunais de Contas*: aspectos polêmicos: estudos em homenagem ao Conselheiro João Féder. Belo Horizonte: Fórum, 2009, p. 89-115.

[5] RAWLS, John. *Uma teoria da justiça*. São Paulo: Martins Fontes, 2002, p. 643.

Não se há de olvidar que há uma proximidade histórica entre o Tribunal de Contas e o Legislativo. Aquele tem a função de verificar se está sendo cumprido o orçamento na conformidade com que foi autorizado pelo Parlamento. Mas as competências dos Tribunais de Contas não param por aí, vão muito além, como se terá a oportunidade de verificar. Ademais, no exercício de seu mister, os Tribunais de Contas não guardam nenhuma relação de dependência com qualquer outro órgão ou poder.

Os cidadãos têm direito a um governo honesto e que direcione a sua atuação sempre à luz do princípio da finalidade pública. Aliás, é cediço que a prestação de contas é um dever do administrador, como se pode observar da lição do saudoso Ruy Cirne Lima, sempre atual, quando ressalta que a palavra administração "designa geralmente a atividade do que não é proprietário, do que não é senhor absoluto". Obtempera o autor que "o traço característico da atividade assim designada é estar vinculada, não a uma vontade livremente determinada, porém, a um fim alheio à pessoa e aos interesses particulares do agente ou órgão que a exercita".[6]

O Tribunal de Contas, no Brasil, foi inserido no ordenamento jurídico quando da instalação da República, em 7 de novembro de 1890, através do Decreto nº 966-A, exarado durante o Governo Provisório de Deodoro da Fonseca.

Rui Barbosa, então Ministro da Fazenda do governo provisório, foi quem redigiu o Decreto nº 966-A. Assim se manifestou na exposição de motivos:

> A medida que vem propor-vos é a criação de um Tribunal de Contas, corpo de magistratura intermediária à administração e à legislatura que, colocado em posição autônoma, com atribuições de revisão e julgamento, cercado de garantias contra quaisquer ameaças, possa exercer as suas funções vitais no organismo constitucional, sem risco de converter-se em instituição de ornato aparatoso e inútil [...] Convém levantar entre o poder que autoriza periodicamente a despesa e o poder que quotidianamente a executa um mediador independente, auxiliar de um e de outro, que, comunicando com a legislatura e intervindo na administração, seja não só o vigia como a mão forte da primeira sobre a segunda, obstando a perpetuação das infrações orçamentárias por um veto oportuno aos atos

---

[6] LIMA, Ruy Cirne. *Princípios de Direito Administrativo*. 6. ed. São Paulo: Revista dos Tribunais, 1987, p. 20-21.

do executivo, que direta ou indireta, próxima ou remotamente, discrepam da linha rigorosa das leis de finanças.[7]

Apesar de criado, ainda não fora instalado.

Foi inserido como órgão constitucional na Constituição de 1891, no art. 89.[8] Portanto, desde a primeira Constituição da República, possui *status* constitucional.

A controvérsia a respeito da natureza jurídica dos Tribunais de Contas nasce, praticamente, desde a sua criação. Conforme se verifica na obra de José Cretella Júnior,[9] fazendo referência a Manuel Pedro Vilaboim, quando analisa o contencioso administrativo diante da Constituição Federal, entende que o Tribunal de Contas, "conquanto de natureza administrativa, oferece, pelas garantias de independência que se lhe asseguram e pelos requisitos que devem presidir a sua composição, todas as garantias dos Tribunais do Poder Judiciário".[10]

Todos os textos constitucionais posteriores tratam dos Tribunais de Contas. A Constituição de 1934 considerou-o como órgão de cooperação nas atividades governamentais, mas o acréscimo "julgar as contas dos responsáveis por dinheiros e bens públicos" deixou nítidas a função e a proximidade com o Poder Judiciário. Aliás, um dos argumentos daqueles que não veem a função de julgar do Tribunal de Contas com caráter definitivo, ao comentar a Constituição de 1988, refere que o legislador constitucional utiliza o termo "julgar" de forma equivocada ou numa acepção vulgar. No entanto, conforme se demonstra, referido termo vem desde a Constituição de 1934 e segue mantido na atual.[11]

---

[7] SILVA, Elke de Andrade Soares Moura. O Tribunal de Contas e o controle de constitucionalidade das leis. *Revista do Tribunal de Contas de Minas Gerais*, n. 3, p. 71, 2004.

[8] Art. 89 - É instituído o Tribunal de Contas para liquidar as contas da receita e despesa e verificar a sua legalidade, antes de serem prestadas ao Congresso. Os membros desse Tribunal serão nomeados pelo Presidente da República, com aprovação do Senado, e somente perderão os seus lugares por sentença. Disponível em: <http://www.planalto.gov.br/ccivil_03/Constituicao/Constituiçao91.htm>.

[9] CRETELLA JUNIOR, *Curso de Direito Administrativo*, p. 106.

[10] *Revista da Faculdade de Direito de São Paulo*, 1893, p. 84.

[11] Constituição Federal de 1934 – Art. 99 - É mantido o Tribunal de Contas, que, diretamente, ou por delegações organizadas de acordo com a lei, acompanhará a execução orçamentária e *julgará* as contas dos responsáveis por dinheiros ou bens públicos.

Constituição Federal de 1988 - Art. 71. O controle externo, a cargo do Congresso Nacional, será exercido com o auxílio do Tribunal de Contas da União, ao qual compete: [...] II - *julgar* as contas dos administradores e demais responsáveis por dinheiros, bens e valores públicos da administração direta e indireta, incluídas as fundações e sociedades instituídas e mantidas pelo Poder Público federal, e as contas daqueles que derem causa a perda, extravio ou outra irregularidade de que resulte prejuízo ao erário público.

Desde esse período, vários embates se passaram com relação ao termo utilizado, e os Constituintes houveram por bem mantê-lo, ao nosso juízo, num eloquente posicionamento a respeito da controvérsia.

No estágio atual de desenvolvimento do Estado de Direito, dada a complexidade das funções assumidas, não cabe mais falar em tripartição rígida da divisão do Poder. Estão aí a comprovar os Tribunais de Contas e o Ministério Público.

A competência, ao mesmo tempo em que atribui poder, o delimita. Ela atribui poder até a medida dada, após o que a ação será ilegítima. E a extensão dos poderes atribuídos a esses órgãos assegura a conclusão acima.

O que na realidade significa a assim chamada "separação de poderes" não é, nada mais nada menos, que o reconhecimento de que, por um lado, o Estado tem que cumprir determinadas funções – o problema técnico da divisão do trabalho – e que, por outro, os destinatários do poder sejam beneficiados se essas funções forem realizadas por diferentes órgãos: a liberdade é o *telos* ideológico da teoria da separação dos poderes. É, na verdade, a distribuição de determinadas funções estatais a diferentes órgãos do Estado. O conceito de "poderes", apesar de profundamente enraizado, deve ser entendido neste contexto de uma maneira meramente figurativa. É necessário ter bem claro que o princípio da necessária separação das funções estatais, segundo seus diversos elementos substanciais e sua distribuição entre diferentes detentores, não é nem essencial para o exercício do poder político, nem se apresenta como uma verdade evidente e válida para todo o tempo. O descobrimento ou invenção da teoria da separação das funções foi determinado pelo tempo e pelas circunstâncias como um processo ideológico do liberalismo político contra o absolutismo monolítico da monarquia nos séculos XVII e XVIII.[12]

O motivo pelo qual a separação dos poderes existe é a liberdade. A tripartição dos poderes, na sua forma inaugural, visava a este fim. Todavia, hoje em dia esta forma clássica não basta para assegurar a liberdade de forma substancial diante da gama das novas complexidades advindas da evolução do Estado. Há a necessidade cada vez maior de se distribuir o poder entre órgãos que possam desempenhar as suas funções de forma imparcial e sem as pressões políticas conjunturais. É nessa nova perspectiva que os Tribunais de Contas, o Ministério Público,

---

[12] LOEWENSTEIN, Karl. *Teoria de la Constitución*. Tradução Alfredo Gallego Anabitart. Ariel, 1986, p. 55-56 *apud* ARAGÃO, Alexandre Santos de. *Agências reguladoras e a evolução do direito administrativo econômico*. Rio de Janeiro: Forense, 2006, p. 372-373.

Agências Reguladoras, entre outros organismos têm uma importante contribuição para a democracia.

Qual o sentido de se atribuir aos membros do Tribunal de Contas da União as mesmas garantias conferidas aos Ministros do Superior Tribunal de Justiça, senão a de assegurar a estes agentes, que exercem parcela do Poder, as condições necessárias ao seu mister, assegurando-lhes proteção contra as investidas advindas daqueles que possuem interesses contrários aos interesses coletivos? Isso se reflete nos Tribunais de Contas dos demais entes da Federação.

A incompreensão da ação das Cortes de Contas é muito bem representada pela seguinte passagem da obra de Ovídio Rizzo Júnior:

> Nos meios jurídicos, por exemplo, é visível o desconforto para precisar o alcance das competências atribuídas pela Constituição à Corte de Contas, especialmente em relação a algumas ações que vem sendo tomadas para determinar a órgãos da administração a prática de condutas positivas em matérias que, aparentemente, seriam de exclusiva atribuição dos órgãos governamentais.[13]

Com o advento da Constituição Federal de 1988, houve um grande incremento de competências, a exemplo do que ocorreu com o Ministério Público. Isto fez com que se elevasse o grau de importância desses órgãos, passando a ter uma posição sobranceira no conjunto dos Poderes e órgãos instituídos constitucionalmente.

Os dispositivos da Constituição Federal abordam a competência do Tribunal de Contas da União, sendo aplicáveis aos Tribunais de Contas dos Estados e Municípios ou Município, por força do art. 75[14] da Constituição Federal.

Os agentes obrigados a prestar contas estão definidos no parágrafo único do art. 70[15] da Constituição Federal.

---

[13] RIZZO JUNIOR, Ovídio. *Controle social efetivo das políticas públicas*. Tese (Doutorado) – USP, São Paulo, 2009. p. 23.

[14] Art. 75. As normas estabelecidas nesta seção aplicam-se, no que couber, à organização, composição e fiscalização dos Tribunais de Contas dos Estados e do Distrito Federal, bem como dos Tribunais e Conselhos de Contas dos Municípios.

Parágrafo único. As Constituições estaduais disporão sobre os Tribunais de Contas respectivos, que serão integrados por sete Conselheiros.

[15] Art. 70. A fiscalização contábil, financeira, orçamentária, operacional e patrimonial da União e das entidades da administração direta e indireta, quanto à legalidade, legitimidade, economicidade, aplicação das subvenções e renúncia de receitas, será exercida pelo Congresso Nacional, mediante controle externo, e pelo sistema de controle interno de cada Poder.

Não há hierarquia ou superposição entre Tribunais de Contas Estaduais, Municipais ou o Tribunal de Contas da União. Cada Tribunal de Contas tem a sua *esfera de competência* que decorre da origem dos recursos. Se o recurso for federal, a competência para a fiscalização e controle é do Tribunal de Contas da União; se estadual, a competência é do Tribunal de Contas do respectivo Estado, e assim sucessivamente.

No mesmo sentido a lição de Aguiar,[16] para quem o TCU cuida da fiscalização dos recursos da União repassados aos Estados e Municípios mediante convênios ou instrumentos similares. Nesse sentido, a jurisdição do TCU alberga todo o território nacional, desde que os recursos pertençam à União.

2.2 Natureza jurídica dos Tribunais de Contas

A partir da compreensão da natureza desse órgão é que se chegará aos efeitos de suas decisões, seja no julgamento das contas de governo ou de gestão.

Muito se discutiu e se tem discutido a respeito da natureza e da posição constitucional dos Tribunais de Contas, especialmente em razão do disposto no *caput* do art. 71 da Constituição Federal, que refere o seguinte: "O controle externo, a cargo do Congresso Nacional, *será exercido com o auxílio* do Tribunal de Contas da União, ao qual compete [...]".

A partir do enunciado acima, alguns autores, como se verá no decorrer da exposição, concluíram que o Tribunal de Contas está atrelado ao Poder Legislativo, é órgão auxiliar desse Poder, passando a ideia de se tratar de um órgão subordinado. No entanto, não é esta a sua verdadeira natureza.[17]

Impende que se verifiquem a essência e os atributos deste órgão fixados ao longo da sua evolução constitucional. O Tribunal de Contas constitui um *tertium genus* na organização política brasileira, dada à natureza das decisões que exara. Suas decisões não se caracterizam como mero ato administrativo e também fogem às características das decisões judiciais. Possuem uma natureza judicialiforme.

Parágrafo único. Prestará contas qualquer pessoa física ou jurídica, pública ou privada, que utilize, arrecade, guarde, gerencie ou administre dinheiros, bens e valores públicos ou pelos quais a União responda, ou que, em nome desta, assuma obrigações de natureza pecuniária. (Grifou-se).

[16] AGUIAR, Afonso Gomes; AGUIAR, Márcio Paiva de. *O Tribunal de Contas na Ordem Constitucional.* Belo Horizonte: Fórum, 2008, p. 122.

[17] A sua essência é outra: "O que há em um nome? Aquilo que chamamos de rosa, tivesse qualquer outro nome, teria o mesmo perfume" (SHAKESPEARE. *Romeu e Julieta*, 2º ato).

A doutrina pátria, na sua grande maioria, como se demonstrará, tem se posicionado no sentido de enquadrar este órgão de forma independente, sem qualquer vinculação ou subordinação a qualquer outro órgão integrante do nosso sistema constitucional, quer seja o Judiciário, o Executivo ou o Legislativo, em que pese a posicionamentos divergentes, mas que, no nosso sentir, sem a devida abordagem lógico-jurídica para as conclusões havidas.

Este órgão de matriz constitucional desempenha funções políticas próprias como expressões imediatas da soberania, ao lado das funções exercidas pelos demais poderes clássicos. A expressão "*auxílio*", inserta no *caput* do art. 71, não tem o condão de defini-lo. O conjunto das prerrogativas e garantias, somadas às atribuições que lhe são conferidas, é que lhe dá a devida configuração.

O perfil constitucional desse órgão e a sua posição diante dos demais Poderes do Estado dão-lhe características singulares. Aliás, o Auditor Substituto de Conselheiro do Tribunal de Contas do Estado do Rio Grande do Sul, Alexandre Mariotti, ao abordar o tema, assim se manifesta a respeito da sua *singularidade*:

> Por certo, essa singularidade muitas vezes não foi – e continua não sendo – bem compreendida por doutrinadores que, ainda presos a uma concepção rígida e ultrapassada da separação dos poderes, procuram encaixar a martelo a instituição e suas funções em um dos clássicos três poderes preconizados em "Do espírito das leis" – obra publicada em 1748.[18]

É preciso que se tenha uma adequada percepção da separação de poderes do Estado. Esta ideia foi idealizada por Locke e Montesquieu com a finalidade prática, bem definida, de evitar que o Estado exerça de forma arbitrária o poder conferido pelos indivíduos, garantindo-se a liberdade política dos cidadãos.[19]

Numa dimensão positiva, o princípio da divisão dos poderes visa assegurar uma adequada ordenação das funções do Estado. Trata-se de um esquema relacional de competências, tarefas, funções e responsabilidades dos órgãos constitucionais de soberania.[20]

---

[18] *Parecer n. 25/2006 da Auditoria do Tribunal de Contas do Estado do Rio Grande do Sul*. Disponível em: <http://www.tce.rs.gov.br>. Acesso em: 25 maio 2011.

[19] MAURÍCIO JUNIOR, Alceu. *A revisão judicial das escolhas orçamentárias*. Belo Horizonte: Fórum, 2009, p. 147-148.

[20] CANOTILHO, J. J. Gomes. *Direito Constitucional e teoria da Constituição*. 5. ed. Coimbra: Almedina, 2001, p. 250.

Ver também: MOURA SILVA, Elke Andrade Soares de. Essencialidade da compreensão do significado de "Contas de Governo e Contas de Gestão" para uma leitura constitucionalmente adequada das competências outorgadas ao Tribunal de Contas. *Revista do Tribunal*

O que se visa com a teoria da separação de poderes é o impedimento do seu abuso. Não é uma teoria fechada, portanto. Os seres humanos tendem a abusar do poder. As mudanças sociais ensejam que seja reformulada esta teoria para que se ajuste às novas realidades, aos novos desafios que tem a enfrentar. A matéria foi objeto de profunda análise por Häberle, como pode se aferir na seguinte passagem de sua obra:

> O princípio da divisão de poderes é tanto "texto clásico" desde Montesquieu (1748), como também princípio constitutivo na tríade do Legislativo, Executivo e Judiciário do tipo de Estado constitucional, e vem a ser direito constitucional positivo em todos os exemplos e variantes nacionais. [...]
> O direito constitucional positivo de muitos países tem criado na atualidade alguns novos órgãos constitucionais (como o comisionado cidadão ou ombudsman), que devem ser incorporada no quadro geral do equilibrio de poderes, do mesmo modo que a jurisdição constitucional, que tem se fortalecido, e encontrado paulatinamente seu lugar correto no quadro geral de um estado constitucional.
> O texto clássico continua inspirando a obra de Montesquieu, *De l'esprit des lois*, em cujo XI livro, cap. 4 lê: "A experiência eterna mostra, no entanto, que todo homem que tem poder é levado a abusar dele". Esta imagem realista do ser humano em relação ao perigo agudo de que os homens abusem do poder, não só em custos políticos ou estatais, atualmente lidera a luta constitucional para uma ótima divisão de poderes e o renovado retorno criador ao "texto original" de Monstesquiel (e Locke) pode reconhecer e combater as novas zonas de perigo de abusar do poder. Em outras palavras: a divisão de poderes é um princípio relativamente aberto, com constante e variantes.[21]

É dentro dessa concepção de Häberle que devem ser vistos os novos órgãos autônomos constitucionalmente criados a fim de exercer parcelas da soberania nessa nova concepção de divisão do poder decorrente dos desafios da sociedade moderna. Como asseverado pelo autor, a divisão de poderes, dentro de sua lógica concebida, é um princípio relativamente aberto e que deve se ajustar às exigências de

---

de Contas dos Municípios do Estado do Ceará, n. 19, p. 70-92, 2011. Para que – "Dentro do sistema que se convencionou chamar de *cheksand balances*, já que todo o poder tende ao abuso, a função de controle consiste basicamente em limitar o poder, sendo indispensável que o órgão incumbido de exercê-lo possua independência funcional e seja cercado de garantias capazes de assegurar a eficácia de sua atuação, justificando, assim, a sua existência". p. 79.

[21] HÄBERLE, Peter. *El Estado Constitucional*. Buenos Aires: Astrea, p. 329-330, 2007. Tradução livre.

cada sociedade. Isso necessariamente se reflete na natureza do processo que leva a efeito e de suas decisões, conforme referido.

Os Constituintes, sensíveis a isto, criaram uma série de instituições no texto constitucional, assegurando-lhes as garantias e prerrogativas que até então eram atribuídas aos clássicos poderes concebidos. Isto se deu com os Tribunais de Contas no Brasil, que possuem as mesmas prerrogativas e garantias de membros do Poder Judiciário a fim de conformar essa nova forma de combater as tentativas de abuso do Poder e criar uma sociedade justa e solidária.

A confirmação desta afirmação pode ser verificada na seguinte passagem da obra citada:

> Deve se fazer notar que tem se multiplicado o número de poderes no marco dos processos sociais de crescimento do Estado Social. Assim, em numerosos Estados constitucionais há tribunais de contas (também o Banco Federal Alemão, atualmente o Banco Europeu), que se aproximam dos Tribunais em seu estado independente; assim tem se desenvolvido o "ombudsman" ou formas próximas, como os comissionados para as forças armadas (*wehrbeauftragte*; art. 45 b, LF) [...]

Portanto, há uma multiplicação de poderes decorrente do marco dos processos de crescimento do Estado social.

É dentro desta ótica que devem ser vislumbrados os Tribunais de Contas, assim como os demais órgãos constitucionais de mesma estatura (Ministério Público, Defensoria Pública, entre outros), possuindo gama de competências próprias.

Tão importante é hoje, para a teoria constitucional, a estruturação do Poder Estatal, assim entendida como a distribuição de seu exercício por vários centros de imputação, todos e cada um, com suas múltiplas funções públicas a executar, que alguns autores, como J. J. Gomes Canotilho, a eles dedicam oportunos estudos voltados a uma melhor "compreensão material das estruturas organizatório-funcionais" do Estado, o que leva ao conceito de "constituição de direitos fundamentais, materialmente legitimada", e implica, ainda, "na articulação das normas de competência com a ideia de responsabilidade constitucional dos órgãos constitucionais (sobretudo dos órgãos de soberania) aos quais é confiada a prossecução autônoma de tarefas".[22]

---

[22] MOREIRA NETO, Diogo de Figueiredo. Algumas notas sobre órgãos constitucionalmente autônomos: um estudo de caso sobre os Tribunais de Contas no Brasil. *RDA*, n. 223, p. 1-24, jan./mar. 2001.

Tribunais de Contas, para Moreira Neto,[23] são estruturas políticas da soberania, no desempenho de diversas funções de proteção de direitos fundamentais de sede constitucional. É órgão garantidor dos valores políticos constitucionais do Estado Democrático de Direito, ou seja, porque exercem funções indispensáveis ao funcionamento dos princípios republicano e democrático, no tocante a um dos mais delicados aspectos de qualquer complexo juspolítico, que é, desde a Magna Carta, a gestão fiscal, como a disposição político-administrativa dos recursos retirados impositivamente dos contribuintes.

O processo organizativo do poder, com os seus limites através da sua distribuição, é dinâmico e se estrutura e reestrutura de forma permanente.

Moreira Neto preleciona:

> [...] A Constituição instituiu uma distinção estrutural de cunho político entre o Poder Legislativo e o Tribunal de Contas; e o fez, não só por estar a mencioná-los separadamente, o que seria um dado puramente formal, como, e principalmente, porque quis estabelecer entre ambos uma relação, que não sendo paritária nem, tampouco, de hierarquia, ou de subordinação, *só pode ser de cooperação*, o que claramente se expressa na voz auxílio (art. 71, *caput*).[24]

Odete Medauar,[25] ao fazer uma abordagem sobre a natureza dos Tribunais de Contas, ressalta o fato de ser muito comum a menção do Tribunal de Contas como órgão auxiliar do Poder Legislativo, o que acarreta a ideia de subordinação. Para a autora: "Confunde-se, desse modo, a função com a natureza do órgão. A Constituição Federal, em artigo algum, utiliza a expressão 'órgão auxiliar'; dispõe que o controle externo do Congresso Nacional será exercido com o auxílio do Tribunal de Contas".

Tem que se ater a essência deste órgão considerando o conjunto dos dispositivos constitucionais que lhe dão a configuração orgânica. Atuar em colaboração, em auxílio, não significa ser órgão auxiliar.

---

[23] *Idem*.

[24] MOREIRA NETO, Diogo de Figueiredo. Algumas notas sobre órgãos constitucionalmente autônomos: um estudo de caso sobre os Tribunais de Contas no Brasil. *RDA*, n. 223, p. 1-24, jan./mar. 2001.

[25] MEDAUAR, Odete. Controle da Administração Pública pelo Tribunal de Contas. *Revista Informação Legislativa*, n. 108, p. 124, 1990.

Conforme Canotilho,[26] o que importa num Estado Constitucional de Direito não será tanto saber se o legislador, o governo ou o juiz fazem atos legislativos, executivos ou jurisdicionais, mas se o que eles fazem pode ser feito e é feito de forma legítima.

Ainda, segundo o autor:

> As mudanças verificadas na evolução das finanças públicas têm refrações inevitáveis no entendimento do papel dos Tribunais de Contas. Basta olhar para o que se passa em alguns ordenamentos culturalmente próximos do nosso. Na Itália, numa notável obra colectiva sobre os valores e princípios do regime republicano, o Tribunal de Contas é elevado a "órgão independente ao serviço do Estado-comunidade" que assegura e garante os valores do regime republicano. Na França, no nº 100 da *Revue Française de Finances Publiques*, dedicado ao bicentenário da *La Cours dês Comptes*, encontram-se importantes referências ao papel actual deste Tribunal: "*La Cour vigie desfinances publiques*", "*La Courgardienne de labonnefinance*", "*La Cour, aiguillon de labonne politique*".[27]

Na mesma orientação, Schmitt, valendo-se do escólio de Odete Medauar, quando consigna que, apesar de a maioria dos ordenamentos jurídicos manterem o princípio da separação dos poderes, a fórmula clássica original não se apresenta adequada à atual realidade política e institucional dos Estados, daí resultando "supremacia real do Executivo em todos os países na atualidade", além de anotar que se verifica hodiernamente maior complexidade para manter a separação original de Montesquieu, adequada à sua época, mas não para os dias de hoje, porque, neles, várias instituições não se enquadram em nenhum dos poderes clássicos, caso do "Ministério Público e do Tribunal de Contas".[28]

Na concepção de Valdecir Pascoal,[29] o Tribunal de Contas possui autonomia administrativa e financeira sem qualquer relação de subordinação com os Poderes Legislativos, Executivo e Judiciário. Refere que, embora as competências dos Tribunais de Contas estejam constitucionalmente inseridas no Capítulo I, do Título IV, dedicado ao

---

[26] CANOTILHO, Gomes José Joaquim. *Direito Constitucional e teoria da Constituição*. Coimbra: Almedina, [S. d], p. 245.

[27] CANOTILHO, José Joaquim Gomes. Tribunal de Contas como instância dinamizadora do princípio republicano. *Revista do TCE de Santa Catarina*, Florianópolis, ano V, n. 6, p. 17-30, set. 2008.

[28] SCHMITT, Rosane Heineck. *Tribunais de Contas no Brasil e controle de constitucionalidade*. Tese (Doutorado) – UFRGS, Porto Alegre, 2006. p. 99. Disponível em: <http://bdtd.ibict.br/vufind/Record/URGS_1921b4e9ae96ebbb0e1c93ea7c26999f/Details>.

[29] PASCOAL, Valdecir. *Direito Financeiro e controle externo*. Rio de Janeiro: Elsevier, 2008, p. 126-129.

Poder Legislativo, este fato não enseja uma interpretação no sentido de que haja qualquer subordinação administrativa. Qualifica-o como órgão de permeio, agindo ora numa posição de colaboração com o legislativo, ora no exercício de competências próprias.

A Constituição Federal não deixa dúvidas acerca da autonomia dos Tribunais de Contas ao assinalar, em seu art. 71, que o controle externo, a cargo do Congresso Nacional, será exercido com o auxílio do Tribunal de Contas da União. O titular do Controle Externo é o Parlamento, mas a própria CF/1988 delegou a maior parte do poder controlador aos Tribunais de Contas. Aqui se insere a competência atribuída pelo inciso II do art. 71, distinguindo-se do estabelecido no inciso I, do mesmo artigo, por revestir-se de decisão definitiva, *ao menos na via administrativa*. Ambos os dispositivos complementam-se no sistema de controle externo. Não há, no caso do inciso II do art. 71, participação do Legislativo no *iter* procedimental de formação da decisão. A autonomia fica evidenciada quando a Constituição Federal preceitua, no art. 73, que o Tribunal de Contas tem quadro próprio de pessoal, que fica mais uma vez ressaltada a partir da leitura combinada dos arts. 73 e 96 da CF/88. O art. 96 estatui atribuições atinentes à auto-organização do Poder Judiciário, e o art. 73 estende, no que couber, essa regra ao Tribunal de Contas.

Esses órgãos constituem um conjunto autônomo, refratário à inclusão em quaisquer dos clássicos três blocos orgânicos normalmente designados como poderes.[30]

Compete ao Tribunal de Contas exercer suas *competências exclusivas*, bem como auxiliar o Poder Legislativo no momento em que este realizar o controle parlamentar indireto da Administração Pública.[31]

Este é o entendimento que tem prevalecido atualmente a respeito da posição jurídica ocupada por este órgão. Um dos fortes argumentos a demonstrar a independência do Tribunal de Contas em relação ao

---

[30] MELLO, Celso Antônio Bandeira de. O enquadramento constitucional do Tribunal de Contas. In: FREITAS, Ney José de (Coord.). *Tribunais de Contas*: aspectos polêmicos: estudos em homenagem ao conselheiro João Féder. Belo Horizonte: Fórum, 2009, p. 63-72.

[31] Preleciona Ferraz: "*O Tribunal de Contas, sem embargo de não se constituir em quarto Poder, é independente no exercício de suas funções, fiscalizando os Poderes Legislativo, Executivo e Judiciário. Busca na própria Constituição sua identidade e suas competências, as quais não poderão ser mitigadas por legislação infraconstitucional, embora possam ser ampliadas por esta via. Insere-se na estrutura do Estado como 'órgão de ligação' (Dalmo Dallari), 'órgão de destaque constitucional' (Pardini), ou 'organi a rilevanzaconstitucionali' (Pietro Virga), definições que lhe asseguram a qualificação de órgão de auxílio ao Poder Legislativo, cuja 'criação posterior à teoria da separação dos poderes e fruto da prática, destoava das linhas rígidas da tripartição'*" (grifou-se) (FERRAZ, *Controle da Administração Pública*, p. 142-143).

Legislativo é o fato de o Tribunal "julgar" as contas do Presidente das casas legislativas.

Bem lançada a definição que se encontra no texto de Elke Andrade Soares de Moura Silva[32] quando refere que o Tribunal de Contas se trata de uma "instituição autônoma, com independência financeira e administrativa, não integrando nenhum dos poderes, *uma vez que a todos fiscaliza*, sendo indispensável que não esteja à mercê de qualquer pressão advinda daqueles sujeitos a sua fiscalização". Para a autora citada, o que tem levado muitos à falsa ideia de que o Tribunal de Contas seja um órgão do Poder Legislativo consiste no fato de ter sido tratado, desde a Constituição de 1946, dentro do capítulo reservado a esse Poder. Entretanto, obtempera que a razão disso se prende à questão de que a titularidade do controle externo foi atribuída ao Poder Legislativo – representante do povo, incumbido de canalizar os melhores argumentos extraídos em meio ao discurso intersubjetivo – pois é ele que autoriza a arrecadação de receita e a realização da despesa, consubstanciadas nas leis orçamentárias, cabendo-lhe, portanto, verificar o cumprimento das metas estabelecidas. E, ao Egrégio Tribunal de Contas, órgão técnico especializado, ficou reservado prestar auxílio àquele poder no exercício da referida competência. Isto se dá em razão do controle externo ser realizado sob dois enfoques: o político, atribuído aos órgãos do Poder Legislativo, mediante a aferição da concretização das políticas públicas (programas e projetos de governo) consagradas nas metas estabelecidas pelas leis orçamentárias, e o técnico, que compreende a fiscalização contábil, financeira, orçamentária, operacional e patrimonial, de responsabilidade do órgão especializado, o qual, apesar de também se ocupar da verificação do cumprimento de projetos e programas de governo, não se limita à análise de resultados, restando-lhe perquirir o *iter* legal de realização de cada ato administrativo de arrecadação de receita e de desembolso. É neste campo que se inserem as contas de gestão, como adiante se verá com maior profundidade.

Aqui está clara a diferenciação estabelecida nos incisos I e II, ambos do art. 71 da Constituição Federal de 1988. São estes dispositivos *substancialmente distintos*. Enquanto o inciso I volta-se às contas sob os aspectos políticos, globais, de resultado, o inciso II abrange um julgamento técnico, de conformidade, de adequação.

Para corroborar a independência dos Tribunais de Contas em relação aos demais poderes do Estado, basta uma leitura dos arts. 44, 76 e 92 da Constituição de 1988, que informam os órgãos que compõem

---

[32] SILVA, Elke Andrade Soares de Moura. Os Tribunais de Contas e o controle de constitucionalidade das leis. *Revista do Tribunal de Contas do Estado de Minas Gerais*, v. 52, n. 3, 2004.

os Poderes Legislativo, Executivo e Judiciário, onde não está incluído em nenhum destes poderes. Ademais, tem este órgão a incumbência de fiscalizar todos os poderes, *na função administrativa*.

Ora, há toda evidência que um órgão subordinado não poderia realizar este mister, pois o realiza com independência, conforme se verifica no texto constitucional.

O Supremo Tribunal Federal já se manifestou a respeito da posição institucional deste órgão, na ADI nº 849/MT, no sentido da inconstitucionalidade de subtração ao Tribunal de Contas da competência do julgamento das contas da Mesa de Assembleia Legislativa, demonstrando a sua total independência.[33]

Na mesma linha de entendimento que vem sendo dada pelo Excelso Pretório ao longo dos anos, tem-se recente decisão cautelar na ADIN nº 4.190-8 do Rio de Janeiro, decisão proferida em 1º de julho de 2009, da lavra do eminente Ministro Celso de Mello, para quem os Tribunais de Contas são órgãos investidos de autonomia, inexistindo qualquer vínculo de subordinação institucional ao Poder Legislativo. As suas atribuições traduzem direta emanação da própria Constituição da República.[34]

---

[33] *ADI 849 / MT - MATO GROSSO - STF. EMENTA: Tribunal de Contas dos Estados: competência: observância compulsória do modelo federal: inconstitucionalidade de subtração ao Tribunal de Contas da competência do julgamento das contas da Mesa da Assembléia Legislativa - compreendidas na previsão do art. 71, II, da Constituição Federal, para submetê-las ao regime do art. 71, c/c. art. 49, IX, que é exclusivo da prestação de contas do Chefe do Poder Executivo. I. O art. 75, da Constituição Federal, ao incluir as normas federais relativas à "fiscalização" nas que se aplicariam aos Tribunais de Contas dos Estados, entre essas compreendeu as atinentes às competências institucionais do TCU, nas quais é clara a distinção entre a do art. 71, I - de apreciar e emitir parecer prévio sobre as contas do Chefe do Poder Executivo, a serem julgadas pelo Legislativo - e a do art. 71, II - de julgar as contas dos demais administradores e responsáveis, entre eles, os dos órgãos do Poder Legislativo e do Poder Judiciário. II. A diversidade entre as duas competências, além de manifesta, é tradicional, sempre restrita a competência do Poder Legislativo para o julgamento às contas gerais da responsabilidade do Chefe do Poder Executivo, precedidas de parecer prévio do Tribunal de Contas: cuida-se de sistema especial adstrito às contas do Chefe do Governo, que não as presta unicamente como chefe de um dos Poderes, mas como responsável geral pela execução orçamentária: tanto assim que a aprovação política das contas presidenciais não libera do julgamento de suas contas específicas os responsáveis diretos pela gestão financeira das inúmeras unidades orçamentárias do próprio Poder Executivo, entregue a decisão definitiva ao Tribunal de Contas. (Grifou-se).*

[34] MED. CAUT. EM AÇÃO DIRETA DE INCONSTITUCIONALIDADE 4.190-8 RIO DE JANEIRO
EMENTA: CONSELHEIROS DO TRIBUNAL DE CONTAS ESTADUAL. A QUESTÃO DAS INFRAÇÕES POLÍTICO-ADMINISTRATIVAS E DOS CRIMES DE RESPONSABILIDADE. COMPETÊNCIA LEGISLATIVA PARA TIPIFICÁ-LOS E PARA ESTABELECER O RESPECTIVO PROCEDIMENTO RITUAL (SÚMULA 722/STF). DOUTRINA. JURISPRUDÊNCIA. PRERROGATIVA DE FORO DOS CONSELHEIROS DO TRIBUNAL DE CONTAS ESTADUAL, PERANTE O SUPERIOR TRIBUNAL DE JUSTIÇA, NAS

Salienta-se que a liminar deferida na ADIN nº 4.190 foi referendada pelo pleno, por unanimidade, em 10 de março de 2010. No mesmo sentido as palavras do Ex-Ministro do Supremo Tribunal Federal Carlos Ayres Brito[35] quando enfatiza que foi o

> INFRAÇÕES PENAIS COMUNS E NOS CRIMES DE RESPONSABILIDADE (CF, ART. 105, I, "a"). EQUIPARAÇÃO CONSTITUCIONAL DOS MEMBROS DOS TRIBUNAIS DE CONTAS À MAGISTRATURA. GARANTIA DA VITALICIEDADE: IMPOSSIBILIDADE DE PERDA DO CARGO DE CONSELHEIRO DO TRIBUNAL DE CONTAS LOCAL, EXCETO MEDIANTE DECISÃO EMANADA DO PODER JUDICIÁRIO. A POSIÇÃO CONSTITUCIONAL DOS TRIBUNAIS DE CONTAS. ÓRGÃOS INVESTIDOS DE AUTONOMIA. INEXISTÊNCIA DE QUALQUER VÍNCULO DE SUBORDINAÇÃO INSTITUCIONAL AO PODER LEGISLATIVO. ATRIBUIÇÕES DO TRIBUNAL DE CONTAS QUE TRADUZEM DIRETA EMANAÇÃO DA PRÓPRIA CONSTITUIÇÃO DA REPÚBLICA. PROMULGAÇÃO, PELA ASSEMBLÉIA LEGISLATIVA DO ESTADO DO RIO DE JANEIRO, DA EC Nº 40/2009. ALEGADA TRANSGRESSÃO, POR ESSA EMENDA CONSTITUCIONAL, AO ESTATUTO JURÍDICO-INSTITUCIONAL DO TRIBUNAL DE CONTAS ESTADUAL E ÀS PRERROGATIVAS CONSTITUCIONAIS DOS CONSELHEIROS QUE O INTEGRAM. SUSPENSÃO CAUTELAR DA EFICÁCIA DA EC Nº 40/2009. DECISÃO DO RELATOR QUE, PROFERIDA "AD REFERENDUM" DO PLENÁRIO DO SUPREMO TRIBUNAL FEDERAL, TEM PLENA EFICÁCIA E APLICABILIDADE IMEDIATA. LIMINAR DEFERIDA. Brasília, 1º de julho de 2009 (22:30h).

E, no corpo da decisão, refutando qualquer entendimento em contrário, encontra-se a seguinte passagem:

> Cabe enfatizar, neste ponto, uma vez mais, na linha da jurisprudência do Supremo Tribunal Federal – considerado o teor da Emenda Constitucional estadual 40/2009 -, que inexiste qualquer vínculo de subordinação institucional dos Tribunais de Contas ao respectivo Poder Legislativo, eis que esses órgãos que auxiliam o Congresso Nacional, as Assembléias Legislativas, a Câmara Legislativa do Distrito Federal e as Câmaras Municipais possuem, por expressa outorga constitucional, autonomia que lhes assegura o autogoverno, dispondo, ainda, os membros que os integram,de prerrogativas próprias, como os predicamentos inerentes à magistratura.

> Revela-se inteiramente falsa e completamente destituída de fundamento constitucional a idéia, de todo equivocada, de que os Tribunais de Contas seriam meros órgãos auxiliares do Poder Legislativo.

> [...] Essa visão em torno da autonomia institucional dos Tribunais de Contas, dos predicamentos e garantias reconhecidos aos membros que os integram e da inexistência de qualquer vínculo hierárquico dessas mesmas Cortes de Contas ao respectivo Poder Legislativo tem sido constante na jurisprudência constitucional do Supremo Tribunal Federal, como resulta claro do voto que o eminente Ministro OCTAVIO GALLOTTI proferiu no julgamento, por esta Suprema Corte, da Representação nº 1.002/SP: "*O Tribunal de Contas da União, padrão obrigatório das Cortes estaduais correspondentes, composto de Ministros investidos das mesmas garantias da magistratura e dotado da prerrogativa de autogoverno conferida aos Tribunais do Poder Judiciário, tem sua esfera própria de atuação direta, estabelecida na Constituição. A despeito da ambigüidade da expressão 'auxílio do Tribunal de Contas', utilizada, pela Constituição, ao estabelecer o modo de exercício do controle externo, pelo Poder Legislativo, é patente, no sistema, a autonomia do Tribunal, que não guarda vínculo algum de subordinação para com o Congresso, nem deve ser entendido como mera assessoria deste*" (Grifou-se)

---

[35] Nas palavras de Brito: Efetivamente, Prof. Diogo de Figueiredo Moreira Neto, o Tribunal de Contas não é órgão do Congresso Nacional, não é órgão do Poder Legislativo e quem diz isso é a Constituição, com todas as letras, no art. 44. O Poder Legislativo é exercido

legislador constituinte que traçou por inteiro o modo de ser normativo desses órgãos.

Com a lição acima, afastam-se, por definitivo, entendimentos no sentido de que suas decisões são meramente administrativas, como se fosse qualquer ato administrativo. De forma alguma podem ser assim consideradas. As suas decisões, mesmo para aqueles que não admitem sejam definitivas, possuem caráter sobranceiro sobre os demais órgãos incumbidos de executar a função administrativa e submetidos à sua jurisdição.

Hely Lopes Meirelles,[36] na sua clássica obra, classifica os órgãos em independentes, autônomos, superiores e subalternos. Para o consagrado autor, os órgãos superiores são os originários da Constituição e representativos dos Poderes de Estado – Legislativo, Executivo e Judiciário –, colocados no ápice da pirâmide governamental, sem qualquer subordinação hierárquica ou funcional, e só sujeitos aos controles

---

pelo Congresso Nacional que se compõe da Câmara dos Deputados e do Senado Federal. Logo não se compõe do Tribunal de Contas. O Tribunal de Contas não integra a estrutura formal ouorgânica do Congresso Nacional. Não se acantona na intimidade estrutural do Congresso Nacional. Estou falando do Tribunal de Contas da União, mas é evidente que o êmulo serve para os Tribunais de Contas dos Municípios, perante as Câmaras de Vereadores e os Tribunais de Contas Estaduais, perante as Assembléias Legislativas e diga-se o mesmo do Tribunal de Contas do Distrito Federal, perante a Câmara Distrital. Além de não ser órgão do Poder Legislativo, o Tribunal de Contas não é órgão auxiliar, naquele sentido de subalternidade, de linha hierárquica. O Prof. Diogo, ainda uma vez com proficiência mostrou que é preciso buscar na Constituição a autonomia dos órgãos para aferir a essencialidade, a necessariedade desse órgão na ossatura estatal e no desempenho das funções essenciais do Estado. Quando a Constituição diz que o Congresso Nacional exercerá o controle externo com o auxílio do Tribunal de Contas da União, evidente que está a falar de auxílio do mesmo modo como a Constituição fala do Ministério Público perante o Poder Judiciário. O Ministério Público não desempenha uma função essencial à Justiça, Justiça enquanto jurisdição? É dizer, não se pode exercer a jurisdição senão com a participação obrigatória, com o auxílio do Ministério Público. O paradigma é absolutamente igual. Não se pode exercer a função estatal de controle externo senão com o necessário concurso ou o *contributo* obrigatório dos Tribunais de Contas. Mas essa auxiliaridade nada tem de subalternidade. Significa o não-descarte do Tribunal de Contas no exercício do controle externo a cargo do Congresso Nacional. A idéia de subalternidade, de dependência hierárquica, portanto, está definitivamente afastada.

Por outra parte o Tribunal de Contas não é tribunal administrativo, como se diz amiudamente. Não pode ser um tribunal administrativo, um órgão cujo regime jurídico é diretamente constitucional. O perfil do Tribunal de Contas normativo está inserido todo na Constituição. O recorte da silhueta do Tribunal de Contas nasce das pranchetas da Constituição. Foi o legislador constituinte que traçou por inteiro o modo de ser normativo dos Tribunais de Contas. E a Constituição, como diz Canotilho, é o estatuto jurídico do fenômeno político. A lei é que é o estatuto jurídico do fenômeno administrativo. A Administração está para a lei, assim como o Governo está para a Constituição. (Grifou-se).

Idem ibidem.

[36] MEIRELLES, Hely Lopes. *Direito Administrativo Brasileiro*. 30. ed. São Paulo: Malheiros, 2005, p. 73.

constitucionais de um Poder pelo outro. Por isso são também chamados de órgãos primários do Estado. *Esses órgãos detêm e exercem precipuamente as funções políticas, judiciais e quase-judiciais outorgadas diretamente pela Constituição para serem desempenhadas pessoalmente por seus membros (agentes políticos, distintos de seus servidores, que são agentes administrativos), segundo normas especiais e regimentais.* É nesta categoria que o autor classifica os Tribunais de Contas, classificação esta da qual se partilha por se entender que eles extraem diretamente da Constituição as suas prerrogativas e atribuições.

A autonomia fica mais evidente a partir da distinção feita pelo STF das competências estabelecidas nos incisos I e II do artigo 71, tornando clara a independência deste órgão em relação às casas legislativas, como se verifica na seguinte passagem da decisão cautelar na ADI-MC nº 3.715: "[...] 5. *Na segunda hipótese [do inciso II, do artigo 71 da CF/88], o exercício da competência de julgamento pelo Tribunal de Contas não fica subordinado ao crivo posterior do Poder Legislativo. Precedentes*".[37]

Carlos Ayres Britto,[38] em outra passagem, refere que não pode ser um Tribunal tão somente administrativo um órgão cujo regime jurídico é centralmente constitucional. Os Tribunais de Contas têm quase todo o seu arcabouço normativo montado pelo próprio poder constituinte.

---

[37] ADI-MC 3715/TO-TOCANTINS. MEDIDA CAUTELAR NA AÇÃO DIRETA DE INCONSTITUCIONALIDADE. Relator(a): Min. GILMAR MENDES
EMENTA: Medida Cautelar em Ação Direta de Inconstitucionalidade. 2. Constituição do Estado do Tocantins. Emenda Constitucional nº 16/2006, que criou a possibilidade de recurso, dotado de efeito suspensivo, para o Plenário da Assembléia Legislativa, das decisões tomadas pelo Tribunal de Contas do Estado com base em sua competência de julgamento de contas (§5º do art. 33) e atribuiu à Assembléia Legislativa a competência para sustar não apenas os contratos, mas também as licitações e eventuais casos de dispensa e inexigibilidade de licitação (art. 19, inciso XXVIII, e art. 33, inciso IX e §1º). 3. A Constituição Federal é clara ao determinar, em seu art. 75, que as normas constitucionais que conformam o modelo federal de organização do Tribunal de Contas da União são de observância compulsória pelas Constituições dos Estados-membros. Precedentes. 4. No âmbito das competências institucionais do Tribunal de Contas, o Supremo Tribunal Federal tem reconhecido a clara distinção entre: 1) a competência para apreciar e emitir parecer prévio sobre as contas prestadas anualmente pelo Chefe do Poder Executivo, especificada no art. 71, inciso I, CF/88; 2) e a competência para julgar as contas dos demais administradores e responsáveis, definida no art. 71, inciso II, CF/88. Precedentes. 5. *Na segunda hipótese, o exercício da competência de julgamento pelo Tribunal de Contas não fica subordinado ao crivo posterior do Poder Legislativo. Precedentes.* 6. A Constituição Federal dispõe que apenas no caso de contratos o ato de sustação será adotado diretamente pelo Congresso Nacional (art. 71, §1º, CF/88). 7. As circunstâncias específicas do caso, assim como o curto período de vigência dos dispositivos constitucionais impugnados, justificam a concessão da liminar com eficácia extunc. 8. Medida cautelar deferida, por unanimidade de votos. (Grifou-se).

[38] BRITTO, Carlos Ayres. O regime constitucional dos Tribunais de Contas. *Revista de Interesse Público*, Porto Alegre, n. 13, p. 184, 2002.

Neste sentido, as suas competências e atribuições estão completamente definidas no arquétipo constitucional.

Ao enfrentar o tema, Luiz Henrique Lima[39] faz um apanhado geral da natureza jurídica das Cortes de Contas, trazendo a lição de inúmeros doutrinadores pátrios. Verifica-se, das lições citadas, que a referência feita no art. 71 da Constituição Federal, de que o controle externo, a cargo do Congresso Nacional, será exercido com o auxílio do TCU, não significa tratar-se de órgão subalterno ou subordinado a qualquer outro órgão ou Poder.

Celso Melo qualifica a função dos Tribunais de Contas como forma de dar atendimento aos princípios republicanos e ao Estado de Direito.[40]

Régis Fernandes de Oliveira partilha do mesmo pensamento:

> Modernamente, diante da relevância que adquire o Tribunal de Contas como órgão essencial à república e a democracia, tem-se analisado a sua natureza jurídica, não mais da ótica de mero órgão auxiliar do Poder Legislativo, mas de órgão com estatura constitucional. Ressalte-se, em primeiro lugar, que o Tribunal de Contas da União não é órgão do Poder

---

[39] LIMA, Luiz Henrique. *Controle externo*. Rio de Janeiro: Elsevier, 2008. p. 114 *et seq*. Nas palavras do autor: Natureza jurídica das Cortes de Contas.

O Tribunal de Contas tem o nome de Tribunal e possui a competência, conferida pela Carta Magna, de julgar contas e aplicar sanções, mas não pertence ao Poder Judiciário. Vincula-se, para efeitos orçamentários e de responsabilidade fiscal, ao Poder Legislativo, mas possui total independência em relação ao Congresso e às suas Casas, inclusive realizando fiscalizações e julgando as contas de seus gestores. Como classificar e interpretar a sua natureza jurídica? Há muito tem sido questionada a interpretação rígida da teoria da tripartição de poder formulada por Montesquieu, superada já, em muitos aspectos, por sucessivas alterações na organização estatal. No *caput* do art. 1º da LOTCU, a Corte de Contas é referida como 'órgão de controle externo'. Sua missão institucional é assim definida: assegurar a efetiva e regular gestão dos recursos públicos em benefício da sociedade. *A expressão auxílio, presente no caput do art. 71 da CF – "O controle externo, a cargo do Congresso Nacional, será exercido com o auxílio do TCU..." – tem provocado extenso debate doutrinário. De modo geral, os principais autores rejeitam a interpretação de que a Corte de Contas seria um órgão auxiliar do Congresso Nacional. Neste sentido, pronunciou-se o STF na ADIN nº 1.140-5, Rel. Min. Sydney Sanches: Não são, entretanto, as Cortes de Contas órgãos subordinados ou dependentes do Poder Legislativo, tendo em vista que dispõem de autonomia administrativa e financeira, nos termos do art. 73, caput, da Constituição Federal, que lhes confere as atribuições previstas em seu art.96, relativas ao Poder Judiciário. Como observa Jarbas Maranhão: O mais adequado seria dizer-se, como preferem aliás a legislação Francesa e outras, que, ao invés de auxiliarem elas assistem o parlamento e o governo, para deixar claro a sua exata posição em face dos Poderes, pois, tendo em vista a própria natureza das tarefas que lhes cabem cumprir, haveria a Constituição de assegurar-lhes a necessária independência.*

Na oportuna análise de Costa: (...) este auxílio não é de subalternidade, mas de necessariedade. Não há como exercer o controle externo sem a indispensável participação das Cortes de Contas que são órgãos tecnicamente preparados para essa atividade estatal. (Grifo nosso). *Idem*.

[40] MELLO, Celso Antônio Bandeira. Funções do Tribunal de Contas, *RDP* 72/133.

Legislativo. O que o artigo 71 atribuiu foi o controle externo ao Congresso Nacional *com o auxílio do* Tribunal de Contas, órgão com dignidade constitucional.[41]

Assevera, na linha de pensamento exposta, que a teoria da tripartição dos poderes não mais existe "na pureza concebida por Monstesquieu".[42] Diante da complexidade da sociedade moderna, diante das exigências sociais que se impõem ao Estado, não há como conceber a estruturação do poder na forma como ele preconizou.

Veja-se que a sua teoria era um contraponto ao absolutismo, mas, na sua época, jamais se cogitava da transformação social advinda das Revoluções Industriais que muito transformaram a forma de Estado. Isso sem falar nas novas dimensões de direitos posteriores, como os de terceira e quarta dimensão.

É nessa perspectiva que esses órgãos possuem competências próprias e exclusivas que não estão ao alcance da revisão de nenhum outro órgão, inclusive do Judiciário. A sua competência exclusiva é restrita. Caso o Judiciário constate algum vício nas decisões desses órgãos, não poderá proferir decisão substitutiva. Em anulando alguma decisão, a matéria tem que retornar para o exame do próprio Tribunal. Portanto, o conteúdo da decisão é exclusivo.

2.3 Das contas de governo e contas de gestão

A importância da clara distinção entre contas de governo e contas de gestão prende-se ao fato de que nem todas as manifestações exaradas pelos Tribunais de Contas ensejam *julgamento*. As primeiras caracterizam-se como opinativas; já as segundas são verdadeiros julgamentos.

Equívocos de interpretação motivaram a imposição de multa em contas de governo em inúmeras decisões proferidas pelo TCERS. Todavia, a partir da decisão proferida no Processo nº 1413-0200/15-8, Recurso de Embargos, a matéria restou consolidada no sentido de que não cabe multa nessa espécie de contas, na medida em que o Tribunal exara um parecer técnico. As penalidades devem incidir nas contas de gestão, que podem, inclusive, abordar alguns aspectos que também constam das contas de governo.[43]

---

[41] OLIVEIRA, Régis Fernandes de. *Curso de Direito Financeiro*. 3. ed. São Paulo: RT, 2010, p. 556

[42] OLIVEIRA, Régis Fernandes de. *Curso de Direito Financeiro*. 3. ed. São Paulo: RT, 2010, p. 557.

[43] Decisão proferida pelo Tribunal Pleno do TCERS, na sessão de 06 de abril de 2016, no processo de Recurso de Embargos, relativo ao Executivo Municipal de Vacaria – exercício de 2012, cuja ementa é a seguinte: Contas de Governo. Exclusão da Multa: Consoante

Augusto Sherman Cavalcanti[44] sustenta que o processo de contas contempla três dimensões relevantes, três vertentes necessárias ao cumprimento integral de seus fins. Segundo o autor, "[...] a primeira diz respeito ao julgamento da gestão do administrador responsável; a segunda, à punibilidade do gestor faltoso; e a terceira, à reparação do dano eventualmente causado ao erário". Percebe-se que a primeira das responsabilidades acentuadas tem natureza política, em atendimento ao princípio republicano de prestar contas a toda a sociedade de quem busca os meios necessários para fazer frente aos serviços públicos, meios estes impostos aos cidadãos através dos tributos. A segunda das responsabilidades diz respeito à função sancionatória decorrente da má gestão pública, do descumprimento das normas de gestão financeira e orçamentária. A terceira das responsabilidades decorre da obrigação de reparar o dano causado, desde que configurados os elementos que a ensejam.

As contas de governo derivam do art. 71, I, combinado com o art. 49, IX, primeira parte, da Constituição Federal. Este julgamento terá o auxílio consubstanciado no parecer prévio que deverá ser elaborado pelo Tribunal de Contas. O objeto deste julgamento conterá o cumprir do orçamento, dos planos de governo, dos programas governamentais, e demonstrará os níveis de endividamento, o atender aos limites de gasto mínimo e máximo previstos no ordenamento para a saúde, a educação, os gastos com pessoal. Decorrem da ação dos órgãos governamentais supremos, constitucionais, aos quais incumbe traçar planos de ação, dirigir, comandar. Consubstanciam-se, enfim, nos balanços gerais prescritos pela Lei nº 4.320/64. Por isso, é que se submetem ao parecer prévio do Tribunal de Contas e ao julgamento pelo Parlamento. Todavia, não se há de olvidar que o parecer emitido tem caráter eminentemente técnico.

José Ribamar Caldas Furtado[45] ressalta que, nas contas de governo, o que deve ser levado em consideração não são propriamente

---

entendimento que se vem plasmando nesta Corte de Contas, com base na doutrina abalizada e em decisões dos Tribunais Pátrios, em especial do Supremo Tribunal Federal, não se aplica aos processos de Contas de Governo a imposição de penalidade pecuniária por se tratarem de processos em que os Tribunais de Contas, de forma independente e autônoma, atuam em auxílio, em cooperação ao Poder Legislativo, emitindo um Parecer Prévio, de natureza técnica, sobre as contas dos Chefes do Executivo. *Conhecimento. Provimento*. Relator: Conselheiro Substituto Renato Luís Bordin de Azeredo. Decisão unânime. Sugestão de Súmula.

[44] CAVALCANTI, Augusto Sherman. O processo de contas no TCU: o caso do gestor falecido. *Revista do Tribunal de Contas da União*, v. 30.

[45] FURTADO, José Ribamar Caldas. Os regimes de contas públicas: contas de governo e contas de gestão. *Revista Interesse Público*, n. 42, 2007.

os atos administrativos isolados, mas a conduta do administrador no exercício das funções políticas de planejamento, organização, direção e controle das políticas públicas idealizadas na concepção das leis orçamentárias (PPA, LDO e LOA), que foram propostas pelo Poder Executivo e recebidas, avaliadas e aprovadas, com ou sem alterações, pelo Legislativo. O que é considerado é a avaliação de desempenho do Chefe do Executivo, considerada de forma global.

Para o autor:

> Enquanto na apreciação das contas de governo, o Tribunal de Contas analisará os macroefeitos da gestão pública; no julgamento das contas de gestão, será examinado, separadamente, cada ato administrativo que compõe a gestão contábil, financeira, orçamentária, operacional e patrimonial do ente público, quanto à legalidade, legitimidade e economicidade, e ainda os relativos às aplicações das subvenções e às renúncias de receitas.

Aqui, as contas não contêm indicativos de irregularidades na ação dos ordenadores de despesas, mas apenas os resultados do exercício. Por esta razão é que o seu julgamento se dá pelo Parlamento, levando-se em consideração os aspectos políticos, facultando-se ao Legislativo aprová-las ou rejeitá-las. Este julgamento em nada prejudica o julgamento técnico das contas prestadas ou tomadas dos administradores abrangidos pelo parágrafo único do art. 70 da Constituição Federal. No julgamento técnico, haverá a incidência do inciso II do art. 71 da Lei Maior.

Nessa linha de entendimento, Elke Silva[46] difere a forma como se dá o controle externo em dois enfoques: um político, atribuído aos órgãos do Poder Legislativo, cujo objetivo é a verificação da realização de políticas públicas (programas e projetos de governo), fixadas nas metas das leis orçamentárias, e o técnico, que compreende a fiscalização contábil, financeira, orçamentária, operacional e patrimonial, de responsabilidade do órgão especializado, Tribunal de Contas, o qual, "apesar de também se ocupar da verificação do cumprimento de projetos e programas de governo, não se limita à análise de resultados, restando-lhe perquirir o *iter* legal de realização de cada ato administrativo de arrecadação e desembolso".

A matéria foi objeto de julgamento no Superior Tribunal de Justiça, no ROMS nº 11.060-GO, onde se concluiu que as contas de

---

[46] MOURA SILVA, Elke Andrade Soares de. Essencialidade da compreensão do significado de "Contas de Governo e Contas de Gestão" para uma leitura constitucionalmente adequada das competências outorgadas ao Tribunal de Contas. *Revista do Tribunal de Contas dos Municípios do Estado do Ceará*, n. 19, p. 70-92, 2011.

administradores e gestores públicos dizem respeito ao dever de prestar (contas) de todos aqueles que lidam com recursos públicos, captam receitas, ordenam despesas (art. 70, parágrafo único da CF/88). Submetem-se a julgamento direto pelos Tribunais de Contas, podendo gerar imputação de débito e multa (art. 71, II e §3º da CF/88).[47]

No julgamento das contas efetivado pelas Câmaras Municipais, a manifestação só deixará de prevalecer por decisão de dois terços dos seus membros (CF, art. 31, §2º). Já no parecer prévio sobre as contas do Governador ou do Presidente da República, a deliberação da respectiva casa legislativa se dará pela maioria simples de votos, presente a maioria absoluta de seus membros (CF, art. 47).

Quanto ao julgamento das contas de gestão, o objeto diz respeito ao dever de prestar (contas) de todos aqueles que lidam com recursos públicos, captam receitas, ordenam despesas (art. 70, parágrafo único

---

[47] STJ, RO em MS nº 11.060 – GO. Rel. Min. Laurita Vaz. Ementa:
CONSTITUCIONAL E ADMINISTRATIVO. CONTROLE EXTERNO DA ADMINISTRAÇÃO PÚBLICA. ATOS PRATICADOS POR PREFEITO, NO EXERCÍCIO DE FUNÇÃO ADMINISTRATIVA E GESTORA DE RECURSOS PÚBLICOS. JULGAMENTO PELO TRIBUNAL DE CONTAS. NÃO SUJEIÇÃO AO DECISUMDA CÂMARA MUNICIPAL. COMPETÊNCIAS DIVERSAS. EXEGESE DOS ARTS. 31 E 71 DA CONSTITUIÇÃO FEDERAL.

Os arts. 70 a 75 da Lex Legum deixam ver que o controle externo – contábil, financeiro, orçamentário, operacional e patrimonial – da administração pública é tarefa atribuída ao Poder Legislativo e ao Tribunal de Contas. O primeiro, quando atua nesta seara, o faz com o auxílio do segundo que, por sua vez, detém competências que lhe são próprias e exclusivas e que para serem exercitadas independem da interveniência do Legislativo. O conteúdo das contas globais prestadas pelo Chefe do Executivo é diverso do conteúdo das contas dos administradores e gestores de recurso público. As primeiras demonstram o retrato da situação das finanças da unidade federativa (União, Estados, DF e Municípios). Revelam o cumprir do orçamento, dos planos de governo, dos programas governamentais, demonstram os níveis de endividamento, o atender aos limites de gasto mínimo e máximo previstos no ordenamento para saúde, educação, gastos com pessoal. Consubstanciam-se, enfim, nos Balanços Gerais prescritos pela Lei 4.320/64. Por isso, é que se submetem ao parecer prévio do Tribunal de Contas e ao julgamento pelo Parlamento (art. 71, I c./c. 49, IX da CF/88). As segundas – contas de administradores e gestores públicos, dizem respeito ao dever de prestar (contas) de todos aqueles que lidam com recursos públicos, captam receitas, ordenam despesas (art. 70, parágrafo único da CF/88). Submetem-se a julgamento direto pelos Tribunais de Contas, podendo gerar imputação de débito e multa (art. 71, II e §3º da CF/88). Destarte, se o Prefeito Municipal assume a dupla função, política e administrativa, respectivamente, a tarefa de executar orçamento e o encargo de captar receitas e ordenar despesas, submete-se a duplo julgamento. Um político perante o Parlamento precedido de parecer prévio; o outro técnico a cargo da Corte de Contas.

Inexistente, *in casu*, prova de que o Prefeito não era o responsável direto pelos atos de administração e gestão de recursos públicos inquinados, deve prevalecer, por força ao art. 19, inc. II, da Constituição, a presunção de veracidade e legitimidade do ato administrativo da Corte de Contas dos Municípios de Goiás.

Recurso ordinário desprovido. Brasília (DF), 25 de junho de 2002 (Data do Julgamento). No mesmo sentido: STJ, 2ª Turma, RMS 4.309/PR, Rel. Min. Hélio Mosimann.

da CF/88). Submetem-se a julgamento direto pelo Tribunal de Contas, podendo gerar imputação de débito e multa (art. 71, II e §3º, da CF/88).

Os atos de gestão decorrem dos órgãos administrativos, subordinados, dependentes (Administração Pública em sentido estrito), incumbem executar os planos de governo. Citam-se os seguintes exemplos, não exaustivos, caracterizadores das contas de gestão: arrecadação de receitas e ordenamento de despesas, admissão de pessoal, concessão de aposentadoria, realização de licitações, contratações, empenho, liquidação e pagamento de despesas.

O Supremo Tribunal Federal[48] examinou a matéria pronunciando-se no seguinte sentido: "Aprovação de contas e responsabilidade penal: a aprovação pela Câmara Municipal de contas de Prefeito não elide a responsabilidade deste por atos de gestão".

Hélio Saul Mileski,[49] ao abordar a responsabilidade dos agentes públicos, demonstra a evolução desta partindo do ordenador de despesas, com base na Constituição Federal de 1967 e no Decreto-Lei nº 200/67. Com a Constituição de 1988, há uma extensão da responsabilidade. Para o autor, a partir de 1988 passa-se a ter a figura do responsável. Mais tarde, com a edição da Lei Complementar nº 101/2000, agrega-se ao sistema de responsabilidade a figura do responsável pela gestão fiscal.

O advogado Marcelo Bessa Nunes[50] faz clara distinção entre as contas de governo e contas de gestão. É referente às contas de governo que há a emissão de parecer prévio. Já com relação às contas de gestão, há julgamento. Adiante segue a exposição:

> [...] Não obstante a clara separação entre os atos de governo e de gestão, e da necessidade de serem analisados em processos de contas distintos, observa-se que, a despeito da orientação clássica no sentido de descentralização administrativa, exposta na Lei n 4.320/64, é constante observar, principalmente, nos pequenos municípios brasileiros, que os Prefeitos Municipais, além de exercer o comando geral da administração (praticando atos de governo) também exercem, inadvertidamente, atos de execução, gerindo a máquina púbica nos seus pormenores administrativos.
>
> Nesse caso, é de se perguntar se os atos de gestão praticados por Prefeito transmudam-se em atos de governo, e assim ficam imunes ao julgamento pelo Tribunal de Contas, sendo apenas submetido ao crivo da Câmara.

---

[48] Inq 1.070, Rel. Min. Sepúlveda Pertence, julgamento em 24.11.04, *DJ* de 1º.07.05.

[49] MILESKI, Hélio Saul. *O controle da Gestão Pública*. São Paulo: Revistas dos Tribunais, 2003, p. 117-135.

[50] NUNES, Márcio Bessa. Contas de governo e contas de gestão. *Revista Fórum de Contratação e Gestão Pública*, Belo Horizonte, ano 5, n. 58, p. 7.892-7.897, out. 2006.

Em outras palavras, a mera condição de Chefes do Poder Executivo faz com que todos os atos praticados, ainda que classificáveis como atos de gestão e não de governo, se submetam tão somente ao julgamento do Poder Legislativo? *Certamente que não.*

Se fosse, bastaria que o Prefeito, com os 'estímulos' que sua criatividade pudesse conceber, consegui-se a maioria de votos necessária para derrubar o parecer prévio do Tribunal de Contas (2/3 nas Câmaras Municipais e simples nas Assembléias e no Congresso), para que ficasse livre das conseqüências civis e penais que seus atos tivessem provocado ao patrimônio púbico [...]. (Grifou-se).

As contas serão julgadas: a) regulares: quando expressarem, de forma clara e objetiva, a exatidão dos demonstrativos contábeis, a legitimidade e economicidade dos atos de gestão do responsável; b) regulares com ressalvas: quando evidenciarem impropriedade ou qualquer outra falta de natureza, de forma de que não resulte dano ao erário; c) irregulares: quando comprovada qualquer das seguintes ocorrências: omissão no dever de prestar contas; prática de ato de gestão ilegal, ilegítimo, antieconômico ou infração a norma legal ou regulamentar de natureza contábil, financeira, orçamentária, operacional ou patrimonial; dano ao erário decorrente de ato de gestão ilegítimo ou antieconômico; desfalque ou desvio de dinheiro, bens ou valores públicos.

O assunto tem chegado para o exame do Supremo Tribunal Federal através de inúmeras reclamações cuja alegação central é a ofensa às Ações Diretas de Inconstitucionalidade nº 3.715, 1.779 e 849, que reconheceram a necessidade de os Tribunais de Contas locais observarem o modelo federal aplicável ao Tribunal de Contas da União. Citamos, por todas, a Rcl nº 15.902, Relator Min. Luiz Fux, julgado em 27.02.2015, para uma adequada reflexão do debate e o seu atual estágio.

Na presente reclamação, o Ministro Luiz Fux entendeu pela inocorrência da alegada violação, porquanto a controvérsia noticiada nos autos não versa o tema apreciado nas referidas ADIs. O caso aborda julgamento da Corte de Contas dos Municípios do Estado de Goiás que se refere às despesas do prefeito como ordenador de despesa (contas de gestão), e não às suas contas de governo.

Na sequência, manifesta inexistência de ofensa à autoridade de decisão do Supremo Tribunal Federal com força vinculante. Reclamação conhecida e a ela negado seguimento nos termos do art. 21, §1º, do RISTF.

A passagem da decisão que mais importa para o exame do que se pretende no presente artigo é a seguinte:

> De outra banda, a controvérsia ventilada nestes autos diz respeito à competência do Tribunal de Contas Municipal para julgar contas do

chefe do Poder Executivo diante do que previsto no inciso I do art. 71 da Constituição de 1988. *Há, atualmente, um profundo debate a respeito do preciso alcance do art. 71, inciso I, da Constituição de 1988.* Indaga-se se a redação do referido dispositivo abrange todas as despesas do Chefe do Poder Executivo ou se, apenas, atinge as despesas de governo (contas anuais prestadas pelo Chefe do Poder Executivo) sem alcançar aquelas feitas como ordenador de despesas. *Esta celeuma exsurge quando o Chefe do Poder Executivo assume, simultaneamente, o papel de responsável pelas contas de governo e o papel de ordenador de despesas.* É incontroverso que a função do Tribunal de Contas é opinativa em relação às contas de governo, isto é, em relação às contas globais do ente que administra. Esse entendimento foi, por exemplo, confirmado quando do julgamento das ADIs 3.751, 1.779 e 849. Contudo, hácontrovérsia a respeito da competência do Tribunal de contas para o julgamento das contas de gestão. É que, em relação à atuação do Chefe do Poder Executivo, a Corte de contas examina cada ato administrativo específico praticado, tais como a realização da despesa, arrecadação de receitas, licitações, contratos, empenhos, liquidações, pagamentos, dentre outros. *O tema encontra-se sub judice no RE 729.744, que substituiu o RE 597.362 como paradigma de repercussão geral, ainda pendente de conclusão. Não se tem, assim, até a presente data, qualquer pronunciamento definitivo desta Suprema Corte a respeito da constitucionalidade ou não da medida impugnada nestes autos. Aduza-se que a controvérsia subjacente é fruto de profunda divergência entre os ministros desta Corte. Dentre os que tem acolhido a tese de que o Tribunal de Contas não estaria autorizado a julgar as contas dos chefes do Poder Executivo, podemos ilustrar o posicionamento do Min. Gilmar Mendes (Rcl nº 10.551 MC) e Min. Celso de Mello (Rcl nº 10.445 MC). Em sentido oposto, os seguintes ministros já indeferiram liminares em casos semelhantes ao do presente feito: Min. Ayres Britto (Rcl nº 10.680), Min. Ellen Gracie (Rcl nº 10.341), Min. Dias Toffoli (Rcl nº 10.550), Min. Marco Aurélio (Rcl nº 10.499), Min. Joaquim Barbosa (Rcl nº 10.557), Min. Enrique Lewandovski (Rcl n. º 11.304) e Min. Cármen Lúcia (Rcl nº 10.471).* Por essa razão, esta Reclamação deve ter seu seguimento negado, na medida em que não se vislumbra qualquer ofensa ao teor da ADI nº 3.751, da ADI nº 1.779 e ADI nº 849, uma vez que o ato reclamado, que julgou irregulares as contas de gestão do Reclamante, está relacionado às suas contas como ordenador de despesa e não como Chefe de Governo, o que afasta qualquer correlação ou ofensa ao que decidido nas ações diretas citadas. Ex positis, nos termos do art. 21, §1º, do RISTF, nego seguimento a esta reclamação, ficando prejudicado o agravo regimental. Publique-se. Int.. Brasília, 27 de fevereiro de 2015.

Todavia, contrariando a jurisprudência acima referida, bem como a doutrina colacionada, no dia 10 de agosto do corrente ano, o plenário do Supremo Tribunal Federal proferiu decisão conjunta nos Recursos Extraordinários (REs) nº 848.826 e 729.744, ambos com repercussão geral reconhecida, que discutiam qual o órgão competente – se a Câmara de Vereadores ou o Tribunal de Contas – para julgar as contas de prefeitos, e se a desaprovação das contas pelo Tribunal de Contas gera inelegibilidade do prefeito (nos termos da Lei da Ficha Limpa), em caso de omissão do Poder Legislativo municipal. Por maioria de votos, o Plenário decidiu, no RE nº 848.826, que é exclusivamente da Câmara Municipal a competência para julgar as contas de governo e as contas de gestão dos prefeitos, cabendo ao Tribunal de Contas auxiliar o Poder Legislativo municipal, emitindo parecer prévio e opinativo, que somente poderá ser derrubado por decisão de 2/3 dos vereadores.

Prevaleceu a divergência inaugurada pelo Ministro Ricardo Lewandowski, seguida pelos ministros Gilmar Mendes, Edson Fachin, Cármen Lúcia, Marco Aurélio e Celso de Mello. Ficaram vencidos o relator, Ministro Luís Roberto Barroso, e mais quatro ministros que o acompanhavam: Teori Zavascki, Rosa Weber, Luiz Fux e Dias Toffoli.

No acompanhamento do julgamento, pode-se observar que a matéria é bastante controversa. Ademais, o próprio resultado da votação não deixa dúvidas a respeito da divisão de posições na medida em que foi seis a cinco. O julgamento conjunto foi concluído no dia 10 de agosto, mas as teses de repercussão geral em sessão posterior.

Salienta-se que a decisão proferida em nada modifica as conclusões a respeito da natureza jurídica dos Tribunais de Contas, bem como a sua função de julgamento, com base no inciso II do artigo 71 da Constituição Federal. Todas as demais autoridades, com exceção do Chefe do Executivo, estão submetidas ao controle dos Tribunais de Contas, que, sobre elas, exara decisão definitiva na via administrativa e com limites à sua revisibilidade pelo Poder Judiciário.

Ademais, a matéria foi objeto de análise pela ATRICON, associação que congrega os membros dos Tribunais de Contas, manifestando-se no seguinte sentido:

> Os Tribunais de Contas remetam às Câmaras de Vereadores os acórdãos proferidos acerca das CONTAS DE GESTÃO de recursos municipais de prefeito que tenha a agido na qualidade de ordenador de despesas, a fim de que tais Casas Legislativas as apreciem exclusivamente em razão do disposto no artigo 1º, inciso I, alínea g, da Lei Complementar nº 64/1990, ou seja, apenas para fins de legitimar a possível inelegibilidade do chefe do Poder Executivo, permanecendo intactas as competências dos Tribunais de Contas para a) imputar dano e aplicar sanções com força de e título executivo aos mencionados gestores, b) conceder medidas cautelares e também c) fiscalizar os recursos de origem federal ou estadual que foram ou estejam sendo aplicados mediante convênio, acordo, ajuste ou outros instrumentos congêneres celebrados com os entes federados municipais, podendo a rejeição das contas pelos Tribunais de Contas, nesta última

hipótese, que não foi objeto do referido julgamento, gerar a inelegibilidade prevista no artigo 1º, inciso I, alínea "g", da Lei Complementar nº 64/1990.[51]

Ademais, salienta-se que ainda não foram publicadas as decisões proferidas nos Recursos Extraordinários nº 848.826 e 729.744, não produzindo, pois, efeitos no mundo jurídico. E por se encontrarem nessa situação, na medida em que não houve o respectivo trânsito em julgado, ainda podem ser objeto de reforma.

Ressalta-se que tais julgamentos deram-se no âmbito do controle de constitucionalidade difuso, não vinculando, como regra, outros juízos ou órgãos administrativos, estando adstrito o exame aquilo que fora objeto da impugnação.

3 Conclusão

O exame de determinadas matérias, em razão da sua importância para a organização social, como é o caso do controle das contas públicas, deve ficar a cargo dos mais relevantes órgãos de um determinado Estado, disciplinadas no seu principal texto jurídico, que é a sua Constituição. Aliás, conforme Ernest Forsthoff, importante jurista alemão, há determinados interesses que, não obstante todos desejarem a sua imediata realização, não motivam os particulares, e o Estado deve fazer seu próprio, uma vez que se responsabiliza pelo bem-estar de todos. E cita como exemplo a manutenção da pureza das águas e do ar.

Essa constatação demonstra, com clareza, a importância das instituições de Estado. Não é por outra razão que encontramos na importante obra de Daron e James Robinson (professores de Harvard e do MIT), *Por que as Nações Fracassam*, a clara demonstração de que o diferencial entre as nações é a natureza de suas instituições, que devem ser inclusivas, propiciando a participação social, permitindo a distribuição do poder por toda a sociedade, que assegurem os contratos, criem situações igualitárias para todos. Elas é que permitem um franco desenvolvimento social, afastando, por definitivo, determinismos de origem, cultura, posição geográfica, riquezas naturais, idade, entre outros.[52]

Através de instituições sólidas, neutrais, atuando ao lado da sociedade, de forma transparente, arraigada nos valores republicanos, com constante aperfeiçoamento, é que vamos avançar ainda mais e atravessar as crises e os problemas que nos assolam.

---

[51] Disponível em: <http://www.atricon.org.br>
[52] ACEMOGLU, Daron; ROBINSON, James. *Por que as nações fracassam:* as origens do poder, da prosperidade e da pobreza. São Paulo: Elsevier, 2012.

Independentemente da natureza da decisão a ser proferida pelos Tribunais de Contas, quer seja em contas de governo, quer seja em contas de gestão, restou claramente demonstrada a sua atual posição jurídico-institucional de órgão independente, autônomo, cuja tarefa é das mais nobres dentro de uma sociedade democrática, sendo indispensável a sua participação, seja através de um parecer técnico, seja através de julgamento direto e definitivo, ao menos na via administrativa. A necessidade da distinção entre contas de governo e contas de gestão é de relevantíssima importância na medida em que permite que, na ação de ordenador de despesas, tirante os Chefes do Executivo, todas as autoridades sejam julgadas pelos Tribunais de Contas.

Referências

ACEMOGLU, Daron; ROBINSON, James. *Por que as nações fracassam*: as origens do poder, da prosperidade e da pobreza. São Paulo: Elsevier, 2012.

AGUIAR, Afonso Gomes; AGUIAR, Márcio Paiva de. *O Tribunal de Contas na ordem constitucional*. Belo Horizonte: Fórum, 2008.

ARAGÃO, Alexandre Santos de. *Agências reguladoras e a evolução do direito administrativo econômico*. Rio de Janeiro: Forense, 2006.

BRITTO, Carlos Ayres. O regime constitucional dos Tribunais de Contas. *Interesse Público*, n. 13, 2002.

CANOTILHO, José Joaquim Gomes. Tribunal de Contas como instância dinamizadora do princípio republicano. *Revista do TCE de Santa Catarina*, Florianópolis, ano V, n. 6, set. 2008.

CANOTILHO, José Joquim Gomes. *Direito Constitucional e teoria da Constituição*. 5. ed. Coimbra: Almedina, 2001.

CAVALCANTI, Augusto Sherman. O processo de contas no TCU: o caso do gestor falecido. *Revista do Tribunal de Contas da União*, n. 81, 1991.

CRETELLA JUNIOR, José. Curso de Direito Administrativo. 11. ed. Rio de Janeiro: Forense, 1991.

FERRAZ. *Controle da Administração Pública*. Belo Horizonte: Mandamentos, 1999.

FURTADO, José Ribamar Caldas. Os regimes de contas públicas: contas de governo e contas de gestão. *Revista Interesse Público*, n. 42, 2007.

HÄBERLE, Peter. *El Estado Constitucional*. Buenos Aires: Astrea, 2007.

LIMA, Luiz Henrique. *Controle externo*. Rio de Janeiro: Elsevier, 2008.

LIMA, Ruy Cirne. *Princípios de Direito Administrativo*. 6. ed. São Paulo: Revista dos Tribunais, 1987.

MAURÍCIO JUNIOR, Alceu. *A revisão judicial das escolhas orçamentárias*. Belo Horizonte: Fórum, 2009.

MEDAUAR, Odete. Controle da Administração Pública pelo Tribunal de Contas. *Revista Informação Legislativa*, n. 108, 1990.

MEIRELLES, Hely Lopes. *Direito Administrativo brasileiro*. 30. ed. São Paulo: Malheiros, 2005.

MELLO, Celso Antônio Bandeira de. O enquadramento constitucional do Tribunal de Contas. In: FREITAS, Ney José de (Coord.). *Tribunais de Contas*: aspectos polêmicos: estudos em homenagem ao conselheiro João Féder. Belo Horizonte: Fórum, 2009.

MELLO, Celso Antônio Bandeira. Funções do Tribunal de Contas. *RDP*, v. 17, n. 72.

MILESKI, Hélio Saul. *O controle da gestão pública*. São Paulo: Revistas dos Tribunais, 2003.

MILESKI, Hélio Saul. Tribunais de Contas: evolução, natureza, funções e perspectivas futuras. In: FREITAS, Ney José de (Coord.). *Tribunais de Contas*: aspectos polêmicos: estudos em homenagem ao conselheiro João Féder. Belo Horizonte: Fórum, 2009.

MOREIRA NETO, Diogo de Figueiredo. Algumas notas sobre órgãos constitucionalmente autônomos: um estudo de caso sobre os Tribunais de Contas no Brasil. *RDA*, v. 223, 2001.

MOURA SILVA, Elke Andrade Soares de. Essencialidade da compreensão do significado de "Contas de Governo e Contas de Gestão" para uma leitura constitucionalmente adequada das competências outorgadas ao Tribunal de Contas. *Revista do Tribunal de Contas dos Municípios do Estado do Ceará*, n. 19, 2011.

NUNES, Márcio Bessa. Contas de governo e contas de gestão. *Revista Fórum de Contratação e Gestão Pública*, ano 5, n. 58, out. 2006.

OLIVEIRA, Régis Fernandes de. *Curso de Direito Financeiro*. 3. ed. São Paulo: RT, 2010.

PASCOAL Valdecir. *Direito Financeiro e controle externo*. Rio de Janeiro: Elsevier, 2008.

RAWLS, John. *Uma teoria da Justiça*. São Paulo: Martins Fontes, 2002.

RIZZO JUNIOR, Ovídio. Controle Social Efetivo das Políticas Públicas. Tese (Doutorado) – USP, São Paulo, 2009.

SCHMITT, Rosane Heineck. *Tribunais de Contas no Brasil e controle de constitucionalidade*. Tese (Doutorado) – UFRGS, Porto Alegre, 2006. Disponível em: <http://bdtd.ibict.br/vufind/Record/URGS_1921b4e9ae96ebbb0e1c93ea7c26999f/Detail>.

SILVA, Elke Andrade Soares de Moura. Os Tribunais de Contas e o Controle de Constitucionalidade das Leis. *Revista do Tribunal de Contas do Estado de Minas Gerais*, v. 52, n. 3, 2004.

SILVA, Elke de Andrade Soares Moura. O Tribunal de Contas e o controle de constitucionalidade das leis. *Revista do Tribunal de Contas de Minas Gerais*, n. 3, 2004.

Informação bibliográfica deste livro, conforme a NBR 6023:2002 da Associação Brasileira de Normas Técnicas (ABNT):

AZEREDO, Renato Luís Bordin de. Análise da natureza jurídica dos Tribunais de Contas e da distinção entre contas de governo e contas de gestão. In: LIMA, Luiz Henrique; OLIVEIRA, Weder de; CAMARGO, João Batista (Coord.). *Contas governamentais e responsabilidade fiscal*: desafios para o controle externo – estudos de ministros e conselheiros substitutos dos Tribunais de Contas. Belo Horizonte: Fórum, 2017. p. 217-247. ISBN 978-85-450-0246-8.

CAPÍTULO 7

A AUDITORIA CONTÁBIL FINANCEIRA E O JULGAMENTO DAS CONTAS PÚBLICAS

ISAIAS LOPES DA CUNHA

1 Introdução

A auditoria contábil surgiu em razão da necessidade de confirmação, por parte de investidores e proprietários, dos registros e da situação econômico-financeira das empresas e, especialmente, em virtude do desenvolvimento do sistema capitalista que propiciou o aparecimento de grandes empresas e a participação acionária na formação do capital de muitas empresas.[1]

Assim como a Revolução Industrial, a auditoria contábil surgiu primeiramente na Inglaterra, no século XVIII, pois foi o primeiro país a possuir grandes companhias de comércio e a instituir a tributação do imposto de renda com base nos lucros das empresas. Não obstante, em 1314 foi criado o cargo de auditor do Tesouro na Inglaterra,

---

[1] Cf. ATTIE, William. *Auditoria*: conceitos e aplicações. 3. ed. São Paulo: Atlas, 1998, p. 27-28; FRANCO, Hilário; MARRA, Ernesto. *Auditoria contábil*. 4. ed. São Paulo: Atlas, 2013, p. 39.

evidenciando que desde essa data já se realizava a auditoria das contas públicas.[2]

Segundo Araújo,[3] a auditoria pode ser classificada (i) quanto ao campo de aplicação (auditoria privada e auditoria governamental); (ii) quanto à forma de realização (auditoria externa e auditoria interna); e quanto ao tipo de trabalho (contábil, operacional e integrada).

De acordo com as Normas Internacionais das Entidades Fiscalizadoras Superiores (ISSAI) elaboradas pela *International Organization of Supreme Audit Institutions* (INTOSAI), os três principais tipos de auditoria no setor público são auditoria financeira, auditoria operacional e auditoria de conformidade (ISSAI 100, nº 22).[4]

No que tange à auditoria financeira, é importante ressaltar que a INTOSAI não elabora ou edita normas desse tipo de auditoria, ela tão somente incorpora as normas da Federação Internacional de Contadores (IFAC)[5] às suas diretrizes, como dispõe a ISSAI 100, nº 11.[6]

Os Tribunais de Contas têm, entre outras, as competências de (i) apreciar as contas prestadas anualmente pelo Presidente da República, mediante parecer prévio; (ii) julgar as contas dos administradores públicos e dos demais responsáveis por dinheiros, bens e valores públicos e (iii) realizar inspeções e auditorias de natureza contábil, financeira, orçamentária, operacional e patrimonial (art. 71, I, II e IV, CF/88).

Nesse sentido, a auditoria, como um instrumento de fiscalização, tem como finalidade instruir e subsidiar o julgamento das contas dos administradores públicos e demais responsáveis por dinheiros, bens e valores públicos.

---

[2] Cf. ATTIE, William. *Auditoria*: conceitos e aplicações. 3. ed. São Paulo: Atlas, 1998, p. 27-28; FRANCO, Hilário; MARRA, Ernesto. *Auditoria contábil*. 4. ed. São Paulo: Atlas, 2013, p. 39.

[3] ARAÚJO, Inaldo da Paixão Santos; ARRUDA, Daniel Gomes; BARRETO, Pedro Humberto Teixeira. *Auditoria Contábil*: enfoque teórico, normativo e prático. São Paulo: Saraiva, 2008, p. 25.

[4] BRASIL, Tribunal de Contas da União. *Normas Internacionais das Entidades Fiscalizadoras Superiores (ISSAI)*: princípios fundamentais de auditoria (nível 3). Brasília: TCU, 2015, p. 4-5. Disponível em: <http:// portal.tcu.gov.br/fiscalizacao-e-controle/auditoria/issai-em-portugues.htm>. Acesso em: 20 jun. 2016.

[5] É uma organização internacional de contadores, cuja missão é servir ao interesse público, fortalecendo a profissão contábil por todo o mundo e contribuindo para o desenvolvimento de economias internacionais fortes, por meio do estabelecimento e promoção da aderência a padrões contábeis de alta qualidade.

[6] BRASIL, Tribunal de Contas da União. *Normas Internacionais das Entidades Fiscalizadoras Superiores (ISSAI)*: princípios fundamentais de auditoria (nível 3). Brasília: TCU, 2015, p. 2. Disponível em: <http:// portal.tcu.gov.br/fiscalizacao-e-controle/auditoria/issai-em-portugues.htm>. Acesso em: 20 jun. 2016.

Por isso, o objetivo deste artigo é estudar a contribuição da auditoria contábil, como tecnologia da ciência contábil, na melhoria da prestação de contas e na assertividade do julgamento das contas dos administradores públicos, especialmente quanto à exatidão e fidedignidade das informações sobre a gestão orçamentária, financeira e patrimonial.

Apesar de essas organizações internacionais utilizarem o termo auditoria financeira como sinônimo de auditoria contábil ou das demonstrações contábeis, o termo adotado neste artigo é auditoria contábil ou auditoria contábil financeira, pois, técnica e conceitualmente, é mais abrangente do que essas denominações, como se verá a seguir.

2 Auditoria e contabilidade no setor público

2.1 Conceitos e objetivos da auditoria contábil

O termo auditoria, de origem latina (origina-se de *audire*), foi utilizado pelos ingleses para rotular a tecnologia contábil da revisão (*auditing*) de contas ou de escrita contábil, mas hoje tem sentido mais abrangente.[7]

Ferreira[8] define auditoria, sob a ótica administrativa, como uma avaliação independente dos processos ou atividades de uma organização com o intuito de verificar se estão de acordo com as normas predefinidas e, sob o aspecto contábil, como exame analítico e pericial das operações contábeis, desde o planejamento de rotinas, processos e controles até a elaboração das demonstrações contábeis.

De Plácido e Silva[9] a define como cargo ou função de auditor, o qual, na linguagem técnica da contabilidade, possui o encargo de examinar e dar parecer sobre a escrituração mercantil de uma empresa, atestando, igualmente, a sua exatidão e a veracidade do balanço geral em confronto com os documentos que originaram os lançamentos contábeis.

---

[7] LOPES DE SÁ, Antônio. *Curso de auditoria*. 10. ed. São Paulo: Atlas, 2007, p. 23.

[8] FERREIRA, Aurélio Buarque de Holanda. *Dicionário Aurélio da língua portuguesa*. 5. ed. Curitiba: Positivo, 2010, p. 241.

[9] SILVA, De Plácido e. 1892-1964. *Vocabulário jurídico*. Atualização Nagib Slaibi Filho e Priscila Pereira Vasques Gomes. 32 ed. Rio de Janeiro: Forense, 2016, p. 171-172.

Assim, histórica e etimologicamente, auditoria é uma especialização contábil ou tecnologia da ciência contábil.[10] A contabilidade, através de suas técnicas próprias, estuda, registra, controla e evidencia o patrimônio das entidades privadas e públicas, e fornece informações econômicas, financeiras e patrimoniais essenciais às tomadas de decisão. A auditoria é a tecnologia utilizada para comprovar essas informações, servindo como um instrumento que a contabilidade dispõe para atingir suas finalidades.

De maneira sucinta, Attie[11] assevera que a auditoria visa testar a eficiência e eficácia do controle patrimonial implantado com o objetivo de expressar uma opinião sobre determinado dado.

Crepaldi,[12] de forma simples e abrangente, define auditoria como "o levantamento, estudo e avaliação das transações, procedimentos, operações, rotinas e das demonstrações financeiras de uma entidade".

Para Franco e Marra,[13] a auditoria compreende o exame de documentos, livros e registros, inspeções e obtenção de informações e confirmações relacionadas como controle do patrimônio, objetivando mensurar a exatidão desses registros e das demonstrações contábeis deles decorrentes.

O saudoso Antônio Lopes de Sá,[14] consagrado doutrinador contábil, define auditoria como:

> Uma tecnologia contábil aplicada ao sistemático exame de registros, demonstrações e de quaisquer informes ou elementos de consideração contábil, visando apresentar opiniões, conclusões, críticas e orientações sobre situações ou fenômenos patrimoniais da riqueza aziendal, pública ou privada quer ocorridos, quer por ocorrer ou prospectados e diagnosticados.

Atualmente, as Normas Brasileiras de Contabilidade sobre auditoria contábil independente, editadas pelo Conselho Federal de Contabilidade (CFC), especialmente a NBC TA 200 (item 3), não conceituam auditoria das demonstrações contábeis e restringem a estabelecer que seu objetivo "é aumentar o grau de confiança nas demonstrações contábeis por parte dos usuários" mediante a expressão de uma opinião

---

[10] Nesse sentido: ATTIE, William. *Auditoria*: conceitos e aplicações. 3. ed. São Paulo: Atlas, 1998, p. 25; FRANCO, Hilário; MARRA, Ernesto. *Auditoria contábil*. 4. ed. São Paulo: Atlas, 2013, p. 28; LOPES DE SÁ, Antônio. *Curso de auditoria*. 10. ed. São Paulo: Atlas, 2007, p. 25.

[11] ATTIE, William. *Auditoria*: conceitos e aplicações. 3. ed. São Paulo: Atlas, 1998, p. 25.

[12] CREPALDI, Silvio Aparecido. *Auditoria contábil*: teoria e prática. 9. ed. São Paulo: Atlas, 2013, p. 3.

[13] FRANCO, Hilário; MARRA, Ernesto. *Auditoria contábil*. 4. ed. São Paulo: Atlas, 2013, p. 28.

[14] LOPES DE SÁ, Antônio. *Curso de auditoria*. 10. ed. São Paulo: Atlas, 2007, p. 25.

se as demonstrações contábeis foram elaboradas em conformidade com a estrutura de relatório financeiro aplicável.

Por outro lado, a Resolução CFC nº 986/2003 aprovou a NBC TI 01 – Da Auditoria Interna, a qual, no item 12.1.1.3, define auditoria interna.

12.1.1.3 A Auditoria Interna compreende os exames, análises, avaliações, levantamentos e comprovações, metodologicamente estruturados para a avaliação da integridade, adequação, eficácia, eficiência e economicidade dos processos, dos sistemas de informações e de controles internos integrados ao ambiente, e de gerenciamento de riscos, com vistas a assistir à administração da entidade no cumprimento de seus objetivos.

De maneira geral, as atividades de auditoria interna e de auditoria externa são idênticas, pois ambas são atribuições privativas de contadores, realizam seus trabalhos utilizando-se as técnicas e procedimentos de auditoria contábil, identificam e avaliam os riscos e a capacidade dos controles internos em eliminá-los ou mitigá-los, bem como fazem recomendações para melhorar as deficiências de controles internos constatadas.

Contudo, a principal diferença entre auditoria independente e auditoria externa é o objetivo da auditoria. A primeira tem o objetivo precípuo de examinar as demonstrações contábeis para emitir uma opinião, enquanto que a segunda visa avaliar os sistemas de controle interno ou processos da organização, sugerindo recomendações de melhorias.

Portanto, auditoria contábil é o exame sistemático[15] das demonstrações contábeis e de quaisquer relatórios, contas, transações ou elementos de natureza contábil, com o objetivo de emitir opinião se as demonstrações contábeis evidenciam adequadamente a posição financeira e patrimonial da entidade, de acordo com os princípios e normas de contabilidade e legislação aplicáveis.

2.2 Conceitos e objetivos da auditoria contábil financeira no setor público

No âmbito do setor público, as Normas de Auditoria Governamental aplicáveis ao Controle Externo Brasileiro – NAG

---

[15] Esse exame compreende o conjunto de procedimentos de auditoria atinentes ao exame de registros, livros e documentos, conciliação, análise, inspeção física, observação, circularização (confirmação externa), conferência de cálculos, entrevista ou indagação e revisão analítica.

1102.1.1.1, elaboradas pelo Instituto Rui Barbosa, conceituam auditoria contábil como:

> exame das demonstrações contábeis e outros relatórios financeiros com o objetivo de expressar uma opinião – [...] – sobre a adequação desses demonstrativos em relação a estas NAGs, aos Princípios de Contabilidade (PCs), às Normas Brasileiras de Contabilidade (NBCs), sejam elas profissionais ou técnicas, e à legislação pertinente. Em uma auditoria contábil o profissional de auditoria governamental deverá verificar se as demonstrações contábeis e outros informes representam uma visão fiel e justa do patrimônio envolvendo questões orçamentárias, financeiras, econômicas e patrimoniais, além dos aspectos de legalidade.[16]

Segundo o Tribunal de Contas da União (TCU),[17] a auditoria contábil tem por objetivo examinar se as demonstrações contábeis evidenciam adequadamente, em seus aspectos relevantes, os atos e fatos concernentes à administração orçamentária, financeira e patrimonial de acordo com a legislação pertinente, os princípios e as normas de contabilidade aplicáveis.

O objetivo principal da auditoria contábil é o exame das demonstrações contábeis. Contudo, como já vimos, esse exame pressupõe e consiste na aplicação de um conjunto de técnicas de auditoria visando verificar, entre outros, a exatidão, confiabilidade e conformidade dos registros dos atos e fatos administrativos econômicos com base em documentos comprobatórios e na legislação aplicável.

Com efeito, o exame da auditoria não se restringe somente aos assuntos contábeis ou financeiros, mas abrange os aspectos da conformidade (legalidade) dos atos e fatos de gestão orçamentária, financeira e patrimonial com as leis e regulamentos que regem a matéria, os quais podem direta ou indiretamente influenciar a estrutura dos relatórios ou das demonstrações contábeis.

Dutra e Oliveira[18] constataram que a "função precípua da auditoria financeira em todas as EFS é fornecer confiança sobre a qualidade das informações financeiras divulgadas pelos entes governamentais", e que esse tipo de auditoria também tem o "objetivo de verificar a

---

[16] INSTITUTO RUI BARBOSA. *Normas de Auditoria Governamental (NAG)*. Tocantins: IRB, 2011, p. 12.

[17] BRASIL, Tribunal de Contas da União. *Glossário de termos do controle externo*. 2012. p. 5. Disponível em: <http://portal.tcu.gov.br/fiscalizacao-e-controle/home.htm>. Acesso em: 18 maio 2016.

[18] DUTRA, Tiago Alves de Gouveia Lins; OLIVEIRA, Aroldo Cedraz. Credibilidade dos governos, papel das EFS e boas práticas internacionais de auditoria financeira. *Revista do Tribunal de Contas da União*, ano 46, n. 129, p. 40, jan./abr. 2014.

conformidade legal das transações financeiras ocorridas no exercício a que se referem às demonstrações financeiras". Em seguida, esses autores concluem que a auditoria financeira é um "instrumento adequado para a certificação do nível de confiabilidade e de regularidade das contas públicas".

Sobre essa atividade, o Ministro Aroldo Cedraz, no relatório do voto condutor do Acórdão nº 3.608/2014 – TCU – Plenário,[19] ressaltou que a "2.2.5 [...] auditoria financeira é uma atividade profissional internacionalmente reconhecida e caracterizada pelo seu objetivo: certificar a confiabilidade de demonstrações financeiras". Posteriormente, o relator reconheceu que a auditoria financeira é uma profissão, nos seguintes termos:

> 2.3.12 A auditoria financeira é uma profissão na qual o trabalho exige julgamentos profissionais baseados em padrões profissionais. Por isso, em muitos países desenvolvidos, a principal fonte de treinamentos está em instituições de profissionais de contabilidade e auditoria financeira.

No Brasil, o exercício da auditoria contábil ou da auditoria das demonstrações contábeis é prerrogativa privativa de contador registrado no Conselho Federal de Contabilidade.[20] A propósito, o art. 26 da Lei nº 6.385/76 dispõe que "somente as empresas de auditoria contábil ou auditores contábeis independentes" registrados na Comissão de Valores Mobiliários poderão auditar as demonstrações financeiras de empresas e instituições que atuam no mercado de valores mobiliários.

Nesse contexto, impõe-se que o exercício da auditoria contábil ou qualquer outro tipo de auditoria que envolva aplicação de conhecimentos contábeis, tais como auditoria integral ou auditoria de regularidade, deve ser coordenado ou supervisionado por servidor que tenha habilitação e competência legalmente para exercer essa atividade profissional.

Por fim, pode-se concluir que auditoria contábil no setor público é o exame sistemático das demonstrações contábeis e de quaisquer relatórios, contas, transações ou elementos de natureza contábil, com o objetivo de emitir opinião se essas demonstrações evidenciam adequadamente os atos e fatos de gestão orçamentária, financeira e

---

[19] BRASIL. Tribunal de Contas da União. *Acórdão nº 3.608/2014*. Processo TC nº 016.937/2012-0. Relator: Ministro Aroldo Cedraz. Brasília, 9 de dezembro de 2014. Disponível em: <http://www.tcu.gov.br/Consultas/Juris/Docs/judoc/Acord/20141216/AC_3608_42_14_P.doc>. Acesso em: 20 jul. 2016.

[20] BRASIL, Conselho Federal de Contabilidade. *Resolução CFC nº 560/83*. Dispõe sobre as prerrogativas profissionais de que trata o artigo 25 do Decreto-lei nº 9.295, de 27 de maio de 1946. Disponível em: <http://www.portaldecontabilidade.com.br/legislacao/resolucaocfc560.htm>. Acesso em: 18 maio 2016.

patrimonial, de acordo com a legislação pertinente, os princípios e as normas de contabilidade aplicáveis.

2.3 A contabilidade como instrumento de controle orçamentário, financeiro e patrimonial

A contabilidade como ciência estuda, registra, controla e evidencia o patrimônio das entidades privadas e públicas, e possui, dentre outras tecnologias, a escrituração, a perícia, a auditoria e a análise de balanços.

Ensina Kohama que a contabilidade pública "é um dos ramos mais complexos da ciência contábil, e tem por objetivo captar, registrar, acumular, resumir e interpretar os fenômenos que afetam as situações orçamentárias, financeiras, patrimoniais" dos órgãos e entidades públicas.[21]

Com o processo de convergência das Normas Brasileiras de Contabilidade às normas internacionais, o CFC aprovou a NBC T 16.1,[22] que conceitua e define o objetivo da contabilidade aplicada ao setor público:

> 3. Contabilidade Aplicada ao Setor Público é o ramo da ciência contábil que aplica, no processo gerador de informações, os Princípios Fundamentais de Contabilidade e as normas contábeis direcionados ao controle patrimonial de entidades do setor público.
> 4. O objetivo da Contabilidade Aplicada ao Setor Público é *fornecer aos usuários informações sobre os resultados alcançados e os aspectos de natureza orçamentária, econômica, financeira e física do patrimônio da entidade do setor público* e suas mutações, em apoio ao processo de tomada de decisão; a adequada prestação de contas; e o necessário suporte para a instrumentalização do controle social. [Grifei]

No ordenamento jurídico, a Lei nº 4.320/1964 foi recepcionada pela Constituição Federal como Lei das Finanças Públicas. Essa lei trata da contabilidade no Título IX como sistema de escrituração, desdobrando-o em subsistemas de contabilidade orçamentária (art. 90), contabilidade financeira (arts. 91 a 93 e art. 100), contabilidade patrimonial (arts. 94 a 98) e contabilidade industrial ou especial (art. 99).

---

[21] KOHAMA, Heilio. *Contabilidade pública*: teoria e prática. 9. ed. São Paulo: Atlas, 2003, p. 47.

[22] BRASIL. Conselho Federal de Contabilidade. *Normas brasileiras de contabilidade*: contabilidade aplicada ao setor público – NBC T 16.1 a 16.11. Brasília: Conselho Federal de Contabilidade, 2012. p. 6. Disponível em: <http://portalcfc.org.br/wordpress/wp-content/uploads/2013/01/Setor_P%C3% BAblico. pdf>. Acesso em: 18 maio 2016.

Nesse contexto, a contabilidade aplicada ao setor público é regida, especialmente, pelos artigos 83 e seguintes da Lei nº 4.320/1964, a qual tem, entre outras, as seguintes finalidades:[23]

a) evidenciar perante a Fazenda Pública a situação de todos quantos, de qualquer modo, arrecadem receitas, efetuem despesas, administrem ou guardem bens a ela pertencentes ou confiados;
b) realizar ou superintender a tomada de contas dos agentes responsáveis por bens ou dinheiros públicos;
c) controlar os direitos e obrigações oriundos de ajustes ou contratos da Administração Pública;
d) registrar os débitos e créditos da Administração Pública com individualização do devedor ou do credor;
e) evidenciar os fatos ligados à administração orçamentária, financeira e patrimonial, mediante prévio registro dos créditos orçamentários, da despesa empenhada, da despesa realizada e das dotações disponíveis, das obrigações e operações financeiras e dos bens patrimoniais.

Se não bastasse, a Lei Complementar nº 101/2000 consolidou nos arts. 48, 48-A e 50 a contabilidade como tecnologia de gestão da transparência na gestão fiscal, de escrituração, evidenciação e avaliação das informações sobre as contas públicas, exigindo no seu §3º do art. 50 que a Administração Pública mantenha "sistema de custos que permita a avaliação e o acompanhamento da gestão orçamentária, financeira e patrimonial".

Por conseguinte, a Lei nº 10.180/2001, que organiza e disciplina, entre outros sistemas, o Sistema de Contabilidade Federal do Poder Executivo Federal, consolidou integralmente as finalidades e competências conferidas à contabilidade pela Lei nº 4.320/64 nos seguintes artigos, *in verbis*:

Art. 14. O Sistema de Contabilidade Federal visa a *evidenciar a situação orçamentária, financeira e patrimonial* da União. [grifei]

Art. 15. O Sistema de Contabilidade Federal tem por finalidade *registrar os atos e fatos relacionados com a administração orçamentária, financeira e patrimonial da União* e evidenciar:

I - as operações realizadas pelos órgãos ou entidades governamentais e os seus efeitos sobre a estrutura do patrimônio da União;

---

[23] CUNHA, Isaias Lopes da. *O papel do contador na gestão pública*. Tribunal de Contas de Mato Grosso, 2015. Disponível em: <http://www.tce.mt.gov.br/artigo/show/id/172/autor/4>. Acesso em: 18 maio 2016.

II - os recursos dos orçamentos vigentes, as alterações decorrentes de créditos adicionais, as receitas prevista e arrecadada, a despesa empenhada, liquidada e paga à conta desses recursos e as respectivas disponibilidades;

III - perante a Fazenda Pública, a situação de todos quantos, de qualquer modo, arrecadem receitas, efetuem despesas, administrem ou guardem bens a ela pertencentes ou confiados;

IV - a situação patrimonial do ente público e suas variações;

V - os custos dos programas e das unidades da Administração Pública Federal;

VI - a aplicação dos recursos da União, por unidade da Federação beneficiada;

VII - a renúncia de receitas de órgãos e entidades federais.

Parágrafo único. As operações de que resultem débitos e créditos de natureza financeira não compreendidas na execução orçamentária serão, também, objeto de registro, individualização e controle contábil. [grifei]

Art. 16. O Sistema de Contabilidade Federal compreende as *atividades de registro, de tratamento e de controle das operações relativas à administração orçamentária, financeira e patrimonial da União*, com vistas à elaboração de demonstrações contábeis. [grifei]

[...]

Art. 18. Compete às unidades responsáveis pelas atividades do Sistema de Contabilidade Federal:

[...]

II - estabelecer normas e procedimentos para o adequado registro contábil dos atos e dos fatos da gestão orçamentária, financeira e patrimonial nos órgãos e nas entidades da Administração Pública Federal;

[...]

IV - instituir, manter e aprimorar sistemas de informação que permitam realizar a contabilização dos atos e fatos de gestão orçamentária, financeira e patrimonial da União e gerar informações gerenciais necessárias à tomada de decisão e à supervisão ministerial;

V - realizar tomadas de contas dos ordenadores de despesa e demais responsáveis por bens e valores públicos e de todo aquele que der causa a perda, extravio ou outra irregularidade que resulte dano ao erário;

VI – elaboração os Balanços Gerais da União;

Além da finalidade de registrar e controlar a gestão dos recursos orçamentários, financeiros e patrimoniais, a contabilidade tem a função de evidenciar as informações orçamentárias, financeiras e patrimoniais por meio das seguintes demonstrações contábeis: balanço orçamentário, balanço financeiro, balanço patrimonial e demonstração das variações patrimoniais, nos termos dos artigos 101 a 104, da Lei nº 4.320/64.

De acordo com a NBC T 16.2,[24] item 12, o sistema contábil das entidades do setor público está estruturado nos seguintes subsistemas de informações:

> (a) Orçamentário – registra, processa e evidencia os atos e os fatos relacionados ao planejamento e à execução orçamentária;
> (b) (Excluída pela Resolução CFC nº. 1.268/09);
> (c) Patrimonial – registra, processa e evidencia os fatos financeiros e não financeiros relacionados com as variações qualitativas e quantitativas do patrimônio público; (Redação dada pela Resolução CFC nº. 1.268/09);
> (d) Custos – registra, processa e evidencia os custos dos bens e serviços, produzidos e ofertados à sociedade pela entidade pública;
> (e) Compensação – registra, processa e evidencia os atos de gestão cujos efeitos possam produzir modificações no patrimônio da entidade do setor público, bem como aqueles com funções específicas de controle.

Estabelece ainda a NBC T 16.6,[25] no item 3, que as demonstrações contábeis a serem elaboradas e divulgadas pelas entidades do setor público são: a) balanço patrimonial; b) balanço orçamentário; c) balanço financeiro; d) demonstração das variações patrimoniais; e) demonstração dos fluxos de caixa e f) demonstração do resultado econômico.

Em conformidade com o ordenamento jurídico, as Normas de Auditoria do TCU, alteradas pela Portaria – TCU nº 168/2011, ao tratar sobre as bases conceituais de auditoria governamental, absorvem esses comandos normativos, asseverando que:

> O sistema de contabilidade pública brasileiro incorpora, além do próprio sistema contábil, os sistemas orçamentário, financeiro e patrimonial. Desse modo, *considera-se também auditoria contábil a realizada sobre as demonstrações contábeis, orçamentárias, financeiras e patrimoniais produzidas pela administração de entidades públicas*, a partir desses sistemas e dos respectivos lançamentos neles realizados, mediante técnica contábil, bem como sobre a documentação e os registros que lhes dão suporte. [Grifei]

---

[24] BRASIL. Conselho Federal de Contabilidade. *Normas brasileiras de contabilidade*: contabilidade aplicada ao setor público – NBC T 16.1 a 16.11. Brasília: Conselho Federal de Contabilidade, 2012. p. 10-11. Disponível em: <http://portalcfc.org.br/wordpress/wp-content/uploads/2013/01/Setor_P%C3% BAblico.pdf>. Acesso em: 18 maio 2016.

[25] BRASIL. Conselho Federal de Contabilidade. *Normas brasileiras de contabilidade*: contabilidade aplicada ao setor público – NBC T 16.1 a 16.11. Brasília: Conselho Federal de Contabilidade, 2012. p. 325. Disponível em: <http://portalcfc.org.br/wordpress/wp-content/uploads/2013/01/Setor_P%C3% BAblico.pdf>. Acesso em: 18 maio 2016.

Em artigo singular, Cavalcante e Dutra[26] concluem, em dois momentos, que a contabilidade ou as demonstrações contábeis produzem ou apresentam, respectivamente, informações orçamentárias, financeiras e patrimoniais, as quais devem ser tempestivas, relevantes e confiáveis.

Com propriedade, Neto[27] ensina que a contabilidade como ciência aplica no processo gerador de informações os princípios, as normas e as técnicas contábeis direcionadas à evidenciação das mutações do patrimônio das entidades, oferecendo aos usuários informações sobre os atos praticados pelos gestores públicos, os resultados alcançados e o diagnóstico detalhado da situação orçamentária, econômica, financeira e física do patrimônio da entidade.

Por isso, o objeto da contabilidade e da auditoria contábil abrange a gestão orçamentária (execução do orçamento), financeira (recebimento de receitas e pagamento de despesas) e patrimonial (proteção e controle de bens e direitos). Assim, a informação ou controle contábil é gênero, do qual o financeiro é espécie.

Em outras palavras, a contabilidade e a auditoria contábil são as raízes e o tronco do sistema de controle da gestão das finanças públicas, as quais sustentam e mantêm os ramos da fiscalização orçamentária, financeira e patrimonial. Pelas leis naturais, é impossível um ramo sustentar um tronco de árvore.

Dessa forma, não há possibilidades jurídicas e técnicas para acolher a teoria de Costa e Dutra[28] de que, na auditoria financeira, o termo "financeiro" abrange as "áreas de orçamento, de tesouraria (financeira em sentido estrito), contábil e patrimonial", como se fosse tecnologia da ciência contábil, em sobreposição à auditoria contábil, cujo objeto abrange a escrituração contábil, o orçamento, a tesouraria e o patrimônio.

Até mesmo porque, em seguida, esses autores[29] reconhecem que o Sistema Integrado de Administração Financeira (SIAFI) é um

---

[26] CAVALCANTE, Renato Lima; DUTRA, Tiago Alves de Gouveia Lins. Auditoria financeira na apreciação das contas de Governo da República. *Revista do Tribunal de Contas da União*, ano 43, n. 121, p. 73, maio/ago. 2011.

[27] NETO, Augusto A. Oliveira. O conhecimento contábil frente à ação dos órgãos de controle no Setor Público. *Revista Controle*, v. X, n. 2, p. 329, jul./dez. 2012.

[28] COSTA, Gledson Pompeu Corrêa; DUTRA, Tiago Alves de Gouveia Lins. Auditoria financeira na era do Big Data: novas possibilidades para avaliação e resposta a riscos em demonstrações financeiras do Governo Federal. *Revista do Tribunal de Contas da União*, ano 46, n. 131, p. 56, set./dez. 2014.

[29] *Ibidem*, p. 59.

sistema contábil utilizado para registro, acompanhamento e controle da execução orçamentária, financeira e patrimonial do Governo Federal.

Portanto, a adoção da expressão "financeira" como adjetivo da auditoria é inadequada, histórica e tecnicamente, para representar o trabalho de certificação das demonstrações e informações geradas pela contabilidade. Contudo, como o objeto da contabilidade e da auditoria contábil é o patrimônio e suas variações, não há problemas de ordem técnica a adoção dos adjetivos "financeira", "orçamentária" ou "patrimonial" à auditoria contábil.

3 A prestação e o julgamento das contas pelos Tribunais de Contas

3.1 O dever constitucional de prestar contas

A prestação de contas é direito do cidadão e dever do Estado, fundado originalmente na Declaração de Direitos do Homem e do Cidadão de 1789, da Revolução Francesa, em especial no artigo 15, que aduz que "a sociedade tem o direito de pedir, a todo agente público, que preste contas de sua administração".[30]

No Brasil, a Constituição Federal de 1988 estabelece no artigo 70, parágrafo único, o dever de prestar contas, consignando que: "Prestará contas qualquer pessoa física ou jurídica, pública ou privada, que utilize, arrecade, guarde, gerencie ou administre dinheiros, bens e valores públicos ou pelos quais a União responda, ou que, em nome desta, assuma obrigações de natureza pecuniária".

Com efeito, o dever de prestar contas não é somente do agente público, mas alcança qualquer pessoa física e jurídica privada, alheia à Administração Pública, que utilize, arrecade, guarde, gerencie ou administre dinheiros, bens e valores públicos.

Desse modo, pessoas físicas ou jurídicas sem fins lucrativos que recebem recursos públicos por meio de convênio, acordo, ajuste ou outros instrumentos congêneres, têm o dever de prestar contas, e os Tribunais de Contas, o poder-dever de fiscalizar a aplicação desses recursos (art. 71, VI) em processo de fiscalização específico e, em caso de irregularidades, julgar as contas dos responsáveis (art. 71, II, última parte).

---

[30] DECLARAÇÃO dos direitos do homem e do cidadão – França, 1789. Disponível em: <pfdc.pgr.mpf.mp.br/atuacao-e-conteudos.../direitos.../declar_dir_homem_cidadao.pdf>. Acesso em: 20 jun. 2016.

No âmbito dos Tribunais de Contas do Brasil, as prestações de contas ordinárias são denominadas contas de governo e contas de gestão quando os seus responsáveis forem, respectivamente, os Chefes dos Poderes Executivos dos Entes da Federação e os administradores públicos dos órgãos e entidades públicas.

3.2 A competência fiscalizatória e judicante dos Tribunais de Contas

Desde a sua instituição pelo Decreto nº 966-A, em 1890, o Tribunal de Contas [da União] tem competência para realizar auditoria e julgar as contas dos administradores públicos, pois foi criado para efetuar o exame, revisão e julgamento dos atos ou operações concernentes a receitas e despesas da República.

Atualmente, Constituição Federal de 1988, no artigo 70, *caput*, institui que a fiscalização contábil, financeira, orçamentária, operacional e patrimonial da União e das entidades da Administração Pública direta e indireta, quanto à legalidade, legitimidade, economicidade, aplicação das subvenções e renúncia de receitas, será exercida pelo Congresso Nacional, mediante o controle externo, e pelo sistema de controle interno de cada Poder.

O controle externo, a cargo do Congresso Nacional, será exercido pelo Tribunal de Contas da União. Dentre as competências atribuídas aos Tribunais de Contas no art. 71 da CF/88, destacam-se as de (i) apreciar as contas prestadas anualmente pelo Presidente da República[31] mediante parecer prévio; (ii) julgar as contas dos administradores públicos e dos demais responsáveis por dinheiros, bens e valores públicos e (iii) realizar inspeções e auditorias de natureza contábil, financeira, orçamentária, operacional e patrimonial, como principais e mais relevantes atribuições.

Quando o inciso IV do artigo 71 elenca a natureza de auditoria contábil, financeira, orçamentária, operacional e patrimonial, está, na verdade, indicando os objetos das auditorias, a saber, as transações contábeis, da tesouraria, do orçamento, das operações e do patrimônio público, respectivamente. Entretanto, cabe à contabilidade, por meio

---

[31] E apreciar as contas prestadas anualmente pelos Governadores dos Estados e do Distrito Federal e dos Prefeitos dos Municípios, por força do princípio da simetria prevista no art. 75 c/c art. 31 da CF/88.

das demonstrações contábeis, representar a prestação de contas sobre a gestão orçamentária, financeira e patrimonial.[32]

Em razão disso, os órgãos de controle externo têm o poder-dever de fiscalizar, por meio de inspeções e auditorias, a gestão orçamentária, financeira, patrimonial e operacional dos órgãos e entidades públicas, e de julgar as contas dos administradores públicos e dos demais responsáveis por dinheiros, bens e valores públicos.

Da análise dessas atribuições, verifica-se que, para se julgar, é necessário fiscalizar, ou seja, a atividade de julgamento tem como pressuposto a de fiscalização, a qual "é realizada por meio de inspeções e auditorias, sendo esta última o principal instrumento de fiscalização da legalidade e legitimidade dos atos de gestão, de avaliação de desempenho operacional da gestão e das políticas públicas".[33]

Com efeito, as competências de fiscalizar e julgar, sem prejuízo das demais, são fundamentais e indispensáveis para eficácia do controle externo. Uma não se sobrepõe a outra, pelo contrário, a primeira, na maioria das vezes, instrui e subsidia a segunda.

Além do mandato constitucional, a atividade judicante é obrigatória por força da determinação de julgar as contas de "todos os ordenadores de despesa, sem exclusão de mandatários que houverem agido nessa condição", previsto no art. 1º, inciso I, alínea g, da Lei Complementar nº 64/90, com redação dada pela Lei Complementar nº 135, de 2010, respectivamente.

Mesmo após a decisão do Supremo Tribunal Federal no RE nº 848.826/DF,[34] que definiu as Câmaras Municipais como órgãos

---

[32] Nesse sentido: BRASIL. Tribunal de Contas da União. *Acórdão nº 3.608/2014*. Processo TC nº 016.937/2012-0. Relator: Ministro Aroldo Cedraz. Brasília, 9 de dezembro de 2014. Disponível em: <http://www.tcu.gov.br/Consultas/Juris/Docs/judoc/Acord/20141216/AC_3608_42_14_P.doc>. Acesso em: 20 jul. 2016.

[33] CUNHA, Isaias Lopes da. *Pilares da qualidade do controle externo*. Tribunal de Contas de Mato Grosso, 2014. Disponível em: <http://www.tce.mt.gov.br/artigo/show/id/125/autor/4>. Acesso em: 18 maio 2016.

[34] Recurso extraordinário em que se discutiu, à luz dos arts. 5º, XXXIV, a, XXXV, LIV e LV, 31, §2º, 71, I, 75, e 93, IX, da Constituição Federal, a definição do órgão competente (Poder Legislativo ou Tribunal de Contas) para julgamento das contas do Chefe do Poder Executivo que age como ordenador de despesas; cuja decisão, apreciando o tema 835 da repercussão geral, por maioria, deu provimento ao recurso, adotando a tese: "para os fins do art. 1º, inciso I, alínea "g", da Lei Complementar 64, de 18 de maio de 1990, alterado pela Lei Complementar 135, de 4 de junho de 2010, a apreciação das contas de prefeitos, tanto as de governo quanto as de gestão, será exercida pelas Câmaras Municipais, com o auxílio dos Tribunais de Contas competentes, cujo parecer prévio somente deixará de prevalecer por decisão de 2/3 dos vereadores" (STF. Plenário. RE nº 848.826/DF). Redator do acordão Min. Ricardo Lewandowski, julgado em 10.08.2016, publicado no DJE 187 de 24.08.2017. Disponível em <http://www.stf.jus.br/portal/jurisprudenciaRepercussao/verAndamentoProcesso.

competentes para apreciar as contas de gestão de prefeitos que exerceram a função de ordenador de despesas exclusivamente para fins de inelegibilidade dos chefes dos Poderes Executivos, permanecem inalteradas as competências constitucionais dos Tribunais de Contas para:

a) julgar as contas de gestão, imputar o dano e aplicar sanções com força de título executivo aos prefeitos ordenadores de despesas;

b) julgar as contas dos demais administradores públicos, tais como secretários ou outros agentes públicos, que exerceram a função de ordenadores de despesas dos presidentes dos Poderes Legislativos, das autarquias, das fundações e dos consórcios públicos estaduais e municipais;

c) julgar as contas dos responsáveis pela gestão dos recursos públicos recebidos mediante convênio, acordo, ajuste ou outros instrumentos congêneres celebrados com os entes federados municipais, cuja rejeição das contas pode gerar a inelegibilidade prevista no artigo 1º, inciso I, alínea *g*, da Lei Complementar nº 64/1990.[35]

Segundo Wremyr Scliar,[36] o "controle externo da administração pública, relevante na prestação de contas, possui outros aspectos, relativos aos atos e ações administrativas, de competência indeclinável, indelegável e indisponível pelo Tribunal de Contas". Para Juarez Freitas e Hélio Mileski,[37] a competência fiscalizadora (e judicante) dos Tribunais de Contas é irrenunciável, exclusiva e indelegável.

E arrematam os referidos autores[38] enfatizando que a autoridade pública não tem direito subjetivo sobre a competência, pelo contrário, o cidadão tem direito subjetivo de ver o ato administrativo praticado

---

asp?incidente=4662945&numeroProcesso=848826&classeProcesso=RE&numeroTema=835#>. Acesso em: 30 ago. 2017.

[35] Nesse sentido: ASSOCIAÇÃO DOS MEMBROS DOS TRIBUNAIS DE CONTAS DO BRASIL. Resolução Atricon nº 04/2016, de 25 de agosto de 2016. *Aprova recomendações para fins de aplicação no âmbito dos Tribunais de Contas da tese jurídica de repercussão geral editada pelo STF, em sede do RE 848.826/DF.* Disponível em: <http://www.atricon.org.br/normas/resolucoes-normativas/ resolucao-atricon-no042016-re-848-826/>. Acesso em: 30 ago. 2016.

[36] SCLIAR, Wremyr. Controle externo brasileiro: Poder Legislativo e Tribunal de Contas. *Revista de Informação Legislativa*, v. 46, n. 181, p. 274, jan./mar. 2009.

[37] FREITAS, Juarez; MILESKI, Hélio. *Manual de boas práticas processuais dos Tribunais de Contas.* Brasília/Cuiabá: Atricon/Instituto Rui Barbosa/TCE-SC, 2013, p. 57.

[38] Roger Bonnard *apud* FREITAS, Juarez; MILESKI, Hélio. *Manual de boas práticas processuais dos Tribunais de Contas.* Brasília/Cuiabá: Atricon/Instituto Rui Barbosa/TCE-SC, 2013, p. 58.

pelo agente ao qual o ordenamento jurídico atribuiu a medida de poder para manifestar a vontade do Estado no caso concreto.

Nesse contexto, não existe discricionariedade para as Cortes de Contas se abster de julgar as contas anuais prestadas pelos gestores públicos, mesmo sob o fundamento de ausência de materialidade, relevância e risco, os quais são critérios utilizados para planejar e executar as atividades de fiscalização, e não para abster ou omitir de julgar as contas.

Portanto, os Tribunais de Contas são obrigados a julgar as contas anuais de gestão de todos os prefeitos que exercerem a função de ordenadores de despesas, presidentes de Poderes e demais administradores dos órgãos e entidades da Administração Pública (ministérios, secretarias, autarquias, consórcios públicos, fundos previdenciários etc.).

3.3 Conceito e elementos da prestação de contas dos administradores públicos

De acordo com o artigo 7º da Lei nº 8.443/92 (Lei Orgânica do TCU), as contas dos administradores e demais responsáveis serão anualmente submetidas a julgamento do Tribunal, sob forma de tomada ou prestação de contas, organizadas de acordo com normas estabelecidas em instrução normativa.

Disciplinando a matéria, o artigo 194 do Regimento Interno do TCU, aprovado pela Resolução nº 155/2002, estabelece que o processo de tomada ou prestação de contas deve conter "os elementos e demonstrativos especificados em ato normativo, que evidenciem a boa e regular aplicação dos recursos públicos e, ainda, a observância aos dispositivos legais e regulamentares aplicáveis".

O processo de contas foi regulamentado pela Instrução Normativa nº 63/2010, do TCU, que estabelece normas de organização e apresentação dos relatórios de gestão e das peças complementares que constituirão os processos de contas da Administração Pública Federal. No artigo 1º da referida instrução, o processo de tomada de contas e de prestação de contas é classificado como processo de contas, cujo inciso I o define como:

> processo de trabalho do controle externo, destinado a avaliar e julgar o desempenho e a conformidade da gestão das pessoas abrangidas pelos incisos I, III, IV, V e VI do art. 5º da Lei nº 8.443/92, com base em documentos, informações e demonstrativos de natureza contábil, financeira, orçamentária, operacional ou patrimonial, obtidos direta ou indiretamente;

Para o exercício de 2016, a Decisão Normativa nº 146/2015 do TCU disciplina a estrutura geral dos conteúdos do relatório de gestão,[39] o qual conterá, entre outras seções, a identificação e visão geral da unidade, a estrutura de governança, planejamento organizacional e desempenho orçamentário, o desempenho operacional, o desempenho financeiro e informações contábeis, a conformidade da gestão e demandas dos órgãos de controle.

Em 2011, o Instituto Rui Barbosa editou as Normas de Auditoria Governamental aplicáveis ao Controle Externo Brasileiro – NAG 1103,[40] o qual traz o seguinte conceito de contas:

> Conjunto de informações orçamentárias, financeiras econômicas, patrimoniais, de custos, operacionais, sociais e de outra natureza, registradas de forma sistemática, ética, responsável e transparente com o objetivo de evidenciar os atos e fatos de gestão pública de determinado período, possibilitando o controle, a aferição de resultados e responsabilidades e o atendimento dos princípios e das normas.

Em sua dissertação, Dutra[41] destaca que uma "função da contabilidade é prestar contas sobre a gestão (controladores de recursos) para acionistas, no setor privado, e para representantes eleitos, eleitores, contribuintes e usuários de serviços públicos, no setor público (proprietários de recursos)".

Nesse sentido, o Manual de Auditoria Financeira do TCU[42] estabelece que auditoria financeira é um importante instrumento de fiscalização para verificar a confiabilidade das demonstrações financeiras dos órgãos e entidades públicas em defesa dos princípios da transparência e da prestação de contas e, como parte dos processos de governança

---

[39] De acordo com o art. 1º, inciso II, da Instrução Normativa nº 63/2010, considera-se relatório de gestão: "Documentos, informações e demonstrativos de natureza contábil, financeira, orçamentária, operacional ou patrimonial, organizado para permitir a visão sistêmica do desempenho e da conformidade da gestão dos responsáveis por uma ou mais unidades jurisdicionadas durante um exercício financeiro".

[40] INSTITUTO RUI BARBOSA. *Normas de Auditoria Governamental (NAG)*. Tocantins: IRB, 2011, p. 12.

[41] DUTRA. Tiago Alves de Gouveia Lins. *Gestão das Finanças Públicas*: oportunidade de reforma para o modelo brasileiro na comparação com países desenvolvidos da OCDE. 2011. 168f. Dissertação (Mestrado em Administração Pública) – Departamento de Ciência Política e Políticas Públicas, Instituto Universitário de Lisboa, Lisboa, Portugal, p. 39. Disponível em: <joserobertoafonso.com.br/attachment/5830/>. Acesso em: 05 jul. 2016.

[42] BRASIL. Tribunal de Contas da União. *Manual de auditoria financeira*. Brasília, 2015. p. 5. Disponível em: <http://portal.tcu.gov.br/fiscalizacao-e-controle/auditoria/consulta-publica/manual-de-auditoria-financeira.htm>. Acesso em: 20 jun. 2016.

e *accountability* públicas, contribuir para boa utilização e o controle da aplicação dos recursos públicos.

Com efeito, tanto pelo conceito de contas quanto pelo conteúdo do processo de contas, urge afirmar que o processo de contas é um conjunto de informações e de documentos contábeis, pois as "informações orçamentárias, financeiras, econômicas, patrimoniais, de custos" são geradas pela contabilidade.

A propósito, as contas dos administradores públicos, denominadas de contas de gestão, serão julgadas regulares quando expressarem, de forma clara e objetiva, a exatidão dos demonstrativos contábeis, a legalidade, a legitimidade e a economicidade dos atos de gestão do responsável, nos termos do art. 16 da Lei nº 8.443/92.

Depreende-se desse dispositivo que, dentre os critérios de regularidade a serem observados pelo TCU, destacam-se a exatidão dos demonstrativos contábeis e a legalidade dos atos de gestão orçamentária, financeira e patrimonial dos administradores públicos, os quais são objetos de evidenciação e controle pela contabilidade, por meio das demonstrações e das auditorias contábeis, respectivamente.

Por fim, é fato incontestável que o processo de prestação de contas dos administradores públicos se reveste, substancialmente, de documentos e informações contábeis sobre a gestão dos recursos orçamentários, financeiros e patrimoniais, pois sua finalidade é evidenciar a boa e regular aplicação dos recursos públicos.

4 Auditoria contábil na prestação de contas públicas

4.1 Auditoria de conformidade dos atos de gestão orçamentária, financeira e patrimonial

As auditorias financeiras, em alguns ambientes jurídicos, são denominadas de "auditorias de execução orçamentária que frequentemente incluem o exame de transações no que diz respeito a questões de conformidade e legalidade com relação ao orçamento" e podem ser realizadas sobre "quadros isolados de demonstrações financeiras ou de elementos, contas ou itens específicos de uma demonstração financeira", de acordo com a ISSAI 200.[43]

---

[43] BRASIL. Tribunal de Contas da União. *Normas Internacionais das Entidades Fiscalizadoras Superiores (ISSAI)*: princípios fundamentais de auditoria (nível 3). Brasília: 2015, p. 31. Disponível em: <http:// portal.tcu.gov.br/fiscalizacao-e-controle/auditoria/issai-em-portugues.htm>. Acesso em: 20 jun. 2016.

Nesse desiderato, a auditoria contábil deve avaliar os riscos de distorção relevantes das demonstrações financeiras decorrentes de fraude e da não conformidade direta com as leis e regulamentos (ISSAI 200).[44] Segundo a NBC TA 250,[45] auditor deve obter evidência de auditoria referente à conformidade com as leis e regulamentos que podem ter efeito direto sobre a determinação dos valores e divulgações relevantes nas demonstrações contábeis.

Por força do princípio da legalidade, os órgãos e entidades públicas, no exercício de suas finalidades institucionais, estão sujeitos a diversas normas constitucionais e infraconstitucionais. Por isso, a auditoria contábil das prestações de contas ordinárias deve examinar:
 a) a conformidade com as leis e regulamentos que regem os órgãos e entidades públicas e as suas atividades ou setores administrativos em que operam, que podem ter efeito sobre as demonstrações contábeis ea prestação de contas;
 b) a conformidade com leis e regulamentos, cuja inobservância pode resultar em multas, litígios ou outras consequências para a entidade e que podem ter efeito relevante sobre as demonstrações contábeis e as prestações de contas.

De fato, é indiscutível que os órgãos e entidades públicas devem observar estritamente as normas constitucionais sobre as finanças públicas, as leis orçamentárias, a Lei de Finanças Públicas e a Lei de Responsabilidade Fiscal, as quais têm efeito sobre a prestação de contas e, por conseguinte, sobre o julgamento das contas públicas.

Nesse sentido, o Tribunal de Contas do Estado de Mato Grosso, por meio da Resolução Normativa nº 02/2015, atualizou a Cartilha de Classificação de Irregularidades para apreciação e julgamento das contas anuais de governo e de gestão a partir da competência 2014, classificando as irregularidades nos seguintes assuntos: limites constitucionais e legais, gestão patrimonial, contabilidade, gestão fiscal/financeira, controle interno, planejamento e orçamento, licitação, contrato, convênio, despesa, pessoal, RPPS, prestação de contas e diversos.

Desse modo, na auditoria das demonstrações financeiras, de contas ou elementos de qualquer natureza, sobretudo, para instruir e subsidiar a apreciação ou julgamento das contas dos Chefes dos

---

[44] Ibidem, p. 46 e 48.
[45] BRASIL. Conselho Federal de Contabilidade. Normas brasileiras de contabilidade: NBC TA – de auditoria independente – NBC TA estrutura conceitual, NBC TA 200 a 810. Brasília: Conselho Federal de Contabilidade, 2012. p. 135. Disponível em:<http://portalcfc.org.br/wordpress/wp-content/uploads/2013/01/ NBC_TA _ AUDITORIA.pdf>. Acesso em: 18 maio 2016.

Poderes Executivos e dos administradores públicos, respectivamente, deve-se analisar, no mínimo e no que couberem,[46] as áreas e os aspectos seguintes:

a) *Gestão orçamentária*: examinar a execução orçamentária em conformidade com as leis orçamentárias; o cumprimento das metas estabelecidas na Lei de Diretrizes Orçamentárias; do cumprimento e dos cálculos dos limites de despesas com pessoal; a arrecadação das receitas e as renúncias de receitas; as medidas adotadas para o retorno da despesa total com pessoal ao respectivo limite; a aplicação dos recursos vinculados à educação e à saúde, de acordo com as normas constitucionais e infraconstitucionais; o cumprimento dos limites máximos de subsídios e do total das despesas com remuneração dos vereadores, bem como os limites de gastos totais dos legislativos municipais.

b) *Gestão financeira*: examinar o registro, conciliação e conferência de saldos de contas correntes e de aplicação financeira; a efetiva e regular liquidação da despesa empenhada; o pagamento da despesa liquidada segundo a ordem cronológica; as retenções e recolhimentos de obrigações tributárias e previdenciárias; a aplicação dos recursos repassados por meio de convênios, termos de parcerias, contrato de gestão e outros instrumentos congêneres; a capacidade de pagamento de despesas contraídas nos últimos dois quadrimestres do final de mandato; os limites e condições para realização de operações de crédito e inscrição de despesas em restos a pagar.

c) *Gestão patrimonial*: examinar o inventário físico-financeiro de bens em almoxarifado e de bens móveis e imóveis; o registro e conferência do saldo das contas de bens patrimoniais do sistema contábil com os dos inventários; o uso, guarda, controle e manutenção dos bens móveis e imóveis; a destinação de recursos obtidos com a alienação de bens e direitos, tendo em vista as restrições constitucionais e legais.

d) *Gestão fiscal transparente*: verificar a divulgação das peças orçamentárias, da prestação de contas e o respectivo parecer prévio do Relatório Resumido da Execução Orçamentária e do Relatório de Gestão Fiscal; a disponibilização, em tempo real, das informações pormenorizadas; a execução orçamentária e

---

[46] No que tange à gestão fiscal, existem aspectos que são analisados somente nas contas de governo dos Chefes dos Poderes Executivos e/ou nas contas de gestão dos demais Poderes e órgãos que tratam os artigos 19 e 20 da Lei de Responsabilidade Fiscal.

financeira; e o cumprimento da Lei de Acesso à Informação, principalmente quanto à transparência ativa.

Na prática, o exame da conformidade dos atos e fatos de gestão dos recursos orçamentários, financeiros e patrimoniais – que tem efeito direto sobre as demonstrações contábeis – está diretamente relacionado com os controles internos existentes nas atividades ou áreas do orçamento, da tesouraria e do patrimônio das organizações públicas.

Além dessa conformidade, de natureza contábil, ressalta-se que os resultados da gestão orçamentária e financeira somente são aferidos por meio de análise dos subsistemas contábeis, grupos de contas ou contas contábeis específicas, nos quais são aplicados exames de registros, transações, documentos, cálculos e conferência de saldo de contas etc.

Corroborando com esse fato, o Ministro Aroldo Cedraz,[47] do TCU, consignou no seu relatório a importância e relevância da auditoria das demonstrações contábeis para o controle da gestão das finanças públicas ao afirmar que:

> 2.2.5 [...]. Em auditoria, as demonstrações financeiras representam o ponto de partida para que o auditor possa refazer o percurso que o gestor fez na alocação e utilização de recursos orçamentários e financeiros e de ativos e passivos patrimoniais.
> [...]
> 3.1.10 [...] A auditoria financeira é o que há de mais básico e tradicional nas EFSs de países desenvolvidos. É o ponto de partida da fiscalização governamental. A partir dela, os demais instrumentos de fiscalização funcionam de forma mais eficaz. Não é possível avaliar conformidade com as leis orçamentárias e administrativas sem utilizar informações financeiras, orçamentárias subjacentes, assim como não é viável avaliar eficiência, sem mensurar e comparar os custos com os benefícios.

Nesse contexto, na auditoria das contas públicas é imprescindível fazer a distinção entre conformidade contábil e conformidade jurídica. Na primeira, são aplicados conhecimentos contábeis para aferir a aderência das transações e dos resultados da gestão com as normas contábeis, orçamentárias e financeiras, enquanto que, na segunda, aplicam-se conhecimentos jurídicos para analisar se os atos e contratos administrativos estão de acordo com o ordenamento jurídico.

---

[47] BRASIL. Tribunal de Contas da União. *Acórdão nº 3.608/2014*. Processo TC nº 016.937/2012-0. Relator: Ministro Aroldo Cedraz. Brasília, 9 de dezembro de 2014. Disponível em: <http://www.tcu.gov.br/Consultas/Juris/Docs/judoc/Acord/20141216/AC_3608_42_14_P.doc>. Acesso em: 20 jul. 2016

Não obstante, a prática no âmbito dos órgãos de controle é a utilização da auditoria de conformidade para examinar a legalidade, legitimidade e economicidade dos atos de gestão orçamentária, financeira e patrimonial, com base em informações constantes nos sistemas e demonstrações contábeis, aplicando-lhe testes e procedimentos de auditoria contábil, em sobreposição a essa tecnologia contábil.

Um exemplo interessante dessa prática foi a inspeção realizada no Processo TC nº 021.643/2014-8,[48] conhecida como "pedaladas fiscais", que apurou o atraso de repasses do Governo Federal às instituições financeiras para pagar as despesas de responsabilidade da União, tais como Bolsa Família, abono salarial, seguro desemprego e subsídios de financiamentos agrícolas, na qual se examinaram sistema contábil (SIAFI), demonstrações contábeis, demonstrativos fiscais, orçamentos públicos etc.

Destarte, para analisar a legalidade (conformidade) de informações orçamentárias, financeiras e patrimoniais constantes em sistemas e demonstrações contábeis, bem como aplicar testes e procedimentos de auditoria contábil, são imprescindíveis à utilização de conhecimentos técnicos de contabilidade.

Portanto, cabe à auditoria contábil ou auditoria de regularidade o exame da conformidade dos atos de gestão orçamentária, financeira e patrimonial dos órgãos e entidades públicas, por envolver, principalmente, exames de registros, contas contábeis e transações dessas operações com base em documentos, leis e regulamentos aplicáveis à matéria.

4.2 Auditoria das demonstrações contábeis do setor público e seus desafios de implementação

A auditoria contábil tem relação com as competências de apreciar as contas de governo e de julgar as contas dos administradores públicos e demais responsáveis por dinheiros, bens e valores públicos, na medida em que é necessária para subsidiar a deliberação sobre essas contas, segundo dicção do art. 228 do Regimento Interno do TCU e do art. 16 da Lei nº 8.443/92.

---

[48] BRASIL. Tribunal de Contas da União. *Acórdão nº 825/2015*. Processo TC nº 021.643/2014-8. Relator: Ministro José Múcio Monteiro. Brasília, 15 de abril de 2015. Disponível em: <http://www.tcu.gov.br/Consultas/Juris/Docs/judoc/Acord/20151216/AC_0825_13_15_P.doc>. Acesso em: 30 ago. 2016.

Além disso, a auditoria das demonstrações contábeis contribui para o fortalecimento da *accountability*, da integridade e da transparência na gestão das finanças públicas.[49]

Diante desses propósitos, a auditoria das demonstrações contábeis consiste em examinar se o Balanço Geral, composto pelos Balanços Orçamentário, Financeiro e Patrimonial, e a Demonstração das Variações Patrimoniais expressam adequadamente, em seus aspectos relevantes, a real situação orçamentária, financeira e patrimonial dos órgãos e entidades públicas.

Ademais, o Manual de Auditoria Financeira do TCU[50] destaca a necessidade de realização de auditorias específicas de contas de alto risco, tais como receita, dívida pública e previdência, como uma das formas de aplicação desse tipo de auditoria. Lista da qual também deve ser incluída a auditoria das contas de disponibilidades de caixa.

Nesse contexto, na avaliação sobre o desempenho da gestão e do controle das finanças públicas da União, realizada em 2009 pelo programa internacional PEFA (*Public Expenditure and Financial Accountability*), constatou-se que o TCU não emite uma opinião de auditoria sobre as demonstrações financeiras consolidadas do Governo Federal para informar se elas apresentam uma visão adequada das transações financeiras e patrimoniais para o período examinado.[51]

Da análise da situação encontrada no Relatório de Levantamento,[52] que materializa a proposta de estratégia de fortalecimento da auditoria financeira no TCU para atender plenamente à sua competência constitucional e legal, destacam-se alguns desafios e deficiências em relação com as normas que regem a atividade de auditoria no Brasil:

- desenvolver metodologia de trabalho, em conjunto com os órgãos de controle interno do Governo Federal, para realizar auditorias financeiras nas contas dos órgãos e entidades federais;

---

[49] BRASIL. Tribunal de Contas da União. *Acórdão nº 3.608/2014*. Processo TC nº 016.937/2012-0. Relator: Ministro Aroldo Cedraz. Brasília, 9 de dezembro de 2014. Disponível em: <http://www.tcu.gov.br/Consultas/Juris/Docs/judoc/Acord/20141216/AC_3608_42_14_P.doc>. Acesso em: 20 jul. 2016

[50] BRASIL. Tribunal de Contas da União. *Manual de Auditoria Financeira*. Brasília, 2015, p. 8. Disponível em: <http://portal.tcu.gov.br/fiscalizacao-e-controle/auditoria/consulta-publica/manual-de-auditoria-financeira.htm>. Acesso em: 20 jun. 2016.

[51] BRASIL. Tribunal de Contas da União. *Acórdão nº 3.608/2014*. Processo TC nº 016.937/2012-0. Relator: Ministro Aroldo Cedraz. Brasília, 9 de dezembro de 2014. Disponível em: <http://www.tcu.gov.br/Consultas/Juris/Docs/judoc/Acord/20141216/AC_3608_42_14_P.doc>. Acesso em: 20 jul. 2016.

[52] *Ibidem*.

- inexistência de reserva de vagas ou de orientação específica nas normas legais e/ou regulamentares do TCU para selecionar auditores com formação contábil para realizar auditorias contábeis ou financeiras;
- não há vinculação imediata da formação acadêmica à lotação em unidade técnica especializada do Tribunal, podendo, em regra, os auditores realizar qualquer atividade de fiscalização, mesmo que não tenham as competências ou habitações profissionais requeridas;
- não existe programa de treinamento e de certificação profissional para auditores contábeis do TCU e dos órgãos de controle interno da União para realizarem auditorias financeiras.

Diante desse cenário, o TCU elaborou proposta de estratégia e plano de ação para, entre outras ações e metas, ampliar gradualmente o número de demonstrações contábeis dos órgãos e entidades federais a serem auditadas, 10% até 2018, 25% até 2020 e 100% até 2026, utilizando a estrutura dos órgãos de controle interno para construir um modelo integrado de certificação da confiabilidade de contas públicas.

Para alcançar esse objetivo, o Tribunal planejou auditar as demonstrações contábeis consolidadas do Presidente da República e dos ministérios, especialmente as contas que apresentam alta materialidade e risco fiscal, e atribuir aos órgãos de controle interno a responsabilidade de auditar e certificar a confiabilidade das contas dos órgãos e entidades federais, com o fundamento nos arts. 9º, 49, IV e 50, II, da Lei nº 8.443/92.

Em cumprimento aos termos do item 9.3.3 do Acórdão nº 3.608/2014-TCU-Plenário, o TCU realizou quatros auditorias-piloto nas demonstrações contábeis nos Ministérios da Fazenda e da Previdência Social, referentes ao exercício de 2015, notadamente nos seguintes órgãos e quadros:

Objeto da auditoria	Processo	Acórdão
Secretaria do Tesouro Nacional (STN)	030.790/2015-8	1.540/2016-TCU–Plenário
Secretaria da Receita Federal do Brasil (RFB)	030.786/2015-0	2.464/2016-TCU– Plenário
Procuradoria-Geral da Fazenda Nacional (PGFN)		
Fundo do Regime Geral de Previdência Social (INSS)	031.235/2015-8	1.749/2016-TCU– Plenário
Dívida Pública Federal (STN)	030.930/2015-4	1.471/2016-TCU– Plenário

Fonte: Tribunal de Contas da União. Disponível em: <https://contas.tcu.gov.br/pesquisaJurisprudencia /#/pesquisa/jurisprudencia>. Acesso em: 30 ago. 2016.

O objetivo dessas auditorias foi examinar a confiabilidade e integridade das informações financeiras e patrimoniais da União, e subsidiar a auditoria do Balanço Geral da União do exercício de 2015, que integra a análise da prestação de contas do Presidente da República.

Nas contas da Presidente da República, referentes ao exercício de 2015, autuadas no Processo TC nº 008.389/2016, cujo Acórdão nº 2.523/2016 – TCU – Plenário aprovou o parecer prévio[53] que recomendou a sua rejeição pelo Congresso Nacional, fundamentando sua opinião nas irregularidades detectadas no Relatório de Execução do Orçamento, no qual constam as pedaladas fiscais, e nas distorções apuradas no Balanço Geral da União, dentre as quais vale destacar as seguintes:

a) Subavaliação do Passivo: ausência de registros de provisão dos passivos judiciais da União, no valor de R$17,74 bilhões;
b) Superavaliação do Passivo: superavaliação do passivo financeiro de 2014 em R$221 bilhões, por erro na transferência de saldos do plano de contas utilizado até dezembro de 2014 para o Plano de Contas Aplicado ao Setor Público;
c) Superavaliação do Ativo: superavaliação das Participações Societárias da União no Banco do Brasil S/A em R$4,1 bilhões;
d) Superavaliação do Resultado do Exercício: superavaliação das Variações Patrimoniais Aumentativas relativas às Participações Societárias em R$11,9 bilhões, decorrente de registros de dividendos e juros sobre o capital próprio como receita patrimonial.

Além disso, foram constatadas várias distorções não quantificáveis pela auditoria e pelos órgãos responsáveis, tais como falta de provisão dos passivos atuariais do RGPS, superavaliações nas contas de Créditos de Dívida Ativa Tributária e de Créditos Tributários a Receber.

Outro desafio é a questão do sigilo fiscal, que Miranda e Silva concluem que a auditoria das demonstrações financeiras da União ficará prejudicada caso permaneça a limitação de escopo da auditoria por causa do sigilo fiscal – sonegação de informações e documentos relativos a créditos tributários registrados nas contas de Créditos Tributários a Receber aos órgãos de controle –, pois o volume de ativos que não poderão ser examinados supera 20% do ativo total da União.[54]

---

[53] BRASIL. Tribunal de Contas da União. *Relatório e parecer prévio sobre as contas do governo da república*. Brasília: TCU, 2007. Disponível em <http://portal.tcu.gov.br/contas/contas-do-governo-da-republica/>. Acesso em: 30 ago. 2016.

[54] MIRANDA, Rodrigo Fontenelle de Araújo; SILVA, César Augusto Tibúrcio. Limites da auditoria financeira no setor público: a questão do sigilo fiscal versus a competência da auditoria governamental. In: XV Congresso USP Controladoria e Contabilidade: Contabilidade

Por fim, não há como avaliar o desempenho e controlar a gestão orçamentária, financeira e patrimonial se não examinar a integridade e confiabilidade das demonstrações contábeis, quiçá para emitir parecer favorável à aprovação das contas de governo ou julgar as contas de gestão sem ressalva quanto à exatidão e fidedignidade das demonstrações contábeis.

5 Considerações finais

Auditoria é uma tecnologia da contabilidade, ciência que tem como objeto o estudo, o registro, a evidenciação e o controle do patrimônio das organizações públicas, cabendo à auditoria contábil, em síntese, avaliar a gestão dos recursos orçamentários, financeiros e patrimoniais.

Em síntese, a auditoria contábil consiste no exame das demonstrações contábeis com o objetivo de emitir opinião se essas demonstrações evidenciam adequadamente a posição financeira e patrimonial das organizações públicas de acordo com a legislação pertinente, os princípios e as normas de contabilidade aplicáveis.

A fiscalização orçamentária, financeira e patrimonial dos órgãos e entidades públicas realizadas pelos órgãos de controle externo e do sistema de controle interno de cada Poder, por meio de auditorias e inspeções, tem como base os registros, demonstrações e informações geradas pela contabilidade.

De acordo com ordenamento jurídico e as normas técnicas e profissionais editadas pelo CFC, não existe possibilidade de se fazer confusão entre tecnologias contábeis – escrituração e auditoria contábil – e seus objetos de aplicação – transações orçamentárias, financeiras e patrimoniais.

Os Tribunais de Contas do Brasil têm o poder-dever de julgar as contas de gestão de todos os administradores públicos, tendo como um dos critérios para julgá-las regulares a exatidão das demonstrações contábeis, não podendo renunciar, abster ou omitir de julgar essas contas por força das normas constitucionais e legais.

A prestação de contas ordinária dos gestores públicos consiste, na sua essência, de documentos e informações contábeis sobre a gestão dos recursos orçamentários, financeiros e patrimoniais, pois sua finalidade é evidenciar a boa e regular aplicação dos recursos públicos.

e Controladoria no Século XXI, 2015, São Paulo, *Anais...* USP, 2015. Disponível em: <http://www.congressousp.fipecafi.org/anais_congresso.aspx>. Acesso em: 20 jun. 2016.

Nesse mister, a auditoria contábil tem significativa e indispensável função de examinar a exatidão e confiabilidade das demonstrações contábeis e comprovar a conformidade dos atos e fatos de gestão orçamentária, financeira e patrimonial com as leis e regulamentos aplicáveis, para subsidiar o julgamento das contas sem descaracterizar sua natureza e seu objetivo principal.

Não obstante, o diagnóstico do programa internacional PEPA revelou que o TCU não emite uma opinião sobre a exatidão e confiabilidade das demonstrações financeiras consolidadas e/ou isoladas dos órgãos e entidades públicas federais, quiçá dos Tribunais de Contas subnacionais.

Para a implantação e realização plena das auditorias das demonstrações contábeis pelos Tribunais de Contas subnacionais, a exemplo do TCU, é indispensável a elaboração de estratégias e plano de ação, contemplando, entre outros, arranjos institucionais quanto à regulamentação da atividade, ao recrutamento de pessoal e alocação de auditores com formação acadêmica em ciências contábeis, bem como atuação conjunta com os órgãos de controle interno.

Por fim, com a convergência das Normas Brasileiras de Contabilidade aplicada ao Setor Público às normas internacionais, aliada à necessidade de certificar as demonstrações contábeis e aprimorar o processo de auditoria das contas públicas, torna-se imprescindível o fortalecimento da auditoria contábil nos Tribunais de Contas e nos órgãos de controle interno do Brasil.

Referências

ARAÚJO, Inaldo da Paixão Santos; ARRUDA, Daniel Gomes; BARRETO, Pedro Humberto Teixeira. *Auditoria Contábil*: enfoque teórico, normativo e prático. São Paulo: Saraiva, 2008.

ATTIE, William. *Auditoria*: conceitos e aplicações. 3. ed. São Paulo: Atlas, 1998.

BRASIL. Conselho Federal de Contabilidade. *Resolução CFC nº 560/83. Dispõe sobre as prerrogativas profissionais de que trata o artigo 25 do Decreto-lei nº 9.295, de 27 de maio de 1946.* Disponível em: <http://www.portaldecontabilidade.com.br/legislacao/ resolucaocfc560. htm>. Acesso em: 18 maio 2016.

BRASIL. Conselho Federal de Contabilidade. *Normas brasileiras de Contabilidade*: contabilidade aplicada ao setor público: NBC T 16.1 a 16.11. Brasília: Conselho Federal de Contabilidade, 2012. Disponível em: <http://portalcfc.org.br/wordpress/wp-content/ uploads/2013/01/Setor_P%C3%BAblico.pdf>. Acesso em: 18 maio 2016.

BRASIL. Conselho Federal de Contabilidade. *Normas brasileiras de contabilidade*: NBC TA – de auditoria independente: NBC TA estrutura conceitual, NBC TA 200 a 810. Brasília: Conselho Federal de Contabilidade, 2012. Disponível em: <http://portalcfc.org.br/wordpress/wp-content/uploads/2013/01/NBC_TA_AUDITORIA.pdf>. Acesso em: 18 maio 2016.

BRASIL. Constituição (1988). *Constituição da República Federativa do Brasil*: promulgada em 05 de outubro de 1998. Diário Oficial da União, Brasília, DF, 05 out. 1988. Disponível em: <http://www.planalto.gov.br/ccivil_03/Constituicao/Constituicao.htm>. Acesso em: 18 maio 2016.

BRASIL. Decreto nº 966-A, de 07 de novembro de 1890. *Crêa um Tribunal de Contas para o exame, revisão e julgamento dos actos concernentes à receita e despeza da República*. Disponível em: <http://www2.camara.leg.br/legin/fed/decret/1824-1899/decreto-966-a-7-novembro-1890-553450-publicacaooriginal-71409-pe.html>. Acesso em: 20 jun. 2016.

BRASIL. Lei nº 4.320, de 17 de março de 1964. *Estatui Normas Gerais de Direito Financeiro para elaboração e controle dos orçamentos e balanços da União, dos Estados, dos Municípios e do Distrito Federal*. Diário Oficial da República Federativa do Brasil, Brasília, 17 de mar. 1964. Disponível em: <http://www.planalto.gov.br/ccivil_03/leis/L4320.htm>. Acesso em: 20 jun. 2016.

BRASIL. Lei nº 6.385, de 07 de dezembro de 1976. *Dispõe sobre o mercado de valores mobiliários e cria a Comissão de Valores Mobiliários*. Diário Oficial da República Federativa do Brasil, Brasília, 17 de mar. 1964. Disponível em: <http://www.planalto.gov.br/ccivil_03/leis/L6385.htm>. Acesso em: 20 jun. 2016.

BRASIL. Lei nº 10.180, de 06 de fevereiro de 2001. *Organiza e disciplina os Sistemas de Planejamento e de Orçamento Federal, de Administração Financeira Federal, de Contabilidade Federal e de Controle Interno do Poder Executivo Federal, e dá outras providências*. Diário Oficial da República Federativa do Brasil, Congresso Nacional, 6 de fev. 2001. Disponível em: <http://www.planalto.gov.br/ccivil_03/leis/LEIS_2001/ L10180.htm>. Acesso em: 20 de jun. 2016.

BRASIL. Lei 8.443, de 16 de julho de 1992. *Dispõe sobre a Lei Orgânica do Tribunal de Contas da União e dá outras providências*. Diário Oficial da República Federativa do Brasil, Brasília, 16 de jul. 1992. Disponível em: <http://www.planalto.gov.br/ccivil_03/Leis/L8443.htm.>. Acesso em: 20 jun. 2016.

BRASIL. Lei Complementar nº 64, de 18 de maio de 1990. *Estabelece, de acordo com o art. 14, §9º da Constituição Federal, casos de inelegibilidade, prazos de cessação, e determina outras providências*. Diário Oficial da República Federativa do Brasil, Brasília, 18 de maio de 1990. Disponível em: <http://www.Planalto.gov.br/ccivil_03/leis/LCP /Lcp64 .htm>. Acesso em: 20 jun. 2016.

BRASIL. Lei Complementar nº 101, de 04 de maio de 2000. *Estabelece normas de finanças públicas voltadas para responsabilidade na gestão fiscal e dá outras providências*. Diário Oficial da Republica Federativa do Brasil, Brasília, 04 de maio 2000. Disponível em:<http://www.planalto.gov.br/ccivil_03/leis/LCP/Lcp101.htm>. Acesso em: 20 de jun. 2016.

BRASIL. Tribunal de Contas da União. *Acórdão nº 3.608/2014*. Processo TC nº 016.937/2012-0. Relator: Ministro Aroldo Cedraz. Brasília, 09 de dezembro de 2014. Disponível em: <http://www.tcu.gov.br/Consultas/Juris/Docs/judoc/Acord/20141216/AC_3608_42_14_P.doc>. Acesso em: 20 jul. 2016.

BRASIL. Tribunal de Contas da União. *Acórdão nº 825/2015*. Processo TC nº 021.643/2014-8. Relator: Ministro José Múcio Monteiro. Brasília, 15 de abril de 2015. Disponível em: <http://www.tcu.gov.br/Consultas/Juris/Docs/judoc/Acord/20151216/AC_0825_13_15_P.doc>. Acesso em: 30 ago. 2016

BRASIL. Tribunal de Contas da União. Decisão Normativa nº 146, de 30 de setembro de 2015. *Dispõe acerca das unidades cujos dirigentes máximos devem apresentar relatório de gestão referente ao exercício de 2015, especificando a forma, os conteúdos e os prazos de apresentação, nos termos do art. 3º da Instrução Normativa TCU nº 63, de 1º de setembro de 2010*. Disponível em: <http://portal.tcu.gov.br/contas/contas-e-relatorios-de-gestao/contas-do-exercicio-de-2015.htm>. Acesso em: 20 jun. 2016.

BRASIL. Tribunal de Contas da União. *Glossário de termos do controle externo*. 2012. Disponível em: <http://portal.tcu.gov.br/fiscalizacao-e-controle/home.htm> Acesso em: 20 jun. 2016.

BRASIL. Tribunal de Contas da União. Instrução Normativa TCU nº 63, de 01 de setembro de 2010. *Estabelece normas de organização e de apresentação dos relatórios de gestão e das peças complementares que constituirão os processos de contas da administração pública federal*. Disponível em: <http://portal.tcu.gov.br/comunidades/contas/relatorio-de-gestao/2010.htm>. Acesso em: 20 jun. 2016.

BRASIL. Tribunal de Contas da União. *Manual de auditoria financeira*. Brasília. 2015. Disponível em: <http://portal.tcu.gov.br/fiscalizacao-e-controle/auditoria/consulta-publica/manual-de-auditoria-financeira.htm>. Acesso em: 20 jun. 2016.

BRASIL. Tribunal de Contas da União. *Normas Internacionais das Entidades Fiscalizadoras Superiores (ISSAI)*: princípios fundamentais de auditoria (nível 3). Brasília, 2015. Disponível em: <http://portal.tcu.gov.br/fiscalizacao-e-controle/auditoria/issai-em-portugues.htm>. Acesso em: 20 jun. 2016.

BRASIL. Tribunal de Contas da União. Portaria TCU nº 168, de 30 de junho de 2011. *Normas de Auditoria do Tribunal de Contas da União (NAT)*. Brasília, 2011. Disponível em: <http://portal.tcu.gov.br/comunidades/fiscalizacao-e-controle/normas-de-auditoria-do-tcu/>. Acesso em: 20 jun. 2016.

BRASIL. Tribunal de Contas da União. *Relatório e parecer prévio sobre as contas do Governo da República*. Brasília: TCU, 2007. Disponível em: <http://portal.tcu.gov.br/contas/contas-do-governo-da-republica/>. Acesso em: 30 ago. 2016.

BRASIL. Tribunal de Contas da União. Resolução nº 155, de 04 de dezembro de 2002. Aprova o regimento interno do Tribunal de Contas da União. Brasília, 2012. Disponível em: <http://portal.tcu.gov.br/comunidades/governanca/governanca-no-tcu/normas-e-regulamentos/>. Acesso em: 20 jun. 2016.

CAVALCANTE, Renato Lima; DUTRA, Tiago Alves de Gouveia Lins. Auditoria financeira na apreciação das contas de Governo da República. *Revista do Tribunal de Contas da União*, ano 43, n. 121, p. 62-75, maio/ago. 2011.

COSTA, Gledson Pompeu Corrêa; DUTRA, Tiago Alves de Gouveia Lins. Auditoria financeira na era do Big Data: novas possibilidades para avaliação e resposta a riscos em demonstrações financeiras do Governo Federal. *Revista do Tribunal de Contas da União*, ano 46, n. 131, p. 54-62, set./dez. 2014.

CUNHA, Isaias Lopes da. *Pilares da qualidade do controle externo*. Tribunal de Contas de Mato Grosso, 2014. Disponível em: <http://www.tce.mt.gov.br/artigo/show/id/125/ autor/4 >. Acesso em: 18 maio 2016.

CUNHA, Isaias Lopes da. *O papel do contador na gestão pública*. Tribunal de Contas de Mato Grosso, 2015. Disponível em: <http://www.tce.mt.gov.br/artigo/show/id/172/autor/4>. Acesso em: 18 maio 2016.

CREPALDI, Silvio Aparecido. *Auditoria contábil*: teoria e prática. 9. ed. São Paulo: Atlas, 2013.

DECLARAÇÃO dos direitos do homem e do cidadão – França, 1789. Disponível em: <pfdc.pgr.mpf.mp.br/atuacao-e-conteudos.../direitos.../declar_dir_homem _cidadao.pdf>. Acesso em: 20 jun. 2016.

DUTRA. Tiago Alves de Gouveia Lins. *Gestão das Finanças Públicas*: oportunidade de reforma para o modelo brasileiro na comparação com países desenvolvidos da OCDE. 2011. 168f. Dissertação (Mestrado em Administração Pública) – Departamento de Ciência Política e Políticas Públicas, Instituto Universitário de Lisboa, Lisboa, 2011. Disponível em: <joserobertoafonso.com.br/attachment/5830/>. Acesso em: 05 jul. 2016.

DUTRA, Tiago Alves de Gouveia Lins; OLIVEIRA, Aroldo Cedraz. Credibilidade dos governos, papel das EFS e boas práticas internacionais de auditoria financeira. *Revista do Tribunal de Contas da União*, ano 46, n. 129, p. 38-49, jan./abr. 2014.

FERREIRA, Aurélio Buarque de Holanda. *Dicionário Aurélio da língua portuguesa*. 5. ed. Curitiba: Positivo, 2010.

FRANCO, Hilário; MARRA, Ernesto. *Auditoria contábil*. 4. ed. São Paulo: Atlas, 2001.

FREITAS, Juarez; MILESKI, Hélio. *Manual de boas práticas processuais dos Tribunais de Contas*. Brasília/Cuiabá: Atricon/Instituto Rui Barbosa/TCE-SC, 2013.

KOHAMA, Hélio. *Contabilidade pública*: teoria e prática. 9. ed. São Paulo: Atlas, 2003.

INSTITUTO RUI BARBOSA. *Normas de Auditoria Governamental (NAG)*. Tocantins: IRB, 2011.

LOPES DE SÁ, Antônio. *Curso de auditoria*. 10. ed. São Paulo: Atlas, 2007.

MATO GROSSO. Tribunal de Contas do Estado de Mato Grosso. Resolução Normativa nº 02/2015. *Altera a Resolução Normativa nº 17/2010, atualiza a Cartilha de Classificação de Irregularidades para apreciação e julgamento das contas anuais de governo e de gestão a partir da competência 2014 e dá outras providências*. Disponível em: <http://www.tce.mt.gov.br/ legislacao?categoria=12>. Acesso em: 20 jul. 2016.

MIRANDA, Rodrigo Fontenelle de Araújo; SILVA, César Augusto Tibúrcio. Limites da auditoria financeira no setor público: a questão do sigilo fiscal versus a competência da auditoria governamental. In: XV Congresso USP Controladoria e Contabilidade: Contabilidade e Controladoria no Século XXI, 2015, São Paulo, *Anais...* USP, 2015. Disponível em: <http://www.congressousp.fipecafi.org/anais_congresso.aspx>. Acesso em: 20 jun. 2016.

OLIVEIRA NETO, Augusto A. O conhecimento contábil frente à ação dos órgãos de controle no Setor Público. *Revista Controle*, v. X, n. 2, jul./dez. 2012.

SILVA, De Plácido e. 1892-1964. *Vocabulário jurídico*. Atualização Nagib Slaibi Filho e Priscila Pereira Vasques Gomes. 32. ed. Rio de Janeiro: Forense, 2016.

SCLIAR, Wremyr. Controle externo brasileiro: Poder Legislativo e Tribunal de Contas. *Revista de Informação Legislativa*, ano 46, n. 181, p. 249-275, jan./mar. 2009. Disponível em: <http://www2.senado.leg.br/bdsf/item/id/194906>. Acesso em: 20 jun. 2016.

Informação bibliográfica deste livro, conforme a NBR 6023:2002 da Associação Brasileira de Normas Técnicas (ABNT):

CUNHA, Isaias Lopes da. A auditoria contábil financeira e o julgamento das contas públicas. In: LIMA, Luiz Henrique; OLIVEIRA, Weder de; CAMARGO, João Batista (Coord.). *Contas governamentais e responsabilidade fiscal*: desafios para o controle externo – estudos de ministros e conselheiros substitutos dos Tribunais de Contas. Belo Horizonte: Fórum, 2017. p. 249-280. ISBN 978-85-450-0246-8.

CAPÍTULO 8

FEDERALISMO FISCAL E SISTEMA DE CONTROLE EXTERNO NACIONAL

HELOÍSA HELENA ANTONACIO MONTEIRO GODINHO

1 Introdução

A causa final que justifica a existência de um Estado é a necessidade de organização de um povo de modo que este possa ir ao encalço de certos objetivos coletivos, indispensáveis à sua sobrevivência e desenvolvimento. O Estado visa alcançar o bem comum.

A Constituição da República Federativa do Brasil cuidou de deixar bem expressos, em seus artigos 1º e 3º, reafirmados pelo Preâmbulo,[1] os fundamentos e objetivos de nosso Estado Democrático, figurando, dentre eles, a união indissolúvel dos entes federados, a garantia do desenvolvimento nacional e a redução das desigualdades regionais, a propósito, gravadas como cláusulas constitucionais imutáveis, consoante se extrai do seu artigo 60, §4º, inciso I.

---

[1] Segundo Alexandre de Moraes, "apesar de não fazer parte do texto constitucional propriamente dito e, consequentemente, não conter normas constitucionais de valor jurídico autônomo, o preâmbulo não é juridicamente irrelevante, uma vez que deve ser observado como *elemento de interpretação e integração* dos diversos artigos que lhe seguem" (*Direito Constitucional*. 7. ed. São Paulo: Atlas, 2000, p. 47).

E para que possa cumprir fielmente seus objetivos definidos na Carta Magna, a República Federativa organizou-se político-administrativamente, compreendendo as pessoas de direito público interno, quais sejam, União, Estados, Distrito Federal e Municípios, todos autônomos (art. 18 da Constituição Republicana).

Outra não poderia ser a base fundamental, pois o federalismo é um sistema de Estado no bojo do qual há um pacto (acordo político) entre as unidades que o compõem, com lastro na confiança e no equilíbrio, ajustando-se a divisão do poder entre um governo central (com poderes específicos e alcance sobre todos os cidadãos) e governos regionais – locais também no caso brasileiro –, todos com autonomia.

Segundo leciona William Riker, a base central do federalismo é a capacidade de organização das unidades federadas coexistindo com um governo federal que represente o conjunto dos componentes, fixando-se uma ordem constitucional de divisão do poder, de forma que cada participante do pacto tenha autoridade para realizar ações independentes uns dos outros, sem afronta à soberania central estabelecida.[2]

Por sua vez, Arend Lijphart define o federalismo como uma forma de organização do Estado, na qual há divisão do poder entre níveis de governo.[3]

Importante destacar que o federalismo se caracteriza por apresentar uma legislatura federal bicameral com representação das unidades componentes – em nosso país, Câmara dos Deputados e Senado Federal (artigo 44 da CR) –, um pacto constitucional rígido e uma corte especial constitucional (Supremo Tribunal Federal, artigo 102 da CR), que atua em defesa da Constituição, além das legislaturas regionais e locais (por força da inclusão dos Municípios). Vale lembrar que o Poder Federal tem competência para a realização de meios que garantam a unidade territorial, política e econômica da nação.[4]

Por isso, a *União é uma pessoa com tríplice capacidade*, como bem lecionava Geraldo Ataliba:[5] a *internacional* (que representa a República Federativa, conforme artigo 21, inciso I, da CR) e *duas internas* (uma

---

[2] RIKER, Willian H. Federalism. In: GREESTEIN, Fred I; POLSBY, Nelson W (Org.). *Handbook of Political Science*. v. 5. Massachussets: Addisón-Wesleu Publishing Company, 1975, p. 93-172.

[3] LIJPHART, Arend. *Modelos de democracia*: desempenho e padrões de governo em 36 países. Rio de Janeiro: Civilização Brasileira, 2003, p. 213.

[4] STEPAN, Alfred. Para uma nova análise comparativa do federalismo e da democracia: federações que restringem ou ampliam o poder do demos. *Dados*, v. 42 n. 2, 1999. Disponível em: <http://dx.doi.org/10.1590/S0011-52581999000200001>. Acesso em: jun. 2016.

[5] Regime constitucional e leis nacionais e federais. *Revista de Direito Público*, v. 13, n. 53/54, p. 65, jan./jun. 1980.

que edita leis nacionais para todas as unidades federadas; e outra, as leis federais para seu consumo próprio).

As leis nacionais repercutem em todas as esferas, obrigando a União, os Estados-Membros e os Municípios, bem como o Distrito Federal.

Não se pode olvidar que as leis nacionais, normas federativas fundamentais escritas, revelam a já mencionada organização político-administrativa brasileira, estabelecem a estruturação e os limites dos poderes públicos, fundamentam a ordem jurídica social (direitos, deveres e garantias) e traçam as linhas de direção para o desenvolvimento equilibrado e para o futuro.

No caso das finanças públicas,[6] reguladas na Constituição da República no Capítulo II do Titulo VI (artigos 163 a 169), o constituinte originário optou por explicitar que o veículo legislativo adequado para tratar das normas gerais é a lei complementar nacional, visto que todas as pessoas jurídicas da Federação têm interesse na situação (comunidade interna) e no retrato que o sistema financeiro público deva espelhar (comunidade externa).

O termo "finanças públicas" é gênero e engloba tudo o que diz respeito às receitas e despesas públicas, inclusive o controle, motivo pelo qual intitula o capítulo constitucional e consta da ementa e do art. 1º da Lei Complementar nº 101, de 4 de maio de 2000 (Lei de Responsabilidade Fiscal).

A propósito, o pertinente escólio doutrinário:[7]

A expressão abrange a totalidade dos recursos públicos e suas diversas formas de movimentação, na mais lata acepção. Estão assim compreendidas as diversas formas de aquisição: receitas oriundas de tributos, de contribuição, de renda sobre patrimônio, de atividade industrial, agropecuária, serviços e as transferências. Também estão abrangidas as diversas formas de administração dos recursos: como aplicação no mercado financeiro, aquisições, contratação de serviços, locação de bens, pagamentos, realização de despesas em geral. [...] Finanças públicas é o conjunto de atividades realizadas pela Administração Pública direta e indireta, dos três poderes, de objetivo de definir as riquezas do Estado, arrecadar receitas estabelecendo a aplicação e a realização das despesas, bem como gerir o patrimônio público. [...] A extensão da atividade financeira do Estado, tema

---

[6] Ao se deparar com a expressão *finanças públicas*, entenda o leitor que nela estão englobadas as matérias relacionadas com os orçamentos, os sistemas de controle, a gestão fiscal responsável, dívida pública, entre outras.

[7] MOTTA, Carlos Pinto Coelho *et al. Responsabilidade fiscal*. Belo Horizonte: Del Rey, 2000, p. 30-35.

que suscita bom trabalho doutrinário, é abordada na lição de Celso Ribeiro Bastos: "A atividade financeira do Estado é toda aquela marcada ou pela realização de uma receita ou pela administração do produto arrecadado ou, ainda, pela realização de um dispêndio ou investimento. É o conjunto de atividades que têm por objeto o dinheiro. Essa atividade abrange, pois o estudo da receita, da despesa, do orçamento e de crédito público" (*Curso de Direito Constitucional*. 18ª ed. São Paulo: Saraiva, 1997, p. 436).

Mostra-se importante repisar que as normas gerais de finanças públicas são frutos da competência concorrente (artigo 24, §§1º, 2º, 3º e 4º, da CR), estabelecendo princípios, diretrizes e regras sobre as quais irão sustentar-se as demais normas e subsistemas jurídicos (regional e local).

Nesse sentido, vale transcrever os fundamentos constantes do voto proferido pelo Ministro Carlos Velloso, relator na Ação Direta de Inconstitucionalidade nº 927-3 (Supremo Tribunal Federal), *in verbis*: "(...) 'norma geral', tal como posta na Constituição, tem o sentido de diretriz, de princípio geral. A norma geral federal, melhor será dizer nacional, seria a moldura do quadro a ser pintado pelos Estados e Municípios no âmbito de suas competências".

Logo, a lei de caráter nacional é a bússola orientadora da atividade administrativo-financeira das unidades federativas brasileiras. Disso decorre a indispensabilidade de se adotar um sistema nacional de verificação da: a) observância das prescrições centrais, conferindo uma adequada e uniforme hermenêutica, b) atuação em consonância com o interesse público e c) obediência aos princípios impostos pela Constituição, seja no plano jurídico-constitucional (Poder Judiciário), seja no plano contábil, financeiro, orçamentário, operacional e patrimonial (Poder Legislativo – Controle Externo).

A Constituição da República adotou a teoria da tripartição do Poder entre o Legislativo, o Executivo e o Judiciário, e exigiu ainda a aplicação de um sistema equilibrador e harmonizador, apelidado de sistema de freios e contrapesos, no qual se destacam as ações de controle externo, executadas por quem não faz parte do objeto controlado.

Rui Barbosa sintetizou tal necessidade, explicando que "a soberania, que é o poder, tem de ser limitada pelo direito, que é a lei. Daí a necessidade, que se impõe à democracia, especialmente no regímen presidencial, de traçar divisas insuperáveis aos três órgãos da vontade nacional".

Nesse contexto, a prestação de contas está intestinamente vinculada ao sistema federativo, tanto que a Constituição da República fixa que a sua inobservância pode causar intervenção federal nos

Estados-Membros e no Distrito Federal, e intervenção estadual nos Municípios (artigos 34, inciso VII, *d*, e 35, inciso II).

A função primordial do controle externo é o julgamento das prestações de contas, em sentido amplo, sendo:
   a) a do Chefe do Poder Executivo pela Casa Legislativa, atuando a Corte de Contas, nesse momento, como auxiliar técnico dos parlamentares, sem, contudo, qualquer traço de subalternidade (artigo 71, inciso I, da CR);
   b) as dos demais administradores, de forma autônoma e independente, pelos Tribunais de Contas, sem qualquer concurso da Casa Legislativa e sem a possibilidade de revisão, no mérito, pelo Poder Judiciário (artigo 71, inciso II, da CR).

Portanto, a fiscalização e o julgamento das prestações de contas, sob o aspecto das finanças públicas, exigem a estruturação de um sistema nacional de controle, com princípios, institutos e processualística próprios, definidos em legislação de caráter geral e nacional que corresponda ao desenho constitucional definido com a adoção do federalismo e que lhe confira a máxima efetividade.

2 O federalismo fiscal brasileiro

Como já mencionado, além da organização político-administrativa, indispensáveis são a repartição de competências entre os entes federados e a estruturação de um sistema financeiro, destinado a viabilizar a execução de tais competências sem infirmar a autonomia individual, possibilitando a obtenção de recursos, a gestão do patrimônio e o emprego das receitas no suprimento das necessidades coletivas tuteladas por cada unidade.

Somada à discriminação de competência para legislar e executar a legislação, o Federalismo garante a obtenção de recursos para entes federados (pessoas políticas), através da atribuição individual do poder de tributar, da distribuição de rendas e do voluntário compartilhamento de recursos.

O pacto federativo tem forte repercussão no direito tributário e no poder de tributar.[8]

Isso porque o federalismo não só estabelece a partilha do poder de tributar os fatos jurídico-econômicos típicos entre os entes federativos (elencados nos artigos 147 a 149-A, 153 a 156, 195, entre outros,

---

[8] ARRETCHE, Marta. Federalismo e políticas sociais no Brasil: problemas de coordenação e autonomia. *São Paulo em Perspectiva*, v. 18, n. 2, abr./jun. 2004. Disponível em: <http://dx.doi.org/10.1590/S0102-88392004000200003>. Acesso em: jun. 2016.

todos da CR), como ainda confere às normas gerais da União o papel de traçar limitações, condutas e regras com fortes impactos econômicos (intervencionismo) e sociais (redistributivo e atenuador da pobreza) gerados pelas políticas extrafiscais.

Essa subordinação do exercício da competência privativa das unidades federadas a uma ordem jurídica geral e centralizada, que corresponde à parcela de poder não partilhada, reflete a adoção de um sistema tributário nacional, cujo comando está a cargo da União.

Demais disso, o federalismo impõe a repartição obrigatória do produto das receitas auferidas pela União com os Estados-Membros, o Distrito Federal e os Municípios, e as auferidas pelos Estados-Membros com os Municípios, acrescendo ao montante de recursos correntes de cada ente os percentuais fixados nas formas descritas nos artigos 157 a 162 da Constituição da República.

Importante, nesse aspecto, que não se permita confundir o processo de repartição do produto da arrecadação tributária com um "condomínio legislativo". O direito de participar do produto da arrecadação não confere ao ente partícipe qualquer parcela de competência tributária legislativa, o que implica concluir que há externalidades não gerenciáveis pelas unidades federativas beneficiárias (alterações de alíquotas, questões de mercado e renúncias de receita, por exemplo).

Há duas formas de distribuição: a direta (entrega dos recursos a cada ente federativo, artigos 157 e 158 da CR; art. 153, §5º, I e II) e a indireta (entrega para fundos de participação e posteriormente repartida entre os entes federativos, art. 159, CR). Na repartição indireta, os critérios de partilha são definidos em lei complementar da União (artigo 161, inciso II, da CR). Novamente se verifica o comando central impactando significativamente nas receitas dos Estados-Membros e Municípios.

A questão dos critérios de repasse estabelecidos por lei complementar da União para a promoção do equilíbrio socioeconômico das unidades subnacionais é de tal maneira relevante para o federalismo brasileiro que, invariavelmente, problemas decorrentes dessa relação são judicializados, provocando-se o Supremo Tribunal Federal em busca de solução geral acerca da matéria.

Colhe-se, à guisa de exemplo, os seguintes casos de atuação do Poder Judiciário:

    a) as Ações Diretas de Inconstitucionalidade (ADI) nº 875, 1.987, 2.727 e 3.243, insurgindo-se contra a insuficiência de recursos resultante da omissão quase vintenária em se atualizarem os coeficientes e se estabelecerem os parâmetros do Fundo de Participação dos Estados, todas relatadas em conjunto pelo

Ministro Gilmar Mendes (Tribunal Pleno, 24 de fevereiro de 2010) e julgadas procedentes, declarando-se inconstitucionais, sem a pronúncia da nulidade, o artigo 2º, incisos I e II, §§1º, 2º e 3º, e o Anexo Único, da Lei Complementar nº 62/1989;
b) o RE nº 607.100 AgR/DF, relatado pelo Ministro Luiz Fux (Primeira Turma, 18 de setembro de 2012), acerca de repartição do Fundo de Participação dos Municípios que, por conta de deduções praticadas pela União, sofreu a redução dos valores partilhados. A propósito, entendeu o STF, na conformidade dos diversos precedentes devidamente citados, que "a concessão de benefícios fiscais por legislação infraconstitucional não pode implicar a diminuição do repasse de receitas tributárias constitucionalmente assegurado aos Municípios".

Não bastasse isso, a fim de cumprir a política de redução das igualdades regionais, há, também, a descentralização de recursos federais através de transferências legais e voluntárias: as primeiras, relacionadas a repasses de programas governamentais instituídos por lei (automáticas ou fundo a fundo); e as segundas, relativas à entrega discricionária de recursos a título de cooperação, auxílio ou assistência financeira, por meio de convênios, contratos de repasse e termos de parceria.

Pari passu à garantia da independência financeira dos entes federativos, a Constituição da República confere à União a atribuição de legislar, em caráter nacional, sobre:
a) finanças públicas; dívida pública externa e interna, incluída a das autarquias, fundações e demais entidades controladas pelo Poder Público; concessão de garantias pelas entidades públicas; emissão e resgate de títulos da dívida pública; fiscalização financeira da Administração Pública direta e indireta; operações de câmbio realizadas por órgãos e entidades da União, dos Estados, do Distrito Federal e dos Municípios; compatibilização das funções das instituições oficiais de crédito da União, resguardadas as características e condições operacionais plenas das voltadas ao desenvolvimento regional (artigo 163);
b) exercício financeiro, a vigência, os prazos, a elaboração e a organização do plano plurianual, da Lei de Diretrizes Orçamentárias e da Lei Orçamentária Anual; normas de gestão financeira e patrimonial da administração direta e indireta, bem como condições para a instituição e funcionamento de fundos; critérios para a execução equitativa, além de procedimentos que serão adotados quando houver impedimentos

legais e técnicos, cumprimento de restos a pagar e limitação das programações de caráter obrigatório, para a realização da obrigatória a execução orçamentária e financeira das programações oriundas das emendas parlamentares vinculativas (165, §9º);

c) limites da despesa com pessoal ativo e inativo da União, dos Estados, do Distrito Federal e dos Municípios e prazos para a adaptação aos parâmetros previstos, cujo descumprimento gera a suspensão de todos os repasses de verbas federais ou estaduais aos Estados, ao Distrito Federal e aos Municípios; regras gerais para efetivação da perda do cargo do servidor estável (art. 169).

Assim, há um conjunto legislativo nacional, multidisciplinar e complexo, capitaneado pela Lei Complementar nº 101, de 4 de maio de 2000 (Lei de Responsabilidade Fiscal), cujo escopo é estabelecer a *accountability* (gestão fiscal responsável), consistente em ações planejadas e transparentes, em que se previnem riscos e corrigem desvios capazes de afetar o equilíbrio das contas públicas mediante o cumprimento de metas de resultados entre receitas e despesas e a obediência a limites e condições no que tange à renúncia de receita, geração de despesas com pessoal, da seguridade social e outras, dívidas consolidada e mobiliária, operações de crédito, inclusive por antecipação de receita, concessão de garantia e inscrição em Restos a Pagar (§1º do artigo 1º).

Dentre as medidas de preservação e reforço do federalismo fiscal, determinadas pela Lei de Responsabilidade Fiscal, figuram os artigos 50, §2º, e 51, que estabelecem ser do órgão central da União (atualmente a Secretaria do Tesouro Nacional) a tarefa de editar normas gerais para a consolidação das contas públicas – enquanto não implantado o Conselho de Gestão Fiscal – e que o Poder Executivo da União deve promover a consolidação anual, nacional e por esfera de governo, das contas dos entes da Federação e a sua divulgação, inclusive por meio eletrônico de acesso público.

Assim, foi elaborado um Plano de Contas Aplicado ao Setor Público (PCASP), padronizado para toda a Federação, convergente com as normas de contabilidade internacionais e, outrossim, um sistema nacional de coleta de dados contábeis e fiscais denominado Sistema de Informações Contábeis e Fiscais do Setor Público Brasileiro (SICONFI).

Essa estruturação do federalismo fiscal, com ênfase no comando centralizador da União, mas preservando a autonomia dos entes subnacionais, exige um sistema de controle externo nacional, com um desenho institucional similar ao do Poder Judiciário, com órgãos estaduais independentes e dotados de competência para fiscalizar e julgar as contas do Chefe do Poder Executivo e demais administradores regionais e locais, mas com um órgão federal destinado a tratar das questões da União (fiscalizar e julgar as contas do Chefe do Poder Executivo e demais administradores), uniformizar a aplicação da legislação de caráter nacional e pronunciar-se sobre temas de interesse geral das unidades federadas.

3 O controle externo nacional e a máxima efetividade constitucional

A ideia de Estado de Direito é inseparável da existência de controle que garanta submissão à lei e que assegure que a Administração atue em consonância com o interesse público e com os princípios que lhe são impostos pelo ordenamento jurídico.

Controlar e prestar contas são os dois lados da mesma moeda, pois a prestação de contas é uma das atribuições da função estatal de controle. Logo, se a prestação de contas é um princípio constitucional sensível (art. 34, inciso VII, alínea *d*, da CR), cuja inobservância pode ocasionar intervenção federativa, controlar também o é.

Como já mencionado, o controle externo julga definitivamente o mérito das prestações de contas, em sentido amplo, sendo a do Chefe do Poder Executivo pela Casa Legislativa, e a dos demais administradores pelo Tribunal de Contas (art. 71, incisos I e II, da CR).

Embora o federalismo fiscal brasileiro tenha bases, diretrizes e regras bem delimitadas pela União, de observância obrigatória por todas as unidades federativas, bem como distribuição e descentralização de recursos que exigem um controle de âmbito nacional, a Constituição da República adotou uma estruturação fragmentada do controle, sem canais constitucionais e legais de comunicação entre os Tribunais de Contas, o que impede a máxima efetividade do controle do sistema fiscal (conferir artigos 70 a 75 da CR).

Com efeito, o mapeamento dos recursos entregues pela União aos Estados-Membros, Municípios e Distrito Federal, bem como a uniformização dos entendimentos sobre institutos e regras da Lei de Responsabilidade Fiscal, a aplicação adequada da nova contabilidade pública, entre outros exemplos retrocitados, clamam por uma rede formal de controle, com atuação conjunta e concomitante do Tribunal de Contas da União (TCU), Tribunal de Contas dos Estados (TCE) e dos Municípios (TCM), mas com prevalência do TCU nas questões relativas à legislação de caráter nacional.

A fragmentação estrutural ocasionou uma fragmentação de interpretações jurídicas e contábeis, extremamente prejudiciais não só ao federalismo fiscal, atualmente em grave crise de eficiência e eficácia, como também para a economia nacional e para as finanças públicas.

Ademais, a ausência de comunicação formal e orgânica entre os Tribunais de Contas gera um retardamento da fiscalização dos recursos descentralizados, pois o TCU, assoberbado pela excessiva quantidade de processos, não consegue, apesar dos esforços, desincumbir-se a tempo e à hora da análise da aplicação de tais montantes.

Nesse diapasão, centenas de processos de fiscalização são convertidas em tomadas de contas especiais com o intuito de ressarcir ao erário danos causados por gestores municipais, mas isso já destituído da contemporaneidade indispensável à plena eficácia do controle.

Por outro lado, por constar no rol de atribuições do TCU, os Tribunais de Contas subnacionais não atuam satisfatoriamente, havendo inúmeras decisões de prejudicialidade do processo e/ou ausência de legitimidade para a fiscalização, restando sem controle a aplicação dos recursos oriundos da descentralização financeira.

Nos casos em que há uma rede cooperativa formada entre os Tribunais de Contas (auditorias coordenadas), como em programas das áreas de saúde, educação e segurança pública, o controle externo mostra-se visivelmente mais eficiente e eficaz, produzindo resultados positivos à sociedade.

Entretanto, tais atuações coordenadas são discricionárias, não orgânicas, o que impede o sucesso integral do controle externo e, outrossim, a máxima efetividade dos comandos constitucionais.

Há, pois, um espaço de tensão entre os comandos constitucionais mencionados no presente trabalho e a realidade enfrentada pelo controle externo, tensão esta não dirimida pelo desenho institucional dos Tribunais de Contas. Daí a premente necessidade de se adotar efetivamente uma atuação em prol da máxima *realizabilidade* do pacto federativo fiscal.

A concretização do federalismo fiscal estruturado pela Constituição da República depende de uma atuação nacional do sistema de controle externo, servindo o princípio da máxima efetividade como instrumento de redesenho da modelagem atual.

O princípio da máxima efetividade das normas constitucionais, também apelidado de princípio da *eficiência* ou da *interpretação efetiva*, *deve ser entendido no sentido de a norma constitucional ter a mais ampla efetividade social*.[9]

---

[9] LENZA, Pedro. *Direito Constitucional esquematizado*. 19. ed. São Paulo: Saraiva, 2015. p. 160.

Não há dúvidas que a sociedade seria a maior beneficiária da efetividade do federalismo fiscal.

O sistema de controle nacional a ser instituído, além da legislação material existente, seria conduzido por uma legislação processual nacional, indispensável para a uniformização e padronização dos processos de contas (Lei Orgânica Nacional).

A viabilidade jurídica e concreta desse sistema nacional é cristalina, pois o TCU já atua como catalisador da atuação do controle, como, por exemplo:
a) na confecção do cálculo das quotas referentes aos fundos de participação destinados a promover o equilíbrio socioeconômico entre Estados e Municípios (art. 161, parágrafo único, da CR);
b) auditorias coordenadas nas áreas da saúde (SUS) e da educação (ensino médio);
c) fiscalização dos recursos repassados através das transferências legais (fundo a fundo e contratos de repasse);
d) consolidação nacional das contas dos entes federativos e nova contabilidade aplicada ao setor público.

Não há duvidas que um sistema nacional de controle, no tocante aos princípios, diretrizes e regras do federalismo fiscal, teria maior rendimento da função controle, no sentido da obtenção de melhores resultados para a Administração Pública e para a sociedade.

O modelo fragmentado ("cada um por si") não se revelou adequado para as questões atinentes ao federalismo fiscal.

4 *Res ipsa loquitur* ("as coisas falam por si mesmas")

O dever de eficiência visa à maximização dos resultados em prol do interesse público. A Constituição da República, ao adotar um federalismo fiscal descentralizador, com poderes centrais de direção e comando pela União e legislação nacional, uniforme e estável, pretendeu conferir autonomia aos entes federativos, mas uma maior eficiência na consecução do bem comum, através da prestação de serviços e realização de obras de forma partilhada e coordenada.

O controle externo deve acompanhar essa estrutura, apresentando um desenho institucional nacional, com canais formais e orgânicos de comunicação entre os Tribunais de Contas, a fim de acompanhar a dinâmica e a complexidade dos fatos e permitir respostas rápidas e contemporâneas à sociedade.

Referências

AFONSO, José Roberto Rodrigues; RAMUNDO, Júlio César Maciel; ARAÚJO, Erika Amorim. *Breves notas sobre o federalismo fiscal no Brasil*. Disponível em: <http://www.bndespar.com.br/SiteBNDES/export/sites/default/bndes_pt/Galerias/Arquivos/bf_bancos/e0000168.pdf>.

ARRETCHE, Marta. Federalismo e políticas sociais no Brasil: problemas de coordenação e autonomia. *São Paulo em Perspectiva*, v. 18, n. 2, abr./jun. 2004. Disponível em: <http://dx.doi.org/10.1590/S0102-88392004000200003>. Acesso em: jun. 2016.

ATALIBA, Geraldo. Regime constitucional e leis nacionais e federais. *Revista de Direito Público*, v. 13, n. 53/54, p. 58-76, jan./jun. 1980.

BARROSO, Rafael Mendes. *Federalismo fiscal no Brasil*: o impacto das transferências orçamentárias na desconcentração de receitas entre as esferas de governo. Disponível em: <http://www.tce.ce.gov.br/component/jdownloads/finish/328-revista-controle-volume-xi-n-1-jan-jun-2013/2164-artigo-6-federalismo-fiscal-no-brasil-o-impacto-das-transferencias-orcamentarias-na-desconcentracao-de-receitas-entre-as-esferas-de-governo?Itemid=592>.

CATARINO, João Ricardo; GUIMARÃES, Vasco Branco (Coord.). *Lições de Fiscalidade*. 2. ed. v. I. Coimbra: Almedina, 2013.

DI PIETRO, Maria S. Zanella. *Direito Administrativo*. 27. ed. São Paulo: Atlas, 2014.

GIAMBIAGI, Fábio; ALÉM, Ana Cláudia Duarte de. *Finanças públicas*: teoria e prática no Brasil. 3. ed. Rio de Janeiro: Elsevier, 2008.

LENZA, Pedro. *Direito Constitucional esquematizado*. 19. ed. São Paulo: Saraiva, 2015.

LIJPHART, Arend. *Modelos de democracia*: desempenho e padrões de governo em 36 países. Rio de Janeiro: Civilização Brasileira, 2003.

MACHADO, Hugo de Brito. *Curso de Direito Tributário*. 9. ed. São Paulo: Malheiros, 1994.

MORAES, Alexandre de. *Direito Constitucional*. 7. ed. São Paulo: Atlas, 2000.

MOTTA, Carlos Pinto Coelho *et al*. *Responsabilidade fiscal*. Belo Horizonte: Del Rey, 2000.

RIKER, Willian H. Federalism. In: GREESTEIN, Fred I.; POLSBY, Nelson W. (Org.). *Handbook of Political Science*. v. 5. Massachussets: Addisón-Wesleu Publishing Company, 1975. p. 93-172.

ROCHA, Carmem Lúcia Antunes. *Princípios constitucionais da administração pública*. Belo Horizonte: Del Rey, 1994.

SILVA NETO, Manoel Jorge e. *Princípio da máxima efetividade e a interpretação constitucional*. São Paulo: LTR, 1999.

STEPAN, Alfred. Para uma nova análise comparativa do federalismo e da democracia: federações que restringem ou ampliam o poder do demos. *Dados*, v. 42, n. 2, 1999. Disponível em: <http://dx.doi.org/10.1590/S0011-52581999000200001>. Acesso em: jun. 2016.

Informação bibliográfica deste livro, conforme a NBR 6023:2002 da Associação Brasileira de Normas Técnicas (ABNT):

GODINHO, Heloísa Helena Antonacio M. Federalismo fiscal e sistema de controle externo nacional. In: LIMA, Luiz Henrique; OLIVEIRA, Weder de; CAMARGO, João Batista (Coord.). *Contas governamentais e responsabilidade fiscal*: desafios para o controle externo – estudos de ministros e conselheiros substitutos dos Tribunais de Contas. Belo Horizonte: Fórum, 2017. p. 281-293. ISBN 978-85-450-0246-8.

CAPÍTULO 9

A DÍVIDA PÚBLICA DOS ESTADOS BRASILEIROS: DESAFIOS PARA O CONTROLE

JOÃO BATISTA CAMARGO
MARCOS GOMES RANGEL

1 Introdução

Este artigo objetiva abordar diversas questões relacionadas à dívida dos estados, tema de grande complexidade, considerando que, se por um lado o endividamento promove o desenvolvimento, por outro gera compromissos futuros.

O trabalho está estruturado em nove seções. A seção 2 aborda questões históricas, expondo os principais acontecimentos sobre endividamento dos entes subnacionais, desde a década de 1970 até os dias de hoje. Mostra, também, o contexto em que foi editada a Lei nº 9.496/97, instituída no âmbito do Programa de Apoio à Reestruturação e ao Ajuste Fiscal de Estados (PAF), bem como as taxas de juros utilizadas e os limites de pagamento estabelecidos pela referida lei.

Em seguida, a seção 3 analisa a relação entre endividamento e federalismo fiscal. Também relaciona o recente aumento do endividamento com a desoneração dos tributos federais que compõem os fundos de participação. A seção 4 mostra a evolução da dívida entre 1998 e 2016, dividindo em dois períodos: de 1998 e 2007 e a partir de 2008, quando se iniciou um novo ciclo de empréstimos e financiamentos. A seção 5 destaca a importância do evento Copa do Mundo de 2014 dentro desse novo ciclo de endividamento.

A seção 6 aborda a crise fiscal por que passa o país desde o final de 2014, as ações judiciais no STF relacionadas ao tema endividamento dos subnacionais e o acordo para o alongamento da dívida, que culminou na edição da Lei Complementar nº 56/2016. A seção 7 discorre acerca do controle exercido pelos Tribunais de Contas dos estados sobre a dívida pública estadual. Finalmente, a seção 8 apresenta as considerações finais do artigo.

2 O endividamento dos estados – panorama histórico

A seguir, serão expostos os principais acontecimentos sobre endividamento dos entes subnacionais, desde a década de 70 até os dias de hoje.

Nos anos 70, a gestão tributária, que era concentrada na União, comprometeu a capacidade dos estados de geração de receita, e a captação de recursos de fontes externas se tornou fonte de financiamento. As Resoluções nº 62/1975 e nº 93/1976 do Senado Federal vincularam a capacidade de endividamento dos subnacionais às respectivas receitas líquidas.

Mas, enquanto a primeira resolução permitia que os limites de endividamento de estados e municípios fossem elevados temporariamente, a segunda admitiu que as operações de crédito contratadas com recursos do Fundo Nacional de Apoio ao Desenvolvimento Urbano (FNDU), Fundo Nacional de Apoio ao Desenvolvimento Social (FAS) e do Banco Nacional da Habitação (BNH) ficassem fora do limite, desde que deliberadas pelo Senado Federal mediante parecer do Conselho Monetário Nacional.

Lopreato[1] cita que as operações de crédito externo não estavam sujeitas a qualquer limite e dependiam da autorização do Senado Federal, que deveria consultar previamente a SEPLAN[2] para se manifestar a respeito da capacidade de endividamento e quanto ao mérito,

---

[1] "O endividamento dos governos estaduais nos anos 90" – LOPREATO, Francisco Luiz C. *Texto para Discussão*. IE/UNICAMP, n. 94, mar. 2000.

[2] A Secretaria do Planejamento (SEPLAN) tinha *status* de ministério. Disponível em: <http://www.planejamento.gov.br/assuntos/empresas-estatais/coordenacao/historico>.

viabilidade e compatibilidade do empreendimento, com os objetivos dos planos nacionais de desenvolvimento.

Na década de 1980, o Governo Federal passou a exercer um melhor controle sobre o aumento do endividamento. A Lei nº 7.614/1987 definiu o prolongamento do perfil das dívidas estaduais, especialmente com créditos junto ao Banco do Brasil e emissão de títulos da dívida mobiliária. A Resolução nº 1.469/1988 limitou o empréstimo das instituições financeiras ao setor público não financeiro ao valor do saldo existente em dezembro de 1987, corrigido monetariamente pela variação das Obrigações do Tesouro Nacional. A Resolução nº 94/1989, do Senado Federal, modificou o critério para avaliar a capacidade de pagamento dos estados, limitando o volume de operações de crédito, passando o estoque da dívida a ter uma importância secundária.

Fato importante relacionado ao aumento do endividamento foi a implantação, em 1994, do Plano Real, que, em seus primeiros anos, imprimiu elevadas taxas de juros para conter a inflação e acabou deteriorando as finanças dos entes subnacionais. A redução drástica da inflação praticamente acabou com o *floating* que os governos subnacionais obtinham antes, bem como com a principal forma de alavancagem dos bancos estaduais.

Conforme Silva, Monteiro Neto e Gerardo,[3] houve um esgotamento das receitas obtidas com o imposto inflacionário[4] e, por conseguinte, a situação fiscal dos entes subnacionais passou a se deteriorar rapidamente. A título de ilustração, em 1994, os entes subnacionais apresentaram um superávit primário de 0,77% do Produto Interno Bruto (PIB). Em 1997, esses entes evidenciaram um déficit primário de 0,74% do PIB. Em janeiro de 1994, a dívida interna líquida dos estados e dos municípios representava 8,32% do PIB, passando, em dezembro de 1997, para 11,52% do PIB.

Nesse contexto, os desequilíbrios fiscais estruturais dos estados não podiam mais ser escondidos ou negligenciados. Os déficits

---

[3] Texto para discussão/Instituto de Pesquisa Econômica Aplicada – Brasília; Rio de Janeiro: Ipea, 2013; SILVA, Alexandre Manoel Angelo da; MONTEIRO NETO, Aristides; GERARDO, José Carlos. *Dívidas estaduais, federalismo fiscal e desigualdades regionais no Brasil*: percalços no limiar do século XXI. Disponível em: <http://www.ipea.gov.br/portal/images/stories/PDFs/TDs/td_1889.pdf>.

[4] A inflação provoca uma transferência de quem tem dinheiro em conta corrente, sem remuneração, para o banco e, também, de quem está portando moeda para o Governo. Esta última transferência pode ser vista como um imposto, o imposto inflacionário. O imposto inflacionário é considerado um imposto ruim. Um dos motivos é que atinge principalmente os mais pobres, que carregam seus poucos recursos em espécie. Os mais ricos guardam apenas uma pequena parte de seus recursos em dinheiro ou em contas sem remuneração. Assim, estes conseguem uma melhor proteção do imposto inflacionário.

estruturais ocultos foram explicitados, e as dívidas dos entes subnacionais ganharam contornos explosivos, tornando-se premente a necessidade de equacionar os passivos, com imposição simultânea de uma nova forma de governança para a gestão financeira e orçamentária desses entes. Tal equacionamento surgiu com a edição da Lei nº 9.496/1997.

2.1 Lei nº 9.496/97

Em 1995, o Conselho Monetário Nacional (CMN), por intermédio da Resolução nº 162, iniciou a construção do arcabouço legal que levaria às futuras medidas de ajuste fiscal a serem adotadas pelos estados e Distrito Federal. Na ocasião, criou-se o Programa de Apoio à Reestruturação e ao Ajuste Fiscal de Estados (PAF), que visava implementar medidas que permitissem àqueles entes alcançar o equilíbrio orçamentário sustentável.

O crescimento acelerado das dívidas, aliado à necessidade da alocação de recursos orçamentários cada vez maiores para o pagamento dos encargos, levou a uma situação fiscal insustentável. Uma solução negociada com a União foi o caminho de menor custo. Não obstante, condições duras foram impostas aos estados, que transcenderam a questão financeira, envolvendo o ajuste fiscal e patrimonial dessas unidades.

Diante deste quadro, foi editada a Lei nº 9.496/97, instituída no âmbito do PAF, que "estabeleceu critérios para a consolidação, a assunção e o refinanciamento, pela União, da dívida pública mobiliária e outras, de responsabilidade dos Estados e do Distrito Federal".

Vinte e cinco estados e o DF assinaram um novo acordo com a União, no montante de cerca de R$120 bilhões. Os governos estaduais tiveram de assumir uma série de compromissos, incluindo a obtenção de superávit primário, aumento da arrecadação, privatização de empresas e/ou bancos, além de penalidades mais claras e efetivas, como a retenção dos recursos do Fundo de Participação dos Estados (FPE).

Praticamente todos os bancos estaduais foram extintos, federalizados, transformados em agências de fomento ou privatizados, dado que estavam servindo aos seus governos estaduais como fonte de financiamento. O Programa de Incentivo à Redução do Setor Público Estadual na Atividade Bancária (PROES) estabeleceu mecanismos para incentivar a redução da presença do setor público estadual na atividade financeira bancária.

2.2 A aplicação do IGP-DI e os limites da Receita Líquida Real

A Lei nº 9.496/1997 estabeleceu, em seu art. 3º, que a atualização monetária seria calculada utilizando-se o Índice Geral de Preços – Disponibilidade Interna (IGP-DI), índice fornecido pela Fundação Getúlio Vargas (FGV), e os juros com taxa *mínima* de seis por cento ao ano (6% a.a.). A dívida seria refinanciada em até 360 prestações (30 anos), calculadas com base na tabela *Price*.

O refinanciamento estava condicionado à assinatura de um contrato. O Governo Federal estabeleceu alguns parâmetros, com uma relativa padronização das condições. Subordinou-se a taxa de juros incidente sobre o estoque de dívida ao pagamento de uma porcentagem à vista. A proposta do Governo Federal era a seguinte:
a) pagamento de 20% à vista, com taxa de juros de 6%;
b) pagamento de 10% à vista, com taxa de juros de 7,5%;
c) pagamento de 0% à vista, com taxa de juros de 9%.

A obtenção desses recursos estava condicionada à realização de um programa de reforma do Estado na esfera subnacional, com a privatização de empresas estatais estaduais.

Os estados assinaram contratos com diferentes parâmetros em relação aos juros e limite de comprometimento da Receita Líquida Real (RLR),[5] dependendo de possuírem ou não ativos para privatizar ou repassar à União, ou de dispor de recursos para pagar 10 ou 20% da dívida à vista.

A mesma lei determinou que os contratos de refinanciamento tivessem uma cláusula que limitava as prestações a uma determinada porcentagem da RLR, de modo a compatibilizar a capacidade de pagamento com dívidas relativamente elevadas. Ainda assim, o desembolso das prestações comprometia uma parcela expressiva do orçamento dos governos estaduais.

Também previu que eventual saldo devedor residual poderia ser renegociado, nas mesmas condições previstas, por mais 10 anos (além do teto de 30 anos). Todos os estados assinaram contratos com prazo de 30 anos, exceto Ceará (CE), Piauí (PI) e Rio Grande do Norte (RN), que assinaram contratos com prazo de 15 anos.

---

[5] O conceito de RLR encontra-se na Lei nº 9.496/97, em seu artigo 2º, parágrafo único – é a receita realizada nos doze meses anteriores ao mês imediatamente anterior àquele em que se estiver apurando, excluídas as receitas provenientes de operações de crédito, de alienação de bens, de transferências voluntárias ou de doações recebidas com o fim específico de atender despesas de capital e, no caso dos estados, as transferências aos municípios, por participações constitucionais e legais.

Abaixo quadro-resumo dos limites da RLR e dos juros, nos contratos assinados em decorrência da Lei nº 9.496/1997:

Estados	% RLR	% juros a.a.
AC, AM, CE, PE e RR	11,5	6
BA, DF, ES, MA, PB, PI, PR, RJ, RN, RS, SC, SE e SP	13	6
AP, GO, MS, MT e RO	15	6
MG	13	7,5
AL e PA	15	7,5

Fonte: Secretaria do Tesouro Nacional (STN) e elaboração dos autores.

Observa-se que Alagoas (AL), Minas Gerais (MG) e Pará (PA) tiveram que assinar os contratos com juros maiores, de 7,5% ao ano. O comprometimento da RLR também foi maior (15%) para alguns estados, como Alagoas (AL), Amapá (AP), Goiás (GO), Mato Grosso do Sul (MS), Mato Grosso (MT), Pará (PA) e Rondônia (RO).

Dada essa assimetria, alguns anos depois da edição da Lei nº 9.496/1997 determinados estados ingressaram com ações no Supremo Tribunal Federal (STF) visando reduzir a taxa de juros. O estado de Alagoas foi um deles. A liminar foi obtida em 2012, nos autos da Ação Originária (AO) nº 1.726, na qual o estado teve o direito de redução do índice ao mesmo obtido por outros estados. Assim, os juros foram reduzidos de 7,5% para 6% ao ano, e o limite para dispêndio com os pagamentos passou de 15% para 11,5% da RLR.

Casarotto[6] expõe que a Lei nº 9.496/97, ao autorizar o Governo Federal a negociar, caso a caso, tanto a taxa de juros quanto o limite do comprometimento da receita, tratou diferentemente estados que tinham situações fiscais parecidas e aderiram a um mesmo programa. O autor aduz que houve mais complacência com uns estados do que com outros, violando, assim, os princípios da igualdade e da impessoalidade. A lei permitiu que o Governo Federal estabelecesse, por seu livre arbítrio, taxas de juros diferenciadas para os estados, além de poder fixar, também por seu livre arbítrio, diferentes limites da RLR para cada uma das Unidades Federativas.

O limite da RLR para o pagamento das prestações (11,5% a 15%), a utilização do IGP-DI como indexador e as altas taxas de juros estabelecidas (6,0% ou 7,5% ao ano) foram fatores determinantes para

---

[6] CASAROTTO, João Pedro. A dívida dos estados com a União. *Revista da FEBRAFITE*, jun. 2011. Disponível em: <http://auditoriacidada.org.br/wp-content/uploads/2012/02/2242.pdf>.

que o valor pago por alguns estados não tivesse sido suficiente para amortizar o saldo devedor da dívida. Isso foi particularmente crítico para os seguintes estados: RJ, SP, MG e RS e AL.

A não amortização, para alguns estados, gerou uma trajetória ascendente de endividamento ao longo do prazo de liquidação dos contratos e gerará resíduos vultosos. Tais resquícios acumulados farão com que, além dos 30 anos para quitação, sejam necessários os 10 anos adicionais previstos no art. 6º, §5º, da Lei nº 9.496/97.

Casarotto[7] critica fortemente a utilização do IGP-DI como indexador. Para o autor, essa opção feriu o princípio constitucional da impessoalidade, pois visou ao fim privado, haja vista que o índice é calculado pela Fundação Getúlio Vargas (FGV), uma instituição privada, em detrimento do IPCA, calculado pelo Instituto Brasileiro de Geografia e Estatística (IBGE), instituição pública. O IPCA, desde junho de 1999, é o índice utilizado pelo Banco Central do Brasil para o acompanhamento dos objetivos estabelecidos no sistema de metas de inflação, sendo considerado o índice oficial de inflação do país.

O IPCA e o IGP-DI nem sempre caminharam em linhas próximas nos anos posteriores à edição da Lei nº 9.496/1997. Aliás, dos 11 anos compreendidos entre 1998 e 2008, o valor acumulado para o IGP-DI foi maior do que o valor acumulado do IPCA em quase todos os anos, exceto 2003 e 2005.

Dois anos em especial apresentaram uma enorme discrepância entre os índices: 1999 e 2002. Em 1999, o IPCA foi de 8,94%, e o IGP-DI, 19,99%. Em 2002, o IPCA foi de 12,53%, e o IGP-DI, 26,41%. Em 2009 e 2010, houve alternância entre os dois índices, mas, a partir de 2011, tiveram valores mais próximos.

O IGP-DI mostrou-se volátil, absorvendo os efeitos das variações cambiais do período. Esse fator fez com que, mesmo com o pagamento rigoroso dos juros e amortizações pelos devedores, o estoque da dívida tenha aumentado significativamente.

Dadas as grandes diferenças entre os indicadores, especialmente até 2008, diversas frentes se formaram para que ocorresse a revisão dos juros e do indexador. Entretanto, somente no final de 2014, com a edição da Lei Complementar nº 148/2014, houve a revisão do índice. A referida

---

[7] CASAROTTO, João Pedro. A dívida dos estados com a União. *Revista da FEBRAFITE*, jun. 2011. Disponível em: <http://auditoriacidada.org.br/wp-content/uploads/2012/02/2242.pdf>.

lei estabeleceu a aplicação de IPCA + 4 % a.a. ou a SELIC;[8] das duas, a menor. Também previu, em seu art. 3º, o recálculo das dívidas, *verbis*:

> Art. 3º - A União concederá descontos sobre os saldos devedores dos contratos referidos no art. 2º, em valor correspondente à diferença entre o montante do saldo devedor existente em 1º de janeiro de 2013 e aquele apurado utilizando-se a variação acumulada da taxa Selic desde a assinatura dos respectivos contratos, observadas todas as ocorrências que impactaram o saldo devedor no período (Redação dada Pela Lei Complementar nº 151, de 2015).

Há de se ressaltar que, até setembro de 2016, nem todos os estados haviam assinado os aditivos contratuais exigidos pela LC nº 148/2014.

3 O endividamento estadual e o federalismo fiscal

As normas que regem o federalismo fiscal possuem papel importante nas funções econômicas que o governo desempenha, dentre elas as funções alocativa, redistributiva e de estabilização macroeconômica.

Como decorrência do princípio federativo estabelecido pela Constituição Federal de 1988 (CF/88), a repartição de competências entre os entes federados passa naturalmente pelo campo tributário, no qual há uma rígida disciplina sobre as esferas de atuação da União, dos estados, do Distrito Federal e dos municípios. É a CF/88 que determina as espécies de tributos e as competências de cada ente para a instituição e cobrança de cada um deles.

Segundo Afonso e Biasoto:[9]

> Discutir federalismo e economia (bem como finanças públicas) enseja uma reflexão crucial na agenda nacional de debates. Isto porque federalismo se tornou um tema absolutamente nevrálgico para a tomada de decisões de investir, exportar, produzir, empregar, e que, como já é sabido, estão enfrentando problemas e gargalos que acabam por travar cada vez mais

---

[8] A sigla SELIC é a abreviação de Sistema Especial de Liquidação e Custódia, que é um sistema computadorizado utilizado pelo Banco Central do Brasil para que haja controle na emissão, compra e venda de títulos. A taxa Selic é obtida mediante o cálculo da taxa média ponderada e ajustada das operações de financiamento por um dia, lastreadas em títulos públicos federais e cursadas no referido sistema ou em câmaras de compensação e liquidação de ativos, na forma de operações compromissadas. A taxa também é um instrumento de política monetária utilizada pelo Banco Central do Brasil para atingir a meta das taxas de juros estabelecida pelo Comitê de Política Monetária (Copom).

[9] AFONSO, José Roberto; BIASOTO, Geraldo. *Federalismo fiscal brasileiro no âmbito econômico*. Disponível em: <http://imagens.idp.edu.br/component/docman/doc_view/728-?tmpl=component&format=raw>.

a economia brasileira, especialmente no tocante aos novos investimentos. Tributos, gastos públicos, resultado e dívida são elementos fundamentais para a tomada de decisões do empresariado, e da própria sociedade, e que hoje estão sob um nível de incerteza ímpar. A política fiscal está ofuscando os caminhos para a retomada de uma trajetória de crescimento minimamente compatível com as necessidades de um país, que precisa se expandir com taxas próximas a média das economias emergentes.

No tocante ao endividamento, há de recordar que, em relação aos estados, o processo de crescimento da dívida intensificou-se nas décadas de 60 a 80 como alternativa à gestão tributária centralizadora. As reformas tributária e administrativa, de 1966 e 1967, respectivamente, reforçaram o processo de esvaziamento político-econômico dos governos subnacionais. O nascente mercado de títulos governamentais,[10] os fundos federais de investimento e a facilidade de contrair empréstimos no exterior permitiram a expansão da dívida do setor público como um todo.

Outra questão que relaciona diretamente o endividamento dos estados e o federalismo fiscal é a desoneração dos tributos federais que compõem os fundos de participação.

Sobre este tema, o Tribunal de Contas da União, no parecer prévio conclusivo sobre as contas da Presidente da República do exercício de 2013, da relatoria do Ministro Raimundo Carreiro, assim se pronunciou:

> A política da desoneração tributária vem sendo utilizada pelo governo federal com o objetivo de estimular determinados setores produtivos, para mitigar os efeitos negativos da crise financeira internacional de 2008 sobre a economia brasileira. A medida visa contribuir para que sejam mantidos os níveis de atividade econômica, emprego e renda. Entre os setores beneficiados, destacam-se os de autoveículos, móveis e eletrodomésticos da linha branca.
>
> Para atingir esse objetivo, o governo federal desonerou o Imposto sobre a Renda e Proventos de Qualquer Natureza (IR) e o Imposto sobre Produtos Industrializados (IPI), tributos compartilhados entre União, estados, Distrito Federal e municípios, devendo a União entregar parte do produto da arrecadação dos referidos impostos aos entes federados, conforme preceitua o art. 159 da Constituição Federal.
>
> (...)
>
> *Com relação à identificação do montante que deixou de ser repassado aos fundos constitucionais e de participação, pondera-se que os valores encontrados foram*

---

[10] Até 1965, quando se introduziu a correção monetária, o mercado de títulos praticamente inexistia, estando limitado aos títulos colocados compulsoriamente. A inflação até então corroía o valor dos títulos, cujo valor de face era nominal.

estimados, em razão de haver uma série de variáveis envolvidas, cujos efeitos são desconhecidos, entre as quais o fato de que não há garantia da conversão direta do valor renunciado em arrecadação dos tributos. Isso porque há de se considerar a possibilidade de mudança de comportamento dos contribuintes, o nível de inadimplência e as oscilações econômicas, entre outras variáveis.

Com isso, no período de 2008 a 2013, estimou-se o montante da desoneração líquida sobre o IR e o IPI em R$ 416,4 bilhões. Conforme visualizado no gráfico a seguir, 42% dessa desoneração líquida foi arcada pela União, o equivalente a R$ 174,9 bilhões, enquanto que os estados, DF e os municípios responderam com 58% do total desonerado, o que corresponde a cerca de R$ 241,5 bilhões. (Grifo nosso)

A redução do IPI e do IR promovida unilateralmente pela União acarretou uma drástica redução da base do Fundo de Participação dos Estados (FPE), com uma consequente queda de receita dos estados, o que complicaria ainda mais a situação financeira destes e, por conseguinte, a capacidade de pagamento dos serviços da dívida.

Assim, os estados se encontram comprimidos, do lado da despesa, pela crescente expansão dos gastos na área social (saúde, educação, assistência social e outros), pelo alto encargo imposto para o pagamento dos serviços da dívida junto ao Governo Federal e pela explosão dos gastos previdenciários. Do outro lado, o da receita, pela estabilidade ou até mesmo queda das fontes de recursos próprios (ICMS) e pela redução dos montantes das transferências constitucionais, decorrente das desonerações tributárias impostas pelo Governo Federal e também pela queda da atividade econômica.

Dessa forma, os governos estaduais estão limitados em suas capacidades para desenhar e implementar políticas públicas, inviabilizando suas capacidades de atender as demandas da sociedade. Isso atenta contra o pacto federativo, uma vez que o único ente federado que possui uma margem orçamentária alocativa substancial é a União.

4 A evolução da dívida dos entes subnacionais entre 1998 e 2016

Nesta análise, desmembra-se o período em duas etapas: entre 1998 e 2007 e de 2008 a 2016.

4.1 O período 1998-2007

Esse período foi marcado pelos seguintes fatores:

a) o pagamento dos serviços da dívida intralimite[11] – os principais estados devedores pagaram muitos juros e pouco amortizaram suas dívidas. O resíduo prosperou e ficou evidente a impossibilidade de quitação da dívida no prazo previsto (de 30 anos) para alguns estados, como São Paulo (SP), Rio de Janeiro (RJ), Minas Gerais (MG), Rio Grande do Sul (RS) e Alagoas (AL);
b) o IGP-DI (indexador definido pela Lei nº 9.496/1997) – entre junho de 1998 e junho de 2008, o crescimento acumulado desse índice alcançou 170,99%. Caso o IPCA fosse escolhido, o crescimento seria de 92,99%. Vale lembrar que, à época da edição da Lei nº 9.496/1997, o IGP-DI era uma escolha compatível: entre 07/1994 (logo após o Plano Real) e 08/1997 (mês anterior à edição da Lei nº 9.496/1997), o acumulado do IGP-DI foi de 53,95%, contra 65,84% do IPCA; e
c) os juros (6 a 7,5% ao ano) que também se mostravam razoáveis em relação à SELIC, à época da edição da Lei nº 9.496/1997, permaneceram com seus percentuais contratuais sem nenhuma revisão. Para efeito de comparação e mostrar como os juros tornaram-se inviáveis, no ano de 2009 alguns estados puderam realizar operações de crédito com o Banco Nacional de Desenvolvimento Econômico e Social (BNDES) por meio do Programa Emergencial de Financiamento aos estados e Distrito Federal (PEF). A taxa de juros aplicada, à época, foi a Taxa de Juros de Longo Prazo (TJLP), de 6,0% a.a., acrescida de 3,0% a.a., sendo 2,0% a título de remuneração básica do BNDES e 1,0% a título de Taxa de Risco de crédito.

Os contratos assinados pela maioria dos subnacionais, com prazo de 40 anos (30 anos e, na existência de resíduo, mais 10 anos), indicaram serem longos em demasia para permanecerem inalterados. Dois exemplos dão a dimensão de que deveriam passar por alterações ou atualizações:

---

[11] Serviço da dívida *intralimite* é aquele decorrente de dívidas contratuais renegociadas com base na Lei nº 7.976/89, Lei nº 8.727/93, Lei nº 9.496/97, dívida externa existente em 30.09.91, parcelamentos junto ao Fundo de Garantia do Tempo de Serviço (FGTS) existentes até 31.03.1996, dívidas de instituições financeiras estaduais para com o Banco Central do Brasil assumidas pelos estados até 15.07.98, e os débitos para com o Instituto Nacional do Seguro Social (INSS), conforme disposto nas Leis nº 8.212, de 24.07.1991, e 8.620, de 05.01.1993. Seu montante é limitado a um percentual da RLR, conforme estabelecido em contrato. Serviço da dívida *extralimite* é aquele referente ao serviço da dívida que está fora da composição do limite de comprometimento da RLR definida nas leis supra, e o pagamento é realizado nos termos contratuais pactuados.

a) uma das penalidades definidas para o subnacional que ficasse sem pagar alguma prestação mensal do serviço da dívida era a mudança dos parâmetros, de IGP-DI mais juros (6,0% ou 7,5% ao ano), para SELIC mais 1% ao ano. Entretanto, durante a década de 2000, com as mudanças na economia, em alguns meses a SELIC mais 1% a.a. passou a ser menor que IGP-DI mais os juros contratuais. Não parece crível uma penalidade ser mais benéfica que os parâmetros das cláusulas contratuais;
b) outra cláusula que se revelou leonina indicava que o saldo devedor seria corrigido pelas variações *positivas* do IGP-DI, ou seja, caso o índice fosse negativo (como de fato foi em alguns meses), seria considerado como zero. Esta cláusula posteriormente foi revisada.

O esforço fiscal realizado pelos estados durante esse período (1998 a 2007) permitiu o pagamento de valores expressivos e uma acentuada queda da dívida, em termos de porcentagem do PIB. Entretanto, os desembolsos de vários estados serviram apenas para arcar com os juros reais, não havendo espaço para a amortização da dívida corrigida pelo IGP-DI. Ou seja, para muitos estados não houve redução nominal da dívida nesse período.

Na realidade, a trajetória descendente da dívida, em termos de porcentagem do PIB, se deve principalmente ao cenário macroeconômico favorável existente a partir de 2004. Entre 2002 e 2011, a dívida líquida total dos governos estaduais caiu de 19,9% para 9,9% do PIB.

Sobre essa questão, Mônica Mora,[12] em notável trabalho, destaca que:

> O esforço fiscal realizado pelas unidades da federação, materializado sob a forma de sucessivos e expressivos superavit primários, foi uma condição necessária, mas de modo algum suficiente para se alcançar este resultado. Em outro contexto macroeconômico, a redução da dívida seria muito menos acentuada.

A autora também afirma que:

> Cálculos do Banco Central do Brasil revelam que, entre 2002 e 2013, o superávit primário não foi suficiente para financiar o pagamento dos juros nominais (à exceção de 2009), levando à ocorrência de sucessivas e expressivas necessidades de financiamento positivas e, portanto, a um aumento da dívida nominal.

---

[12] MORA, M. Evolução recente da dívida estadual. *Texto para discussão nº 2.185*, Rio de Janeiro, mar. 2016. Disponível em: <http://www.portalfederativo.gov.br/biblioteca-federativa/estudos/td_2185-evolucao-da-divida-estadual.pdf>. Acesso em: 18 ago. 2016.

4.2 O período 2008-2016

O fato é que, após 2008, a União abriu as portas para novos empréstimos e financiamentos. Os estados realizaram, com aval da União, contratos de operações de crédito com diversos credores, nacionais e internacionais. O total de operações de crédito realizadas no período perfaz algo em torno de R$318 bilhões, em valores atualizados pelo IPCA em 31.12.2015.

Mora também lembra que:

> A reversão do movimento de queda da dívida ocorreu a partir de dezembro de 2008, mas tornou-se evidente entre dezembro de 2011 e dezembro de 2013 (de 11,0 p.p. do PIB para 11,8 p.p. do PIB). Embora não tenham sido contemplados pelo processo de expansão do crédito observado no âmbito doméstico entre 2001 e 2007, os empréstimos bancários e externos a estados e municípios foram retomados após a crise financeira de 2008.
>
> O comportamento de queda da dívida interna está atrelado ao movimento observado na dívida renegociada por intermédio das leis nos 8.727/1993 e 9.496/1997. Em parte, pode-se atribuir esta trajetória descendente à *contratação de operações externas com a finalidade de amortizar parcela da dívida refinanciada*. (Grifo nosso)

Os estados substituíram a dívida refinanciada pela externa. Cinco deles utilizaram este artifício: Rio Grande do Sul, Maranhão, Mato Grosso, Santa Catarina e Minas Gerais. O primeiro, Rio Grande do Sul, realizou operação de crédito com o Banco Mundial. Os outros quatro estados tomaram empréstimos de instituições privadas (Bank of America e Credit Suisse).

Vejamos, a título de exemplo, as condições da operação de crédito realizada pelo Estado do Mato Grosso com o Bank of America: a operação, no montante de US$478.958.330,51, foi realizada com autorização do Senado Federal (Resolução do Senado nº 39/2012, de 31.08.2012). A taxa de câmbio à época era de R$2,04/US$1,00. Assim, o montante era de R$975.733.910,91. Os juros eram exigidos semestralmente a uma taxa fixa de 5% a.a. A amortização seria realizada em parcelas semestrais e consecutivas, vencendo a primeira em 2013, e a última, em 2022. Também seriam devidas comissões e despesas gerais, na data do fechamento da operação, correspondente a 1,6% do valor do empréstimo.

Os recursos obtidos foram usados para liquidar uma conta de resíduo com a União, no valor equivalente, em reais, a R$979 milhões. Esse resíduo era formado sempre que o saldo da parcela anual da dívida superava o limite de 15% da RLR, compondo o serviço da dívida extralimite.

As condições dos empréstimos eram vantajosas à época, pois previam um prazo maior e juros menores. No entanto, havia o risco cambial.

O pagamento da primeira parcela de 2016, realizada em 10.03.2016, dá uma boa noção do risco envolvido: o governo do Estado do MT pagou o valor de US$34 milhões. A cotação do dólar era de R$3,97, quase o dobro da cotação da época da realização da operação de crédito (R$2,04). Assim, o valor pago em março de 2016 foi de cerca de R$135,5 milhões. Ou seja, dada a variação cambial ocorrida no período, é fácil constatar que a substituição da dívida refinanciada pela dívida externa não foi um bom negócio.

Sobre o tema, Mônica Mora destaca que:

> A dívida bancária manteve-se estável, com tendência à queda, entre 2001 e 2008. As restrições ao endividamento, impostas pela STN no âmbito do PAF, levaram a que novas operações fossem marginais, e o estoque de dívida tendeu a se reduzir ao longo do período. Em 2008-2009, houve uma reversão deste quadro, com o aumento das operações de crédito contratadas com o sistema financeiro. Este processo representou a quintuplicação da dívida bancária em porcentagem do PIB, que passa de 0,2 p.p. do PIB, em dezembro de 2008, para 1,1 p.p. do PIB, em dezembro de 2013. Em seis anos (entre 2007 e 2013), a dívida externa dos governos estaduais (sem as estatais) mais que triplicou em dólares, passando de US$ 6 bilhões para US$ 22,5 bilhões (gráfico 4), e representava aproximadamente 9% da dívida estadual consolidada, em dezembro de 2013. *Uma parcela da dívida externa foi utilizada para amortizar a dívida atrelada à Lei nº 9.496/1997. Houve, portanto, uma substituição da dívida refinanciada pela externa.* (Grifo nosso)

Esse novo ciclo de endividamento ocorreu com a complacência e a anuência da União, na medida em que o Governo Federal executa uma função essencial no controle e no acompanhamento do endividamento subnacional, sendo responsável pela liberação dos recursos com base nos pleitos dos governos estaduais e municipais e na legislação pertinente.

Para criar as condições necessárias para o novo ciclo de endividamento, houve, em primeiro lugar, alterações na legislação. Essas alterações aumentaram o poder discricionário do Secretário do Tesouro Nacional e do Ministro da Fazenda, conforme veremos a seguir.

A Portaria nº 306/2012, do Ministério da Fazenda, regulamentou o art. 23 da Resolução do Senado Federal nº 43, de 2001, que estabelece que "os pedidos de autorização para a realização de operações de crédito interno ou externo de interesse dos Estados, do Distrito Federal e dos Municípios, que envolvam aval ou garantia da União deverão conter a classificação da situação financeira do pleiteante".

Segundo a referida portaria, se determinado governo estadual possui *rating* "D+, D ou D-" (situação de desequilíbrio fiscal), somente pode tomar empréstimos com autorização do Ministro da Fazenda; se possuir *rating* "C+, C ou C-" (situação fiscal fraca/muito fraca), somente pode tomar empréstimos com a autorização do Secretário do Tesouro Nacional. No caso de possuir *rating* "B+, B, B-, A-, A ou A+" (situação fiscal boa/forte/muito forte/excelente), o estado terá sua capacidade de pagamento atestada pela STN e está apto tecnicamente a captar operação de crédito.

Ainda que houvesse critérios técnicos para avaliar a viabilidade de se conceder um empréstimo, a decisão final cabia à STN. O crescimento da dívida só foi possível com o aval da STN e do Ministério da Fazenda, que passaram a desempenhar um papel fundamental na articulação federativa.

Deve-se ressaltar que parte expressiva dos governos estaduais já apresentava relação Dívida Consolidada Líquida (DCL)/Receita Corrente Líquida (RCL) relativamente baixa, mas mesmo estados com elevadas relações DCL/RCL tiveram operações autorizadas pelo Governo Federal.

O total de operações de crédito realizadas entre 2008 e 2015 perfaz algo em torno de R$318 bilhões, valores atualizados pelo IPCA em 31.12.2015. Esse volume foi captado por todos os estados e DF, com ou sem a aprovação da STN. As operações de crédito não aprovadas pela STN foram *autorizadas em caráter excepcional pelo Ministro da Fazenda*, conforme previsto no art. 11 da Portaria nº 306/2012, do Ministério da Fazenda.

Alguns estados não possuíam capacidade técnica e financeira para novas captações, mas o Ministro da Fazenda, "em caráter excepcional", autorizava a operação, gerando um aumento irresponsável no endividamento.

Esse movimento só foi atenuado em 2015, na gestão de Joaquim Levy, conforme descrevem Alexandre Manoel, Adhemar Ranciaro Neto e Aristides Monteiro Neto[13] na Nota Técnica do IPEA *Análise dos ratings dos estados brasileiros: todos deveriam se endividar?*, publicada em maio de 2016:

> Certamente esse foi um dos motivos que levou o ministro Joaquim Levy, ao longo de 2015, a impor dificuldade para a realização da reunião da COFIEX, que autoriza o início da preparação do projeto.

---

[13] Disponível em: <http://repositorio.ipea.gov.br/bitstream/11058/6517/1/Nota_n10_Analise_dos_ratings.pdf>.

De fato, ao longo de 2015, foi notória a preocupação do Ministério da Fazenda – na condição de órgão integrante da COFIEX – em autorizar a concessão do aval fiscal para o andamento de operação externa de crédito; tal preocupação recaia certamente sobre as unidades estaduais, cuja maioria está em condição fiscal deteriorada e em deterioração, conforme pode se depreender da análise descritiva da evolução dos ratings nas tabelas 1 (acima) e 2 (abaixo), mas que possuem forte capacidade de pressão política.

(...)

A consequência boa foi que, em 2015, o Ministério da Fazenda pôs fim à *liberação relativamente desordenada de empréstimos externos que ocorreu entre 2009 a 2014, período no qual muitos empréstimos foram disponibilizados para entes estaduais sem capacidade de pagamento e de endividamento*, o que redundou em uma expansão do endividamento sem expansão do investimento em infraestrutura, uma vez que os estados nessa situação utilizaram o espaço fiscal para continuar aumentando os gastos correntes. (Grifo nosso)

O gráfico abaixo mostra a captação de recursos entre 2002 e 2015:

OPERAÇÕES DE CRÉDITO realizadas por TODOS OS ESTADOS e DF entre 2002 e 2015 - Total = R$ 350,35 BILHÕES (corrigidos pelo IPCA de 31/12/15)

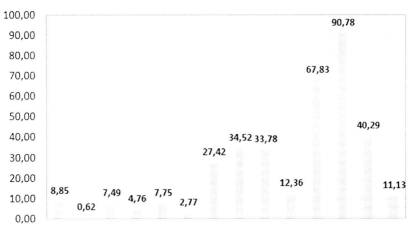

Fonte: Elaborado pelos autores a partir de dados da STN.

Como visto, a partir do segundo mandato do Presidente Lula e do primeiro da Presidente Dilma, os estados captaram recursos para supostos investimentos com o intuito de alavancar o crescimento econômico. Entretanto, o maior efeito foi o crescimento de suas dívidas. Como se não bastasse, no auge da crise fiscal dos estados, o Conselho Monetário Nacional (CMN) autorizou, em 24.11.2016, a contratação pelos estados de até R$7 bilhões em novas operações de crédito junto ao sistema financeiro nacional e às instituições multilaterais, como Banco Mundial (Bird) e Banco Interamericano de Desenvolvimento (BID), entre outras. Desde dezembro de 2014, os governos locais não podiam contrair empréstimos com garantia do Tesouro.

A medida foi uma resposta à pressão dos governadores, que, nos últimos meses, pediam aval do Tesouro Nacional para financiarem investimentos e estimularem empregos. O teto dos empréstimos para cada estado é de até R$600 milhões.

A STN avaliou que 13 estados e o DF têm boa situação fiscal, ou seja, com *rating* "A" ou "B". Os estados nessa situação são elegíveis para terem aval da União nas novas operações de crédito. São eles: Amazonas, Amapá, Bahia, Ceará, Espírito Santo, Maranhão, Mato Grosso, Pará, Pernambuco, Paraná, Rondônia, Roraima, Tocantins, além do Distrito Federal.

Dos R$7 bilhões de espaço para novas operações de crédito junto ao sistema financeiro, R$900 milhões poderão ser buscados pelos estados que não fazem parte do Programa de Ajuste Fiscal (PAF), que são Amapá, Rio Grande do Norte, Tocantins e Piauí. Os R$6,1 bilhões restantes podem ser buscados pelos signatários do PAF, ou seja, pelos demais estados, desde que tenham boa capacidade de pagamento.

4.3 Valores contratados, pagos e o saldo devedor em 31.12.2015

O quadro abaixo mostra os principais dados para as dívidas dos estados refinanciadas pelas Leis nº 8.727/1993 e 9.496/1997.

DÍVIDA DOS ESTADOS COM A UNIÃO

UF	% RLR	PRAZO PARA PGTO (anos)	TAXA DE JUROS (ao ano)	LEI FEDERAL 9.496/97 VALOR CONTRATADO (com aditivos) - Financiamento e Proes	Valor pago até dezembro/2015 (Financiamento e Proes)	Saldo Devedor até dezembro/2015 (Financiamento + Proes)	LEI FEDERAL 8.727/93 Saldo Devedor até dezembro/2015 Total	Total 8.727/93 e 9496/97 Saldo Devedor até dezembro/2015 Total
AC	11,50%	30	6,00%	149.298.685	430.729.477	343.013.819	56.680.067,17	399.693.886
AL[1]	15,00%	30	6,00%[2] 7,50%	2.303.914.123	4.751.980.981	7.961.239.289	119.023.486,39	8.080.262.775
AM	11,50%	30	6,00%	543.689.666	1.018.881.939	562.533.607	258.923.803,63	821.457.411
AP[3]	15,00%	30	6,00%	28.848.454	79.829.761	76.445.724	-	76.445.724
BA	13,00%	30	6,00%	2.595.607.304	8.312.711.286	4.402.752.352	48.601.599,02	4.451.353.951
CE	11,50%	30	6,00%	1.256.750.820	2.499.865.551	966.158.228	656.208.829,01	1.622.367.057
DF	13,00%	30	6,00%	642.272.367	1.563.719.064	1.280.282.520	-	1.280.282.520
ES	13,00%	30	6,00%	647.672.882	1.718.630.488	1.238.211.533	830.366.513,21	2.068.578.046
GO	15,00%	30	6,00%	1.776.514.527	5.327.277.965	3.510.119.115	5.644.093.581,26	9.154.212.696
MA	13,00%	30	6,00%	700.017.905	2.118.145.010	1.209.441.917	93.574.074,26	1.303.015.991
MG	13,00%	30	6,00% 7,50%	14.882.839.201	39.819.644.949	78.279.966.705	607.114.666,44	78.887.081.372
MS	15,00%	30	6,00%	1.383.439.031	4.168.498.401	5.996.025.592	-	5.996.025.592
MT	13,00%	30	6,00%	973.379.763	3.877.856.138	1.980.300.604	28.954.681,32	2.009.255.285
PA	15,00%	30	7,50%	388.573.692	1.278.178.637	978.385.800	20.732.674,82	999.118.475
PB	13,00%	30	6,00%	353.639.328	1.049.973.570	766.708.904	153.506.980,98	920.215.885
PE	11,50%	30	6,00%	2.114.866.739	5.397.734.910	3.002.398.370	211.378.451,17	3.213.776.821
PI[4]	13,00%	15	6,00%	388.440.274		1.155.310.100	43.700.884,21	1.199.010.985
PR	13,00%	30	6,00%	5.659.969.458	13.310.057.291	9.794.539.624	305.473.253,79	10.100.012.878
RJ	13,00%	30	6,00%	15.246.423.173	28.072.919.250	56.518.508.376	48.356.060,60	56.566.864.456
RN	13,00%	15	6,00%	178.906.730	511.040.986	264.300.109	9.508.290,84	273.808.400
RO	15,00%	30	6,00%	692.876.890	1.856.417.855	2.071.434.849	18.332.791,24	2.089.767.640
RR	11,50%	30	6,00%	46.580.737	134.766.417	110.103.366	830.644,00	110.934.010
RS	13,00%	30	6,00%	10.357.633.471	24.494.623.287	52.161.760.585	184.063.509,29	52.345.824.095
SC	13,00%	30	6,00%	5.418.185.435	12.766.968.061	8.930.753.827	22.972.369,07	8.953.726.196
SE	13,00%	30	6,00%	396.147.774	1.143.766.300	886.817.096	86.146.595,21	972.963.691
SP	13,00%	30	6,00%	51.078.603.844	128.612.895.643	220.087.928.649	22.130.355,91	220.110.059.005
TO[5]	0,00%						-	-
TOTAL				**120.205.092.275**	**294.317.113.216**	**464.535.440.659**	**9.470.674.183**	**474.006.114.842**

FONTE: Secretaria do Tesouro Nacional/Banco do Brasil S/A. Quadro elaborado pela Diretoria da Dívida da SEFAZ/SC

OBS: AL[1] - Por liminar, AL está pagando 11,5% da RLR e juros de 6% aa. Dados contratuais são: 15% da RLR e juros de 6% aa e 7,5% aa
6,00%[2] - juros do PROES   PI[4] - Quitou a dívida e valor pago até dez/11   TO[5] Não refinanciou
O Indexador para correção monetária da Lei 9.496 é o IGP-DI/97 e são diversos os indexadores na Lei 8.727/93

Os valores contratuais deste quadro diferem dos valores apresentados por outros autores (cerca de R$ 93 bilhões) em decorrência de acréscimos ocorridos por alguns aditivos realizados pelos entes.

Com relação ao valor refinanciado pela Lei nº 9.496/1997, algumas observações: a soma do valor refinanciado para todos os estados/DF ("VALOR CONTRATADO") foi de aproximadamente R$120 bilhões. Apesar de os estados/DF terem pagado, entre 1998 e 2015, mais de R$294 bilhões, o saldo devedor integral ainda totalizava, no final de 2015, mais de R$464 bilhões, ou seja, os estados e o DF refinanciaram R$120 bilhões, pagaram mais do que dobro e ainda devem quase o quádruplo.

4.4 A relação DCL/RCL da dívida dos estados

A Resolução do Senado Federal (RSF) nº 40, de 20.12.2001, prevê os limites percentuais da relação DCL/RCL dos estados, do Distrito Federal e dos municípios.

O Senado estabeleceu limites da relação DCL/RCL, como consta no art. 3º da referida resolução. A DCL dos estados, do Distrito Federal e dos municípios, ao final do décimo quinto exercício financeiro contado a partir do encerramento do ano de publicação da resolução (final de 2016), não poderá exceder, no caso dos estados e do Distrito Federal, 2 (duas) vezes a RCL.

O excedente em relação aos limites previstos deverá ser reduzido, no mínimo, à proporção de 1/15 a cada exercício financeiro.

Para acompanhamento da trajetória de ajuste dos limites, a relação entre o montante da DCL e RCL deve ser apurada a cada quadrimestre e demonstrada no Relatório de Gestão Fiscal (RGF).

A tabela abaixo apresenta a relação DCL/RCL da dívida dos estados entre 2000 e 2016.

Relação DCL/RCL

Atualizado em 15.06.2016 (Continua)

UF	Dez 00	Dez 01	Dez 02	Dez 03	Dez 04	Dez 05	Dez 06	Dez 07	Dez 08	Dez 09	Dez 10	Dez 11	Dez 12	Dez 13	Dez 14	Dez 15	Abr 16
AC	1,04	0,83	0,73	0,68	0,62	0,45	0,52	0,41	0,28	0,37	0,54	0,50	0,58	0,69	0,74	0,97	0,86
AL	2,23	1,78	2,36	2,77	2,64	2,25	2,22	2,00	1,97	1,81	1,62	1,48	1,50	1,46	1,54	1,70	1,65
AM	1,00	0,69	0,67	0,56	0,45	0,37	0,33	0,19	0,13	0,24	0,27	0,19	0,15	0,22	0,31	0,48	0,46
AP	0,05	0,05	0,28	0,28	0,23	0,11	0,11	0,10	0,04	0,11	0,18	0,12	0,18	0,26	0,41	0,27	0,31
BA	1,64	1,71	1,82	1,63	1,42	1,17	1,02	0,82	0,72	0,63	0,52	0,46	0,49	0,47	0,40	0,59	0,54
CE	0,87	0,94	1,18	1,06	0,92	0,73	0,60	0,38	0,24	0,17	0,28	0,29	0,28	0,29	0,42	0,63	0,50
DF	0,36	0,35	0,40	0,36	0,28	0,35	0,33	0,19	0,16	0,17	0,18	0,16	0,10	0,16	0,21	0,25	0,25
ES	0,98	0,83	1,16	1,02	0,73	0,44	0,34	0,19	0,10	0,08	0,17	0,14	0,15	0,21	0,27	0,31	0,26
GO	3,13	2,81	2,77	2,40	2,21	1,85	1,82	1,61	1,40	1,28	1,30	1,01	1,02	0,92	0,90	0,99	0,76
MA	2,58	2,10	2,73	2,22	1,74	1,33	1,15	0,91	0,74	0,68	0,64	0,47	0,41	0,38	0,46	0,60	0,47
MG	1,41	2,34	2,63	2,43	2,24	2,03	1,89	1,88	1,76	1,79	1,82	1,82	1,75	1,83	1,79	1,99	1,88
MS	3,10	2,94	3,10	2,67	2,33	2,01	1,81	1,48	1,15	1,15	1,20	1,13	1,05	1,02	0,98	n.d.	n.d.
MT	2,50	1,97	1,59	1,76	1,30	1,11	1,10	0,94	0,70	0,54	0,55	0,40	0,30	0,35	0,42	0,45	0,39
PA	0,57	0,63	0,67	0,61	0,60	0,46	0,44	0,35	0,28	0,24	0,29	0,19	0,11	0,10	0,10	0,12	0,09
PB	1,53	1,10	1,42	1,17	1,08	0,89	0,76	0,60	0,48	0,34	0,36	0,25	0,26	0,27	0,37	0,41	0,35
PE	0,86	1,12	1,25	1,17	1,04	0,83	0,67	0,53	0,42	0,43	0,38	0,39	0,46	0,53	0,58	0,62	0,58

(Conclusão)

Atualizado em 15.06.2016

Relação DCL/RCL

UF	Dez 00	Dez 01	Dez 02	Dez 03	Dez 04	Dez 05	Dez 06	Dez 07	Dez 08	Dez 09	Dez 10	Dez 11	Dez 12	Dez 13	Dez 14	Dez 15	Abr 16
PI	1,73	1,74	1,64	1,52	1,42	1,09	0,85	0,78	0,60	0,60	0,54	0,57	0,50	0,59	0,61	0,57	0,46
PR	1,29	1,34	1,24	1,05	1,08	1,29	1,26	1,16	1,19	1,12	0,89	0,76	0,60	0,60	0,58	0,49	0,40
RJ	2,07	1,90	2,35	2,01	2,04	1,90	1,72	1,73	1,60	1,63	1,56	1,46	1,65	1,54	1,78	1,98	1,92
RN	0,71	0,54	0,65	0,53	0,38	0,32	0,26	0,22	0,19	0,17	0,20	0,13	0,11	0,15	0,16	0,09	0,08
RO	1,11	1,05	1,45	1,21	1,03	0,85	0,72	0,64	0,50	0,53	0,54	0,50	0,45	0,62	0,62	0,61	0,58
RR	0,31	0,28	0,35	0,43	0,04	0,15	0,10	-0,13	-0,13	0,31	0,04	-0,10	0,20	0,37	0,18	0,12	0,17
RS	2,66	2,51	2,79	2,80	2,83	2,58	2,53	2,54	2,34	2,20	2,14	2,14	2,18	2,09	2,09	2,27	2,18
SC	1,83	1,45	1,95	1,67	1,64	1,19	1,09	0,90	0,77	0,61	0,63	0,46	0,41	0,48	0,45	0,53	0,41
SE	0,88	0,78	0,73	0,68	0,65	0,45	0,57	0,42	0,22	0,27	0,33	0,43	0,53	0,55	0,57	0,69	0,65
SP	1,93	1,97	2,27	2,24	2,23	1,97	1,89	1,71	1,63	1,50	1,53	1,46	1,54	1,42	1,48	1,68	1,63
TO	0,35	0,27	0,37	0,26	0,35	0,14	0,13	0,08	0,10	0,11	0,16	0,21	0,21	0,26	0,33	0,40	0,35
Média	1,70	1,73	1,95	1,83	1,74	1,53	1,43	1,30	1,19	1,13	1,12	1,04	1,05	1,03	1,06	n.d.	n.d.

n.d. - Informação não disponível

1 - Os dados referentes a 31.05.2016 foram extraídos exclusivamente dos Relatórios de Gestão Fiscal do 1º Quadrimestre de 2016 homologados no SICONFI.

2 - Os dados referentes aos quadrimestres anteriores não consideram eventuais alterações efetuadas pelos entes posteriormente à primeira homologação e publicação no SISTN.

Conforme o campo "*Média*" da tabela evidencia, a relação entre a DCL e a RCL apresentou trajetória descendente até 2011, quando atingiu 1,04.

Deve-se frisar que, entre 2000 e 2011, houve redução significativa na relação DCL/RCL para quase todas as Unidades da Federação, com destaque para as contrações ocorridas nos seguintes estados: Amazonas, Bahia, Ceará, Espírito Santo, Goiás, Maranhão, Mato Grosso do Sul, Mato Grosso, Pará, Paraíba, Pernambuco, Piauí, Paraná, Rio Grande do Norte, Roraima e Santa Catarina.

Em 2016, considerando a relação DCL/RCL, *que mede o estoque da dívida*, a maioria dos estados está em uma situação confortável, com indicadores inferiores a 1. Contudo, os estados mais endividados (Alagoas, Minas Gerais, Rio de Janeiro, São Paulo e Rio Grande do Sul) continuam com relação bem maior que 1.

O estado do Rio Grande do Sul apresenta relação DCL/RCL acima do limite (2,18), e os estados de Minas Gerais e Rio de Janeiro continuam com indicadores elevados, sendo que o estado do Rio de Janeiro aumentou de 1,46, em 2011, para 1,92, em abril de 2016.

Por fim, um dado relevante: as dívidas de São Paulo, Minas Gerais, Rio de Janeiro e Rio Grande do Sul correspondem a mais de três quartos do total da dívida dos estados.

5 Copa do Mundo e dívida dos estados

"A conta da Copa do Mundo chegou, aumentando as despesas. No entanto, não entra dinheiro novo no caixa",[14] afirmou o Governador do Mato Grosso, Pedro Taques, em reunião com os chefes dos Poderes, em 31.08.2016.

De fato, muitos governos estaduais se entusiasmaram com o evento Copa do Mundo de 2014. Havia a promessa de que receberiam ajuda do Governo Federal. Porém, grande parte dos investimentos ficou sob a responsabilidade dos estados, por meio de empréstimos e/ou financiamentos obtidos junto aos bancos federais. E alguns destes começaram a ser pagos logo após a Copa, ou seja, uma herança deixada para os governadores que assumiram em 2015.

O estado de Mato Grosso (MT), por exemplo, foi um dos mais ousados. Inicialmente, estavam previstas 56 intervenções, incluindo a Arena Pantanal e obras de infraestrutura e mobilidade urbana, como

---

[14] Disponível em: <http://www.mt.gov.br/-/4861700-taques-assegura-repasse-aos-poderes-no-mes-de-setembro>. Acesso em: 01 set. 2016.

a construção do Veículo Leve sobre Trilhos (VLT), a reforma do aeroporto e a ampliação de vias urbanas, com a construção de diversas trincheiras e viadutos.

Esse montante de investimentos teve como consequência o aumento do endividamento do estado. A relação DCL/RCL de MT apresentou impressionante trajetória declinante até 2012. Era de 2,50 em dez./2000 e chegou a 0,30 em dez./2012. A partir daí começou a crescer novamente, chegando a 0,45 em dez./2015. Este crescimento se deve às dívidas contraídas para a Copa. Hoje, cerca de 40% da dívida de Mato Grosso é referente às obras da Copa do Mundo. E mais: boa parte desta dívida "nova" foi dolarizada. No final de 2015, o total da dívida do estado de MT era de R$7,058 bilhões. Desse total, R$1,68 bilhão (23,8%) referia-se à dívida externa.

Outros estados, como Minas Gerais, São Paulo, Rio de Janeiro, Rio Grande do Sul, Bahia, Ceará e Santa Catarina também contraíram empréstimos em moeda estrangeira nos últimos anos. Sobre o tema, o professor de Economia da Universidade de Brasília Roberto Piscitelli emitiu interessante opinião:[15]

> O Brasil é um país muito peculiar. Estados estão refinanciando as dívidas com a União por meio de bancos particulares, inclusive de instituições estrangeiras. É como se nós invertêssemos a situação que tínhamos à época em que se firmaram os acordos. Ou seja, à época, o governo federal socorria os estados, refinanciando, por assim dizer, a dívida que eles tinham com instituições privadas. Hoje, estamos fazendo o contrário, o que mostra que realmente a atual condição dessa dívida não é sustentável.

Igualmente, a coordenadora da Auditoria Cidadã da Dívida, Maria Lucia Fattorelli, considera uma "aberração" estados estarem se endividando com o Banco Mundial e outras agências internacionais para pagar à União. "Como pode um organismo internacional oferecer condições mais vantajosas que a própria União? Estamos em um abuso total do federalismo."[16]

Os estados que contraíram dívidas na época da Copa também estão encontrando dificuldades para honrar seus compromissos com

---

[15] Disponível em: <http://www.senado.gov.br/noticias/Jornal/emdiscussao/contas-publicas/realidade-brasileira/emprestimos-internacionais-feitos-por-estados-e-municipios-brasileiros-e-o-problema-do-credito-externo-ser-atrelado-ao-dolar.aspx>. Acesso em: 28 nov. 2016.

[16] Disponível em: <http://www.senado.gov.br/noticias/Jornal/emdiscussao/contas-publicas/realidade-brasileira/emprestimos-internacionais-feitos-por-estados-e-municipios-brasileiros-e-o-problema-do-credito-externo-ser-atrelado-ao-dolar.aspx>. Acesso em: 28 nov. 2016.

o BNDES,[17] especialmente os contraídos com o programa ProCopa Arenas.

O BNDES ProCopa Arenas foi um programa criado para financiar a construção ou reforma dos estádios que receberam os jogos da Copa do Mundo de 2014. Este programa recebeu 11 pedidos de financiamento, no valor total de R$3,8 bilhões. Fizeram parte deste programa as seguintes arenas: Arena da Amazônia (R$400 milhões), Castelão (R$351,5 milhões), Arena Pernambuco (R$400 milhões), Arena das Dunas (R$396,5 milhões), Arena Pantanal (R$393 milhões), Arena Fonte Nova (R$323,6 milhões), Arena da Baixada (R$131,1 milhões), Mineirão (R$400 milhões), Maracanã (R$400 milhões), Beira-Rio (R$271,5 milhões) e Arena Itaquera (R$400 milhões). A única arena da Copa que não contou com apoio do BNDES foi a do Estádio Nacional Mané Garrincha, em Brasília.

Acerca do tema, o jornal El País,[18] em reportagem publicada em 04.07.2016 e intitulada *Temer deve ajudar Estados com "elefantes brancos" herdados da Copa – Governo interino discute renegociação de dívida de sedes da Copa de 2014 com o BNDES*, assim noticiou em sítio na internet:

> Juntos, os 12 Estados que sediaram o Mundial contraíram 22,8 bilhões de reais em financiamentos públicos para construírem ou reformarem estádios e para tocarem obras de mobilidade, boa parte delas que ainda não foi concluída, dois anos após a realização do torneio. Do total financiado, ainda há uma dívida de 6,4 bilhões de reais. Ao menos um percentual disso o Governo Temer pretende renegociar com as gestões estaduais.

E a demanda por alongar as dívidas da Copa vem, principalmente, de Mato Grosso e dos estados do Nordeste.

Continua o jornal El País:

> Se analisados valores nominais, Mato Grosso será o principal beneficiado pela possível renegociação junto ao BNDES. Só ao Governo Federal o Estado ainda deve 998 milhões de reais. Tem ao menos 20 obras que deveriam ser entregues até maio de 2014, mas até agora ainda estão em andamento.

Entretanto, nas negociações realizadas no final de junho de 2016, os governadores conseguiram condições facilitadas para alguns

---

[17] O Banco Nacional de Desenvolvimento Econômico e Social (BNDES) é um dos principais instrumentos do Governo Federal para o financiamento de longo prazo e investimento em todos os segmentos da economia brasileira.

[18] Disponível em: <http://brasil.elpais.com/brasil/2016/07/01/politica/1467410331_170105.html>. Acesso em: 04 ago. 2016.

empréstimos tomados junto ao BNDES, mas não em relação aos empréstimos tomados junto ao programa ProCopa Arenas.

Para finalizar este tópico, deve-se destacar o trecho abaixo, do excelente artigo intitulado *A crise fiscal dos Estados*,[19] publicado em 12.01.2016 pelo presidente do Insper, Marcos Lisboa, e pela atual Secretária do Tesouro Nacional, Ana PaulaVescovi:

> A grave crise do setor público no Brasil atinge, em maior ou menor grau, os 27 estados, que enfrentam escassez de recursos para investimento, regimes previdenciários deficitários e dificuldades com o pagamento das dívidas. Uma dezena de casos beira o colapso: contas atrasadas e folhas salariais parceladas. O superávit primário agregado dos estados, depois de alcançar 1% do PIB na média 2004-2008, teve déficit de 0,3% em 2014, o que representa 15 anos de retrocesso.
>
> A política econômica após 2007 escolheu atender as corporações e os interesses específicos sem atentar para a consistência das contas públicas. As desonerações tributárias, a contenção artificial de tarifas públicas, a regra de reajuste do piso do magistério, o aumento dos tetos salariais, os novos programas com elevada carga de subsídios, as agendas dos PACs e da Copa do Mundo deterioraram as finanças dos estados.
>
> O governo federal auxiliou no atendimento às demandas por meio da concessão de aval para operações de crédito, muitas delas subsidiadas com bancos oficiais. Entre 2008 e 2014 foram aprovados R$180 bilhões em novas dívidas estaduais, o que representa 50% de aumento sobre o estoque existente em 2008. Ao invés de medidas que reduzissem o crescimento real e acelerado do gasto público obrigatório, *optou-se pelo aumento do endividamento, muitas vezes para os gastos com investimentos. Por outro lado, boa parte dos recursos próprios, que seria destinada aos investimentos, foi utilizada para ampliar despesas com pessoal, que não podem ser revertidas.*
>
> Passada a última eleição, os estados enfrentam a conta do descaso com a responsabilidade fiscal. Os aumentos escalonados das folhas salariais, muitos concedidos para ocorrer na gestão seguinte, a proliferação de obras sem análise do custo de oportunidade e das suas implicações fiscais, e o pagamento das novas dívidas aumentaram a despesa, enquanto a retração da atividade econômica reduziu a arrecadação e as transferências federais. A generalização da concessão de renúncias fiscais para atrair investimentos privados agravou ainda mais as finanças públicas de diversos estados. Alguns estados foram adicionalmente prejudicados pela queda acentuada dos preços do petróleo e da receita de royalties, equivocadamente comprometida com despesas permanentes. (Grifo nosso)

---

[19] Disponível em: <https://www.nexojornal.com.br/colunistas/2016/A-crise-fiscal-dos-Estados>. Acesso em: 04 ago. 2016.

6 Legislação recente, crise fiscal, ações judiciais, o acordo para o alongamento da dívida dos estados e a Lei Complementar nº 156/2016

6.1 A legislação editada no governo Dilma

A fundadora do movimento *Auditoria cidadã da dívida*, Maria Lúcia Fattorelli, em artigo publicado no sítio www.auditoriacidada.org.br,[20] explica resumidamente o processo de endividamento de estados e municípios e a pressão sobre o Governo Federal para que fossem revistas as condições do refinanciamento das dívidas dos estados e municípios, processo este que culminou na edição da Lei Complementar (LC) nº 148, de 25.11.2014:

> Os estados e diversos municípios brasileiros estão fortemente endividados.
>
> Esse processo de endividamento tem um ponto em comum: a partir do final da década de 90, a União refinanciou as então existentes dívidas dos estados, por meio da Lei nº 9.496/97, e dos Municípios, pela Medida Provisória nº 1.811/99.
>
> Na época, cada ente federado firmou seu contrato com o Tesouro Nacional, representante da União, obrigando-se a colocar em prática um pacote de medidas. Os estados e municípios tiveram que assumir o compromisso de promover rígido ajuste fiscal mediante o enxugamento de gastos e investimentos, além da privatização de empresas públicas, inclusive os bancos estaduais. A privatização dos bancos estaduais seguiu o programa denominado PROES, mediante o qual passivos desses bancos ficaram com os respectivos estados e foram refinanciados em conjunto com as dívidas do estado.
>
> Esse processo vem absorvendo grande parte dos recursos dos orçamentos estaduais e municipais, afetando a vida de toda a sociedade que paga a conta, tanto por meio dos elevados tributos como por meio dos serviços públicos que deixa de receber. Apesar de pagar a conta, a sociedade não sabe que dívidas são essas; como foram contraídas; onde foram aplicados os recursos; quem se beneficiou dos recursos; qual a natureza dos passivos dos bancos estaduais privatizados que foram transformados em dívida do estado, etc.
>
> É raro encontrar bibliografia sobre esse importante tema. Nesse sentido, a Auditoria Cidadã da Dívida vem cumprindo importante papel, publicando livro e incentivando a organização de núcleos locais para estudos e demais ações para a mobilização social.

---

[20] Disponível em: <http://www.auditoriacidada.org.br/wp-content/uploads/2015/04/O-IM-PASSE-DA-D%C3%8DVIDA-DOS-ESTADOS-E-MUNIC%C3%8DPIOS.pdf>.

As condições de refinanciamento impostas pela União aos estados e municípios mostraram-se extremamente onerosas. A cada mês a dívida é atualizada e sobre o montante atualizado incidem os elevados juros, de forma cumulativa ao longo dos meses. Esse formato fez com que as dívidas se multiplicassem e se transformassem em uma bola de neve.

(...)

A situação de diversos entes federados ficou tão onerosa que alguns preferiram buscar recursos no exterior, endividando-se junto a bancos privados internacionais e Banco Mundial, para pagar à União. Uma verdadeira aberração! E mais: diante da nova alta do dólar, os entes federados que adotaram essa alternativa esdrúxula se depararão com dificuldades ainda mais graves.

Esse problema da dívida dos estados não fazia parte da agenda de debates políticos, até que a CPI da Dívida Pública realizada na Câmara dos Deputados em 2009/2010 pautou o tema, juntamente com as discussões sobre a dívida federal externa e interna.

A partir daí, aumentou a pressão sobre o governo federal, para que fossem revistas as condições do refinanciamento das dívidas dos estados e municípios, tendo em vista o desrespeito ao Federalismo e uma série de ilegalidades e ilegitimidades verificadas no processo.

Nesse contexto, o governo federal apresentou ao Congresso Nacional o projeto de lei que recebeu o nº 238 na Câmara dos Deputados e nº 99 no Senado Federal, propondo modificações mínimas que não chegam a resolver o problema, mas significavam um alívio bem reduzido para os estados e municípios.

Tal projeto foi discutido nas duas Casas Legislativas, tendo sido aprovada, em 5 de novembro de 2014, a Lei Complementar nº 148. No dia 25 do mesmo mês a Lei foi sancionada pela Presidente Dilma, autorizando, em resumo, as seguintes modificações:

• Em relação ao cálculo dos juros, estes passariam a ser calculados e debitados mensalmente, à taxa de quatro por cento ao ano (antes variavam de 6 a 9%), sobre o saldo devedor previamente atualizado. A atualização passaria a ser calculada mensalmente com base na variação do Índice Nacional de Preços ao Consumidor Ampliado – IPCA (antes era aplicado o IGP-DI). Esse somatório de atualização mais juros reais ficaria limitado à Selic.

• Em relação ao estoque, este seria recalculado com base na Selic, e a União concederia descontos se o recálculo resultasse em valor inferior ao existente.

A LC nº 148/2014 alterou os critérios de indexação aplicáveis aos contratos de refinanciamento de dívidas de estados e de municípios, firmados com a União no âmbito da Lei nº 9.496, de 11 de setembro de 1997, e da Medida Provisória nº 2.192-70, de 24 de agosto de 2001, bem como dos contratos de refinanciamento de dívidas de municípios, celebrados ao amparo da Medida Provisória nº 2.185, de 24 de agosto de 2001.

Entretanto, o Governo Federal anunciou, em março de 2015, que não iria cumprir a Lei Complementar nº 148/2014. Isso porque os artigos 2º e 3º da LC nº 148/2014 tinham comandos apenas autorizativos e não cogentes, no sentido de apenas assentir a União a adotar juros diferenciados e de também apenas autorizar a concessão de descontos:

> Art. 2º - É a União *autorizada a adotar*, nos contratos de refinanciamento das dívidas celebradas entre a União, os Estados, o Distrito Federal e os Municípios, (...)
> Art. 3º - É a União *autorizada a conceder* descontos sobre os saldos devedores dos contratos referidos no art. 2º (...) (Grifo nosso)

Haveria, então, a necessidade de se alterar a LC nº 148/2014. E assim foi feito. A Lei Complementar nº 151/2015, de 05.08.2015, alterou o *caput* dos artigos 2º e 3º, de modo a obrigar a União a adotar o novo indexador e conceder os descontos:

> Art. 2º - É a União *adotará*, nos contratos de refinanciamento de dívidas celebradas entre a União, os Estados, o Distrito Federal e os Municípios, (...)
> Art. 3º - É a União *concederá* descontos sobre os saldos devedores dos contratos referidos no art. 2º (...) (Grifo nosso)

A LC nº 151/2015 também incluiu, na LC nº 148/2014, o parágrafo único do art. 4º. Este comando prevê que a União teria até 31.01.2016 para promover os aditivos contratuais.

Em 29.12.2015, foi publicado o Decreto nº 8.616/2015, o que regulamentou a LC nº 148/2014, alterada pela LC nº 151/2015. O decreto dispõe sobre critérios de indexação dos contratos de financiamento e de refinanciamento de dívidas celebrados entre a União e os estados, o Distrito Federal ou os municípios, além de procedimentos para a formalização dos termos aditivos.

6.2 Crise fiscal

Após o *impeachment* da Presidente Dilma Roussef, o país enfrenta talvez a sua maior crise econômica depois da proclamação da República. Esta crise já resultou no encolhimento de 3,8% do Produto Interno Bruto (PIB) em 2015. A projeção do déficit do Governo Federal para 2016 é de R$170,5 bilhões.

E nos estados, a situação não é diferente. A deterioração das contas dos entes federativos está vinculada a uma série de fatores, alguns relacionados às despesas, e outros, às receitas:
- pagamento das parcelas do refinanciamento da dívida com a União;
- pagamento de parcelas de novas dívidas contraídas junto aos bancos oficiais e às instituições financeiras internacionais;
- forte crescimento da despesa com pessoal;
- crescente expansão dos gastos na área social;
- explosão dos gastos previdenciários;
- queda (ou estabilidade) da receita de impostos (ICMS, em especial);
- queda das receitas dos *royalties* de petróleo – problema que afeta especialmente o RJ (74% da produção nacional) e ES (15% da produção nacional);
- queda da receita proveniente de transferências constitucionais (FPE);
- queda da receita proveniente de transferências voluntárias.

Aumenta o número de estados que ultrapassaram os limites fixados pela LRF para as despesas com pessoal. E a maioria está atrasando ou parcelando o pagamento de salários de servidores públicos por dificuldades financeiras.

A título de exemplo, os estados em situação mais delicada, Rio de Janeiro (RJ), Rio Grande do Sul (RS) e Minas Gerais (MG), editaram decreto de calamidade financeira; o primeiro, em junho de 2016, pouco antes das Olimpíadas; o segundo, no final de novembro de 2016; e o terceiro, em dezembro do mesmo ano.

Nesse contexto, a renegociação da dívida estadual junto à União encontra importantes obstáculos, de natureza legal, jurídica, técnica, política e fiscal. A respeito desta última, qualquer modificação relevante implicará na necessidade de ajuste nas contas da própria União.

6.3 Ações judiciais

No início de 2016, o estado de Santa Catarina ingressou com Mandado de Segurança (MS nº 34.023) no Supremo Tribunal Federal (STF), pleiteando realizar o pagamento da dívida repactuada com a União acumulada de forma linear, e não capitalizada. O estado postulava realizar o pagamento das parcelas da dívida em valores menores do que os exigidos pela União, sem sofrer as sanções legais, em especial a retenção de repasses federais.

A liminar foi obtida no Plenário do STF em 07.04.2016. A Corte deu provimento a recurso (agravo regimental) contra decisão do relator do caso, Ministro Edson Fachin, que entendeu incabível mandado de segurança (MS) para questionar o decreto presidencial que regulamentou a lei sobre a repactuação da dívida dos estados.

No mérito do MS – ainda a ser apreciado pela Corte – está a alegação de que, ao regulamentar a LC nº 148/2014, que estabeleceu condições para a repactuação da dívida da União com os estados, o Governo Federal teria extrapolado sua competência. Isso porque, no Decreto nº 8.816/2015, ficou estabelecida fórmula de cálculo que implicava a incidência capitalizada da Selic (juros sobre juros). De acordo com o MS, a incidência de juros capitalizados (anatocismo) é, em regra, proibida, e a expressão "variação acumulada da Selic", utilizada para definir a atualização da dívida, quando aplicada em outros diplomas legais, não é capitalizada.

Várias unidades federativas obtiveram liminares favoráveis. Os estados pretendiam implantar a taxa Selic, com juros simples, sobre o estoque das suas dívidas, questionando a forma capitalizada, prevista no Decreto nº 8.616/2015.

O Governo Federal sustentava que devem ser aplicados juros compostos. Caso contrário, o montante devido pelos estados cairia de R$402 bilhões para R$89 bilhões, um desconto de 78%.

Na sessão de 27.04.2016, voltada ao julgamento conjunto do mérito das ações de Santa Catarina, Rio Grande do Sul e Minas Gerais, votou somente o relator, Ministro Edson Fachin. Ele se posicionou contra o interesse dos estados na disputa com a União. Após o voto do Ministro Fachin, que denegava a segurança, o Tribunal acolheu, por unanimidade, a proposta do Ministro Roberto Barroso de sobrestar o processo por sessenta dias para que as partes se compusessem.

Ou seja, o STF resolveu conceder 60 dias para que os estados negociassem um acordo com o Governo Federal a fim de solucionar o impasse em torno do pagamento de suas dívidas com a União.

Nesse prazo, seriam mantidas as liminares que permitiram que os estados pagassem suas dívidas, caso desejassem, em prestações menores, sem sofrer sanções por parte da União.

Em 20.06.2016, o Presidente Interino (à época) Michel Temer se reuniu com o Ministro da Fazenda e com todos os governadores e chegou-se a um acordo para renegociar a dívida dos estados e do DF com a União. Em troca, os governadores desistiriam das ações no STF que pediam a correção das parcelas por juros simples.

Na sessão de 1º.07.2016, o STF resolveu questão de ordem suscitada pelo relator no sentido de adaptar a liminar concedida na sessão do dia 27.04.2016, em consonância com os termos do acordo federativo firmado entre os estados e a União.

6.4 O acordo para o alongamento da dívida dos estados e a Lei Complementar nº 156/2016

O acordo previa o alongamento da dívida por 20 anos, suspensão do pagamento das parcelas até o fim de 2016, com redução progressiva no desconto até julho de 2018. Os estados deixariam de pagar cerca de R$50 bilhões ao Governo Federal até 2018, sendo R$20 bilhões só em 2016. No entanto, esses valores devem ser pagos posteriormente, com acréscimo de encargos.

E como transformar em lei o que foi acordado? Ocorre que já existia um projeto de lei, enviado ao Congresso Nacional em 22.03.2016, pouco tempo antes do afastamento de 180 dias da Presidente Dilma Rousseff.

Trata-se do Projeto de Lei Complementar nº 257/2016 (PLP-257), que estabelecia "o Plano de Auxílio aos Estados e ao Distrito Federal e medidas de estímulo ao reequilíbrio fiscal; altera a Lei nº 9.496, de 11 de setembro de 1997, a Medida Provisória nº 2.192-70, de 24 de agosto de 2001, a Lei Complementar nº 148, de 25 de novembro de 2014, e a Lei Complementar nº 101, de 4 de maio de 2000; e dá outras providências".

O Governo resolveu apostar no PLP-257. Na proposta original, exigiam-se dos estados diversas contrapartidas, como a fixação de um teto para os gastos públicos, a proibição de reajustes a seus servidores por dois anos, além da inclusão, no cômputo do limite de despesas com pessoal da LRF, de gastos que hoje não são registrados, como despesas com terceirização, verbas indenizatórias, auxílios e outras.

O projeto suportou inúmeras emendas na Câmara dos Deputados, sendo aprovado o substitutivo apresentado pelo relator, Deputado Espiridião Amin (PP/SC). A exigência de congelamento da remuneração dos servidores e a inclusão, no cômputo do limite de despesas com pessoal da LRF, de gastos que hoje não são computados foram excluídas, mas a fixação de teto para os gastos foi mantida. Eles não poderão crescer, de um ano para outro, mais do que a inflação medida pelo IPCA.

No final de agosto de 2016, o projeto prosseguiu para o Senado Federal, onde foi denominado PLC nº 54/2016, sendo aprovado pelo Plenário em 14.12.2016. O relator, Senador Armando Monteiro (PTB-PE), reinseriu diversas contrapartidas que haviam sido retiradas na Câmara dos Deputados, além de incluir o Regime de Recuperação Fiscal, um programa para os estados com pior situação fiscal.

O Regime de Recuperação Fiscal, que envolveria a implantação de medidas emergenciais e reformas institucionais nos estados, duraria até três anos (prazo que pode ser prorrogado uma vez, com igual duração). Durante esse período, o pagamento de dívidas do estado em recuperação com a União ficaria suspenso. No entanto, elas poderiam ser amortizadas mediante a transferência de bens, direitos e participações acionárias do estado para a União.

O estado em recuperação deveria adotar, entre outras medidas, programa de desestatização e reformas de contratos, rever incentivos tributários e aumentar a contribuição previdenciária de servidores. Seria possível, ainda, reduzir a jornada de trabalho dos servidores, com redução proporcional de salários.

O estado também não poderia conceder aumentos salariais, criar cargos, realizar concursos, reajustar despesas acima da inflação ou da variação da receita (o que for menor), e gastar com propaganda, entre outras vedações. Novas operações de crédito não seriam permitidas, exceto as destinadas aos programas de demissão voluntária, auditoria da folha de pagamento e reestruturação de dívidas.

A adesão ao regime seria feita por meio de lei estadual, a qual deveria ser homologada pelo presidente da República após parecer do Ministério da Fazenda.

Devido às diversas alterações introduzidas pelo relator, o projeto teve que retornar à Câmara dos Deputados. Os parlamentares rapidamente aprovaram o projeto, em 20.12.2016. Entretanto, devido à pressão de servidores públicos e da oposição, retiraram diversas contrapartidas que tinham sido incluídas pelos senadores.

Os estados que aderissem ao regime de recuperação fiscal teriam uma moratória de 36 meses. Em troca, teriam que aumentar a contribuição previdenciária dos servidores, suspender aumentos salariais e a realização de concursos públicos, privatizar empresas, reduzir incentivos tributários, além da possibilidade de redução da jornada de trabalho com diminuição de salário. Todas essas contrapartidas foram retiradas pelos deputados.

Pelo texto aprovado na Câmara, as dívidas dos estados com a União seriam alongadas, com redução no pagamento das parcelas até 2018. Em troca, os estados não poderão elevar as despesas acima da inflação pelo mesmo período, replicando a emenda constitucional do "Teto de Gastos" nos governos estaduais.

No dia 29.12.2016, o presidente Michel Temer sancionou a Lei Complementar (LC) nº 156/16. Entretanto, o Chefe do Executivo vetou o segundo capítulo da lei, que previa a criação do regime de recuperação fiscal. No texto original, enviado pelo Executivo, os governadores teriam que atender a uma série de contrapartidas para aderir ao regime. As contrapartidas, porém, foram retiradas no retorno do projeto à Câmara dos Deputados.

Nas razões para o veto,[21] o Presidente assim se manifestou:

> O Projeto de Lei Complementar nº 257, de 2016, reconheceu ainda a situação assimétrica porque passam os Estados. De fato, *há Estados nos quais a crise observada adquiriu caráter sistêmico e exigiu, nesse contexto, um conjunto adicional de medidas conjunturais e estruturais*. Para fazer frente a essa situação foi instituído, já no âmbito da tramitação no Senado Federal, o denominado Regime de Recuperação Fiscal, previsto no Capítulo II do PLP no 257/16.
>
> Além da instituição do Regime propriamente dito, o Capítulo II traz um conjunto de ferramentas que, associadas às propostas de suspensão e reestruturação de dívidas, assegurariam que, ao término do Regime, o equilíbrio fiscal seria alcançado.
>
> É com essa disposição que o parágrafo primeiro do art. 15, o art. 17, as vedações previstas no art. 22 e as ferramentas de redimensionamento do estado previstas no art. 26 foram introduzidas. Ao determinar a retirada desses relevantes dispositivos na versão aprovada pelo Congresso Nacional, *houve um completo desvirtuamento do Regime*, não sendo possível mais assegurar que sua finalidade maior, a retomada do equilíbrio fiscal pelos estados, seja assegurada.
>
> Adicionalmente, esclarece-se *que não apenas a finalidade precípua do Regime foi alterada*; em verdade, *os dispositivos remanescentes trazem elevado risco fiscal para União*.

(Grifo nosso)

Foi sancionada a parte do projeto que trata da renegociação da dívida dos estados. Com isso, os entes poderão alongar, por um prazo adicional de até 20 anos, o prazo de pagamento dos débitos com a União, mediante celebração de um termo aditivo. O prazo para a assinatura do termo aditivo é de 360 dias, contado da data de publicação da LC nº 156/2016.

O texto aprovado mantém a suspensão do pagamento das parcelas até o fim de 2016, com redução progressiva no desconto até julho de 2018.

Foi mantida a obrigação dos estados que alongarem o prazo da dívida limitarem, nos dois exercícios subsequentes à assinatura do termo aditivo, o crescimento anual das despesas primárias correntes à variação do IPCA, excluindo os montantes relativos a transferências

---

[21] Disponível em: <http://www.planalto.gov.br/ccivil_03/leis/lcp/Lcp156.htm>.

constitucionais a municípios e Programa de Formação do Patrimônio do Servidor Público (PASEP). Ou seja, a fixação de teto para os gastos foi mantida.

7 O controle efetuado pelos Tribunais de Contas

O jornal El País,[22] em reportagem publicada em 21.06.2016 e intitulada *Entenda a crise da dívida dos Estados e como ela afeta sua vida*, citou interessante opinião do professor de Economia da Faculdade Getúlio Vargas de São Paulo Nelson Marconi:

> "A Lei de Responsabilidade Fiscal colocou algumas amarras nos Estados principalmente com relação ao limite do endividamento", afirma Marconi. "Mas isso não foi o suficiente". Outra questão, de acordo com ele, é uma *ineficiência de alguns Tribunais de Contas Estaduais (TCE), que deveriam fiscalizar os gastos públicos*. "*OS TCE não têm um quadro tão estruturado quanto o Tribunal de Contas da União para fiscalizar isso, e em alguns casos há um acordo entre o Executivo e o tribunal, e ele acaba não sendo tão rigoroso como deveria*", diz Marconi. (Grifo nosso)

Primeiramente, vamos elucidar quais são as "amarras" colocadas pela Lei Complementar nº 101/2000 (Lei de Responsabilidade Fiscal – LRF).

O Capítulo VII, denominado *Da dívida e do endividamento* (artigos 29 a 42), é todo dedicado ao tema *dívida pública*. O artigo 30, I, estabelece a obrigação de o Presidente da República enviar ao Senado Federal proposta de alguns limites, conforme estabelecido nos incisos VI a IX do art. 52 da CF/88.

O Poder Executivo enviou as propostas, e o Senado Federal aprovou as resoluções do Senado Federal (RSF) nº 40 e 43, ambas de 2001.

A RSF nº 40/2001 dispõe sobre os limites globais para o montante da dívida pública consolidada e da dívida pública mobiliária dos estados, do Distrito Federal e dos municípios, em atendimento ao disposto no art. 52, VI e IX, da Constituição Federal.

A RSF nº 43/2001 versa acerca das operações de crédito interno e externo dos estados, do Distrito Federal e dos municípios, inclusive concessão de garantias, seus limites e condições de autorização, e dá outras providências. Ou seja, ela regulamenta o disposto no art. 52, VII e VIII, da Constituição Federal. Assim, a contratação de operações de crédito por estados, DF e municípios, incluindo suas autarquias,

---

[22] Disponível em: <http://brasil.elpais.com/brasil/2016/06/20/politica/1466455769_289426.html>.

fundações e empresas estatais dependentes (art. 2º, inciso III, da LRF), subordina-se às normas da LRF e às RSF nº 40 e 43, de 2001.

O Capítulo III da RSF nº 43/2001 estabelece uma série de limites e condições para a realização de operações de crédito interno e externo dos estados, do Distrito Federal e dos municípios.

O Capítulo IV disciplina os pleitos para a realização das operações de crédito de interesse de estados, Distrito Federal e municípios, detalhando a participação dos Poderes Executivo e Legislativo do ente interessado, do Ministério da Fazenda (incluindo a STN), do Senado Federal e do *Tribunal de Contas competente*.

7.1 O controle efetuado pela STN

Antes de tecer considerações a respeito do papel dos Tribunais de Contas, é necessário comentar a importância da STN no controle da dívida pública dos estados.

O artigo 32 da LRF define que: "O Ministério da Fazenda verificará o cumprimento dos limites e condições relativos à realização de operações de crédito de cada ente da Federação, inclusive das empresas por eles controladas, direta ou indiretamente". Esta função estava delegada ao Banco Central do Brasil, mas a partir da edição da RSF nº 43/2001 passou a ser realizada pela STN.

O §1º deste mesmo artigo estabelece que:

> O ente interessado formalizará seu pleito fundamentando-o em parecer de seus órgãos técnicos e jurídicos, demonstrando a relação custo-benefício, o interesse econômico e social da operação e o atendimento das seguintes condições:
>
> I - existência de prévia e expressa autorização para a contratação, no texto da lei orçamentária, em créditos adicionais ou lei específica;
>
> II - inclusão no orçamento ou em créditos adicionais dos recursos provenientes da operação, exceto no caso de operações por antecipação de receita;
>
> III - observância dos limites e condições fixados pelo Senado Federal;
>
> IV - autorização específica do Senado Federal, quando se tratar de operação de crédito externo;
>
> VI - observância das demais restrições estabelecidas nesta Lei Complementar.

A STN, ao examinar um pedido para contratar operação de crédito formulado por estado, município, suas autarquias, fundações ou empresas estatais dependentes, verifica os limites de endividamento e demais condições aplicáveis ao ente público pleiteante do crédito.

Para tanto, a STN aprovou o Manual para Instrução de Pleitos (MIP). Este manual regulamenta os procedimentos de instrução dos pedidos de análise dirigidos ao Ministério da Fazenda (verificação de limites e condições e análise da concessão de garantia). Tem como objetivo orientar os técnicos dos entes pleiteantes no adequado fornecimento das informações necessárias para a análise da proposta.

Segundo o MIP 2016,[23] são atribuições da STN, no que se refere à contratação de operações de crédito por entes subnacionais:

- verificação dos limites e condições para a contratação de operações de crédito (art. 32 da LRF e RSF nº 43/2001);
- pronunciamento prévio ao credenciamento de estados e municípios, pelo Banco Central do Brasil (BCB), para fins da contratação de operações de crédito externo (Resoluções CMN nº 2.515/1998 e 3.844/2010, regulamentadas pela Circular nº 3.491/2010, todas do BCB, nos termos do Decreto nº 93.872/1986);
- análise dos pedidos de concessão de garantia da União (art. 40 da LRF e RSF nº 48/2007);
- registro eletrônico centralizado e atualizado das dívidas públicas interna e externa, materializado no Cadastro da Dívida Pública (CDP) (§4º do art. 32 da LRF, regulamentado pela Portaria STN nº 756/2015);
- recepção de dados contábeis e fiscais dos entes da Federação, dentre os quais, o Relatório Resumido da Execução Orçamentária (RREO) e o Relatório de Gestão Fiscal (RGF) (arts. 51 a 54 da LRF e Portaria STN nº 743/2015).

Os aspectos relacionados à interpretação jurídica são submetidos à Procuradoria-Geral da Fazenda Nacional (PGFN), de maneira a consolidar interpretações que são aplicadas a todos os casos semelhantes.

A concessão de garantia pela União em operações de empréstimos tomados pelos estados, pelo Distrito Federal e pelos municípios está condicionada à análise da capacidade de pagamento desses entes pelo Tesouro Nacional.

A capacidade de pagamento permite classificar a situação fiscal do estado, do Distrito Federal e dos municípios por meios de indicadores econômico-financeiros. Considera-se em boa situação fiscal os entes que obtiveram um conceito "A" ou "B".

---

[23] Disponível em: <http://conteudo.tesouro.gov.br/manuais/modules/mod_pdf_manual/pdf/mip.pdf>.

A última edição do Boletim de Finanças Públicas dos Entes Subnacionais,[24] publicada em 20.10.2016, indicou que 14 das 27 Unidades da Federação têm situação fiscal ("A" ou "B") que ainda possibilita o aval da União para novos empréstimos. São eles: Amapá, Amazonas, Bahia, Ceará, Distrito Federal, Espírito Santo, Maranhão, Mato Grosso, Pará, Paraná, Pernambuco, Rondônia, Roraima e Tocantins.

7.2 O controle efetuado pelos Tribunais de Contas

Compete aos Tribunais de Contas (TC), seja dos estados, do DF ou dos municípios, exercer diversas atribuições necessárias para a contratação das operações de crédito, dentre as quais a análise tempestiva dos balanços e prestações de contas anuais e a verificação do cumprimento dos diversos dispositivos da LRF.

Concerne também aos Tribunais de Contas apurar eventuais denúncias e irregularidades, relacionadas à contratação de operações de crédito, que sejam levadas a seu conhecimento.

A STN, ao concluir a análise dos pleitos de operação de crédito, encaminha ao TC competente o parecer do órgão jurídico para dar conhecimento a ele das informações prestadas pelo ente ao Ministério da Fazenda.

Do mesmo modo, é responsabilidade do TC a emissão das certidões exigidas pela RSF nº 43/2001. O art. 21, IV, da RSF nº 43/2001 prescreve que os pedidos de autorização para a realização das operações de crédito devem ser instruídos com diversos documentos, dentre eles *certidão expedida pelo Tribunal de Contas competente*, atestando que:
 a) em relação às contas do último exercício analisado, o cumprimento do disposto no §2º do art. 12; no art. 23; no §3º do art. 33; no art. 37; no §2º do art. 52; no §3º do art. 55; e no art. 70, todos da LRF;
 b) em relação às contas dos exercícios ainda não analisados e, quando pertinente, do exercício em curso, o cumprimento das exigências estabelecidas no §2º do art. 12; no art. 23; no §2º do art. 52; no §3º do art. 55, e no art. 70, todos da LRF;
 c) a certidão deverá ser acompanhada de declaração do chefe do Poder Executivo de que as contas ainda não analisadas estão em conformidade com o disposto na alínea *a*.

---

[24] Disponível em: <https://www.tesouro.fazenda.gov.br/documents/10180/337275/ Boletim+entes+2016/e4428e40-5256-40f9-91f6-ee8dcb377a25>.

Ao examinar os sítios de diversos TC, verifica-se que o controle efetuado pelas Cortes de Contas com relação ao tema "dívida pública", regra geral, fica limitado ao momento da emissão do parecer prévio sobre as contas do Chefe do Poder Executivo Estadual (artigo 71, inciso I, da Carta Magna).

O TCE-MT, por exemplo, na emissão do parecer prévio das contas do Governo do Estado do Mato Grosso, limita-se a verificar o cumprimento de alguns limites das RSF nº 40/2001 e 43/2001:
a) Quociente da Dívida Pública Contratada no Exercício (QDPC) – art. 7º, I, da RSF nº 43/2001 – o montante global das operações de crédito realizadas no exercício financeiro não poderá ser superior a 16% da RCL;
b) Quociente do Limite de Endividamento (QLE) – art. 3º, I, da RSF nº 40/2001 – a dívida consolidada líquida dos estados, do Distrito Federal e dos municípios, ao final do 15º exercício financeiro contado a partir do encerramento do ano de publicação da RSF nº 43/2001, não poderá exceder, no caso dos estados e do Distrito Federal, 2 (duas) vezes a RCL;
c) Quociente de Dispêndios da Dívida Pública (QDDP) – se o comprometimento anual com amortizações, juros e demais encargos da dívida consolidada, inclusive relativos a valores a desembolsar de operações de crédito já contratadas e a contratar, alcançou o percentual estipulado no inciso II do artigo 7º da Resolução nº 43/2001 do Senado Federal, que é de 11,5% da RCL.

O TCE-CE, na emissão do parecer prévio das contas do Governo do estado do Ceará, exercício 2015, basicamente verificou o cumprimento dos limites definidos nas RSF nº 40 e 43/2001. Além da verificação dos limites das RSF nº 40 e 43/2001, destaca-se a aferição do cumprimento ou não da meta do montante da dívida pública consolidada, estabelecida no Anexo de Metas Fiscais (AMF) da LDO.

O TCE-RJ, na emissão do parecer prévio das Contas do Governo do Estado do Rio de Janeiro, exercício 2015, não se omitiu diante da difícil situação daquele ente federativo. O relator, Conselheiro José Gomes Graciosa, apontou o fato de que a relação DCL/RCL alcançou, no final de 2015, o percentual de 197,51%, bem próximo do limite de 200%. Citou a evolução da dívida no período de 2011-2015 e os fatores que levaram a esse aumento:

> A evolução da Dívida Estadual, no período 2011-2015, demonstrou aumento expressivo da Dívida Consolidada em R$43.465,10 milhões, representando um aumento nominal de 67,80%.

Outros fatores relevantes se relacionam diretamente com o aumento da Dívida Pública Estadual: (i) a não obtenção de superávits primários suficientes para estabilizá-la, destacando-se que, desde 2012, o Governo do Estado vem apresentando expressivos déficits primários; (ii) a aceleração do IGP-DI (utilizado na correção da dívida com a União); (iii) a manutenção de valores expressivos de emissão em novas Operações de Crédito; e (iv) a depreciação cambial, fazendo aumentar o valor das obrigações decorrentes das dívidas contraídas em outras moedas.

Com relação às operações de crédito, o TCE-RJ mencionou o endividamento com a construção da linha 4 do metrô: "Entre as Receitas de Operações de Crédito arrecadadas em 2015, somente o 'Programa do Metrô Linha 4' responde por 46,44% dos recursos de Operações de Crédito do exercício".

Mas, infelizmente, o que se verifica é que, regra geral, os TCE têm tido uma participação muito tímida na fiscalização da dívida pública e da contratação de operações de crédito. Como visto, a maioria se limita a verificar os limites exigidos pela legislação no momento da emissão do parecer prévio sobre as contas do Governador do Estado. É insuficiente. Seria necessário um controle que não fosse somente a *posteriori*. O controle prévio e concomitante dos TC não só é possível como é indispensável para a adequada proteção do erário.

Os TC poderiam ter uma atuação que buscasse a melhoria da gestão dos recursos públicos em geral. Ou seja, objetivar cada vez mais a eficiência do gasto, de forma a possibilitar fazer mais utilizando o mesmo volume de recursos. Os gestores públicos têm a obrigação de gastar com eficiência os recursos arrecadados pelo ente.

E isso se torna mais relevante quando os recursos são obtidos por meio de empréstimos/financiamentos. Esses recursos serão pagos pelas futuras gerações. Um endividamento gera benefícios presentes, mas ônus futuros.

Os projetos elaborados para justificar as operações de crédito são, em sua maioria, carentes de especificações que informam os benefícios esperados. Existem as cartas consultas e pareceres técnicos que informam objetivos e metas de forma simples e sintética, não expressando ou mal expressando e quase nunca mensurando os reais resultados desejados.

Estudos realizados no GEFIN (Grupo de Gestores das Finanças Estaduais, órgão de assessoramento do Conselho Nacional de Política Fazendária – CONFAZ) identificaram que os entes da federação não realizam uma adequada avaliação de custo/benefício dos recursos obtidos por meio de operações de crédito.

As instituições financeiras internacionais, como o Banco Interamericano de Desenvolvimento (BID) e o Banco Internacional de Reconstrução e Desenvolvimento (BIRD), possuem linhas de crédito que somente impedem a utilização dos recursos obtidos por empréstimos para a aquisição de armas, bebidas, tabaco ou joias. Os recursos podem ser utilizados da forma que o estado julgar conveniente, sendo necessário somente indicar onde foram alocados.

Instituições financeiras nacionais também permitem que sejam executadas alterações nos projetos apresentados, substituindo-os por outros, conforme desejos e necessidades dos gestores estaduais.

8 Considerações finais

Logo após a publicação da Lei Complementar (LC) nº 156/16, a Presidente do STF, Ministra Carmen Lúcia, concedeu duas liminares para evitar o bloqueio de recursos do estado do Rio de Janeiro, no montante de R$193 e R$181 milhões. As decisões foram proferidas nos dias 2 e 4 de janeiro de 2017.[25]

Os bloqueios eram decorrentes da execução de cláusulas de contragarantias de contratos de vinculação de receitas e cessão de transferências de créditos de recursos destinados ao estado para investimentos em diversas áreas. O estado do Rio de Janeiro pediu, na Ação Cível Originária (ACO) nº 2.972, a suspensão dos bloqueios, alegando estado de calamidade financeira e risco à continuidade de políticas públicas essenciais.

Logo em seguida, no dia 09.01.2017, a presidente do STF determinou a suspensão da ACO nº 2.972. A decisão foi tomada em resposta a um pedido da União, que alegou estar na busca de solução consensual com o governo do estado do Rio de Janeiro na questão da execução de contragarantias nos contratos em que figura como garantidora do estado.

Assim, os fatos imediatamente subsequentes à publicação da LC nº 156/2016 demonstram que os problemas fiscais dos estados, incluindo a questão da dívida pública, ainda estão longe de serem equacionados. Inclusive, a mídia noticiou que o Ministério da Fazenda afirmou que

---

[25] Disponível em: <http://www.stf.jus.br/portal/cms/verNoticiaDetalhe.asp?idConteudo=333552>.

vai continuar a trabalhar em uma proposta para resolver o problema financeiro dos estados.[26]

Nesse mesmo sentido se pronunciou o economista Marcos Lisboa, Presidente do Insper, sobre a aprovação da Lei Complementar (LC) nº156/16 sem as contrapartidas que tinham sido previamente acertadas:[27]

> Ao invés de quimioterapia, querem dar anestesia. Assim não tem cura. A impressão é que desejam apenas aumentar o endividamento e transferir o problema para o outro que vier lá na frente, na próxima eleição. Vários Estados já são incapazes de pagar as suas despesas correntes e essas despesas vão continuar a crescer. Aí aparecem soluções como securitização de dívidas a receber, de royalties de petróleo. *No fundo, estão vendendo receita futura para pagar receita corrente. Ou seja: os problemas vão continuar.* (Grifo nosso)

A crise fiscal atinge todos os entes federados, mas alcança os estados com maior intensidade. Estes, de forma quase generalizada, se deparam com uma série de dificuldades financeiras. As causas são várias, tais como queda de arrecadação do ICMS, a explosão dos gastos com pessoal, regime previdenciário deficitário, redução dos montantes das transferências constitucionais, pagamento do refinanciamento da dívida com a União e o pagamento de novas dívidas. Alguns estados, como o do Rio de Janeiro, foram também fortemente atingidos pela queda da receita de *royalties* do petróleo.

A queda do ICMS, principal fonte de receita própria dos estados, é consequência não só da retração econômica. O ICMS é um imposto que se tornou obsoleto ao longo do tempo. Ele incide sobre uma base que sofre com o processo de desindustrialização do país.

A explosão dos gastos com pessoal decorre de alguns fatores: aumentos escalonados de salários, muitas vezes concedidos para ocorrer na próxima gestão; crescimento vegetativo da folha e artifícios utilizados para excluir despesas como indenizações, auxílios e imposto de renda retido na fonte do cômputo do limite de despesas com pessoal da LRF. Em geral, os estados fizeram, principalmente a partir de 2011 e com o aval dos Tribunais de Contas, uma gestão de pessoal mais "frouxa".

A questão previdenciária é um problema já antigo e de toda a Federação. Entretanto, a ação da União é indispensável, já que o

---

[26] Disponível em:<http://www.em.com.br/app/noticia/politica/2016/12/28/interna_politica, 835651/fazenda-confirma-veto-parcial-e-diz-que-busca-solucao-para-ajuste-dos.shtml>.

[27] Disponível em: <http://economia.estadao.com.br/noticias/geral,quem-vai-pagar-a-conta-e-a-sociedade,10000095762>.

regime geral está sob sua gestão. Aliás, a reforma da previdência é a grande pauta da agenda do Governo Federal no primeiro semestre de 2017. Nesse sentido, o governo enviou ao Congresso Nacional, no final de 2016, a Proposta de Emenda à Constituição (PEC) nº 287/2016, a denominada reforma da previdência. Essa PEC tem como objetivo assegurar a sustentabilidade do regime, já que o déficit do sistema previdenciário é pago por toda a sociedade, com recursos obtidos por meio da arrecadação de impostos.

Com relação a esse tema, é relevante mencionar a publicação pela STN, em 20.10.2016, da versão final da primeira edição do *Boletim de Finanças Públicas dos Entes Subnacionais*.[28] A STN destaca que, no período de 2012 a 2015, houve expressivo aumento das despesas com pessoal, notadamente com inativos, o que, "conjugado com receitas próprias e transferências insuficientes", resultou em reversão do resultado primário superavitário de R$18,9 bilhões em 2012 para déficits primários em 2013 e 2014 e um pequeno superávit de R$2,9 bilhões em 2015.

Os dados mostram também que, entre 2014 e 2015, o crescimento médio de despesas com pessoal foi de 13,06% nos estados, e 8,29% nos municípios com mais de 200 mil habitantes, sendo os aumentos com inativos, respectivamente, de 28,41% e 12,10% no mesmo período.

Outra causa das dificuldades financeiras dos estados, a redução dos montantes das transferências constitucionais, é decorrente das desonerações tributárias impostas pelo Governo Federal e também da queda da atividade econômica.

Tendo em vista as dificuldades financeiras enfrentadas, chega-se à conclusão de que a crise das contas públicas dos estados era inevitável. No entanto, foi agravada pelo estímulo dado pelo Governo Federal, especialmente a partir de 2011, ao endividamento estadual. Essas novas operações de crédito seriam teoricamente destinadas aos investimentos. Entretanto, permitiram a expansão das despesas de custeio, em especial a ampliação das despesas com pessoal e a manutenção de regimes previdenciários deficitários.

A União também permitiu aos estados captarem novos recursos como uma forma de compensar a perda de receita causada pelas desonerações tributárias impostas pela política econômica do Governo Federal.

Apesar das diversas causas intensificarem a crise fiscal dos estados, o fato é que o problema das contas públicas desses entes é essencialmente estrutural. E mais: a solução não está relacionada apenas com a retomada do crescimento. Os orçamentos têm elevado

---

[28] Disponívelem:<https://www.tesouro.fazenda.gov.br/documents/10180/337275/Boletim+entes+2016/e4428e40-5256-40f9-91f6-ee8dcb377a25>.

comprometimento com as despesas obrigatórias, notadamente aquelas relacionadas ao pagamento de servidores ativos e inativos. Assim, há pouca margem de manobra na execução orçamentária, ocasionando os déficits de execução em momentos de queda da receita.

Nesse sentido, chega-se à conclusão de que o problema da maioria dos estados (com exceção de RJ, MG e RS) não é a dívida pública propriamente dita. São as crescentes despesas correntes, principalmente com ativos e inativos. E esses problemas não serão resolvidos sem reformas profundas e medidas duras, muitas vezes impopulares.

Por fim, é absolutamente necessário que se rediscuta o modelo de federalismo adotado, sopesando as competências materiais conferidas aos entes com o modelo de repartição das receitas adotado pela Carta de 1988.

Referências

Livros, artigos e dissertações

ABRAHAM, Marcus. *Curso de Direito Financeiro brasileiro*. 3. ed. Rio de Janeiro: Forense, 2015.

AFONSO, José Roberto; BIASOTO, Geraldo. *Federalismo fiscal brasileiro no âmbito econômico*. Seminário Federalismo Fiscal. Disponível em: <http://imagens.idp.edu.br/component/docman/doc_view/728-?tmpl=component&format=raw>. Acesso em 14 ago. 2016.

AGUIAR, Afonso Gomes. *Tratado da gestão fiscal*. Belo Horizonte: Fórum, 2011. 390 p.

ALBUQUERQUE, Claudiano Manoel de et al. *Gestão de finanças públicas*. 2. ed. Brasília: [S. n], 2008. 580 p.

CASAROTTO, João Pedro. *A dívida dos estados com a União Revista da FEBRAFITE*, jun. 2011. Disponível em: <http://auditoriacidada.org.br/wp-content/uploads/2012/02/2242.pdf>. Acesso em: 14 jul. 2016.

CASTRO, Rodrigo Pironti Aguirre de (Coord.). *Lei de responsabilidade fiscal*: ensaios em comemoração aos 10 anos da Lei Complementar nº 101/00. Belo Horizonte: Fórum, 2010. 467 p.

FIGUEIREDO, Carlos Maurício; NÓBREGA, Marcos. *Lei de responsabilidade fiscal*: aspectos polêmicos. Belo Horizonte: Fórum, 2006. 249 p.

FURTADO, J. R. Caldas. *Direito Financeiro*. 4. ed. rev., ampl. e atual. Belo Horizonte: Fórum, 2013.

GIAMBIAGI, Fábio. *18 anos de política fiscal no Brasil*: 1991 a 2008. Economia Aplicada. Ribeirão Preto, n. 4, v. 12, 2008. Disponível em: <http://www.scielo.br/scielo.php?script=sci_arttext&pid=S1413-80502008000400002>. Acesso em: 17 jul. 2016.

GIAMBIAGI, Fábio; ALÉM, Ana Cláudia Duarte de. *Finanças* públicas: teoria e prática no Brasil. 3. ed. Rio de Janeiro: Elsevier, 2008.

GIAMBIAGI, Fábio; MORA, Mônica. Federalismo e endividamento subnacional: uma discussão sobre a sustentabilidade da dívida estadual. *Revista de Economia Política*, São

Paulo, v. 27, n. 3, p. 472-494, jul./set. 2007. Disponível em: <http://www.scielo.br/scielo.php?script=sci_abstract&pid=S0101-31572007000300009&nrm=iso&tlng=pt>. Acesso em: 17 jul. 2016.

LOPREATO, Francisco Luiz. *O endividamento dos governos estaduais nos anos 90*. Texto para Discussão. IE/UNICAMP n. 94, mar. 2000. Disponível em: <http://periodicos.sbu.unicamp.br/ojs/index.php/ecos/article/view/8643114/10665>. Acesso em: 22 nov. 2016.

LOUREIRO, Maria Rita. O senado no Brasil recente: política e ajuste fiscal. *São Paulo em Perspectiva*, v. 15, n. 4, São Paulo, oct./dec. 2001. Disponível em: <http://www.scielo.br/pdf/spp/v15n4/10372.pdf>. Acesso em: 22 set. 2016.

MELO, Gilmar Ribeiro de; SLOMSKI, Valmor; CORRAR, Luiz. Estudo dos Reflexos da Lei de Responsabilidade Fiscal no Endividamento dos Estados Brasileiros. *Unb Contábil Brasília*, Brasília, v. 8, n. 1, p. 41-60, 2005. Disponível em: <http://www.congressousp.fipecafi.org/web/artigos52005/472.pdf>. Acesso em: 17 set. 2016.

MORA, Mônica. *Evolução recente da dívida estadual*. Texto para discussão nº 2.185. IPEA, Rio de Janeiro, mar. 2016. Disponível em: <http://www.portalfederativo.gov.br/biblioteca-federativa/estudos/td_2185-evolucao-da-divida-estadual.pdf>. Acesso em: 18 ago. 2016.

MORA, Mônica. *Federalismo e dívida estadual no Brasil*. Texto para discussão nº 866. Rio de Janeiro, IPEA, mar./2002. Disponível em: <http://www.ipea.gov.br/portal/index.php?option=com_content&view=article&id=4409>. Acesso em: 11 jun. 2016.

OLIVEIRA, Regis Fernandes de. *Curso de Direito Financeiro*. 3. ed. rev. atual. São Paulo: Revista dos Tribunais, 2010.

OLIVEIRA, Regis Fernandes de *et al.* (Coord.). *Lições de Direito Financeiro*. São Paulo: Revista dos Tribunais, 2016.

OLIVEIRA, Weder de. *Curso de responsabilidade fiscal*: direito, orçamento e finanças públicas. 2. ed. Belo Horizonte: Fórum, 2015.

PASCOAL, Valdecir Fernandes. *Direito financeiro e controle externo*: teoria, jurisprudência e 200 questões comentadas. 8. ed. rev., ampl. e atual. Rio de Janeiro: Elsevier, 2013.

PELLEGRINI, Josué Alfredo. *Dívida Estadual*. Textos para discussão. Núcleo de Estudos e Pesquisas do Senado Federal. mar. 2012. Disponível em: <https://www12.senado.gov.br/publicacoes/estudos-legislativos/tipos-de-estudos/textos-para-discussao/td-110-divida-estadual>. Acesso em: 09 out. 2016.

REZENDE, Fernando. *Federalismo fiscal*: novo papel para estados e municípios. jul. 1997. (mimeo).

SILVA, Alexandre Manoel Angelo; MONTEIRO NETO, Aristides; GERARDO, José Carlos. *Dívidas estaduais, federalismo fiscal e desigualdades regionais no Brasil*: percalços no limiar do século XXI. Texto para discussão/Instituto de Pesquisa Econômica Aplicada. Brasília: Ipea, 2013. Disponível em: <http://www.ipea.gov.br/portal/images/stories/PDFs/TDs/td_1889.pdf>. Acesso em: 09 out. 2016.

SILVA, Isabella Fonte Boa Rosa. *Endividamento subnacional em um contexto federativo*: o caso brasileiro. Dissertação (Mestrado em Economia do Setor Público) – Departamento de Economia, Universidade de Brasília, Brasília, 2001.

SILVEIRA, Ricardo Figueiró. *Dívida estadual*: uma avaliação sobre o limite do Senado Federal para a dívida pública estadual. *BNDES – Informe AFE*, n. 47, out. 2002. Disponível em: <http://www.bndes.gov.br/SiteBNDES/export/sites/default/bndes_pt/Galerias/Arquivos/conhecimento/informesf/inf_47.pdf>. Acesso em: 23 nov. 2016.

TORRES, Ricardo Lobo. *Curso de Direito Financeiro e Tributário*: atualizada até 31.12.2009. 17. ed. Rio de Janeiro: Renovar, 2010. 470 p.

Legislação

BRASIL. Senado Federal. Resolução nº 40, de 2001. *Dispõe sobre os limites globais para o montante da dívida pública consolidada e da dívida pública mobiliária dos Estados, do Distrito Federal e dos Municípios, em atendimento ao disposto no art. 52, VI e IX, da Constituição Federal*. Disponível em: <http://legis.senado.gov.br/legislacao/ListaTextoIntegral. action?id=22152>.

BRASIL. Senado Federal. Resolução nº 43, de 2001. *Dispõe sobre as operações de crédito interno e externo dos Estados, do Distrito Federal e dos Municípios, inclusive concessão de garantias, seus limites e condições de autorização, e dá outras providências*. Disponível em: <http://legis.senado.gov.br/legislacao/ListaPublicacoes. action?id=234195&tipoDocumento=RSF&tipoTexto=PUB>.

BRASIL. *Constituição da República Federativa do Brasil*. Disponível em: <www.planalto. gov.br>.

BRASIL. Decreto nº 8.616, de 29 de dezembro de 2015. *Regulamenta o disposto na Lei Complementar nº 148, de 25 de novembro de 2014, e no art. 2º da Lei nº 9.496, de 11 de setembro de 1997, e dá outras providências*. Disponível em: <http://www.planalto.gov.br/ ccivil_03/_Ato2015-2018/2015/Decreto/D8616.htm/>.

BRASIL. Lei nº 4.320, de 17 de março de 1964. *Estatui normas gerais de Direito Financeiro para elaboração e controle dos orçamentos e balanços da União, dos Estados, dos Municípios e do Distrito Federal*. Disponível em: <https://www.planalto.gov.br/ccivil_03/leis/L4320.htm/>.

BRASIL. Lei nº 7.614, de 14 de julho de 1987. *Autoriza a realização, em caráter extraordinário, de operações de crédito à conta e risco do Tesouro Nacional, e dá outras providências*. Disponível em: <http://www.planalto.gov.br/ccivil_03/leis/1980-1988/L7614.htm/>.

BRASIL. Lei nº 8.727, de 5 de novembro de 1993. *Estabelece diretrizes para a consolidação e o reescalonamento, pela União, de dívidas internas das administrações direta e indireta dos Estados, do Distrito Federal e dos Municípios, e dá outras providências*. Disponível em: <http://www. planalto.gov.br/ccivil_03/leis/L8727.htm/>.

BRASIL. Lei nº 9.496, de 11 de setembro de 1997. *Estabelece critérios para a consolidação, a assunção e o refinanciamento, pela União, da dívida pública mobiliária e outras que especifica, de responsabilidade dos Estados e do Distrito Federal*. Disponível em: <https://www.planalto. gov.br/ccivil_03/leis/L9496.htm/>.

BRASIL. Lei Complementar nº 101, de 4 de maio de 2000. *Estabelece normas de finanças públicas voltadas para a responsabilidade na gestão fiscal e dá outras providências*. Disponível em: <http://www.planalto.gov.br/ccivil_03/leis/LCP/Lcp101.htm/>.

BRASIL. Lei Complementar nº 148, de 25 de novembro de 2014. *Altera a Lei Complementar nº 101, de 4 de maio de 2000, que estabelece normas de finanças públicas voltadas para a responsabilidade na gestão fiscal; dispõe sobre critérios de indexação dos contratos de refinanciamento da dívida celebrados entre a União, Estados, o Distrito Federal e Municípios; e dá outras providências*. Disponível em: <https://www.planalto.gov.br/ccivil_03/LEIS/LCP/Lcp148.htm/>.

BRASIL. Lei Complementar nº 151, de 5 de agosto de 2015. *Altera a Lei Complementar nº 148, de 25 de novembro de 2014; revoga as Leis nº 10.819, de 16 de dezembro de 2003, e 11.429,* de 26 de dezembro de 2006; e dá outras providências. Disponível em: <http://www.planalto.gov.br/CCivil_03/leis/LCP/Lcp151.htm/>.

Sítios na internet

AUDITORIA CIDADÃ DA DÍVIDA. Disponível em: <htp://www.auditoriacidada.org.br>.

BANCO CENTRAL DO BRASIL. Disponível em: <htp://www.bacen.gov.br>.

BANCO NACIONAL DE DESENVOLVIMENTO ECONÔMICO E SOCIAL. Disponível em: <htp://www.bndes.gov.br>.

EL PAÍS. Disponível em: <http://brasil.elpais.com/>.

ESTADO DE MATO GROSSO. Disponível em: <htp://www.mt.gov.br>.

INSTITUTO DE PESQUISA ECONÔMICA APLICADA. Disponível em: <htp://www.ipea.gov.br>.

MINISTÉRIO DO PLANEJAMENTO, DESENVOLVIMENTO E GESTÃO. Disponível em: <htp://www.planejamento.gov.br>.

PRESIDÊNCIA DA REPÚBLICA. Disponível em: <htp://www.planalto.gov.br>.

SCIELO. Disponível em: <htp://www.Scielo.br>.

SENADO FEDERAL. Disponível em: <htp://www.senado.gov.br>.

SUPREMO TRIBUNAL FEDERAL. Disponível em: <htp://www.stf.jus.br>.

TESOURO NACIONAL. Disponível em: <htp://www.tesouro.fazenda.gov.br>.

TRIBUNAL DE CONTAS DA UNIÃO. Disponível em: <htp://www.tcu.gov.br>.

TRIBUNAL DE CONTAS DO ESTADO DE MINAS GERAIS. Disponível em: <htp://www.tce.mg.gov.br>.

TRIBUNAL DE CONTAS DO ESTADO DE PERNAMBUCO. Disponível em: <htp://www.tce.pe.gov.br>.

TRIBUNAL DE CONTAS DO ESTADO DE SANTA CATARINA. Disponível em: <htp://www.tce.sc.gov.br>.

TRIBUNAL DE CONTAS DO ESTADO DE SÃO PAULO. Disponível em: <htp://www.tce.sp.gov.br>.

TRIBUNAL DE CONTAS DO ESTADO DO AMAZONAS. Disponível em: <htp://www.tce.am.gov.br>.

TRIBUNAL DE CONTAS DO ESTADO DO CEARÁ. Disponível em: <htp://www.tce.ce.gov.br>.

TRIBUNAL DE CONTAS DO ESTADO DO MATO GROSSO. Disponível em: <htp://www.tce.mt.gov.br>.

TRIBUNAL DE CONTAS DO ESTADO DO PARÁ. Disponível em: <htp://www.tce.pa.gov.br>.

TRIBUNAL DE CONTAS DO ESTADO DO PARANÁ. Disponível em: <htp://www.tce.pr.gov.br>.

TRIBUNAL DE CONTAS DO ESTADO DO PIAUÍ. Disponível em: <htp://www.tce.pi.gov.br>.

TRIBUNAL DE CONTAS DO ESTADO DO RIO DE JANEIRO. Disponível em: <htp://www.tce.rj.gov.br>.

TRIBUNAL DE CONTAS DO ESTADO DO RIO GRANDE DO SUL. Disponível em: <htp://www.tce.rs.gov.br>.

Informação bibliográfica deste livro, conforme a NBR 6023:2002 da Associação Brasileira de Normas Técnicas (ABNT):

CAMARGO, João Batista; RANGEL, Marcos Gomes. A dívida pública dos estados brasileiros: desafios para o controle. In: LIMA, Luiz Henrique; OLIVEIRA, Weder de; CAMARGO, João Batista (Coord.). *Contas governamentais e responsabilidade fiscal:* desafios para o controle externo – estudos de ministros e conselheiros substitutos dos Tribunais de Contas. Belo Horizonte: Fórum, 2017. p. 295-341. ISBN 978-85-450-0246-8.

CAPÍTULO 10

REPERCUSSÕES PENAIS DA JUDICATURA DE CONTAS

ALEXANDRE MANIR FIGUEIREDO SARQUIS

1 Introdução

A doutrina constitucional recente tem sublinhado a separação entre a atividade exercida no âmbito dos Tribunais de Contas daquela exercida no âmbito do Poder Judiciário. Hamilton Hobus Hoemke, em extenso estudo, recorda José Cretella Jr., para quem o poder judiciário centraliza toda a jurisdição, e nenhuma das atividades do Tribunal de Contas constitui autêntica atividade jurisdicional.[1]

Constitucionalistas celebrados não elaboram maiores digressões quanto às Cortes de Contas. José Afonso da Silva menciona o Tribunal de Contas em conexão às bases constitucionais das instituições financeiras, oportunidade em que afirma que o TCU "se apresenta como órgão técnico, e suas decisões são administrativas, não jurisdicionais, como

---

[1] CRETELLA JR, José. Natureza das Decisões do Tribunal de Contas *apud* HOEMKE, Hamilton Hobus. *Direito Processual de Contas*: jurisdição, provas e partes. Florianópolis: Conceito Editorial, 2015, p. 59.

às vezes se sustenta à vista da expressão 'julgar as contas' referida à sua atividade (art. 71, II)".[2] Gilmar Ferreira Mendes e Paulo Gustavo Gonet Branco estudam o Tribunal de Contas da União superficialmente, na evolução da subseção "função de fiscalização" da seção "do poder legislativo" no capítulo acerca da "organização dos poderes". Para eles, o Tribunal de Contas "integra o Poder Legislativo", e o "julgar as contas dos administradores", expressão empregada pela Constituição ao seu art. 71, II, é um mero dizer, pois esse julgamento a que se alude não é imune à revisão judicial e não faz coisa julgada, ainda que possa imputar débitos com força de título executivo.[3] Rejeitam ainda mais a jurisdição ao tratar dos processos do Tribunal de Contas dentro da seção "dos processos administrativos em geral".[4]

Essa não é uma visão exclusivamente de quem não conhece em minúcia os Tribunais de Contas. Odilon Cavallari de Oliveira e Alessandro Macedo, em encontro científico dos Tribunais de Contas havido em Palmas,[5] defenderam que a atividade das Cortes de Contas é processo administrativo em sentido estrito. Essas opiniões adotam grande quilate na medida em que originadas de servidores respeitadíssimos no sistema e em seus respectivos Tribunais de Contas, TCU e TCM-BA, respectivamente.

Há ainda outra relevante linha doutrinária que, com certo afastamento do modelo de Tribunal de Contas, manifesta preferência pelo modelo de controladoria-geral, opção de diversos países da América Latina. Essas estruturas, ao contrário dos Tribunais de Contas, não assumem nenhuma atribuição judicante, buscando meios para consecução de sua missão institucional na função administrativa, tão somente. Entendemos ser o juiz, professor da UFBA e secretário-executivo da CGU Jorge Hage um admirador da linha.

Este capítulo pode ser resumido como sendo uma defesa da antípoda.

---

[2] AFONSO DA SILVA, José. *Curso de Direito Constitucional Positivo*. 38. ed. São Paulo: Malheiros, 2014, p. 767.

[3] MENDES, Gilmar Ferreira; BRANCO, Paulo Gustavo Gonet. *Curso de Direito Constitucional*. 10. ed. São Paulo: Saraiva, 2015, p. 888.

[4] *Op. cit.* p. 473-475.

[5] DE OLIVEIRA, Odilon Cavallari. Lei Nacional de processo dos Tribunais de Contas e o novo Código de Processo Civil. In: MACEDO, Alessandro. *Aplicação do novo Código de Processo Civil para os tribunais de contas nos estados que possuem leis de processo administrativo*: algumas reflexões. Apresentações conduzidas no I Fórum de Processualística dos Tribunais de Contas. Palmas, Tocantins, 20 de setembro de 2016. Agradecemos ao professor Odilon Cavallari de Oliveira que gentilmente cedeu o arquivo de sua palestra.

No estudo que se segue, apresentamos os motivos pelos quais acreditamos que a atividade conduzida pelos Tribunais de Contas se aproxima mais do processo judicial do que do processo administrativo, a ponto de atravessar o que usualmente se tem como civil para se reconhecer verdadeiras repercussões penais da judicatura de contas. Analisamos as consequências e concluímos pela inserção *sui generis* do Tribunal de Contas no condomínio estatal brasileiro.

2 O espectro do Tribunal de Contas

Os primeiros doutrinadores da República brasileira depositavam grande esperança no Tribunal de Contas. A República foi instituída em 15 de novembro de 1889 (Decreto 1), e o Tribunal de Contas veio logo após, em 7 de novembro de 1890 (Decreto 966-A). A instalação de uma Corte de Contas certamente foi inspirada da necessidade de conter os gastos dos administradores públicos no início da nova gestão, período que a doutrina tem como de franco descontrole financeiro.[6] Um episódio ilustra o espírito da época.

Em 16 de novembro de 1889, a recém-instalada República indenizou a família Real em cinco mil contos de réis a fim de indenizar gastos com a remoção para a Europa (Decreto 2). Se admitirmos que, à época, quinze contos de réis compravam um kilograma de ouro,[7] a indenização importou cerca de 43 milhões de reais em valores atuais. O próprio imperador criticou a indenização, haja vista o cenário de desordem instalado nas finanças públicas brasileiras.

Mais tarde, Deodoro revogou a indenização e baniu D. Pedro II do Brasil (Decreto nº 78-A, de 21 de dezembro de 1889), mas as críticas não cessaram. Os responsáveis pela fazenda brasileira insistiam no funcionamento do Tribunal de Contas.[8] Assim que, desde sua concepção, o Tribunal de Contas é instituição umbilicalmente ligada ao republicanismo brasileiro. Defenderam-na, de uma forma ou de outra, Rui

---

[6] Com a frase "A primeira década do regime republicano foi das mais difíceis para a política econômica" Gustavo Franco abre estudo de grande profundidade sobre o tema. FRANCO, Gustavo H. B. A primeira década republicana. In: ABREU, Marcelo de Paiva (Coord). A ordem do progresso: cem anos de política econômica republicana 1889-1989. Rio de Janeiro: Campus, 1990. p. 11-30.

[7] Disponível em: <http://www.genealogiahistoria.com.br/index_historia.asp?categoria=4&categoria2=4&subcategoria=56>. Acesso em: 13 out. 2016. Lê-se *"Atenção: em 1890, 15 contos de réis compravam 1 kg. de ouro*, pois a República vivia uma tormenta econômica (...)".

[8] Serzedello Corrêa demitiu-se do Ministério da Fazenda em 1893 após o Presidente Floriano Peixoto ter feito um decreto retirando a competência do Tribunal de Contas da União de impugnar despesas consideradas ilegais.

Barbosa, Pontes de Miranda, Aliomar Baleeiro (ainda que formulando críticas) e Seabra Fagundes.

Rui Barbosa assina a exposição de motivos do decreto que dá luz ao Tribunal de Contas, recuperando o direito comparado, buscando provar que o mesmo sentimento animava países europeus. Para tanto, transcreveu manifestação proferida no Senado italiano à época da criação do Tribunal de Contas daquele país:

> Se há coisa que contenha os administradores no declive de atos arbitrários, se há coisa que nos iniba de ceder a postulantes [inoportunos], à gente cujas pretensões não cessam de acarretar novas despesas e transbordar os recursos facultados pelo orçamento, é *o espectro do Tribunal de Contas*. Todo o dia, a toda a hora, muitas vezes na mesma hora, um ministro, um secretario geral, todos os que têm relações com a administração afluem, a solicitar novas despesas. Não é fácil resistir. Muitas vezes os pretendentes mesmos não crêem na utilidade delas, e apenas as propõem impelidos por outros, que os seguem; mas, dada a força da autoridade dos intercessores, a consequência é que, resistindo-se-lhes uma ou duas vezes, há de acabar-se por ceder.

Por fim, deixa clara a sua posição quanto à natureza das manifestações do Tribunal, que considera exercício de magistratura:

> O Governo Provisório reconheceu a urgência inadiável de reorganizá-lo [o sistema de contabilidade orçamentária]; e a medida que vem propor-vos é a criação de um Tribunal de Contas, *corpo de magistratura* intermediaria à administração e à legislatura, que, colocado em posição autônoma, *com atribuições de revisão e julgamento, cercado de garantias* - contra quaisquer ameaças, possa exercer as suas funções vitais no organismo constitucional, sem risco de converter-se em instituição de ornato aparatoso e inútil.[9]

Em seu magistério, Pontes de Miranda anotou: "A função de julgar as contas está claríssima no texto constitucional. Não havemos de interpretar que o Tribunal de Contas julgue e outro Juiz as rejulgue depois".[10] Entedia assim especificamente em virtude do ingresso do atual inciso II do art. 71,[11] que utiliza a expressão "julgar", no ordenamento constitucional, alteração ocorrida em 1934.

---

[9] Decreto nº 966-A, exposição de motivos. Disponível em: <revista.tcu.gov.br/ojs/index.php/RTCU/article/download/1113/1171>. Acesso em: 14 out. 2016.

[10] PONTES DE MIRANDA, Francisco Cavalcanti. *Comentários à Constituição de 1946*. v. II. Rio de Janeiro: Max Limonad, 1953, p. 95.

[11] Art. 71 (...) II - *julgar as contas dos administradores e demais responsáveis* por dinheiros, bens e valores públicos da administração direta e indireta, incluídas as fundações e sociedades

A Constituição de 1934 considerou-o órgão de cooperação nas atividades governamentais. Ao antigo Tribunal de Contas – que a Constituição manteve (art. 99: é mantido) – o texto de 1934 conferiu, assim, a mais, a atribuição de julgar as contas dos responsáveis por dinheiros ou bens públicos em toda a sua extensão. O acréscimo, em vez de o tornar órgão cooperador do Poder Executivo, *acentuou o elemento judiciário que já ele tinha*, inclusive pelo modo de composição e garantias de seus membros.[12]

Já Aliomar Baleeiro, em colóquio na Universidade de Brasília ocorrido provavelmente em 1969, em digressão livre, debateu o tema "Tribunal de Contas" com o seu então Presidente, José Pereira Lyra. No episódio, ele relembrou que o Ministro Thompson Flores, relator das contas do Presidente Getúlio Vargas pouco antes do advento do Estado Novo, com grande coragem e independência, rejeitou as contas de governo do Presidente, criando embaraço tamanho a ponto de expor o Presidente a um processo de *impeachment*, o que Baleeiro pondera ter sido um dos fatores que contribuiu para o golpe de novembro de 1937.[13]

Outro defensor foi Seabra Fagundes, que alega que o monopólio da jurisdição é expressamente ressalvado em dois pontos da Constituição: no processamento dos crimes de responsabilidade do Presidente da República pelo Senado Federal e no julgamento das contas dos gestores públicos pelo Tribunal de Contas.[14]

Maria Sylvia Zanella di Pietro estima o efeito da decisão dos Tribunais de Contas como maior que a coisa julgada administrativa e menor que a coisa julgada judicial, declarando que:

> [A decisão da corte de contas] faz coisa julgada não só no sentido assinalado para coisa julgada administrativa (preclusão da via administrativa por não cabimento de qualquer recurso), mas também e principalmente no sentido de que ela deve ser necessariamente acatada pelo órgão administrativo controlado, sob pena de responsabilidade, com a única ressalva para a possibilidade de impugnação pela via judicial.[15]

---

instituídas e mantidas pelo Poder Público federal, *e as contas daqueles que derem causa a perda, extravio ou outra irregularidade de que resulte prejuízo ao erário público*; (...)

[12] PONTES DE MIRANDA, Francisco Cavalcanti. *Comentários à Constituição de 1967*: com a EC n.01, de 1969. t. III. São Paulo: RT, 1970, p. 248.

[13] BALEEIRO, Aliomar. O Direito Financeiro na Constituição de 1967. *RDP*, n. 11, v. 49, jan./mar. 1970. Reproduzido em: CLÈVE, Clèmerson Merlin; BARROSO, Luís Roberto (Org.). *Doutrinas essenciais direito constitucional*. v. VI. São Paulo: Revista dos Tribunais, 2011, p. 62-64.

[14] SEABRA FAGUNDES, Miguel. *O controle dos atos administrativos pelo Poder Judiciário*. 6. ed. São Paulo: Saraiva, 1984, p. 139.

[15] DI PIETRO, Maria Sylvia Zanella. Coisa julgada: aplicabilidade a decisões do Tribunal de Contas da União. *Revista do Tribunal de Contas da União*, Brasília, v. 27, n. 70, p. 34-35, out./dez. 1996.

No mesmo sentido, ou seja, de que há jurisdição nas atividades do Tribunal de Contas, mencionamos Castro Nunes, Themístocles Brandão Cavalcanti e Manuel Ribeiro.[16] Carlos Ayres Britto, embora faça concessões, oferece argumentos que aproximam a atuação das Cortes de Contas daquilo que é típico da jurisdição:[17]

> Algumas características da jurisdição, no entanto, permeiam os julgamentos a cargo dos Tribunais de Contas. Primeiramente, porque os Tribunais de Contas julgam sob critério exclusivamente objetivo ou da própria técnica jurídica. Segundo, porque o fazem com força ou a irretratabilidade que é própria das decisões judiciais com trânsito em julgado.[18]

O Poder Judiciário ainda celebra as competências das Cortes, reconhecendo a natureza de juízo especializado do Tribunal de Contas e estabelecendo a insusceptibilidade de revisão das decisões, embora essa tônica encontre-se em arrefecimento, como se verá.

> (...) ACÓRDÃO DO TCE. VIOLAÇÃO AO CONTRADITÓRIO. INOCORRÊNCIA. EXAME DA MOTIVAÇÃO. IMPOSSIBILIDADE. (...) O controle jurisdicional das decisões proferidas pelo Tribunal Contas, no exercício de sua competência constitucional, apenas é admissível quando se verificar manifesta ilegalidade ou irregularidade formal (...). É que, do contrário, estaria o Poder Judiciário usurpando a competência constitucional do Tribunal de Contas, o que é inadmissível. (...)". (TJPB, Agravo de Instrumento Processo 0100183-21.2008.815.2001, 4ª Câmara Civel Rel. Des. Antônio Pádua Lima Montenegro, DJ 01.09.2009).
>
> (...) o TCU só formalmente não é órgão do Poder Judiciário. Suas decisões transitam em julgado e têm, portanto, natureza prejudicial para o juízo não especializado (TRF 1a. Região, 3a. Turma, Apelação Cível nº 89.01.23993-0/MG, Rel. Juiz Adhemar Maciel, DJU 14.09.1992).
>
> (...) o Tribunal de Contas pratica ato insusceptível de revisão na via judicial a não ser quanto ao seu aspecto formal ou tisna de Ilegalidade Manifesta. Mandado de segurança não conhecido (STF MS 7280, Rel. Min. Henrique D'avilla, DJ 17.09.1962).

---

[16] GUALAZZI, Eduardo Lobo Botelho. Regime jurídico dos tribunais de contas. São Paulo: Revista dos Tribunais, 1992, p. 174-180 *apud* HOEMKE, Hamilton Hobus. *Tribunal de Contas*: direito processual de contas – jurisdição, provas e partes. Florianópolis: Conceito, 2015, p. 60.

[17] Ainda que em outro trecho tenha sido expresso ao dizer que as atribuições das Cortes não se confundem com a jurisdição.

[18] AYRES BRITTO, Carlos. O regime constitucional dos Tribunais de Contas. In: *Cadernos de Soluções Constitucionais*. v. 1. São Paulo: Malheiros, 2003, p. 27.

Assim que o Tribunal de Contas nunca esteve para celebrar todas as despesas desejadas pelo executivo, mas, antes, para questioná-las e escrutiná-las, importunando os poderes constituídos quanto à intensidade e à forma com que consomem recursos públicos. Sua história jurídica tem sido de constante enfrentamento para manter a força de suas decisões no patamar que o constituinte, que o criou, pretendeu.

3 Novo Tribunal de Contas?

Curiosamente, o momento de inflexão na doutrina sugere ser o advento da Constituição Cidadã de 1988, que, na avaliação de qualquer intérprete sensato, alargou sobremaneira as atribuições das Cortes de Contas.[19] O que quer que fosse o Tribunal de Contas antes, passou a ser aquilo e um tanto mais. Ainda assim, o tom da crítica piorou após. Qual súbito esclarecimento teria causado tal reviravolta que ameaça a secular instituição com força centrífuga capaz de expulsá-la do condomínio estatal?

Dois extremos poderiam ser: a) porque o Tribunal de Contas passou a desempenhar a ponto de incomodar o malfeitor, que o repele, criticando injustamente as suas decisões; b) porque a novidade constitucional, ao conferir maior efeito ao Tribunal de Contas, o expôs pelo que ele sempre foi.

Algo mais sensato, equidistante das visões extremadas, deve existir. Afinal, o caminho correto é o caminho do meio, aconselhava Aristóteles a Nicômaco. Dois argumentos me levam a concluir como eles, que a assertiva mais apropriada é ponderada.

Em primeiro lugar, não me parece mera coincidência que a entidade que registra os episódios mais expressivos de corrupção na história brasileira seja justamente aquela mais refratária ao controle exercido pelo Tribunal de Contas, a Petróleo Brasileiro S.A. (Petrobras). A bem da agilidade, desde os anos 90 a estatal foi poupada de boa parte da fiscalização da Corte,[20] salvo-conduto aprovado pelo STF.[21]

---

[19] Foram constitucionalizadas as carreiras técnicas de auditor e membro do Ministério Público; a fiscalização que antes era apenas "financeira e orçamentária" passou a ser também "contábil, operacional e patrimonial"; suas decisões passaram a ostentar status de título executivo; pessoas físicas e empresas privadas passaram a figurar no polo passivo da prestação de contas; entre outras alterações de relevo.

[20] Por exemplo, art. 67 da Lei nº 9.478/97 e Decreto nº 2.745/98.

[21] Por exemplo, MS nº 25.888-MC/DF, Rel. Min. Gilmar Mendes, decisão monocrática, DJ 29.3.2006, que foi sucedido por numerosos julgados, por exemplo, MS nº 25.986-ED-MC/DF, Rel. Min. Celso de Mello, DJ 30.6.2006; MS nº 26.783-MC/DF, Rel. Min. Marco Aurélio, DJ 1º.8.2007; MS nº 26.808-MC/DF, Rel. Min. Ellen Gracie, DJ 2.8.2007; MS nº 27.232-MC/

Em segundo lugar, quando um órgão formalmente integrante do Poder Judiciário assumiu a fiscalização administrativa e financeira de outros, nos termos do §4º do art. 103-B da CF/88,[22] os órgãos por ele fiscalizados experimentaram formidável impulso de produtividade, moralidade, transparência e economia. O CNJ indiscutivelmente encerra aspectos concretos de judicatura de contas.

Enfim, a ideia de uma jurisdição de contas em sentido estrito seduz mesmo aqueles que não a aceitam, a exemplo de Ives Gandra Martins:

> Propus à Constituinte de 1987/1988 que se transformasse o Tribunal de Contas em Corte vinculada ao Poder Judiciário e não ao Poder Legislativo, valendo suas decisões pelo conteúdo técnico e sendo dotadas de força executiva, sem interferência de outro Poder, pois em última análise a função exercida é mais próxima daquelas que pertinem ao Poder Judiciário do que ao Poder Legislativo.[23]

E visitando brevemente a ciência do direito comparado, observamos que a Corte de Contas Portuguesa integra formalmente o Poder Judiciário luso.

Parte III - Organização do poder político
Título V - Tribunais
Capítulo II - Organização dos tribunais
Artigo 209. Categorias de tribunais

DF, Rel. Min. Eros Grau, DJ 20.5.2008; MS nº 27.337-MC/DF, Rel. Min. Eros Grau, DJ 28.5.2008; MS nº 27.344-MC/DF, Rel. Min. Eros Grau, DJ 2.6.2008; MS nº 27.796-MC/DF, Rel. Min. Ayres Britto, DJ 9.2.2009; MS nº 27.837-MC/DF, Rel. Min. Carmen Lucia, DJ 5.2.009; MS nº 28.252-MC/DF. Rel. Min. Eros Grau, DJ 29.9.2009; MS nº 28.626-MC/DF, Rel. Min. Dias Toffoli, DJ 5.3.2010 e MS nº 28.745-MC/DF, Rel. Min. Ellen Gracie, DJ 13.5.2010.

[22] Art. 103-B (...) §4º Compete ao [CNJ] o *controle da atuação administrativa e financeira do Poder Judiciário* (...), cabendo-lhe (...):

I - zelar pela autonomia do Poder Judiciário e pelo cumprimento do Estatuto da Magistratura, *podendo expedir atos regulamentares, no âmbito de sua competência, ou recomendar providências*;

II - *zelar pela observância do art. 37 e apreciar, de ofício ou mediante provocação, a legalidade dos atos administrativos praticados por membros ou órgãos do Poder Judiciário, podendo desconstituí-los, revê-los ou fixar prazo para que se adotem as providências necessárias ao exato cumprimento da lei*, sem prejuízo da competência do Tribunal de Contas da União;

III - *receber e conhecer das reclamações contra membros ou órgãos do Poder Judiciário* (...);

IV *representar ao Ministério Público*, no caso de crime contra a administração pública ou de abuso de autoridade; (...)

[23] BASTOS, Celso Ribeiro; MARTINS, Ives Gandra. Comentários à Constituição do Brasil: promulgada em 5 de outubro de 1988. São Paulo: Saraiva, 1996, p. 81 apud HOEMKE, Hamilton Hobus. *Tribunal de Contas*: direito processual de contas – jurisdição, provas e partes. Florianópolis: Conceito, 2015, p. 60.

1. Além do Tribunal Constitucional, existem as seguintes categorias de tribunais:
a) O Supremo Tribunal de Justiça e os tribunais judiciais de primeira e de segunda instância;
b) O Supremo Tribunal Administrativo e os demais tribunais administrativos e fiscais;
c) *O Tribunal de Contas*.[24]

De qualquer forma, criticar a instituição que se observa é algo como alvejar objeto em movimento. As mudanças lançadas em 1988 não cumpriram o efeito reformador mesmo após o transcurso de quase trinta anos nas trinta e quatro cortes brasileiras.

Recente estudo conduzido pela Associação dos Membros dos Tribunais de Contas do Brasil – Atricon concluiu que nem todas as entidades haviam dado cumprimento ao modelo preconizado pela Constituição. Um dos apontamentos foi a ausência de categorias técnicas de conselheiro-substituto, cargo ao qual a Constituição atribuiu a judicatura de contas, e de procurador de contas, membro do Ministério Público de Contas que oficia como *custus legis* nos processos de contas. O atrasou valeu até mesmo a emissão de recomendações.[25]

4 Processo de contas

Acerca do monopólio jurisdicional do processo, Odete Medauar articula explanação de especial maestria.[26] Para ela, a tese de que o processo se vincula exclusivamente à função jurisdicional do Estado se escora em três motivos:
a) a antecedência histórica da ciência processual no âmbito do judiciário;
b) o predomínio, até o século XIX, da concepção privatista do processo, segundo a qual somente se tutelariam direitos subjetivos disponíveis; e
c) a preocupação com a afirmação do direito processual, conduzindo sob uma ótica precipuamente externa e impermeável a reduções e aproximações.

---

[24] PORTUGAL. *Constituição da República Portuguesa*. 1976, g.n.
[25] *Resolução ATRICON n° 3/2014*. Disponível em: <www.atricon.org.br/wp-content/uploads/2014/08/ANEXOUNICO_RESOLUCAOATRICON_-03-2014.pdf>. Acesso em: 14 out. 2016.
[26] MEDAUAR, Odete. *A processualidade no Direito Administrativo*. São Paulo: Revista dos Tribunais, 1993, p. 12-17.

Esses motivos, contudo, não são bastantes para refutar a ocorrência de processualidade apenas em virtude de os atos terem sido praticados em órgão alheio ao Poder Judiciário.

"Processo" é um regime de incumbências que a sociedade impõe ao Poder Público sem o qual não se autoriza a invasão do acervo de direitos do cidadão. Não é nem vaidade, nem vantagem que motivam algum órgão a avocar para si um devido processo. Trata-se, antes, de um dever, uma penitência imposta pela sociedade e a que o Tribunal, antes, se submete. Afastado dele, só há o caos do arbítrio casuístico.

Certamente o assunto é francamente equívoco. Livre das amarras do processo, ao órgão de controle se permite maior agilidade e desempenho. Contido pelas amarras do processo, no entanto, se resguarda a pessoa do administrador público, que é cidadão titular de dignidade e imagem pública, e não mero sujeito voluntário da execração, sobretudo quando se consideram consequências penais como presentes.

Aderindo a tal solenidade (o processo), o Tribunal de Contas deixa claro que não busca notoriedade por meios espetaculares, nem procura tomar parte no debate político de modo clandestino. Antes, o Tribunal aquiesce com mecanismo que reconhecerá o impedimento de seus membros, conferirá publicidade ao libelo do qual o administrador se defende – ainda que após o julgamento – e identificará, entre razões de acusação e razões de defesa, aquelas que formaram a convicção do juízo.

A existência de um processo de contas, a par de aparentemente conferir mais força às decisões dos Tribunais de Contas, de outra mão, em verdade, lhe subtrai arbítrio, limitando o seu poder.

5 Lei Nacional de Processo de Contas

Em síntese, o processo de contas é o que é, seja judicial, judicialiforme, administrativo ou o capítulo que a doutrina ainda veja por bem lhe atribuir. Não convém lhe subtrair a autonomia que foi demonstrada acima. Por exemplo, em se admitindo ser ele processo administrativo em sentido estrito, apresenta-se debate acerca da possibilidade de lei federal vir a regulá-lo.

O processo judicial é da competência da União, nos termos do art. 22, I, da CF/88, mas o processo administrativo é da competência de cada ente, a teor do art. 24 da CF/88, conjugado com o postulado da auto-organização que lhes é facultada. Eis uma contraposição arvorada com frequência.

Apesar da cizânia, há argumentos que levam a crer que uma Lei Nacional de Processo de Contas não encontraria obstáculos de qualquer forma:

a) mesmo em matéria processual, há colaboração legislativa entre entes, uma vez que a Constituição defere aos Estados a regulação de "procedimentos em matéria processual" (art. 24, XI);

b) a Lei de Processo Administrativo Federal é reconhecida como aplicável ao ente que não disponha da sua;[27]

c) a Lei de Execuções Fiscais (Lei nº 6.830/80), que é reconhecidamente nacional, regula a inscrição na Dívida Ativa, matéria que ocorre no seio do processo administrativo;

d) há leis nacionais abertamente procedimentais, tais como a Lei de Licitações e Contratos Administrativos (Lei nº 8.666/93) e a Lei de Improbidade Administrativa (Lei nº 8.429/92, capítulo V), observadas sem embaraço;

e) em matéria sujeita à competência concorrente, a Constituição reserva a iniciativa de norma geral à União;[28] e

f) a leitura sistemática dos arts. 73, *caput*, e 96, I, a^{29} levam à compreensão de que os regimentos precisam guardar normas de processo, o que sugere a propriedade e a utilidade de uma norma nacional.

Confrontando processo judicial com processo administrativo no intuito de calcular uma eventual posição do processo de contas, observamos que, de fato, o processo judicial parece ser mais solene e formal em relação ao administrativo:

a) o processo judicial é conduzido por magistrado, vedada a sua filiação partidária, no âmbito do judiciário, assistido pelo Ministério Público, tendo o ilícito como condição de existência e fixando responsabilidade que não pode ser rediscutida;

---

[27] REsp nº 645.856/RS, Min. Rel. Laurita Vaz DJU de 13.09.2004 e AgRg no Ag nº 935.624/RJ 2007/0179895-6, Min. Rel. Paulo Gallotti DJU 31.03.2007, entre outros julgados do STJ.

[28] CF/88, art. 24, §§1º e 4º.

[29] Art. 73. O Tribunal de Contas da União, integrado por nove Ministros, tem sede no Distrito Federal, quadro próprio de pessoal e jurisdição em todo o território nacional, *exercendo, no que couber, as atribuições previstas no art. 96*.
(...)
Art. 96. Compete privativamente:
I - aos tribunais:
a) eleger seus órgãos diretivos e *elaborar seus regimentos internos, com observância das normas de processo e das garantias processuais das partes*, dispondo sobre a competência e o funcionamento dos respectivos órgãos jurisdicionais e administrativos; (...)

b) o processo administrativo é conduzido por servidor, possível a filiação partidária, no âmbito do executivo, afastado do Ministério Público, podendo se fundar em mera conveniência do Poder Público e a decisão nele adotada pode ser revista em sede judicial.

E em nossa leitura já se desenha maior aproximação com o processo judicial, uma vez que conselheiros e ministros são dotados de garantias e vedações típicas da magistratura (art. 73, §§3º e 4º) e que há um Ministério Público oficiante.

É possível determinar, entretanto, que a aproximação do processo de contas com a jurisdição é, de fato, muito grande. Estudando o processo judicial, Hamilton Hobus Hoemke menciona Elio Fazzalari para elencar características nodulares da jurisdição:[30]
a) ilícito como pressuposto;
b) julgador como terceiro;
c) iniciativa processual das partes; e
d) coisa julgada.

5.1 Processo de contas: ilícito como pressuposto

Vige na Administração Pública o princípio da legalidade, que Hely Lopes Meirelles assim explicava: "Na Administração Pública, não há espaço para liberdades e vontades particulares, deve, o agente público, sempre agir com a finalidade de atingir o bem comum, os interesses públicos, e sempre segundo àquilo que a lei lhe impõe, só podendo agir *secundum legem*". Ainda prosseguia o eminente administrativista para concluir com o seu celebrado aforismo "enquanto no campo das relações entre particulares é lícito fazer tudo o que a lei não proíbe, na Administração Pública só é permitido fazer o que a lei autoriza".[31]

Conclui-se que não há como fiscalizar uma conduta pública sem cotejá-la com a lei e não há como censurá-la a menos que desobedeça a mesma lei. Vemos motivo suficiente a declarar que o processamento no âmbito do Tribunal de Contas tem como suposto a ocorrência de ilícito administrativo,[32] pois ao contrário tornaria a ação do órgão ociosa.

---

[30] HOEMKE, Hamilton Hobus. *Tribunal de Contas*: direito processual de contas – jurisdição, provas e partes. Florianópolis: Conceito, 2015, p. 36-47.

[31] MIRELLES, Hely Lopes. *Direito Administrativo brasileiro*. 30. ed. São Paulo: Malheiros, 2005.

[32] Sobre o assunto: ARAÚJO, Edmir Netto. *O ilícito administrativo e seu processo*. São Paulo: Revista dos Tribunais, 1994.

5.2 Processo de contas: julgador como terceiro

O ideal de afastamento e indiferença do julgador é fim almejado tanto no Judiciário quanto no Tribunal de Contas, que o perseguem. A Constituição tratou de cercar ministros e conselheiros dos Tribunais de Contas das garantias e impedimentos da magistratura, desde o provimento. Nas Cortes, para determinação dos julgadores responsáveis pelos feitos, explora-se o mecanismo aleatório do sorteio, tudo em respeito ao postulado do juiz natural. A ocorrência do impedimento deve ser esclarecida tanto no Tribunal de Contas quanto no âmbito do Judiciário.

5.3 Processo de contas: iniciativa processual das partes

Embora a iniciativa das partes seja identificada na doutrina mencionada como típica da jurisdição e um ponto de afastamento entre processo de contas e processo judicial,[33] é de se notar que neste último também se encontrem gradações. É que no processo mais subordinado aos rigores do contraditório, o processo penal, a iniciativa da parte ofendida não é formalmente necessária. A autoria compete ao Ministério Público, que é departamento do mesmo Estado que apura o ilícito e, ao fim, o julga.

Dessa forma, mesmo que formalmente se anote uma diferença entre processo de contas e processo civil, vez que a instalação do processo de contas se dá de ofício, sobrevém nova semelhança, desta vez entre processo de contas e processo penal. É se notar que o risco de abuso de poder decorrente da concentração de funções no processo criminal já foi há muito contornado pela ciência jurídica, não tornando o processo mais informal, mas percorrendo o histórico itinerário entre o chamado sistema inquisitorial e o sistema acusatório, que atualmente vigora.

O sistema acusatório pressupõe, entre outras, as garantias constitucionais do devido processo legal (art. 5º, LIV), da garantia do acesso à justiça (art. 5º, LXXIV), da garantia do juiz natural (art. 5º, XXXVII e LIII), da ampla defesa (art. 5º, LV, LVI e LXII), da publicidade dos atos processuais e motivação dos atos decisórios (art. 93, IX) e da presunção da inocência (art. 5º, LVII)[34] e não há motivos bons para que ele não se ofereça ao administrador público em contestação de contas.

---

[33] Por exemplo: SARQUIS, Alexandre Manir Figueiredo; CALIMAN, Auro Augusto. O Novo Código de Processo Civil e o processo de contas. *Diário Oficial do Estado de São Paulo – Caderno do Poder Legislativo*, p. 53, 02 jun. 2016.

[34] CAPEZ, Fernando. *Curso de processo penal*. 15. ed. rev. São Paulo: Saraiva, 2008, p. 45.

Pelas mesmas virtudes, deveria o processo de contas se formalizar, buscando as garantias do sistema acusatório.

5.4 Processo de contas: coisa julgada

Como visto, parcela relevante da doutrina mais recente entende que as decisões das Cortes de Contas não perfazem coisa julgada. A nós, essa posição parece de todo inverossímil.

Ayres Britto é expresso: os Tribunais de Contas, quando julgam, "o fazem com a força ou a irretratabilidade que é própria das decisões judiciais com trânsito em julgado". Todavia, o jurista poeta inclui um senão, pois aduza possibilidade de ajuizamento de Mandado de Segurança contra decisões do Tribunal de Contas. Esse argumento o convence de que não é jurisdicional a função das Cortes de Contas.[35]

O argumento, *data venia*, não é infalível, uma vez que a indisponibilidade de recurso dotado de efeito suspensivo no âmbito do judiciário também enseja o recebimento de mandado de segurança contra ato de magistrado, a teor do art. 5º, II, da Lei nº 12.016/09.[36]

É a reedição da cansativa antítese: ou é coisa julgada, e não há retratação, ou não é, e há. Se assumirmos que "jurisdição" (art. 73), "julgar" (art. 71, II), "sustar, se não atendido, a execução do ato" (art. 71, X), "apreciar a legalidade" (art. 71, III) e "atribuições da judicatura" (art. 73, §4º) são todos meros dizeres, como alude Gilmar Mendes, aceitamos que se encontra na moldura da interpretação constitucional uma versão de Tribunal de Contas cujas decisões são dotadas apenas de poder persuasivo, algo como um insumo para que o Estado decida. Fica, com isso, franqueada a convolação do Tribunal de Contas em controladoria-geral, pelo fenômeno da mutação constitucional.

Sondemos por um instante as consequências dessa hipótese.

Poderia o Legislativo ajuizar a ação de prestação de contas de que trata o art. 550[37] do Código de Processo Civil obtendo, com isso, quitação mais tarde oponível contra o Tribunal de Contas? Uma vez executado em razão de decisão do Tribunal de Contas, poderia o réu alegar em juízo as razões de fato e de direito que lhe seriam lícitas deduzir como defesa em processo de conhecimento, a teor do art. 917, VI,

---

[35] AYRES BRITTO, Carlos. O regime constitucional dos Tribunais de Contas. In: *Cadernos de soluções constitucionais*. v. 1. São Paulo: Malheiros, 2003, p. 26-27, parágrafos 6.1, 6.3 e 6.4.

[36] Sobre o mandado de segurança contra ato judicial: REMÉDIO, José Antonio. *Mandado de segurança*: individual e coletivo. 3. ed. São Paulo: Saraiva, 2011, p. 276-297.

[37] Art. 550. *Aquele que afirmar ser titular do direito de exigir contas* requererá a citação do réu para que as preste ou ofereça contestação no prazo de 15 (quinze) dias. [...] Lei nº 13.105/15.

do Código de Processo Civil?[38] [39] Pode o parecer das contas de governo emitido pelo Tribunal ser objeto de perícia? Seria boa estratégia para o administrador faltoso, ao invés de explicar-se ao Tribunal de Contas, reservar-se o direito de falar em juízo?

Se o atual estado de coisas confere respostas negativas aos quesitos formulados, somos levados a compreender que, ainda que se ofereça outro nome ou se reconheça outra extensão ao fenômeno que aperfeiçoa as decisões finais dos Tribunais de Contas, em muito elas se assemelham ao chamado trânsito em julgado material da função jurisdicional. Nada obstante, é nossa tese que inexistem quaisquer diferenças e que os termos jurídicos apropriados são "jurisdição" e "trânsito em julgado".

6 Responsabilidade financeira

Se há realmente essa jurisdição, se há essa competência absoluta de contas, o que vem a ser apurado em seu seio? Emerson Cesar da Silva Gomes sugere que nos Tribunais de Contas se liquida a responsabilidade financeira,[40] subdividindo-a nas modalidades sancionatória e reintegratória, organização inspirada na judicatura de contas europeia. Licurgo Joseph Mourão de Oliveira vê pretensões, as quais divide em "expedir determinações (pretensão corretiva) ou de aplicar sanções (pretensão punitiva) com ressarcimento ao erário (pretensão reparatória)".[41]

A classificação desses institutos jurídicos é de interesse processual, uma vez que a pretensão de ressarcir ao erário não prescreve,[42] na inteligência do art. 37, §5º, fenômeno que, no entanto, fulmina as

---

[38] O TJSP já relutou com o tema: Processo nº 0163281-60.2008.8.26.0000, 6ª Câmara de Direito Público, Des. Rel. José Habice, apelação com revisão, d.j. 16.02.2009. O TJPB, em decisão do Des. Antônio de Pádua Lima Montenegro acima mencionada, foi mais claro.

[39] Sobre o assunto, é marco o seguinte estudo: NASCIMENTO, Rodrigo Melo do. A execução judicial das decisões proferidas pelos Tribunais de Contas. *Revista do TCU*, n. 125, p. 84-101, set./dez. 2012.

[40] GOMES, Emerson Cesar da Silva. *Responsabilidade Financeira*: uma teoria sobre a responsabilidade no âmbito dos tribunais de contas. Porto Alegre: Ed. Nuria Fabris, 2012.

[41] Convênio nº 159.896 e outros, TCE-MG Aud. Rel. Licurgo Mourão, 1ª Câmara, DJ 05.10.10. Relatório e voto reproduzidos na íntegra em *Revista do TCE-MG*, ano XXVIII, v. 77, n. 4, p. 226-245, out./dez. 2010.

[42] Observe-se, no entanto, a repercussão geral aceita no RE nº 669.069, Min. Rel. Teori Zawaski, que cumulnou com a edição da tese do Tema 666: "É prescritível a ação de reparação de danos à Fazenda Pública decorrente de ilícito civil".

demais.[43] De outra mão, as pretensões de sancionar e de buscar a reparação tem foro deferido ao Tribunal de Contas, a teor do art. 71, II, parte final, VIII, IX, X e §§1º, 2º e 3º da CF/88.[44]

Há de se notar, entretanto, um concurso de foros, de contas e judicial, consistente na disciplina da improbidade administrativa, Lei nº 8.429/92.[45]

Outro aspecto a se considerar é a firme jurisprudência do Supremo Tribunal Federal, que, com esteio na doutrina norte-americana dos poderes implícitos, assegura o Poder Geral de Cautela aos Tribunais de Contas.[46] A legislação infraconstitucional já reconhecia extensa gama de sanções e cautelas às Cortes de Contas em adição àquelas constitucionalmente deferidas:

a) decretar a indisponibilidade de bens dos responsáveis;
b) sustar a execução de despesas e de contratos;

---

[43] Acerca da prescrição das pretensões deduzidas nos Tribunais de Contas, há repercussão geral reconhecida: RE nº 636.886/AL, Min. Rel. Teori Zawascki, RG 27.04.2016. Ver também o MS nº 26.210/DF, Min. Rel. Ricardo Lewandlowski, DJ 04.09.2008, e RE nº 669.069/MG Min. Rel. Teori Zawascki, DJ 03.02.2016.

[44] Art. 71. O controle externo, a cargo do Congresso Nacional, será exercido com o auxílio do *Tribunal de Contas da União, ao qual compete*:

II - *julgar as contas* dos administradores e demais responsáveis por dinheiros, bens e valores públicos da administração direta e indireta, incluídas as fundações e sociedades instituídas e mantidas pelo Poder Público federal, e as contas *daqueles que derem causa a perda, extravio ou outra irregularidade de que resulte prejuízo ao erário público*;

(...)

VIII - *aplicar aos responsáveis*, em caso de ilegalidade de despesa ou irregularidade de contas, as sanções previstas em lei, que estabelecerá, entre outras cominações, *multa proporcional ao dano causado ao erário*;

IX - *assinar prazo para que o órgão ou entidade adote as providências necessárias ao exato cumprimento da lei*, se verificada ilegalidade;

X - *sustar*, se não atendido, *a execução do ato impugnado*, comunicando a decisão à Câmara dos Deputados e ao Senado Federal;

(...)

§1º No caso de contrato, o ato de sustação será adotado diretamente pelo Congresso Nacional, que solicitará, de imediato, ao Poder Executivo as medidas cabíveis.

§2º Se o Congresso Nacional ou o Poder Executivo, *no prazo de noventa dias*, não efetivar as medidas previstas no parágrafo anterior, *o Tribunal decidirá a respeito*.

§3º *As decisões do Tribunal de que resulte imputação de débito ou multa terão eficácia de título executivo*.

[45] O concurso é expressamente reconhecido no inciso III do art. 21 da Lei de Improbidade: "A aplicação das sanções previstas nesta lei independe: (...) II - da aprovação ou rejeição das contas pelo órgão de controle interno ou pelo Tribunal ou Conselho de Contas".

[46] Veja, por exemplo, a SS nº 4.878/RN STF, Min. Rel. Joaquim Barbosa, dj 14.03.2014, MS nº 24.510/DF, Min. Rel. Ellen Gracie, DJ 19.11.2003, e MS nº 26.547/DF, Min. Rel. Celso de Mello, DJ 23.05.2007.

c) determinar o exato cumprimento da lei;
d) liquidar o valor a ressarcir ao erário;
e) paralisar o andamento de certames licitatórios e concursos públicos;
f) declarar a inidoneidade para licitar e contratar com a Administração Pública;
g) aplicar sanção pecuniária administrativa ou proporcional ao dano causado ao erário;
h) determinar o afastamento cautelar do responsável;
i) inabilitar o responsável para o exercício de cargo ou função pública.

A verificação da competência, se concorrente cível e de contas ou se apenas cível, se dá quanto ao objeto, que deve consistir de dinheiros, bens, valores ou obrigações de natureza pecuniária, integral ou parcialmente públicos, ou pelos quais o Estado responda. Quanto à pessoa, a competência recai sobre quem utilize, arrecade, guarde, gerencie, administre ou assuma obrigações de natureza pecuniária. Não é relevante a natureza jurídica do interessado, que pode ser pessoa física ou jurídica, pública ou privada. A competência também pode experimentar limite quanto ao pedido, pois a requisição que implique tão somente expansão de gastos públicos, por si só, não é apta a deflagrar a jurisdição de contas.[47]

A responsabilidade financeira pressupõe a reunião de elementos objetivos, consistentes na ocorrência de ilícito financeiro ou administrativo capaz de lesar o erário, ainda que apenas potencialmente, e subjetivos, consistentes no dolo ou na culpa, admitidas as modalidades *in vigilando* e *in eligendo*.

À guisa de definição, sacamos a seguinte definição para responsabilidade financeira: é a obrigação de repor fundos públicos e suportar sanções pecuniárias ou restrições de direitos em virtude de violação de regras e princípios de direito financeiro ou administrativo, apuradas segundo o devido processo no âmbito do Tribunal de Contas e atendendo à pretensão reintegratória, sancionatória, corretiva ou cautelar.

---

[47] Por exemplo, a denúncia do contratado que pretende da administração o reequilíbrio econômico-financeiro de forma a elevar a contraprestação. Tais lides, consistentes em interesse patrimonial privado disponível, devem ser deduzidas em juízo. Não é o caso, por exemplo, da fixação de proventos de benefício previdenciário a menor, uma vez que o princípio da legalidade torna possível a determinação de revisão, embora o assunto seja controverso.

7 A reputação do Tribunal de Contas

Recente pesquisa conduzida pelo IBOPE/CNI sondou a imagem do Tribunal de Contas entre os brasileiros. Embora a sociedade tenha pouco conhecimento da instituição (apenas 17% dos entrevistados a definiram com alguma precisão) e avalie a sua atuação de certa forma adversa (avaliaram sua atuação como "regular" cerca de 32% dos entrevistados), há generalizada opinião na sociedade de que se trata de órgão necessário.

Entre os que demonstraram conhecer o Tribunal de Contas, o entendimento é de que a instituição é relevante no combate à corrupção (cerca de 90% dos entrevistados), à ineficiência do gasto público (cerca de 88% dos entrevistados), ao mau uso do dinheiro público (cerca de 80% dos entrevistados) e que a sua existência melhora a Administração Pública (cerca de 83% dos entrevistados). Acreditam que a instituição deve continuar a existir pouco mais de 94% dos entrevistados.[48]

O Min. Luiz Fux declarou em seu voto no MS nº 33.340/DF, DJ 26.05.2015, seguido pela 1ª turma do STF, que "*os Tribunais de Contas são órgãos incumbidos de aferir se o administrador atua de forma prudente, moralmente aceitável e de acordo com o que a sociedade dele espera*, representando instrumento republicano que se destina à concretização da democracia e dos direitos fundamentais, controlando o emprego de recursos públicos e propiciando justiça e igualdade".

8 Repercussões penais da judicatura de contas

Vimos até aqui que há linha doutrinária que advoga tese apta a transmudar os Tribunais de Contas em controladorias-gerais, alijando-os da judicatura, que, no entanto, encontra resistências, tanto na profunda gama de responsabilidades que são entregues com exclusividade aos Tribunais de Contas quanto na apreciação da sociedade, que ainda deposita nos Tribunais de Contas a esperança de conter o gasto irresponsável de recursos públicos.

Há que se considerar ainda desdobramentos penais da judicatura de contas, e esses merecem apresentação sistemática, sendo ao menos três.

---

[48] De acordo com pesquisa IBOPE/CNI segundo relato da Atricon. Disponível em: <http://www.atricon.org.br/imprensa/destaque/para-brasileiros-tribunais-de-contas-sao-essenciais-no-combate-a-corrupcao-e-a-ineficiencia-revela-pesquisa-ibopecni/>. Acesso em: 15 out. 2016.

8.1 Primeira repercussão penal da judicatura de contas: a reputação do político

Gozando do referendo a que se aludiu antes, é de se compreender a primeira e principal repercussão penal da judicatura de contas, pois a pronúncia desfavorável da Corte pode lesionar a pessoa em sua honra, aquele íntimo complexo de predicados e condições que conferem especial consideração, respeito e estimados demais. A reputação é bem jurídico de extraordinária importância para o político, que depende da confiança dos eleitores, e para o administrador público, que maneja o que é alheio. A pretensão a esse respeito é de todo legítima e, no entanto, é preterida pela manifestação desfavorável dos Tribunais de Contas.

8.2 Segunda repercussão penal da judicatura de contas: prova pericial não reapreciável

Os ilícitos financeiros e administrativos apurados no âmbito do Tribunal de Contas se assemelham a crimes de responsabilidade, nos termos da Lei nº 1.079/50 e Decreto-Lei nº 201/67, a atos de improbidade administrativa, nos termos da Lei nº 8.429/92, a crimes comuns, nos termos do título XI do CP, além de poderem ensejar a inelegibilidade, nos termos do art. 1º, I, g, da LC nº 64/90. A rejeição de contas pode deflagrar um longo acerto com os poderes públicos.

Essa coincidência é evidenciada na Lei de Improbidade Administrativa, de alinhamento tão exato que ela mesma o confessa ao inciso II do art. 21. Sobre a Lei de Improbidade Administrativa, Arnoldo Wald e Gilmar Mendes já se manifestaram nos seguintes termos:

> Em verdade, a análise das consequências da eventual condenação (...) numa 'ação civil de improbidade' somente serve para ressaltar que, como já assinalado, *se está diante de uma medida judicial de forte conteúdo penal*. (...) o legislador acabou por elencar, na Lei nº 8.429/92, uma série de delitos que, 'teoricamente seriam crimes de responsabilidade e não crimes comuns' (Ives Gandra da Silva Martins. Aspectos procedimentais do instituto jurídico do *"impeachment"* e conformação da figura da improbidade administrativa, in Revista dos Tribunais, v. 81, n 685, 1992, p. 286-287).[49]

É possível ainda falar em auxílio necessário à justiça criminal. Alega-se dessa forma em virtude dos termos empregados pelo legislador que tipificou as condutas contra as finanças públicas (artigos 359-A

---

[49] WALD, Arnoldo; MENDES, Gilmar Ferreira. Ação de improbidade adminstrativa: competência. *Revista Jurídica Consulex*, n. 5, p. 47.

a 359-H do Código Penal). Uma interpretação sistemática da legislação identifica certos conceitos jurídicos penais com aqueles utilizados pela Lei de Responsabilidade Fiscal (LC nº 101/00), contemporânea da Lei nº 10.028/00, que introduziu essa parte do Código Penal.

Assim, a apuração dos valores executados a título de "operação de crédito", "restos a pagar", "disponibilidade de caixa" e "despesa total com pessoal" – conceitos jurídicos de interesse tanto da LRF quanto do CP – é toda entregue ao Tribunal de Contas, que, ao contabilizar determinado valor no parecer prévio, estabiliza-o para o juízo não especializado, como visto acima, podendo servir de prova bastante a configurar a conduta típica.

Não se está falando da apuração do crime, uma vez que o juízo ainda apreciará excludentes da antijuridicidade e da culpabilidade, mas é indiscutível a repercussão penal da jurisdição de contas nos crimes contra as finanças públicas.

Mencione-se, por similar, o crime de tráfico de drogas (Lei nº 11.343/06), em que a conduta típica é integrada por regulamentação administrativa, pois a definição de "droga" é preenchida por ato normativo da agência reguladora competente (Portaria Anvisa SVS/MS nº 344/98). Embora o tráfico de uma substância constante da relação apenas configure conduta típica a ser apreciada quanto à punibilidade em juízo, a alteração da portaria com exclusão de uma substância do rol opera, de fato, o *abolitio criminis*.[50]

8.3 Terceira repercussão penal da judicatura de contas: recomposição com multa

Uma última repercussão é simplesmente patrimonial, haja vista a possibilidade de fixação de multa, inclusive como proporção do dano causado ao erário, ônus suportado pelo patrimônio privado do administrador público, e cujo *quantum* não se encontra precisado em lei, é estipulado pelo Tribunal de Contas. A Constituição assegura que ninguém perderá seus bens senão pelo devido processo (art. 5º, LIV), e que a imposição de multa e débito por parte do Tribunal de Contas tem eficácia de título executivo (art. 71, §3º), estabilizando esse entendimento.

---

[50] Aceitando essa tese: HC nº 120.026/SP, Min. Rel. Celso de Mello, DJ 28.02.2014, e HC nº 94.397/BA, Min. Rel. Cezar Peluso, DJ 09.03.2010.

8.4 A judicatura de contas à luz de suas próprias repercussões penais

Aceitar as consequências penais da judicatura de contas conduz a conclusões surpreendentes quanto às providências que se fazem necessárias no intuito de assegurar justiça. A principal é que deve se respeitar o devido processo. As teorias e instituições jurídicas do direito penal tornam-se candidatas a aproveitamento.

A praxe instalada em alguns Tribunais de Contas de proceder à imputação objetiva do ordenador de despesas, por exemplo, deve ser ponderada e relativizada, pois é incompatível com as consequências levantadas aqui. Deveria a rejeição das contas de governo de um determinado município em que o vice-prefeito tenha ocupado o posto por um único dia contaminá-lo em todos os efeitos?

Quem deve ser citado no polo passivo de tomadas de contas especiais em que, comprovadamente, um determinado servidor público desviou recursos da ordenação de despesas de outro? Tudo quanto disciplina o concurso de pessoas no direito penal parece oportuno, além de, em ilícitos dolosos, a teoria do domínio do fato.

De outra sorte, os ilícitos administrativos que apresentem conexão com outros que lhe sejam anteriores, mas conexos, em uma pluralidade sucessiva de condutas adotadas a partir da mesma motivação de agir, merecem ser reunidos, ainda que diversos agentes tenham ordenado as despesas. Menciona-se o caso da criação de modelo de edital de licitação pública com cláusula flagrantemente ilegal, reproduzido certo número de vezes pelas autoridades promotoras dos certames individuais.

A jurisdição de contas poderia até mesmo se valer de teorias ainda não plenamente assimiladas pelo judiciário brasileiro. Vem à mente a teoria da imputação objetiva, geralmente tributada a Karl Larenz e Richard Honig, mas muito desenvolvida por Claus Roxin:

> Na concepção de Roxin, a teoria da imputação objetiva estabelece três requisitos básicos para a imputação objetiva do resultado (...) a) a criação de um risco jurídico-penal relevante, não coberto pelo risco permitido; b) a realização desse risco no resultado; e c) que o resultado produzido entre no âmbito de proteção da norma penal.[51]

A teoria poderia ser aproveitada para inverter a culpa de um administrador que assina contrato emergencial para recolhimento de

---
[51] BITENCOURT, Cezar Roberto. *Tratado de Direito Penal*. 21. ed. v. 1. São Paulo: Saraiva, 2015, p. 329.

resíduos sólidos urbanos por ter assumido a administração de município sem contrato vigente e sem licitação para sua celebração realizada. Embora a jurisprudência assentada dê conta de que a inércia da própria administração não seja apta a justificar a dispensa por emergência, no caso em tela não foi o ordenador de despesas que criou o risco de produção do resultado ilícito, mas aquele que deixou de diligenciar para a realização do certame: o administrador anterior.

A excludente de culpabilidade conhecida como inexigibilidade de conduta diversa também poderia ser empregada para relegar às recomendações diversas irregularidades que hoje têm sido apontadas nos entes de menor porte que simplesmente não dispõem da estrutura necessária para conduzir seus negócios com o mesmo formalismo que entes mais equipados.

9 Conclusões

O Tribunal de Contas foi concebido como corpo de magistratura exercente de jurisdição e, desde sua concepção, teve qualificadores e competências progressivamente adicionados pela Carta política. Nada obstante, a doutrina dos últimos 30 anos passou a destacar funções administrativas e auxiliares que nunca foram as pretendidas pelo constituinte originário. A opinião pública, ao contrário, deseja que o órgão permaneça na estrutura do Estado e que seja ainda mais efetivo.

A doutrina contrária, no entanto, vem colhendo influências nas decisões da Corte Constitucional, de que é exemplo o julgamento dos Recursos Extraordinários com Repercussão Geral nº 848.826 e 729.744. Nesses julgados, afastaram-se do escrutínio do Tribunal de Contas as despesas ordenadas diretamente pelo Prefeito. Esse tipo de rubrica abrange a maioria, quiçá a totalidade, do orçamento dos Municípios brasileiros de menor porte, que passa a ser fiscaliza apenas pela Câmara de Vereadores local.

Com essas interpretações, paulatinamente, aproxima-se um modelo de controladoria-geral, que é desprovido de função jurisdicional. O modelo não só não foi adotado em 1988, como foi rechaçado em todas as oportunidades que se apresentaram em 125 anos de existência do Tribunal de Contas na República brasileira. O Brasil é um país que guarda a tradição do Tribunal de Contas.

Ainda que intentada, no entanto, a transformação de Tribunal de Contas em controladoria, nunca seria completa, uma vez que, por força constitucional, por força regulamentar e pelos costumes, encontram-se entranhadas nas decisões dos Tribunais de Contas indiscutíveis repercussões penais, que somente podem ser assimiladas pelo Estado

Democrático de Direito se deferido algum nível de jurisdição ao processo de contas.

Possivelmente, a solução que reconcilie as duas tendências, de um lado reconhecendo o julgamento no âmbito dos Tribunais de Contas e, de outro, limitando o arbítrio de suas decisões, seja, paradoxalmente, reconhecer em definitivo a existência da jurisdição de contas, editando-se uma Lei Nacional de Processo de Contas e a criando-se um Conselho Nacional dos Tribunais de Contas.

Referências

ABREU, Eliane Fernandes de. *Natureza jurídica das decisões do Tribunal de Contas*. Disponível em: <https://jus.com.br/artigos/48102/natureza-juridica-das-decisoes-do-tribunal-de-contas publicado em 4/2016>. Acesso em: 19 out. 2016.

AFONSO DA SILVA, José. Curso de direito constitucional positivo. 38. ed. São Paulo: Malheiros, 2014.

ALMEIDA, Daniel Blume Pereira de. *Natureza jurídica das decisões dos Tribunais de Contas*. São Paulo: Livro Pronto, 2003.

ALMEIDA, Paulstein Aureliano de. Natureza jurídica das decisões dos Tribunais de Contas, no Brasil. *Revista do Instituto de Pesquisas e Estudos*, Bauru, v. 41, p. 157-170, set./dez. 2004. Disponível em: <http://bdjur.stj.jus.br/dspace/handle/2011/42261>. Acesso em: 28 out. 2011.

ARAÚJO, Edmir Netto. *O ilícito administrativo e seu processo*. São Paulo: Revista dos Tribunais, 1994.

ATRICON. Pesquisa IBOPE/CNI segundo relato da Atricon. Disponível em: <http://www.atricon.org.br/imprensa/destaque/para-brasileiros-tribunais-de-contas-sao-essenciais-no-combate-a-corrupcao-e-a-ineficiencia-revela-pesquisa-ibopecni/>. Acesso em: 15 out. 2016.

AYRES BRITTO, Carlos. O regime constitucional dos Tribunais de Contas. In: *Cadernos de Soluções Constitucionais*, São Paulo: Malheiros, 2003. v. 1.

BALEEIRO, Aliomar. O Direito Financeiro na Constituição de 1967. *RDP*, v. 11, n. 149, jan./mar. 1970.

BITENCOURT, Cezar Roberto. *Tratado de Direito Penal*. 21. ed. v. I. São Paulo: Saraiva, 2015.

CAPEZ, Fernando. *Curso de Processo Penal*. 15. ed. rev. São Paulo: Saraiva, 2008.

DI PIETRO, Maria Sylvia Zanella. Coisa julgada: aplicabilidade a decisões do Tribunal de Contas da União. *Revista do Tribunal de Contas da União*, Brasília, v. 27, n. 70, p. 23-36, out./dez. 1996.

FRANCO, Gustavo H. B. A primeira década republicana. In: ABREU, Marcelo de Paiva (Coord). *A ordem do progresso*: cem anos de política econômica republicana 1889-1989. Rio de Janeiro: Campus, 1990.

GOMES, Emerson Cesar da Silva. *Responsabilidade financeira*: uma teoria sobre a responsabilidade no âmbito dos tribunais de contas. Porto Alegre: Nuria Fabris, 2012.

HOEMKE, Hamilton Hobus. *Direito processual de contas*: jurisdição, provas e partes. Florianópolis: Conceito, 2015.

LOPES FILHO, Alexandre Pacheco. *Decisões do STF sobre TCs vêm sendo superadas*. Disponível em: <http://www.conjur.com.br/2012-abr-06/decisoes-stf-tcs-vem-sendo-superadas-jurisprudencia-atual>. Acesso em: 19 out. 2016.

MEDAUAR, Odete. A processualidade no direito administrativo. São Paulo: Revista dos Tribunais, 1993.

MELO, Paulo Sergio Ferreira. A natureza jurídica das decisões dos Tribunais de Contas. Elaborado em 07.11.2011. Disponível em: <http://www.egov.ufsc.br:8080/portal/conteudo/natureza-jur%C3%ADdica-das-decis%C3%B5es-dos-tribunais-de-contas>. Acesso em 19 out. 2016

MENDES, Gilmar Ferreira; BRANCO, Paulo Gustavo Gonet. *Curso de Direito Constitucional*. 10. ed. São Paulo: Saraiva, 2015.

MIRELLES, Hely Lopes. Direito Administrativo Brasileiro. 30. ed. São Paulo: Malheiros, 2005.

MONTEIRO, Marília Soares de Avelar. A natureza jurídica dos julgamentos proferidos pelos Tribunais de Contas no Brasil. Elaborado em 1/2008. Disponível em: <http://www.tce.sc.gov.br>.

NASCIMENTO, Rodrigo Melo do. Decisões condenatórias proferidas pelos Tribunais de Contas: natureza, revisibilidade judicial e eficácia jurídica. Elaborado em 02/2015. Disponível em: <https://jus.com.br/artigos/36280/decisoes-condenatorias-proferidas-pelos-tribunais-de-contas/1>. Acesso em 19 out. 2016.

PÍTSICA, George Brasil Paschoal. *Tribunal de contas*: integração pela jurisprudência. Saarbrucken: Novas Edições Acadêmicas, 2016.

PONTES DE MIRANDA, Francisco Cavalcanti. *Comentários à Constituição de 1946*. Rio de Janeiro: Max Limonad, 1953. v. II.

PONTES DE MIRANDA, Francisco Cavalcanti. *Comentários à Constituição de 1967*: com a EC n. 01, de 1969. v. III. São Paulo: RT, 1970.

REMÉDIO, José Antonio. *Mandado de segurança*: individual e coletivo. 3. ed. São Paulo: Saraiva, 2011.

SARQUIS, Alexandre Manir Figueiredo; CALIMAN, Auro Augusto. O novo Código de Processo Civil e o processo de contas. *Diário Oficial do Estado de São Paulo* – Caderno do Poder Legislativo, 02 jun. 2016.

SEABRA FAGUNDES, Miguel. O controle dos atos administrativos pelo Poder Judiciário. 6. ed. São Paulo: Saraiva, 1984.

TAKEDA, Tatiana. As decisões dos Tribunais de Contas do Brasil. Elaborado em 10.02.2009. Acesso em: 19 out. 2016. Disponível em: <http://www.jurisway.org.br/v2/dhall.asp?id_dh=1121>.

WALD, Arnoldo; MENDES, Gilmar Ferreira. Ação de improbidade administrativa: competência. *Revista Jurídica Consulex*, v. 1, n. 5, p. 46-47, maio 1997.

Informação bibliográfica deste livro, conforme a NBR 6023:2002 da Associação Brasileira de Normas Técnicas (ABNT):

SARQUIS, Alexandre Manir Figueiredo. Repercussões penais da judicatura de contas. In: LIMA, Luiz Henrique; OLIVEIRA, Weder de; CAMARGO, João Batista (Coord.). *Contas governamentais e responsabilidade fiscal*: desafios para o controle externo – estudos de ministros e conselheiros substitutos dos Tribunais de Contas. Belo Horizonte: Fórum, 2017. p. 343-367. ISBN 978-85-450-0246-8.

SOBRE OS AUTORES

Alexandre Manir Figueiredo Sarquis
Conselheiro Substituto do Tribunal de Contas de São Paulo. Administrador. Engenheiro. Mestre em Ciência Econômica. Estudante de Direito. Foi servidor do Banco Central e da Câmara dos Deputados. Professor da FIPECAFI, da Escola Paulista do Ministério Público e da OAB/SP.

Daniela Zago Gonçalves da Cunda
Conselheira Substituta do Tribunal de Contas do Rio Grande do Sul. Doutora e Mestre em Direito pela Pontifícia Universidade Católica do Rio Grande do Sul (PUCRS). Pesquisadora visitante na faculdade de Direito da Universidade de Lisboa (FDUL). Autora de artigos sobre Direito Público, com ênfase em Direitos e Deveres Fundamentais, Controle Externo (Tribunais de Contas), Controle das Políticas Públicas e Sustentabilidade.

Heloísa Helena Antonacio Monteiro Godinho
Conselheira Substituta do Tribunal de Contas do Estado de Goiás. Mestranda em Políticas Públicas e Gestão Governamental (IDP). Especialista em Direito Tributário e Processo Tributário (PUC Goiás). Professora de Direito Financeiro e Direito Tributário da Escola Superior da Magistratura do Estado de Goiás – ESMEG. Palestrante. Secretária-Geral da AUDICON – Associação Nacional dos Ministros e Conselheiros Substitutos dos Tribunais de Contas (biênio 2016/2017).

Isaías Lopes da Cunha
Conselheiro Substituto do Tribunal de Contas de Mato Grosso. Bacharel em Ciências Contábeis pela Universidade Católica Dom Bosco (1997) e em Direito pela Universidade de Cuiabá (2008). Possui MPA em Direito do Estado e a Administração Pública com ênfase em Controle Externo. Especialista em Direito da Administração Pública, Gestão da Administração Pública e Gerenciamento de Micro e Pequenas Empresas.

João Batista Camargo
Conselheiro Substituto do Tribunal de Contas de Mato Grosso. Bacharel em Direito (IESB/DF) e em Ciências da Computação (UNICAMP/SP). Mestrando em Administração Pública (IDP/DF). Pós-Graduado em Orçamento Público (ISC-TCU), Direito Público (Processus/DF) e Administração Estratégica de Sistemas de Informação (FGV/DF). Foi Conselheiro Substituto do TCE-AL, Auditor Federal do TCU e Analista de Informática do Banco Central, INEP, Anatel e Telebrás. Professor de Direito Financeiro.

Luiz Henrique Lima
Conselheiro Substituto do Tribunal de Contas de Mato Grosso. Doutor e Mestre em Planejamento Energético (COPPE-UFRJ). Especialista em Finanças Corporativas (PUC-Rio). Bacharel em Ciências Econômicas (UFRJ). Autor de diversos livros e artigos científicos nas áreas de controle externo, gestão pública e gestão ambiental. Palestrante e professor de cursos de pós-graduação em diversas universidades em todo o país.

Marcos Bemquerer Costa
Ministro-Substituto do Tribunal de Contas da União. Presidente da Audicon. Bacharel em Direito, pelo Centro de Ensino Unificado do Distrito Federal – UDF (1995) e em Engenharia Elétrica, pela Universidade Federal de Minas Gerais – UFMG (1981). Mestre em Direito pela Universidade Federal de Pernambuco – UFPE (2001) e Pós-Graduado em Direito Processual Civil pelo Instituto de Cooperação e Assistência Técnica – ICAT/UDF (1997).

Marcos Gomes Rangel
Superintendente de Planejamento, Orçamento, Finanças e Contabilidade da Secretaria de Assistência e Desenvolvimento Social de Alagoas. Bacharel em Matemática Aplicada e Computacional (UFES). Mestre em Desenvolvimento Regional Sustentável e Meio Ambiente (PRODEMA/UFAL). Pós-Graduado em Análise de Sistemas (UFES), Gestão Fazendária (UFAL), Gestão do Turismo (UNIFAL-AL) e Marketing Empresarial (CESMAC-AL).

Milene Cunha
Conselheira Substituta do Tribunal de Contas do Pará. Vice-Presidente da AUDICON – Região Norte. Bacharel em Administração (Centro Universitário de Patos de Minas). Especialista em Direito Público, com ênfase em Gestão Pública, e em Gestão de Pessoas e Marketing. Mestranda em Ciência Política (UFPA). Palestrante e autora de artigos.

Patrícia Reis Leitão Bastos
Auditora Federal de Controle Externo do Tribunal de Contas da União. Bacharel em Direito pelo Centro de Ensino Unificado do Distrito Federal – UDF (2009) e em Engenharia Civil, pela Universidade de Brasília – Unb (1995). Pós-Graduada em Auditoria de Obras Públicas – Unb/ISC-TCU (2002).

Renato Luís Bordin de Azeredo
Conselheiro Substituto do Tribunal de Contas do Rio Grande do Sul. Especialista em Direito Civil e Processo Civil pelo Instituto de Desenvolvimento Cultural (2007). Especialista em Direito Público pela Pontifícia Universidade Católica do Rio Grande do Sul (2009). Mestre em Direito Ambiental pela Universidade de Caxias do Sul (2012). Professor nas Faculdades de Direito e Administração do Centro Universitário Cenecista de Osório.

Weder de Oliveira
Ministro-Substituto do Tribunal de Contas da União. Mestre em Direito (USP). Pós-graduado em Economia (George Washington University) e Engenharia de Produção de Petróleo (UFBA/Petrobras). Graduado em Direito (UnB) e Engenharia Civil (UFG). Professor da graduação e da pós-graduação da Escola de Direito de Brasília (EDB/IDP) e do mestrado em Administração Pública da Escola de Administração de Brasília (EAB/IDP). Autor e coautor de diversos livros. Palestrante e professor de cursos em diversas instituições de ensino e qualificação profissional.

Esta obra foi composta em fonte Palatino Linotype, corpo
10 e impressa em papel Offset 75g (miolo) e Supremo
250g (capa) pela Gráfica e Editora Laser Plus em
Belo Horizonte/MG.